PORTUGUÊS
Sistematizado

O GEN | Grupo Editorial Nacional – maior plataforma editorial brasileira no segmento científico, técnico e profissional – publica conteúdos nas áreas de concursos, ciências jurídicas, humanas, exatas, da saúde e sociais aplicadas, além de prover serviços direcionados à educação continuada.

As editoras que integram o GEN, das mais respeitadas no mercado editorial, construíram catálogos inigualáveis, com obras decisivas para a formação acadêmica e o aperfeiçoamento de várias gerações de profissionais e estudantes, tendo se tornado sinônimo de qualidade e seriedade.

A missão do GEN e dos núcleos de conteúdo que o compõem é prover a melhor informação científica e distribuí-la de maneira flexível e conveniente, a preços justos, gerando benefícios e servindo a autores, docentes, livreiros, funcionários, colaboradores e acionistas.

Nosso comportamento ético incondicional e nossa responsabilidade social e ambiental são reforçados pela natureza educacional de nossa atividade e dão sustentabilidade ao crescimento contínuo e à rentabilidade do grupo.

PABLO JAMILK

PORTUGUÊS
Sistematizado

2ª edição revista, atualizada e ampliada

- A EDITORA FORENSE se responsabiliza pelos vícios do produto no que concerne à sua edição (impressão e apresentação a fim de possibilitar ao consumidor bem manuseá-lo e lê-lo). Nem a editora nem o autor assumem qualquer responsabilidade por eventuais danos ou perdas a pessoa ou bens, decorrentes do uso da presente obra.

- Nas obras em que há material suplementar *on-line*, o acesso a esse material será disponibilizado somente durante a vigência da respectiva edição. Não obstante, a editora poderá franquear o acesso a ele por mais uma edição.

- Todos os direitos reservados. Nos termos da Lei que resguarda os direitos autorais, é proibida a reprodução total ou parcial de qualquer forma ou por qualquer meio, eletrônico ou mecânico, inclusive através de processos xerográficos, fotocópia e gravação, sem permissão por escrito do autor e do editor.

Impresso no Brasil – *Printed in Brazil*

- Direitos exclusivos para o Brasil na língua portuguesa
Copyright © 2020 by
EDITORA FORENSE LTDA.
Uma editora integrante do GEN | Grupo Editorial Nacional
Rua Conselheiro Nébias, 1384 – Campos Elíseos – 01203-904 – São Paulo – SP
Tel.: (11) 5080-0770 / (21) 3543-0770
faleconosco@grupogen.com.br / www.grupogen.com.br

- O titular cuja obra seja fraudulentamente reproduzida, divulgada ou de qualquer forma utilizada poderá requerer a apreensão dos exemplares reproduzidos ou a suspensão da divulgação, sem prejuízo da indenização cabível (art. 102 da Lei n. 9.610, de 19.02.1998). Quem vender, expuser à venda, ocultar, adquirir, distribuir, tiver em depósito ou utilizar obra ou fonograma reproduzidos com fraude, com a finalidade de vender, obter ganho, vantagem, proveito, lucro direto ou indireto, para si ou para outrem, será solidariamente responsável com o contrafator, nos termos dos artigos precedentes, respondendo como contrafatores o importador e o distribuidor em caso de reprodução no exterior (art. 104 da Lei n. 9.610/98).

- Capa: Fabricio Vale dos Santos

- Data de fechamento: 06.10.2019

- **CIP – BRASIL. CATALOGAÇÃO NA FONTE.**
SINDICATO NACIONAL DOS EDITORES DE LIVROS, RJ.

J31p
Jamilk, Pablo

Português Sistematizado / Pablo Jamilk. – 2. ed. – [3. Reimpr.] – Rio de Janeiro: Forense; São Paulo: MÉTODO, 2020.

Inclui bibliografia
ISBN 978-85-309-8813-5

1. Língua portuguesa – Gramática. 2. Língua portuguesa – Problemas, questões, exercícios. 3. Serviço público – Brasil – Concursos. I. Título.

19-60249	CDD: 469.5
	CDU: 811.134.3'36

Meri Gleice Rodrigues de Souza – Bibliotecária CRB-7/6439

A Bárbara e Octávio

Sobre o Autor

PABLO JAMILK

É professor e pesquisador. Nascido em Cascavel, no Paraná, decidiu logo cedo que se dedicaria ao estudo sistemático das Letras e da Filosofia. É graduado, mestre e doutor em Letras, com ênfase em Linguística e Filosofia. Há mais de 15 anos, dedica-se à preparação de candidatos para os certames de concursos públicos e vestibulares, passando pelos maiores cursos preparatórios do Brasil. É escritor técnico, acadêmico, poeta, cronista e contista. Por meio do seu trabalho, já ajudou mais de 25 mil estudantes a mudarem de vida, com a desmistificação de conceitos dentro da Língua Portuguesa e da Redação. Em suas redes sociais, soma mais de 1 milhão de seguidores, onde compartilha dicas diárias que auxiliam quem também considera o estudo um bem inestimável.

Sumário

Introdução: uma palavra inicial para confortar o coração XIX

Apresentação XXI

1. **Morfologia** 1
   1.1. As 10 classes de palavras 1
   1.2. Os grupos de palavras 2

2. **Artigo** 3
   2.1. Emprego dos artigos 3
   2.2. Quando não empregamos o artigo? Ou quando seu emprego será facultativo? 6
   2.3. Como diferenciar um artigo de um numeral? 9
   2.4. Exercícios 11
   2.5. Gabarito 12

3. **Adjetivo** 13
   3.1. Lista de adjetivos pátrios (países ou territórios) 14
   3.2. Adjetivos pátrios dos estados brasileiros 20
   3.3. Adjetivos pátrios das capitais brasileiras 21
   3.4. Adjetivos compostos 22
       3.4.1. Formas reduzidas de adjetivos pátrios 22
   3.5. Classificação pela expressão 25
   3.6. Classificação pela formação 26
   3.7. Diferença entre adjetivo e locução adjetiva 27
   3.8. Flexão dos adjetivos 31
   3.9. Gênero do adjetivo 31
   3.10. Número do adjetivo 31
   3.11. Grau do adjetivo 33
   3.12. Regras para a formação do superlativo absoluto sintético 35
   3.13. Posição do adjetivo e a mudança de sentido 38
   3.14. Seção especial: os adjetivos relacionais 39

3.15.	Exercícios	40
3.16.	Gabarito	41

4. Advérbio 43

4.1.	Categorias adverbiais	43
4.2.	Diferença entre advérbio e locução adverbial	44
4.3.	Variação de intensidade do advérbio	48
4.4.	Locuções adverbiais e advérbios latinos	49
4.5.	Exercícios	53
4.6.	Gabarito	55

5. Conjunção 57

5.1.	Coordenativas	58
5.2.	Subordinativas	61
5.3.	Seção especial: explicação *x* causa	64
5.4.	Exercícios	66
5.5.	Gabarito	69

6. Interjeição 71

6.1.	Classificação	71
6.2.	Exercícios	73
6.3.	Gabarito	74

7. Numeral 75

7.1.	Números romanos	79
7.2.	Emprego dos numerais	80
7.3.	Recomendações para a pontuação e a escrita dos cardinais	83
7.4.	Flexão dos numerais	84
7.5.	Exercícios	86
7.6.	Gabarito	87

8. Preposição 89

8.1.	Classificação das preposições	91
	8.1.1. Essenciais	91
	8.1.2. Acidentais	92
8.2.	Locuções prepositivas	94
8.3.	Preposição e pronomes relativos	95
8.4.	Preposição e conjunções	95

8.5.	Seção especial: da repetição das preposições	96
8.6.	Exercícios	97
8.7.	Gabarito	99

9. Pronome 101

9.1.	Emprego dos pronomes		103
	9.1.1.	Pronomes pessoais	103
	9.1.2.	Pronomes de tratamento	108
	9.1.3.	Pronomes demonstrativos	110
	9.1.4.	Pronomes relativos	112
	9.1.5.	Pronomes indefinidos	117
	9.1.6.	Pronomes interrogativos	119
	9.1.7.	Pronomes possessivos	121
9.2.	Exercícios		124
9.3	Gabarito		125

10. Substantivo 127

10.1.	Quanto à existência		127
10.2.	Quanto à designação		128
10.3.	Quanto à composição		128
10.4.	Quanto à derivação		128
10.5.	Como partitivos		129
10.6.	Como coletivos		129
10.7.	A flexão do substantivo		134
	10.7.1.	Gênero dos substantivos	134
	10.7.2.	Substantivos cujo gênero pode oferecer dificuldade .	141
	10.7.3.	O número dos substantivos	141
	10.7.4.	*Pluralia tantum*	143
	10.7.5.	Plural metafônico	143
	10.7.6.	O plural dos substantivos compostos	145
10.8.	O grau do substantivo		147
10.9.	Exercícios		156
10.10.	Gabarito		157

11. Verbo 159

11.1.	Classificação relativa ao sentido que exprimem		159
	11.1.1.	Árvore dos verbos	162

11.2.	Classificação quanto ao papel na sentença	163
11.3.	Estrutura dos verbos	165
11.4.	Famílias verbais	167
11.5.	Tempos e modos verbais	167
	11.5.1. Modo indicativo	167
	11.5.2. Modo subjuntivo	169
	11.5.3. Modo imperativo	169
11.6.	Formas nominais do verbo	170
11.7.	Aspecto verbal	171
	11.7.1. Subdivisão dos aspectos verbais	171
11.8.	Classificação verbal com base na conjugação	173
11.9.	Conjugação dos verbos para exemplo	177
11.10.	Conjugação de alguns verbos irregulares (anômalos ou defectivos)	182
11.11.	Apêndice importante	205
11.12.	Tempos compostos	206
11.13.	Correlação de tempos e modos verbais	209
11.14.	Emprego do infinitivo	210
11.15.	Exercícios	212
11.16.	Gabarito	214

12. Vozes verbais 215

12.1.	Voz ativa	216
12.2.	Voz passiva	217
12.3.	Voz reflexiva	220
12.4.	Voz recíproca	221
12.5.	Exercícios	223
12.6.	Gabarito	225

13. Sintaxe do período simples 227

13.1.	Sintaxe	227
13.2.	Sujeito	229
13.3.	Predicado	233
13.4.	Complementos verbais	237
13.5.	Complemento nominal	240
13.6.	Agente da passiva	241
13.7.	Predicativo do sujeito	242

13.8.	Termos acessórios da oração	244
	13.8.1. Adjunto adnominal	245
	13.8.1.1. Diferença entre adjunto adnominal e complemento nominal	245
	13.8.2. Adjunto adverbial	248
	13.8.3. Aposto	248
	13.8.4. Vocativo	250
	13.8.5. Predicativo do objeto	250
13.9.	Exercícios	251
13.10.	Gabarito	252

14. Sintaxe do período composto 253

14.1.	Orações coordenadas	253
	14.1.1. Assindéticas	254
	14.1.2. Sindéticas	254
14.2.	Orações subordinadas	256
	14.2.1. Orações subordinadas substantivas	256
	14.2.2. Orações subordinadas adjetivas	260
	14.2.3. Seção especial: função sintática do pronome relativo	261
	14.2.4. Orações subordinadas adverbiais	264
14.3.	Redução de orações	267
14.4.	Período misto	267
14.5.	Período complexo	268
14.6.	Exercícios	269
14.7.	Gabarito	270

15. Concordância verbal e nominal 271

15.1.	Conceituação	271
15.2.	Regras de concordância verbal	273
	15.2.1. Regras com verbos impessoais	277
	15.2.2. Verbos acompanhados da palavra "SE"	279
15.3.	Concordância nominal	280
	15.3.1. Regras de concordância nominal	281
15.4.	Exercícios	285
15.5.	Gabarito	287

16. Colocação pronominal 289

16.1.	Colocação dos pronomes átonos	289

16.1.1.	Conceitos e explicações iniciais	289
16.1.2.	Regras de próclise	290
16.1.3.	Regras de mesóclise	294
16.1.4.	Regras de ênclise	294
16.1.5.	Colocação facultativa	295
16.2.	Conceitos importantes para lembrar	295
16.3.	Exercícios	298
16.4.	Gabarito	300

17. Regência verbal e nominal 301

17.1.	Definição	301
17.2.	Principais casos de regência verbal	302
17.3.	Regência nominal	309
17.4.	Exercícios	313
17.5.	Gabarito	315

18. Crase 317

18.1.	Teoria	317
18.2.	Casos proibitivos (não se pode empregar o acento grave)	318
18.3.	Casos obrigatórios (deve-se empregar o acento grave)	320
18.4.	Casos facultativos (pode-se empregar facultativamente o acento grave)	321
18.5.	Para memorizar essas regras	323
18.6.	Regra do Boi	324
18.7.	Exercícios	325
18.8.	Gabarito	326

19. Pontuação 327

19.1.	Vírgula – indica uma pequena pausa na sentença	328
19.2.	Seção especial: é possível empregar a vírgula com a conjunção e?	332
19.3.	Ponto final	334
19.4.	Ponto e vírgula	335
19.5.	Dois-pontos	335
19.6.	Aspas	336
19.7.	Reticências	337
19.8.	Parênteses	338
19.9.	Travessão	338

19.10.	Exclamação	339
19.11.	Interrogação	339
19.12.	Colchetes	339
19.13.	Asterisco	340
19.14.	Apóstrofo	340
19.15.	Exercícios	341
19.16.	Gabarito	342

20. Estrutura e formação de palavras 343

20.1.	Estrutura das palavras	343
	20.1.1. Raiz ou radical	343
	20.1.2. Desinências	346
	20.1.3. Afixos	347
	20.1.4. Vogal de ligação	349
	20.1.5. Consoante de ligação	349
	20.1.6. Vogais temáticas	349
20.2.	Processos de formação de palavras	350
	20.2.1. Composição	350
	20.2.2. Derivação	351
	20.2.3. Estrangeirismo	352
	20.2.4. Acrônimo ou sigla	353
	20.2.5. Onomatopeia ou reduplicação	353
	20.2.6. Redução ou abreviação	353
20.3.	Exercícios	354
20.4.	Gabarito	355

21. Acentuação Gráfica 357

21.1.	Antecedentes da acentuação gráfica	357
21.2.	Regras de acentuação gráfica	358
21.3.	Acentuação no Novo Acordo Ortográfico	362
21.4.	Exercícios	363
21.5.	Gabarito	366

22. Ortografia 367

22.1.	O alfabeto	367
22.2.	O emprego de E e I	368
22.3.	O emprego da letra H	369

22.4.	O emprego de O e U	370
22.5.	O emprego de G e J	370
22.6.	Orientações sobre a grafia do fonema /s/	372
22.7.	Emprego do SC	374
22.8.	Grafia da letra S com som de S	374
22.9.	Emprego da letra Z	376
22.10.	Emprego do X e do CH	376
22.11.	Emprego do hífen	377
22.12.	Uso dos porquês	383
22.13.	Exercícios	385
22.14.	Gabarito	386

23. Homônimos e parônimos 387

23.1.	Lista de homônimos e parônimos	387
23.2.	Exercícios	399
23.3.	Gabarito	400

24. Fonética e Fonologia 401

24.1.	Classificação das vogais	402
24.2.	Os encontros vocálicos	403
24.3.	Os encontros consonantais	405
24.4.	Noções de divisão silábica	406
24.5.	Exercícios	408
24.6.	Gabarito	409

25. Estilística: figuras de linguagem 411

25.1.	As figuras de linguagem	411
	25.1.1. Figuras de pensamento	412
	25.1.2. Figuras de som	415
	25.1.3. Figuras de construção	416
25.2.	Exercícios	418
25.3.	Gabarito	420

26. Redação de correspondências oficiais 421

26.1.	Aspectos da correspondência oficial	421
	26.1.1. Documentos norteadores da comunicação oficial	422
	26.1.2. Clareza e precisão	423

26.1.3.	Objetividade	424
26.1.4.	Concisão	424
26.1.5.	Coesão e coerência	424
26.1.6.	Impessoalidade	424
26.1.7.	Formalidade e padronização	425
26.1.8.	Uso da norma padrão da língua portuguesa	425
26.2.	Os vocativos e pronomes de tratamento mais utilizados	426
26.3.	O padrão ofício	435
26.4.	Destaques	445
26.5.	Siglas e acrônimos	447
26.6.	Enumerações	448
26.7.	Grafia de numerais	448
26.8.	Requerimento	449
26.9.	Ata	451
26.10.	Parecer	452
26.11.	Atestado	453
26.12.	Certidão	454
26.13.	Apostila	455
26.14.	Declaração	456
26.15.	Portaria	458
26.16.	Telegrama	462
26.17.	Exposição de Motivos	462
26.18.	Mensagem	466
26.19.	Fax	471
26.20.	Correio eletrônico	472
26.21.	Palavra final sobre redação oficial	474
26.22.	Exercícios	475
26.23.	Gabarito	476

27. Interpretação de textos ... 477

27.1.	O texto dissertativo	480
	27.1.1. Padrão dissertativo-expositivo	480
	27.1.2. Padrão dissertativo-argumentativo	483
27.2.	O texto narrativo	485
27.3.	O texto descritivo	488
27.4.	O texto injuntivo	489
27.5.	O texto prescritivo	490

27.6.	A charge	491
27.7.	A tirinha	493
27.8.	O poema	494
27.9.	Funções da linguagem	498
27.10.	Exercícios	502
27.11.	Gabarito	505

28. Redação para concursos públicos 507

28.1.	Quebrando os mitos da redação	507
28.2.	Organização para a escrita	508
28.3.	Abordagem das tipologias	509
28.4.	Generalidades sobre redação	513
28.5.	Coesão e coerência	514
28.6.	Como escrever um texto dissertativo?	516
28.7.	Esqueleto de redação	522

Bibliografia 527

Introdução
uma palavra inicial para confortar o coração

Língua portuguesa foi, é e continuará sendo o maior desafio dos concurseiros e de quaisquer estudantes que não foram agraciados com uma boa base em relação a essa matéria. Talvez, você tenha sofrido com os obstáculos que encontrou pelo caminho até chegar a este livro. Pois bem, sua busca (que pode ter sido gigantesca até agora) chegou ao fim. Eu vou escrever algumas palavras iniciais aqui para confortar o seu coração, principalmente se você precisa resolver a vida com relação ao conteúdo de Língua Portuguesa.

Eu sou o professor Pablo Jamilk. Há bastante tempo trabalho com a preparação de candidatos para provas de concursos públicos, vestibulares e para o Exame Nacional do Ensino Médio – Enem. Pode ser que você já tenha assistido a algum curso meu pela internet ou já tenha visto algum vídeo pelo YouTube em meu canal (www.youtube.com/pablojamilkoficial). Estou me apresentando para que você possa confiar em meu trabalho e naquilo que eu vou apresentar para você. Sou graduado em Letras, Mestre em Letras e Doutor em Letras, ou seja, dedico a minha vida inteira ao trabalho com a linguagem. Gosto de lecionar, gosto de escrever e, fundamentalmente, gosto de resolver a vida do aluno.

Quero dizer para você ficar tranquilo(a) pelo seguinte motivo: eu selecionei o que há de mais importante para inserir nesta obra e fazer que você extraia o máximo de proveito da leitura. A linguagem será a mais simples possível, de modo que a compreensão seja facilitada. Também evitei ficar enfiando um milhão de citações aqui no meio, pois não acredito que isso ajude o leitor. Iniciamos, agora, uma caminhada juntos. O ponto final será a sua aprovação!

POR QUE ESTE É UM LIVRO PARA "RESOLVER A VIDA"?

Você deve ter pegado este livro nas mãos porque leu o título e o associou aos estudos que está empreendendo ou pretende empreender. Fez muito bem! Daqui para a frente, seguem as palavras para confortar o coração. Eu tenho centenas de livros sobre Língua Portuguesa em casa (gramáticas, compêndios, livros de bizus, manuais para concursos etc.) que prometem ajudar o leitor. Sabe o que há em comum entre eles? A falha no objetivo: alguns são gigantescos a ponto de exigir mais de dois anos sistemáticos de estudo para compreender o conteúdo em sua amplitude. Outros são tão simplistas que não permitem, ao menos, a compreensão dos princípios mais elementares da matéria.

Eu não concordo com essas duas falhas: não acho que o leitor necessite de tantas páginas para responder a 35 questões; também não acho que uma musiquinha vá fazer você entender como se devem empregar os "porquês" na Língua Portuguesa.

– Tudo bem, Pablo, o que você quer dizer com tudo isso?

Quero dizer que eu esperei muito tempo para escrever uma gramática voltada às provas que conseguisse "caminhar" no meio-termo entre o excesso e a falta. Quero entregar para você um livro que não exija muito tempo da sua vida e que não vá causar frustração por não apresentar conteúdos necessários à compreensão das questões.

Um alerta antes de prosseguir: a linguagem que eu vou utilizar nesta obra será um pouco mais leve, mais acessível do que aquilo que se encontra na maior parte das gramáticas. Essa medida vai facilitar enormemente o processo de compreensão do conteúdo.

Estude este livro por meio de suas lições. Releia cada capítulo três vezes, se houver dificuldades. Entre em contato comigo caso não consiga compreender os conteúdos de maneira precisa. Seja bem-vindo ao universo dos estudos de nossa Língua Portuguesa!

Pablo Jamilk
www.profpablojamilk.com.br

www.pjamilk.com

@profpablojamilk

pablojamilkoficial

pablojamilkoficial

COMO LER ESSE LIVRO
Acesse o QR Code e assista ao vídeo

http://uqr.to/d6y6

Apresentação

COMO ESTUDAR LÍNGUA PORTUGUESA?

Como tudo na vida, é preciso ter um pouco de organização para estudar Língua Portuguesa. Eu sugiro que você aplique uma divisão simples para facilitar o entendimento da matéria. Divida o seu tempo de estudo da seguinte maneira:

- Dedique 30% do seu tempo para **teoria**
- Dedique 40% do seu tempo para **exercícios**
- Dedique 30% do seu tempo para **leitura**

Quando eu digo **teoria**, quero dizer que você deve se preocupar em ler as "letras de lei" da nossa língua, ou seja, você deve buscar o conhecimento presente NESTE livro. Ele é o que fará você saber como responder às questões de prova.

Quando eu faço referência a **exercícios**, pretendo que você se debruce sobre a resolução das questões das provas que SUA BANCA-ALVO há de confeccionar. Não perca tempo: tente descobrir qual é o padrão adotado pela banca examinadora e estará mais perto de sua aprovação. Vou dar um exemplo bem simples para você entender: em 90% das provas, os assuntos mais cobrados são concordância, pontuação, crase, regência e colocação dos pronomes, e tudo isso em seus princípios mais básicos. Acha que vale a pena ficar perdendo tempo para estudar aquele caso de exceção que apenas um escritor colocou no rodapé de um livro de 1830? Pois é, não vale mesmo! Eu posso dizer para você o que é mais importante dentro de cada item da nossa matéria. Farei isso ao longo de todo o livro.

Quando você lê que 30% do tempo deve ser dedicado à leitura, deve pensar que já matou isso, porque lê vários documentos associados ao direito, mas não é bem por aí! Quero deixar claro que é necessário, eventualmente, ler um conto, um poema, uma crônica, um editorial, um livro cujo assunto seja mais voltado para a literatura. A justificativa é simples: diversas bancas examinadoras usam esses textos como base para as questões, logo o meio de se aproximar desses conteúdos, entender de maneira mais clara a matéria e antever as repostas é ler esse tipo de texto eventualmente.

A nossa obra possui praticamente todas as frentes que você precisa dominar quando estuda Língua Portuguesa para concursos públicos: quero dizer que aqui você encontrará – além da gramática normativa – a teoria sobre interpretação de textos, os ensinamentos sobre a Redação de Correspondências Oficiais e as técnicas para escrever a prova discursiva (a tradicional redação). A segmentação do seu tempo deve ser igual, independentemente do foco (gramática, interpretação, redação ou redação oficial). Deve se dedicar à compreensão de cada item em separado, para – depois – mergulhar na prática, com os exercícios ou com os temas que você encontra quando analisa provas anteriores de redação.

Você agora já sabe como estudar, agora é hora de saber como olhar para o melhor conteúdo do planeta!

NÍVEIS DE ANÁLISE DA LÍNGUA PORTUGUESA

Começando o estudo, é importante saber o que cada parte da matéria significa, portanto, faremos uma divisão de análise da Língua Portuguesa. Existem cinco níveis em que podemos analisar a Língua.

1. **Fonético/Fonológico:** estuda a produção, a emissão e a articulação dos sons da língua. Nessa parte, é comum haver questões sobre contagem de fonemas (sons) e letras nas palavras.

2. **Morfológico:** é a parte responsável pela análise da estrutura e da classificação das palavras dentro de uma sentença. Você terá questões sobre as classes de palavras e sobre como elas foram formadas. Essa é a base de todo estudo para compreender a Língua, portanto, estude essa parte feito um condenado!

3. **Sintático:** é a parte da Língua responsável pela análise das funções que cada termo desempenha dentro de uma sentença. É nessa parte que nomes como "sujeito", "objeto" e "predicativo" surgem.

4. **Semântico:** para o mundo do concurso público, essa é a parte que investiga o significado das palavras, ou seja, o seu sentido dicionarizado. Questões sobre sinônimos, antônimos e sobre o significado de um termo dentro de uma frase aparecem aqui.

5. **Pragmático:** nesse nível, encontra-se a análise do sentido que as palavras ou expressões podem assumir em um contexto específico. As questões de interpretação estão aqui!

ATENÇÃO

Dentro da Pragmática, encontra-se a **Estilística**, a parte da análise linguística que se preocupa com o sentido das sentenças. Podemos pensar o sentido de duas maneiras específicas:

- **Denotação (ou sentido denotativo):** sentido real ou literal das palavras ou das expressões. As expressões sentido **referencial** ou **próprio** também podem aparecer para designar a denotação.

Exemplo: É preciso investir na educação brasileira.

Note que não são empregadas expressões figuradas nessa sentença. Todo o conteúdo é compreensível apenas pelo sentido exato das palavras que são utilizadas.

- **Conotação (ou sentido conotativo):** sentido figurado ou alegórico que as palavras podem receber.

Exemplo: A educação é a "bola da vez" nas políticas públicas.

Note que essa frase apresenta a expressão entre aspas (nem sempre virá desse modo), cujo sentido deve ser interpretado como "algo de destaque" ou "algo importante". Esse exemplo que aqui está já foi empregado numa prova da banca CESPE, exatamente com essa frase. Cabia ao candidato reconhecer o sentido da sentença. Fácil, não?

Exemplos para fixação: a seguir, eu colocarei alguns exemplos que são clássicos das minhas aulas, a fim de investigar se você já possui alguns conhecimentos a respeito do que estamos prestes a estudar. Caso você não saiba reconhecer esses elementos todos agora, não há problema! Vamos aprendê-los ao longo do livro.

a) O **boi** comeu o pasto. (Nessa frase, a palavra destacada é um *substantivo* com função de **núcleo do sujeito**.)

b) Eu comprei um **boi**. (Nessa frase, a palavra destacada é um *substantivo* com função de **objeto direto**.)

c) Você parece um **boi** de gordo. (Nessa frase, a palavra destacada é um *substantivo* com função de **núcleo do predicativo do sujeito**.)

d) Não me olhe com essa cara de **boi** murcho. (Nessa frase, a palavra destacada é um *substantivo* com função de **núcleo do complemento nominal**.)

e) Vai, **boi**! (Nessa frase, a palavra destacada é um *substantivo* com função de **vocativo**.)

Perceba que esses elementos se articulam de modo distinto em cada sentença, a depender da relação que estabelecem com os demais que povoam a frase. As bancas costumam questionar a respeito da função que cada termo desempenha na frase. Pode ser que sua banca nem passe perto dessas questões, mas pode ser que ela tenha predileção por questões de sintaxe. Por isso, é importante construir a base de estudos de uma maneira bem sólida.

Eu espero que você tenha entendido, por meio desses exemplos que eu coloquei anteriormente, que uma palavra pode desempenhar diferentes funções sintáticas. Isso quer dizer que NÃO É TUDO A MESMA COISA em Língua Portuguesa. Olho vivo para não confundir essas fronteiras de conteúdo. Quando você vir o termo **morfologicamente**, significará que nossa análise será voltada para aquilo que a palavra é, sua identificação. Quando você vir o termo **sintaticamente**, significará que nossa análise será voltada para aquilo que a palavra faz, ou seja, sua função. Grave isso que eu expliquei na sua alma!

1 Morfologia

A morfologia é a parte da língua que se preocupa com estrutura e com a classificação dos vocábulos. Afirmo para você, sem qualquer medo de errar, que essa é a parte mais importante do nosso estudo, pois é na Morfologia que toda a base da Língua Portuguesa está fundamentada. Digo para meus alunos constantemente: se você tem algum problema em Língua Portuguesa, certamente ele está na Morfologia.

Inicialmente, vamos estudar a parte relacionada à classificação dos termos, pois isso servirá de base para todos os outros conceitos dentro de nosso programa de estudo. Leia isso até sair sangue dos olhos, guerreiro!

1.1. AS 10 CLASSES DE PALAVRAS

Segue uma pequena divisão de quais são as classes de palavras em nossa língua. Convém fazer uma tabela com esses elementos e trazê-los na ponta da língua:

1. **Artigo**: termo que particulariza o sentido de um substantivo.
   Exemplos: o, a, um, uma.

2. **Adjetivo:** termo que caracteriza, qualifica ou indica a origem de outro termo.
   Exemplos: verde, feio, francês, esperto, hábil.

3. **Advérbio:** termo que imprime uma circunstância sobre um verbo, um adjetivo ou um advérbio.
   Exemplos: mal, não, lentamente, hoje, ontem.

4. **Conjunção:** termo de função conectiva, que exprime uma relação de sentido.
   Exemplos: e, mas, que, logo, embora.

5. **Interjeição:** termo que indica estado emotivo momentâneo.
   Exemplos: ai! Ufa! Eita! Oh!

6. **Numeral:** termo que indica quantidade, posição, multiplicação ou fração.
   Exemplos: dois, segundo, duplo, terço.

7. **Preposição:** termo de função conetiva, que exprime uma relação de regência.
   Exemplos: de, com, para, em, por.

8. **Pronome:** termo que substitui ou retoma algo no texto.
   Exemplos: eu, cujo, lhe, alguém.

9. **Substantivo:** termo que nomeia seres, conceitos ou ações na Língua.
   Exemplos: fé, casa, livro, esquadra, fada.

10. **Verbo:** termo que exprime ação, estado, mudança de estado ou fenômeno natural.
    Exemplos: estudar, estar, ficar, nevar.

As classes mais importantes são: **advérbios**, **conjunções**, **preposições**, **pronomes** e **verbos**. Isso não quer dizer que você pode esquecer as demais. Quer dizer, apenas, que você deve centralizar seus estudos nas classes mencionadas.

1.2. OS GRUPOS DE PALAVRAS

Podemos agrupar as classes de palavras em grupos. Esses grupos auxiliam no entendimento de determinadas nomenclaturas. Por isso, é preciso entender sua divisão. Fazemos esse tipo de agrupamento para você entender qual é a relação usual entre os termos morfológicos.

a) **Nominal:**

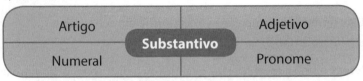

b) **Verbal:**

c) **Relacional:**

Percebeu que a **interjeição** não pertence a nenhum grupo de palavras? Pois é, a interjeição não costuma "se misturar" com o resto da galera. Por isso, ela não há de aparecer em um grupo de palavras.

Essa explicação que eu forneci anteriormente serve para localizar você com relação a um pouco da terminologia que usamos na gramática. Quando falamos de elementos nominais, são os do grupo nominal; quando pensamos em conectivos, estamos falando em termos relacionais. Deu para entender?

A partir de agora, trabalharemos especificamente com cada classe individualmente.

2 Artigo

Artigo é a palavra que define ou indefine um substantivo, particularizando-o de alguma forma. Vamos entender que há uma estreita relação entre um artigo e um substantivo.

Classificação: os artigos podem ser:

- **Definidos:** definem um referente na sentença. São eles: o, a, os, as.
- **Indefinidos:** indefinem um referente na sentença. São eles: um, uma, uns, umas.

Entendamos, nesta divisão, as flexões de **número** e **gênero**:

o/um – singular e masculino
a/uma – singular e feminino
os/uns – masculino e plural
as/umas – feminino e plural

2.1. EMPREGO DOS ARTIGOS

Podemos empregar os artigos da seguinte maneira:

a) Definição de termo:

Pedro é um aluno muito bom de nosso curso. Precisamos de alguém, chamem **o** aluno.

Explicação

Esse aluno já foi mencionado no texto, trata-se de Pedro. Esse tipo de referência se emprega quando a intenção é determinar um substantivo (ou uma palavra que vai se transformar em um substantivo). Dizemos que esse tipo de referência se faz quando um elemento retomado está **saliente** no texto.

Mais exemplos:

Gosto muito de Língua Portuguesa. **A** matéria é interessante demais.

Nos últimos dias, ocorreu uma grande maratona de estudos em Língua Portuguesa. **O** evento foi um sucesso!

b) Indefinição de termo:

Há muitos candidatos à vaga em questão. Chamem **um** aluno para avaliarmos.

Explicação

Nesse tipo de sentença, a intenção é indefinir o termo. Ou seja, não há expressamente um aluno determinado a quem se faz referência. Poderia ser qualquer um.

Mais exemplos:

Uma questão ainda o incomodava: não havia tempo para estudar.

Andava distraído quando avistou **uma** pessoa atravessando a rua.

c) Generalização de termo:

Aluno deve estudar.

Explicação

Veja que o artigo não foi empregado, ou seja, fala-se a respeito de toda a categoria "aluno". O substantivo costuma ser empregado sem qualquer tipo para que ocorra a generalização. Essa é a razão pela qual não se empregam artigos em ditados populares.

Mais exemplos:

Música é coisa séria.

Eu gosto é de desafios.

Economia consiste em equilibrar necessidades e desejos.

d) Substantivação de termo:

O cantar de Maria era horrível. / **Um** não dói mais do que **um** sim.

Explicação

Perceba que, nesse caso, o artigo transformou as palavras *cantar*, *não* e *sim* (verbo e advérbio) em substantivos. A esse processo dá-se o nome de derivação imprópria ou enálage.

Mais exemplos:

O de é uma preposição essencial. (A palavra *de* passou a ter valor de substantivo.)

Um amar estranho pode ser desafiador. (A palavra *amar* passou a ter valor de substantivo.)

Note que, nesse processo de substantivação, é mais natural empregar os artigos (definidos ou indefinidos) no **masculino**, em razão de sua expressão de **neutralidade**.

e) Destaque de termo (ênfase):

João é "**o**" médico!

Paula parece ser "**a**" professora!

Explicação

O elemento em destaque serve para conferir ênfase ao substantivo posterior. É preciso considerar que esse tipo de informação fica mais evidente na fala do que na escrita.

Mais exemplos:

"Eu e outras poesias" é **o** livro!

Aquela parecia ser "**a**" saída para os problemas!

f) Uso com o pronome *todo* (*toda*):

Esse é um problema em todo país. (Trata-se de uma referência a todos os países.)

Esse é um problema em todo **o** país. (Trata-se de uma referência a um país em sua totalidade.)

Toda comunidade necessita de conhecimento. (Todas as comunidades do mundo.)

Toda **a** comunidade necessita de conhecimento. (Apenas uma comunidade, em sua completude.)

Explicação

A diferença fundamental reside na distinção entre **totalidade** e **inteireza**. Quando empregarmos o pronome "todo" sem o artigo em seguida, faremos menção à totalidade do elemento (todos os componentes do grupo). Quando houver a presença do artigo, a menção será feita a um termo apenas, porém com a ideia de completude.

g) Uso com topônimos (substantivos designativos de lugares, regiões ou acidentes geográficos):

Em geral, deve-se empregar o artigo definido antes de topônimos:

O Brasil é fantástico. Adoro **o** Paraguai. Conheci **a** Argentina.

Para alguns topônimos, é facultado o emprego do artigo. São eles: Espanha, França, Inglaterra, Itália, Europa, Ásia e África.

Ficou muito tempo em França e Espanha. Depois voltou para casa.
Ficou muito tempo n**a** França e n**a** Espanha. Depois voltou para casa.

Com relação a nomes de estados brasileiros, alguns recebem o artigo; outros, não. Não se costuma empregar artigo definido antes de Roraima, São Paulo, Santa Catarina, Goiás, Pernambuco, Rondônia e Sergipe.

É registro do falar coloquial antepor o artigo ao substantivo "Goiás". Trata-se, no entanto, de registro muito comum na manifestação oral dos falantes da região.

Com relação a nomes de cidade, não é costume exigir o artigo. Apesar disso, se houver um adjunto adnominal (um determinante), o artigo deverá ser empregado.

Madalena vai para Curitiba.
Madalena vai para **a** <u>bela</u> Curitiba.

h) Ressaltar valor expressivo:

O artigo indefinido pode ser empregado numa expressão para ressaltar algum tipo de valor expressivo ou afetivo.

Aquele livro foi **uma** conquista!
Tudo foi **uma** maravilha!

2.2. QUANDO NÃO EMPREGAMOS O ARTIGO? OU QUANDO SEU EMPREGO SERÁ FACULTATIVO?

Para entender como funciona o princípio de não se empregar um artigo, é necessário saber que essa palavra (o artigo) cumpre a função de **determinante** numa expressão. Um determinante deve ser compreendido como o elemento que acompanha o núcleo de uma expressão, a fim de particularizar o seu sentido de alguma maneira.

Partindo dessa lição, veremos que – em alguns casos – o determinante normalmente não é empregado. Em outras situações, ele NÃO PODE ser empregado. Vejamos cada caso particularmente.

Não empregaremos o artigo:

a) Após o pronome relativo "cujo" (e suas flexões – cuja, cujos, cujas):

Encontrei a menina **cujo** pai estava encarcerado. (correto)
Encontrei a menina **cujo o** pai estava encarcerado. (incorreto)

b) Em provérbios ou ditos populares[1]:

Em casa de ferreiro, espeto de pau.
Ladrão que rouba ladrão tem cem anos de perdão.
Em boca fechada, não entra mosca.

c) Diante do substantivo *casa* quando designar própria residência[2]:

Jonas gosta de ficar em casa, pois é pouco sociável.
Quando eu voltar para casa, ficarei mais feliz!

Se o substantivo designar a residência de outra pessoa, será possível empregar o artigo:

Quando eu voltar para **a** casa **de Mariana**, ficarei mais feliz!

Na realidade, esse princípio é bastante simples. Basta que o substantivo apareça com uma especificação (determinação) intencional. Isso evocará a presença do artigo. A despeito disso, bem se nota que – em diversas regiões do Brasil – os falares populares indicam outra modalidade de referência, sem o artigo. O que seria possível notar pelo exemplo:

Não sei onde está agora, mas sempre o vejo em casa de Mariana.

Eu não vou indicar essa forma como privilegiada, pois se trata – no mais das vezes – de uma circunstância **coloquial**[3].

d) Diante do substantivo *terra*, quando indicativo contrário de "bordo" (ou seja, quando indicar "solo").

Após voltarem da viagem, os tripulantes ficaram em terra.
Passou em terra duas horas para depois embarcar.

---

[1] Veja que na frase: Melhor **um** pássaro na mão do que dois voando, há a oposição que indica quantidade. Isso quer dizer que há um numeral na frase, não um artigo.

[2] Note que essas palavras são empregadas para designar que a casa é a residência do referente da sentença.

[3] Vale diferenciar, agora, o que significa o termo **coloquial**. Trata-se de um adjetivo que é empregado para designar algo relativo à fala, ou seja, sem muita preocupação com o registro **formal**, que é mais rigoroso e esmerado.

O emprego do artigo será facultativo (com algumas ressalvas):

a) Diante de um substantivo próprio (antropônimo, ou seja, nome de pessoa), contanto que não seja um nome histórico ou religioso.

> Falávamos com Juliana na semana passada.
>
> Falavamos com **a** Juliana na semana passada.

Cabe ressaltar, nesse caso, que o emprego do artigo indica a saliência discursiva, ou seja, a referência a um elemento que estava presente no texto anteriormente. Além disso, é possível empregar o artigo antecipando um substantivo próprio relativo a um indivíduo que apareceria – pressupostamente – saliente na consciência dos falantes. Em palavras mais simples: o artigo poderia designar que os membros da situação comunicativa (frase, conversa, discurso) conhecem o indivíduo mencionado.

Quando houver substantivos designativos de grandes vultos (personalidades históricas ou religiosas), é de boa prática não empregar o artigo, a não ser que esse substantivo venha delimitado por um adjunto adnominal (ou seja, se ele estiver especificado de alguma maneira).

> Dante Alighieri escreveu uma obra triunfal.
>
> Maria de Nazaré sempre é mencionada em suas narrativas.
>
> Joana D'Arc foi obrigada a lutar!

No entanto, caso esteja delimitado o sentido do elemento (na maior parte dos casos em razão de uma expressão figurada), é possível empregar o artigo.

> Samuel me tomou **o** Dante e o guardou no armário. (Nesse caso, o nome representa a obra "A Divina Comédia", de Dante Alighieri.)

b) Diante de pronomes possessivos em função adjetiva.

Um pronome possessivo, quando estiver acompanhando um substantivo, terá função adjetiva, ou seja, será um determinante na sentença. Em ocasiões dessa natureza, o emprego do artigo é facultativo, uma vez que é redundante utilizar dois determinantes de natureza semelhante.

> **A** minha tese foi muito discutida.
>
> Minha tese foi muito discutida.

Note, contudo, que, caso o pronome possessivo tenha natureza substantiva, ou seja, sem acompanhar um elemento, o artigo deverá ser empregado obrigatoriamente.

> Amadeu falou sobre **o** seu carro, não sobre **o** meu.

Veja como, nessa situação, repetimos o artigo diante dos elementos para manter a distinção entre as unidades que compõem a sentença. Regularmente, chama-se a esse fenômeno de *paralelismo*.

2.3. COMO DIFERENCIAR UM ARTIGO DE UM NUMERAL?

Há uma questão que tira o sono de vários gramáticos com relação aos artigos: trata-se de qual o mecanismo mais preciso para diferenciá-los de um numeral. Evidentemente, estou falando do artigo indefinido *um* (*uma*).

A lição mais simples está em buscar as pistas contextuais que diferenciam o artigo do numeral. O artigo indefinido é empregado para demonstrar uma imprecisão a respeito da especificação do substantivo. O numeral, por sua vez, será utilizado a fim de designar a unidade ou a singularidade. Vejamos os casos:

> Para pregar isso na parede, necessito de **um** martelo. (Aqui, temos um artigo.)
>
> Para pregar isso na parede, necessito de **um** martelo, não de dois. (Aqui temos um numeral.)

Isso quer dizer que a intenção é determinante para poder identificar com competência a distinção entre esses elementos. Além disso, vou sugerir uma dica que pode facilitar ainda mais o processo:

Tente empregar a palavra *apenas* para identificar a intenção comunicativa. Se eu disser que "necessito de *apenas* **um** martelo", ficará evidente a minha intenção de fazer referência à unidade. Lembre-se de que essa palavra facilitadora deve aparecer **antes** do artigo, a fim de esse princípio fazer sentido.

COMO ISSO CAI NA PROVA?

O tipo mais comum de questão é aquele em que a banca exige a identificação da diferença entre um artigo, uma preposição, um pronome oblíquo e um pronome demonstrativo. Não costuma ser uma questão difícil, mas é preciso ficar atento para a relação entre o artigo e o substantivo. Veja que há muita explicação sobre o emprego do artigo, mas – para ser bem sincero – você deve concentrar sua percepção inicialmente na diferença entre o artigo e as demais classes de palavras.

> ▶ (2016 – Jota Consultoria – Câmara de Mesópolis-SP – Assessor Jurídico – questão adaptada) Indique a alternativa em que o artigo tem valor qualitativo:
>
> a) Encontre-o, ele é o cozinheiro! Ninguém o supera.
>
> b) Aqueles são os alunos que lhe falei.
>
> c) Muito é a bagunça; pouca é a ordem.
>
> d) Paciência e sabedoria, estas qualidades não as tenho.
>
> e) As dúvidas que a afligem não me deixam preocupado.

Resposta: a.

Comentário: o artigo que antecede o substantivo *cozinheiro* é empregado para indicar alguma qualidade (ênfase) do elemento em questão. Por isso, possui valor qualitativo.

Veja outra questão:

➤ (2016 – Itame – Prefeitura de Aragoiânia-GO – Biólogo) Leia a frase:

Trouxe **as** revistas que você encomendou, mas não consegui comprar **as** de esporte, porque não **as** encontrei na banca de jornal, perto de casa. As palavras destacadas são respectivamente:

a) artigo/artigo/pronome demonstrativo.

b) artigo/pronome demonstrativo/pronome pessoal oblíquo.

c) pronome demonstrativo/artigo/pronome pessoal oblíquo.

d) pronome pessoal oblíquo/pronome demonstrativo/artigo.

Resposta: b.

Comentário: o artigo *as* antecede o substantivo *revistas*; o pronome demonstrativo *as* (equivalente à forma *aquelas*) está empregado para retomar *as revistas*; o pronome oblíquo *as* foi empregado para servir de complemento ao verbo *encontrar*.

Veja esta questão:

➤ (2016 – FGV – SEE-PE – Professor-Matemática) *"O único consolo que sinto ao pensar na inevitabilidade da minha morte é o mesmo que se sente quando o barco está em perigo: encontramo-nos todos na mesma situação."* (**Tolstói**)

Assinale a opção que apresenta o segmento do texto em que o emprego do artigo definido é optativo.

a) "O único consolo".

b) "ao pensar".

c) "inevitabilidade da minha morte".

d) "quando o barco está em perigo".

e) "todos na mesma situação".

Resposta: c.

Comentário: o artigo é optativo na expressão *inevitabilidade da minha morte* porque o pronome possessivo *minha* já funciona como determinante do substantivo *morte*. Por essa razão, o emprego do artigo é facultativo. Note que, em todos os outros casos, o artigo é obrigatoriamente empregado para determinar a expressão.

 2.4. EXERCÍCIOS

1. (2017 – INAZ do Pará – DPE-PR – Técnico de Informática – *Questão adaptada*) No trecho "E dali **a** alguns dias **a** mãe estava abrindo **um** crediário!", os termos destacados são respectivamente:

   a) Artigo, artigo, numeral.

   b) Artigo, preposição, artigo.

   c) Artigo, artigo, artigo.

   d) Preposição, artigo, numeral ordinal.

   e) Preposição, artigo, artigo.

2. (2016 – Jota Consultoria – Câmara de Mesópolis-SP – Assessor Jurídico) Indique a alternativa em que o artigo tem valor qualitativo:

   a) Encontre-o, ele é o cozinheiro! Ninguém o supera.

   b) Aqueles são os alunos que lhe falei.

   c) Muito é a bagunça; pouca é a ordem.

   d) Paciência e sabedoria, esta qualidades não as tenho.

   e) As dúvidas que a afligem não me deixam preocupado.

3. (2016 – Prefeitura do Rio de Janeiro-RJ – Assistente Administrativo) A construção "... todas as crianças do mundo gostam de sorvete." segue a norma padrão da língua quanto ao emprego do artigo definido após os pronomes indefinidos **todos** e **todas**. De acordo com a norma padrão, **NÃO** cabe o artigo definido na seguinte frase:

   a) Todos ___ dias a mesma família está ali na calçada.

   b) Essas pessoas são todas ___ inconsequentes.

   c) Com os ensinamentos do especialista, todos ___ seus problemas se acabam.

   d) Todas ___ segundas-feiras ele inicia uma nova dieta.

4. (2015 – UNA Concursos – Prefeitura de Flores da Cunha-RS – Atendente) Assinale a frase abaixo, cuja palavra grifada contempla um artigo indefinido:

a) "Senti <u>uma</u> grande emoção quando recebi um saquinho com as moedas arrecadadas..."

b) "... a solidariedade é um fruto encontrado <u>em</u> todas as estações."

c) "<u>Nem</u> os pais sabiam do incrível plano de ação fraterna."

d) "Aprender com <u>as</u> crianças é alcançar a essência."

5. (2015 – CRF-TO – Auxiliar de Serviços Gerais) Marque a alternativa CORRETA:

a) O, a, os, as são artigos definidos.

b) Um, uma, uns, umas são adjetivos.

c) O, a, os, as são artigos indefinidos.

d) Um, uma, uns, umas são artigos definidos.

2.5. GABARITO

1 – e

2 – a

3 – b

4 – a

5 – a

IMPORTANTE

Há muitas questões que exigem a distinção entre uma preposição (*a*) e um artigo definido feminino (*a*). Não coloquei essas questões aqui porque ainda não estudamos as preposições. Você as encontrará futuramente!

3 Adjetivo

Pode-se definir "adjetivo" como o termo que indica característica, qualidade ou a origem de determinado elemento. Na verdade, essa é uma definição mais prática dos adjetivos, a fim de evitar confusão conceitual.

Em uma frase como:

Minha caneta é **bonita**, **azul** e **alemã**.

É possível identificar a indicação de cada palavra destacada.

bonita (qualidade)
azul (característica)
alemã (origem)

Isso quer dizer que – para iniciar a nossa conversa – o adjetivo costuma vir relacionado a um substantivo com a finalidade de indicar algum tipo de propriedade que lhe pode ser inerente ou não.

Perceba que o adjetivo que exprime uma qualidade demonstra mais claramente a subjetividade do enunciador em um contexto simples de comunicação. Quero dizer que é mais fácil perceber a opinião ou o ponto de vista de quem seleciona um adjetivo de natureza **subjetiva** do que pela seleção de um adjetivo de natureza **objetiva**.

Essa distinção serve para auxiliar o leitor na interpretação dos textos. O escritor que deixa seus juízos de valor mais transparentes emprega em larga escala adjetivos subjetivos (aqueles que exprimem qualidades). É claro que, a depender da intenção comunicativa, os demais adjetivos também podem entrar "no baile" da demonstração de opiniões, mas isso só pode ser analisado ao se considerar toda a situação em que ocorre a comunicação. Dito isso, vamos estudar a classificação dos adjetivos.

Um adjetivo designativo de nacionalidade recebe o nome de adjetivo **pátrio**, assim como os designativos de raça recebem o nome de **gentílicos** ou étnicos, porém hodiernamente essa nomenclatura foi simplificada. Veja alguns exemplos:

Adjetivos pátrios: brasileiro, alemão, francês, iraniano.
Adjetivos gentílicos: europeu, asiático, saxão, africano.

Os principais sufixos que formam adjetivos pátrios ou gentílicos são **-ano**, **-ão**, **-ense**, **-ês**, **-ita**, **-ota**, **-eno**, **-ino**.

Eu vou inserir uma bela tabela com adjetivos pátrios para que você possa dar uma boa consultada!

3.1. LISTA DE ADJETIVOS PÁTRIOS (PAÍSES OU TERRITÓRIOS)

País	Adjetivo
Afeganistão	afegane ou afegão
África do Sul	sul-africano ou austro-africano
Albânia	albanês
Alemanha	alemão, germânico, germano ou teutônico
Andorra	andorrano ou andorrense
Angola	angolano ou angolense
Antígua e Barbuda	antiguano
Antilhas	antilhano ou antilhense
Arábia	árabe
Arábia Saudita	saudita, árabe-saudita
Argélia	argelino ou argeliano
Argentina	argentino
Armênia	armênio
Atenas	ateniense
Austrália	australiano, australês ou austrálio
Áustria	austríaco
Azerbaijão	azerbaijano ou azeri
Bahamas	bahamense, baamense, baamês, baamiano ou bahamiano
Bangladesh	bangladeshiano
Barbados	barbadiano
Barein	bareinita
Bélgica	belga
Belize	belizenho ou belizense
Benim	beninense ou beninês
Bielorrússia	bielorrusso ou russo-branco
Birmânia	birmanês, birmã, birmane ou mianmarense
Bogotá	bogotano
Bolívia	boliviano
Bósnia e Herzegovina	bósnio, herzegóvino, bosniense, bosníaco ou bosniano

País	Adjetivo
Botsuana	botsuanense ou botsuanês
Brasil	brasileiro ou brasiliano
Brunei	bruneano
Buenos Aires	portenho, bonaerense ou buenairense
Bulgária	búlgaro
Burkina Faso	burquinense, burquinabê ou burquino
Burundi	burundiense, burundinês ou burundiano
Butão	butanês, butanense, butâni ou butani
Cabo Verde	cabo-verdiano
Camarões	camaronense ou camaronês
Camboja	cambojano, cambojiano ou campucheano
Canadá	canadense, canadiano ou canadiense
Catalunha	catalão
Catar	catariano ou catarense
Cazaquistão	cazaquistanês ou cazaque
Chade	chadiano ou chadiense
Chile	chileno
China	chinês, china, chim ou chino
Chipre	cipriota, cíprio ou chiprense
Cingapura	cingapurense ou cingapuriano
Colômbia	colombiano
Comores	comoriano ou comorense
Congo	congolês, congo ou conguês
Coreia do Norte	coreano ou norte-coreano
Coreia do Sul	coreano ou sul-coreano
Costa do Marfim	marfiniano, marfinense, ebúrneo ou costa--marfinense
Costa Rica	costa-riquenho ou costa-riquense
Croácia	croata
Cuba	cubano
Curdistão	curdo
Dinamarca	dinamarquês, danês ou dano
Djibuti	djibutiano ou djibutiense
Egito	egípcio, egipcíaco ou egipciano
El Salvador	salvadorenho ou salvatoriano

País	Adjetivo
Emirados Árabes Unidos	emiradense
Equador	equatoriano
Eritreia	eritreu
Escócia	escocês
Eslováquia	eslovaco
Eslovênia	esloveno
Espanha	espanhol
Estados Unidos	norte-americano, estadunidense, americano, ianque, americano-do-norte ou estado-unidense
Estônia	estoniano ou estônio
Etiópia	etíope ou etiópio
Fiji	fijiano, fidjiano
Filipinas	filipino
Finlândia	finlandês ou finês
Formosa	formosino ou formosano
França	francês
Gabão	gabonense ou gabonês
Gália	gaulês
Gâmbia	gambiano ou gambiense
Gana	ganense ou ganês
Geórgia	georgiano ou geórgico
Granada	granadino
Grécia	grego, heleno ou argivo
Groenlândia	groenlandês ou gronelandês
Guatemala	guatemalteco ou guatemalense
Guiana	guianense ou guianês
Guiné	guineano ou guinéu
Guiné Equatorial	guinéu-equatoriano
Guiné-Bissau	guineense
Haiti	haitiano
Havana	havanês ou havano
Holanda	holandês, neerlandês ou batavo
Honduras	hondurenho
Hungria	húngaro ou hungarês
Iêmen	iemenita

País	Adjetivo
Ilhas Marshall	marshalino
Ilhas Salomão	salomônico
Índia	indiano, índio, índu ou hindu
Indonésia	indonésio
Inglaterra	inglês, anglo, anglo-saxão ou britânico
Irã	iraniano ou irânico
Iraque	iraquiano
Irlanda	irlandês
Islândia	islandês
Israel	israelense ou israeliano
Itália	italiano, itálico ou ítalo
Iugoslávia	iugoslavo ou juguslavo
Jamaica	jamaicano ou jamaicense
Japão	japonês ou nipônico
Jordânia	jordaniano, jordaniense ou jordânio
Kiribati	kiribatiano
Kuwait	kuwaitiano
Laos	laosiano ou laosense
Lesoto	lesotiano, lesotense ou lesoto
Letônia	letão ou leto
Líbano	libanês
Libéria	liberiano
Líbia	líbio ou líbico
Liechtenstein	liechtensteinense, liechtensteiniano, liechtensteiniense ou listenstainiano
Lituânia	lituano, lituânico ou lituânio
Luanda	luandense ou luandês
Luxemburgo	luxemburguês
Macedônia	macedônio ou macedônico
Madagascar	madagascarense ou malgaxe
Malásia	malásio, malaio ou malasiano
Malaui	malauiano, malauiense, malaui, malaviano ou malavita
Maldivas	maldívio, maldivano, maldiviano ou maldivo
Mali	maliano

País	Adjetivo
Malta	maltês
Marrocos	marroquino
Maurício	mauriciano
Mauritânia	mauritaniano ou mauritano
México	mexicano
Micronésia	micronésio
Moçambique	moçambicano
Moldávia	moldávio
Mônaco	monegasco
Mongólia	mongol, mongolino ou mongólico
Montenegro	montenegrino
Moscou	moscovita
Namíbia	namibiano ou namíbio
Nauru	nauruano
Nepal	nepalês
Nicarágua	nicaraguano ou nicaraguense
Níger	nigerino ou nigerense
Nigéria	nigeriano
Noruega	norueguês
Nova Zelândia	neozelandês
Omã	omanense, omaniano ou omani
País de Gales	galês ou galense
Palau	palauano ou palauense
Panamá	panamenho ou panamense
Papua Nova Guiné	papua ou papuásio
Paquistão	paquistanense ou paquistanês
Paraguai	paraguaio ou paraguaiano
Pequim	pequinês
Peru	peruano ou peruviano
Polônia	polonês ou polaco
Porto Rico	porto-riquenho ou porto-riquense
Portugal	português, lusitano ou luso
Quênia	queniano
Quirguistão	quirguistanês ou quirguiz
República Centro-Africana	centro-africano

País	Adjetivo
República Dominicana	dominicano
Romênia	romeno
Ruanda	ruandês
Rússia	russo
Salomão	salomônico
Samoa Ocidental ou Americana	samoano ou samoense
San Marino	san-marinense ou são-marinense
Santa Lúcia	santa-lucense
São Cristóvão e Névis	são-cristovense
São Tomé e Príncipe	são-tomense ou santomense
São Vicente e Granadinas	são-vicentino
Sardenha	sardo
Seicheles	seichelense ou seychellense
Senegal	senegalês, senegalense ou senegaliano
Serra Leoa	serra-leonense ou serra-leonês
Sérvia	sérvio
Síria	sírio ou siríaco
Somália	somali ou somaliano
Sri Lanka	cingalês
Suazilândia	suazi, suázi ou suazilandês
Sudão	sudanês
Suécia	sueco
Suíça	suíço, helvécio ou helvético
Suriname	surinamense ou surinamês
Tadjiquistão	tadjique ou tadjiquistanês
Tailândia	tailandês
Taiwan	taiwanês
Tanzânia	tanzaniano
Tchecoslováquia	tcheco, tchecoslovaco, checo ou checoslovaco
Tibete	tibetano
Timor Leste	timorense ou timor
Togo	togolês, togolense, toguense ou toguês
Tonga	tonganês
Trinidad e Tobago	trinitário, trinitário-tobagense e tobaguiano

País	Adjetivo
Tunísia	tunisiano
Turcomenistão	turcomeno
Turquia	turco
Tuvalu	tuvaluano
Ucrânia	ucraniano
Uganda	ugandense ou ugandês
Uruguai	uruguaio ou uruguaiano
Uzbequistão	uzbeque ou uzbequistanês
Vanuatu	vanuatense ou vanuatuense
Vaticano	vaticano
Venezuela	venezuelano
Vietnã	vietnamita ou vietnamense
Zaire	zairense
Zâmbia	zambiano, zambiense ou zâmbio
Zimbábue	zimbabuense ou zimbabuano

3.2. ADJETIVOS PÁTRIOS DOS ESTADOS BRASILEIROS

Estado	Adjetivo
Acre	acriano
Alagoas	alagoano ou alagoense
Amapá	amapaense
Amazonas	amazonense
Bahia	baiano ou baiense
Ceará	cearense
Brasília (Distrito Federal)	brasiliense
Espírito Santo	espírito-santense ou capixaba
Goiás	goiano
Maranhão	maranhense ou maranhão
Mato Grosso	mato-grossense
Mato Grosso do Sul	mato-grossense-do-sul ou sul-mato-grossense
Minas Gerais	mineiro ou geralista
Pará	paraense, paroara ou parauara
Paraíba	paraibano
Paraná	paranaense, paranista ou tingui
Pernambuco	pernambucano

Estado	Adjetivo
Piauí	piauiense ou piauizeiro
Rio de Janeiro	fluminense
Rio Grande do Norte	rio-grandense-do-norte, norte-rio-grandense ou potiguar
Rio Grande do Sul	rio-grandense-do-sul, sul-rio-grandense ou gaúcho
Rondônia	rondoniense ou rondoniano
Roraima	roraimense
Santa Catarina	catarinense, santa-catarinense, catarineta ou barriga-verde
São Paulo	paulista ou bandeirante
Sergipe	sergipano ou sergipense
Tocantins	tocantinense

3.3. ADJETIVOS PÁTRIOS DAS CAPITAIS BRASILEIRAS

Cidade	Adjetivo
Aracaju (Sergipe)	aracajuano ou aracajuense
Belém (Pará)	belenense
Belo Horizonte (Minas Gerais)	belo-horizontino
Boa Vista (Roraima)	boa-vistense
Brasília (Distrito Federal)	brasiliense ou candango
Campo Grande (Mato Grosso do Sul)	campo-grandense
Cuiabá (Mato Grosso)	cuiabano
Curitiba (Paraná)	curitibano
Florianópolis (Santa Catarina)	florianopolitano
Fortaleza (Ceará)	fortalezense
Goiânia (Goiás)	goianiense
João Pessoa (Paraíba)	pessoense
Macapá (Amapá)	macapaense
Maceió (Alagoas)	maceioense
Manaus (Amazonas)	manauense, manauara ou baré
Natal (Rio Grande do Norte)	natalense ou papa-jerimum
Palmas (Tocantins)	palmense
Porto Alegre (Rio Grande do Sul)	porto-alegrense
Porto Velho (Rondônia)	porto-velhense

Cidade	Adjetivo
Recife (Pernambuco)	recifense
Rio Branco (Acre)	rio-branquense
Rio de Janeiro (Rio de Janeiro)	carioca
Salvador (Bahia)	soteropolitano ou salvadorense
São Luís (Maranhão)	são-luisense ou ludovicense
São Paulo (São Paulo)	paulistano
Teresina (Piauí)	teresinense
Vitória (Espírito Santo)	vitoriense

Cabe uma ressalva importante neste momento: a maior parte das bancas "de respeito" não costuma cobrar adjetivos pátrios que estão fora dessas listas. Bancas pequenas ou conhecidas por inexperiência na elaboração de provas podem apresentar esse tipo de questão, que chamamos de **Questão de P**é de **P**ágina (daqui para frente, usaremos a sigla **QPP**).

3.4. ADJETIVOS COMPOSTOS

Como o conteúdo só pode ficar mais legal, ainda há os adjetivos compostos, ou seja, formados por mais de uma raiz na designação da origem. Você notará que – para realizar a composição do adjetivo – uma das formas fica reduzida enquanto a outra assume a forma completa.

A seguir, reproduzo uma lista com essas formas a fim de que você possa entender o procedimento e o significado. Eventualmente, isso vira assunto de questão, logo é muito importante passar os olhos pelo que está por vir.

3.4.1. Formas reduzidas de adjetivos pátrios

afro- (África)

américo- (América)

anglo- (Inglaterra)

ásio- (Ásia)

australo- (Austrália)

austro- (Áustria)

belgo- (Bélgica)

brasilo- (Brasil)

dano- (Dinamarca)

euro- (Europa)

fino- (Finlândia)

franco- (França)

galaico- ou galego- (Galiza)

germano- ou teuto- (Alemanha)

greco- (Grécia)

hispano- (Espanha)

indo- (Índia)

ítalo- (Itália)

luso- (Portugal)

nipo- (Japão)

sino- (China)

Exemplos de adjetivos pátrios compostos:

luso-brasileiro	português + brasileiro
nipo-brasileiro	japonês + brasileiro
afro-brasileiro	africano + brasileiro
afro-americano	africano + americano
anglo-americano	inglês + americano
hispano-americano	espanhol + americano
indo-europeu	indiano + europeu
euro-africano	europeu + africano
greco-romano	grego + romano
austro-húngaro	austríaco + húngaro
brasilo-argentino	brasileiro + argentino
brasilo-paraguaio	brasileiro + paraguaio
sino-brasileiro	chinês + brasileiro
fino-brasileiro	finlandês + brasileiro
teuto-brasileiro	alemão + brasileiro
sino-germânico	chinês + alemão
ásio-europeu	asiático + europeu
belgo-francês	belga + francês
sino-japonês	chinês + japonês
hispano-português	espanhol + português
franco-italiano	francês + italiano
sino-russo	chinês + russo
américo-africano	americano + africano
brasilo-venezuelano	brasileiro + venezuelano
hispano-greco-italiano	espanhol + grego + italiano
ítalo-teuto-nipônico	italiano + alemão + japonês

Caso seja necessário fazer a flexão de algum desses adjetivos compostos (em gênero ou em número), apenas o último elemento há de ser modificado. Veja:

Escultura greco-romana — **Esculturas** greco-roman**as**

Cidadão franco-brasileiro — **Cidadãos** franco-brasileiro**s**

Carro nipo-brasileiro — **Casa** nipo-brasileir**a**

Questões sobre adjetivos pátrios podem ser aplicadas em provas de concursos de natureza mais regional. Não é muito comum que bancas importantes cobrem esse tipo de assunto por ser QPP. Em todo caso, saiba que – quando isso cai em prova – costuma ser da seguinte maneira:

COMO ISSO CAI NA PROVA?

▶ (2016 – MS Concursos – Creci 1ª Região (RJ) – Advogado) Considerando os adjetivos pátrios, aquele que é natural da Finlândia, Israel, Estados Unidos, Singapura, França e Reino Unido denomina-se, na respectiva ordem:

a) Finlandino, israelense, norte-americano, singapurense, francês e reino-unidense.

b) Finlandês, israelense, americano, singapuranense, francês e reino-unidense.

c) Finlandino, israelita, estadunidense, singapurense, francês e britânico.

d) Finlandês, israelense, ianque, singapurense, francês e britânico.

Resposta: d.

Comentário: talvez, o que mais poderia ser complexo nessa questão é o fato de a banca ter exigido o conhecimento do adjetivo *ianque*. Ele é relativo ao cidadão da chamada Nova Inglaterra, ou seja, à região mais ao norte dos Estados Unidos.

Agora você já sabe identificar os **tipos** de adjetivos. Convém, a partir de então, refinar a classificação desses elementos.

3.5. CLASSIFICAÇÃO PELA EXPRESSÃO[1]

a) Adjetivo <u>explicativo</u>: indica uma qualidade que já pertence ao substantivo. Isso quer dizer que se trata de uma propriedade inerente:

Fogo *quente*/homem *mortal*/água *molhada*. (Todo fogo é quente, todo homem é mortal e toda água é molhada.)

b) Adjetivo <u>restritivo</u>: indica uma qualidade nova, que restringe a categoria do substantivo. Trata-se de uma propriedade não inerente. Por isso, restringe a extensão do significado de seu referente.

Aluno *estudioso*/homem *honesto*/dia *ensolarado*. (Nem todo aluno é estudioso – que não seja o seu caso –, nem todo homem é honesto, nem todo dia é ensolarado.)

Para realizar essa classificação de maneira competente, tente generalizar a ideia contida no elemento, se for possível, a propriedade será inerente (explicativa); se não for, não será inerente (será restritiva).

Empregando um raciocínio matemático da Teoria dos Conjuntos, é possível visualizar o que se pretende com essa classificação:

Quando pensa em homem **mortal**, deve-se representar a ideia da seguinte forma:

Conjunto dos seres mortais

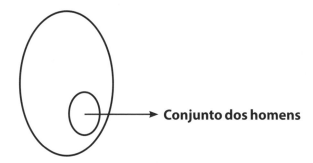

Ou seja, o grupo dos homens (com todos os seus seres) está contido no grupo dos seres mortais.

Agora, quando se pensa em homem **educado**, a representação passa a ser a seguinte:

---

[1] Essa classificação será muito importante para que você compreenda a função das orações adjetivas, assunto relacionado à sintaxe do período composto.

Conjunto dos homens

Conjunto dos homens educados

Isso quer dizer que o conjunto dos homens educados está contido no conjunto dos homens, mas representa uma parcela menor do que a totalidade dos indivíduos do grupo, pois se trata de uma propriedade específica.

É preciso esclarecer, contudo, que essa análise deve ser feita isoladamente sempre que se tomar uma expressão para a leitura, pois não se pode pensar em um adjetivo explicativo ou restritivo antes de analisar sua relação com o referente.

3.6. CLASSIFICAÇÃO PELA FORMAÇÃO

Quanto à formação, um adjetivo pode ser **simples**, **composto**, **primitivo** ou **derivado**. Você verá que eu falo em raiz na explicação que se segue. Talvez, você pergunte: mas o que é a raiz de uma palavra? Vou explicar agora para você não ficar com dúvidas:

Raiz, radical ou morfema lexical (nome bem chique) é a porção da palavra que "guarda o seu sentido primitivo". Há quem diga que se trata da parte que não muda em uma palavra (apesar de haver controvérsias). Pense assim, de maneira simples: de onde veio tal forma (palavra)? Se encontrar a forma original, provavelmente você encontrou o radical!

Vamos à classificação:

a) Simples (possui apenas uma raiz): romano, amarelo.

b) Composto (possui mais de uma raiz): greco-romano, amarelo-canário.

c) Primitivo (não possui qualquer tipo de derivação): bom, mau, magro, esbelto.

d) Derivado (é derivado de outra palavra): bond<u>oso</u>, mal<u>évolo</u>.

Fique de olho: uma classificação não exclui a outra, ou seja, um adjetivo será simples e derivado, ou simples e primitivo. Quero dizer que se deve fazer cada classificação em separado.

3.7. DIFERENÇA ENTRE ADJETIVO E LOCUÇÃO ADJETIVA

Essa é uma diferenciação importante para que você não se confunda na hora de analisar questões. Uma **locução** será sempre um <u>conjunto de palavras que possui um sentido apenas</u>. Isso quer dizer que o **adjetivo** será <u>uma só palavra</u> (mesmo que ligada por hífen), ao passo que a locução adjetiva é uma combinação de palavras com o sentido de um adjetivo (com a função de um adjetivo). Exemplos:

> Turno **matutino** (adjetivo)
> Turno **da manhã** (locução adjetiva)

> Temporada **hibernal** (adjetivo)
> Temporada **de inverno** (locução adjetiva)

> Problema **social** (adjetivo)
> Problema **da sociedade** (locução adjetiva)

Você deve ter notado que a estrutura comum de uma locução adjetiva é uma **preposição** seguida de um **substantivo**. Também deve ter percebido que – usualmente – há um adjetivo correspondente à locução que se constrói. Isso corresponde à maioria dos casos, mas não generalize: não é sempre assim!

Veja os exemplos abaixo:

Sobre a formação da locução adjetiva:

> Conjuntura **de hoje** (preposição + advérbio)
> Parte **de trás** (preposição + preposição)

Sobre a correspondência de um adjetivo:

> Desculpas **sem pé nem cabeça**. (Não há um adjetivo correspondente.)
> Determinação **de Jonas**. (Não há um adjetivo correspondente.)[2]

É comum haver questões que exijam a identificação da relação entre o adjetivo e a locução adjetiva correspondente. Pensando nisso, vou colocar uma lista para você poder estudar!

---

[2] Deve-se compreender que a língua não é algo morto, estanque. Trata-se de algo vivo, logo é possível que, em algum momento, um vocábulo para isso seja criado!

Exemplos de locução adjetiva e seus respectivos adjetivos:

Locução adjetiva	Adjetivo correspondente
de abdômen	abdominal
de abelha	apícola
de aluno	discente
de anjo	angelical
de ano	anual
de astro	sideral
de audição	ótico
de bispo	episcopal
de boca	bucal ou oral
de boi	bovino
de cabeça	cefálico
de cabelo	capilar
de cabra	caprino
de campo	campestre ou rural
de cão	canino
de cavalo	cavalar, equino, equídio ou hípico
de chumbo	plúmbeo ou plúmbico
de chuva	pluvial
de cidade	urbano ou citadino
de circo	circense
de criança	pueril ou infantil
de decoração	decorativo
de dedo	digital
de diamante	diamantino ou adamantino
de elefante	elefantino
de enxofre	sulfúrico
de esmeralda	esmeraldino
de estômago	estomacal ou gástrico
de estrela	estelar
de éter	etéreo
de fábrica	fabril
de face	facial
de faraó	faraônico
de farinha	farináceo

Locução adjetiva	Adjetivo correspondente
de fera	ferino
de ferro	férreo
de fígado	figadal ou hepático
de fogo	ígneo
de frente	frontal
de gado	pecuário
de galinha	galináceo
de garganta	gutural
de gato	felino
de gelo	glacial
de governo	governamental
de guerra	bélico
de homem	viril ou humano
de idade	etário
de ilha	insular
de intestino	celíaco ou entérico
de inverno	hibernal ou invernal
de irmão	fraterno
de junho	junino
de lado	lateral
de lago	lacustre
de lágrima	lacrimal
de laringe	laríngeo
de leão	leonino
de leite	lácteo ou láctico
de lobo	lupino
de lua	lunar
de mãe	materno
de macaco	simiesco, símio ou macacal
de madeira	lígneo
de manhã	matinal
de mar	marítimo
de marfim	ebúrneo ou ebóreo
de memória	mnemônico ou mnêmico
de mestre	magistral

Locução adjetiva	Adjetivo correspondente
de monge	monacal
de monstro	monstruoso
de morte	mortal
de nariz	nasal
de neve	níveo
de noite	noturno
de nuca	occipital
de orelha	auricular
de osso	ósseo
de ouro	áureo ou dourado
de outono	outonal
de ovelha	ovino
de pai	paterno
de paixão	passional
de pâncreas	pancreático
de páscoa	pascal
de peixe	písceo
de pele	cutâneo ou epitelial
de pombo	columbino
de porco	suíno ou porcino
de prata	argênteo, argírico ou prateado
de professor	docente
de pulmão	pulmonar
dos quadris	ciático
de rei	real
de rim	renal ou nefrítico
de rio	fluvial
de sangue	sanguíneo
de serpente	ofídico, serpentino
de sol	solar
de sonho	onírico
de tarde	vespertino
de tecido	têxtil
de terra	telúrico, terrestre ou terreno
de tórax	torácico
de velho	senil
de vento	eólico

Locução adjetiva	Adjetivo correspondente
de verão	estival
de víbora	viperino
de vidro	vítreo ou hialino
de virgem	virginal
de visão	óptico ou ótico
de voz	vocal ou vocálico

3.8. FLEXÃO DOS ADJETIVOS

Antes de explicar essas regras, é importante entender o que é flexão. Sempre que houver a possibilidade de modificar as desinências de uma palavra, pensaremos sobre essa ideia de flexionar. Para facilitar, associe à ideia de dobrar algo. Em nossa língua, os adjetivos podem ser flexionados (dobrados) da seguinte maneira:

a) Em **gênero**[3]: consiste na distinção entre masculino e feminino.

b) Em **número**: consiste na distinção entre singular e plural.

c) Em **grau**: para os adjetivos, consiste na distinção entre o que se chama de comparativo e de superlativo.

3.9. GÊNERO DO ADJETIVO

Há dois tipos de adjetivos nesse sentido.

a) Uniformes: possuem apenas uma forma. Exemplos: feliz, fiel, distante, senil.

b) Biformes: possuem mais de uma forma. Exemplos: belo(a), magro(a), apto(a).

3.10. NÚMERO DO ADJETIVO

Segue as mesmas regras estabelecidas para a flexão dos substantivos[4] simples.

mau – maus
trigueiro – trigueiros
perspicaz – perspicazes
bondoso – bondosos[5]

---

[3] Sempre que falamos em **gênero** em nossa língua, deve-se compreender que se trata de gênero da palavra, não da coisa em si. Por isso, não é possível pensar qualquer distinção ideológica relativa a gênero, pois a estrutura da língua não está ancorada nesse tipo de discussão, que é ulterior ao conhecimento dos princípios estruturantes.

[4] Que você verá na seção específica sobre flexão nominal.

[5] Você deve ter percebido que houve uma alteração de som no momento em que a palavra foi passada para o plural. Mudou o som de uma vogal mais fechada em *bondoso* (ô) para

ATENÇÃO 1

Se houver (na formação de um termo com valor adjetivo) um substantivo na função de adjetivo, a forma será invariável:

Ternos **cinza**/Vestidos **rosa**/Gravatas **musgo**

Veja que não é possível passar esses elementos para o plural justamente pelo fato de que não são adjetivos por essência. Nessa situação, é necessário deixá-los no singular. O mesmo se verifica em uma expressão como "camisetas **laranja**". O termo destacado é um substantivo empregado como um adjetivo. Convém lembrar que o adjetivo seria *alaranjado* e, nesse caso, seria possível passá-lo para o plural. O mesmo se aplica às formas *acinzentado* e *rosado*, para os exemplos anteriormente assinalados.

ATENÇÃO 2

Na formação de adjetivos compostos.

Usualmente, o último elemento será flexionado, desde que ambos sejam adjetivos. Se houver, na formação, um substantivo, o termo permanecerá invariável:

Luta **greco-romana**/Esculturas **greco-romanas**

Calça **verde-clara**/Calças **verde-claras**

Roupa **amarelo-canário**/Roupas **amarelo-canário**

Se você não entendeu, segue a explicação:

Existem algumas exceções a esse princípio. As mais cobradas em provas são as seguintes:

surdo-mudo – surdos-mudos

pele-vermelha – peles-vermelhas

azul-marinho (invariável)

azul-celeste (invariável)

ultravioleta (invariável)[6]

---

o som de uma vogal aberta em *bondosos* (ó). A esse fenômeno, damos o nome de **plural metafônico**. Não ocorre sempre, mas pode enganar os desavisados.

[6] Não é consenso entre os gramáticos que essas formas não possam apresentar algum tipo de plural, no entanto, é recomendável partir do princípio da invariabilidade.

3.11. GRAU DO ADJETIVO

O grau do adjetivo indica a comparação ou o reforço que se pode aplicar no momento em que é empregado numa expressão. Distinguimos fundamentalmente o **comparativo** e o **superlativo**.

a) Comparativo: consiste na comparação de adjetivos para com substantivos ou para com outros adjetivos.

- Inferioridade: menos ... (do)[7] que. João é **menos inteligente (do) que** Paulo.
- Igualdade: tão... quanto. João é **tão inteligente quanto** Paulo.
- Superioridade: mais... (do) que. João é **mais inteligente (do) que** Paulo.

ATENÇÃO

Há alguns mitos que o pessoal aprende durante a vida gramatical. Um deles é o de que não existem as formas **mais grande**, **mais pequeno**, **mais bom** e **mais mau**. Pois é, saiba que essas formas existem! Para que isso ocorra, basta fazer a comparação de duas características para um elemento. Veja:

Sidney é **mais bom** do que **mau.**

Paulo parece **mais mau** do que bom.

A cadeira é **mais pequena** do que confortável.

Aquela mesa ficou **mais grande** do que bonita.

Evidentemente, se estivermos a comparar uma característica entre dois elementos, utilizaremos as formas **maior**, **menor**, **melhor** e **pior**. Veja:

Sidney é **melhor** do que seu amigo.

Paulo parece **pior** do que imaginávamos.

A cadeira é **menor** do que a mesa.

Aquela mesa ficou **maior** do que o que estava no pedido.

---

[7] Esse elemento está entre parênteses porque se trata de item facultativo na construção da relação. Sua retirada não prejudica a comparação. Deve-se, contudo, ler a frase inteira para não ser pego pelas armadilhas da banca.

b) Superlativo: consiste em reforçar uma propriedade (expressa pelo adjetivo) em determinada sentença.

- Relativo: reforço feito em relação a um grupo determinado.

  » *De superioridade*: o mais ... de/dentre. João é **o mais** inteligente **dentre** os candidatos.

  » *De inferioridade*: o menos ... de/dentre. João é **o menos** inteligente **dentre** os candidatos.

- Absoluto: reforço total, desconsiderando um grupo específico.

  » Analítico (com auxílio de um termo para reforçar):

  João é **muito** <u>inteligente</u>.
  João é <u>inteligente</u> **demais**.
  João é **inteligente pra danar**.
  João é inteligente, inteligente, inteligente...

  » Sintético (com o auxílio de sufixos -íssimo ou -érrimo):

  João é **inteligentíssimo**.
  João é **celebérrimo**. (muito célebre)
  João é **sapientíssimo**. (muito sábio)

Há uma recomendação para o emprego dos sufixos -íssmo e -érrimo. Quando se realiza o superlativo da forma **atualizada** do vocábulo, convém usar -íssimo. Quando se realiza o superlativo com a forma **erudita** (com a raiz advinda da forma latina) do vocábulo, convém usar -érrimo. Veja:

Magro: magríssimo, macérrimo[8].
Pobre: pobríssimo, paupérrimo.
Célebre: celebríssimo, celebérrimo.

Há alguns casos de superlativos eruditos que incluem formas terminadas em -imo. Como exemplo, é possível mencionar **fácil** (facílimo ou facilíssimo), além das formas que derivam do latim ou que recuperam parte do radical latino, a exemplo de **simples** (simplicíssimo ou simplíssimo), **respeitável** (respeitabilíssimo), **ineficaz** (ineficacíssimo), **chão** (chaníssimo).

---

[8] A forma "magérrimo" é um registro informal que revela a adaptação descuidada do superlativo, não costuma ser usada em registros mais cuidados.

3.12. REGRAS PARA A FORMAÇÃO DO SUPERLATIVO ABSOLUTO SINTÉTICO

Usualmente, basta empregar o sufixo -íssimo, mas há algumas particularidades que devemos observar:

a) Quando o adjetivo terminar em vogal, eliminaremos essa vogal: (belo) belíssimo, (forte) fortíssimo, (triste) tristíssimo, (interessante) interessantíssimo.

b) Quando os adjetivos terminarem em -io, haverá uma duplicação da consoante i, o que formará o hiato i-í: (sério) seriíssimo, (necessário) necessariíssimo, (precário) precariíssimo. Apesar disso, parece haver na língua contemporânea uma maior aceitação da forma composta apenas por um i, anulando o hiato i-í: seríssimo, necessaríssimo, precaríssimo.

c) Quando os adjetivos terminarem em -vel, haverá a adaptação da forma latina (erudita) primitiva para -bilíssimo: (admirável) admirabilíssimo (amável) amabilíssimo, (notável) notabilíssimo, (sensível) sensibilíssimo.

d) Quando os adjetivos terminarem em -z, haverá a adaptação da forma latina primitiva para -císsimo: (feliz) felicíssimo, (feroz) ferocíssimo, (mordaz) mordacíssimo, (veloz) velocíssimo.

e) Quando os adjetivos terminarem em -m, haverá uma adaptação da forma latina primitiva para -níssimo: (comum) comuníssimo, (jovem) juveníssimo, (bom) boníssimo.

f) Quando os adjetivos terminarem em -ão, haverá a adaptação da forma latina primitiva para -aníssimo: (são) saníssimo, (cristão) cristianíssimo, (vão) vaníssimo.

Segue uma lista para você aprender mais alguns casos de superlativo do adjetivo:

Adjetivo	Superlativo
acre	acérrimo
ágil	agilíssimo ou agílimo
agradável	agradabilíssimo
agudo	acutíssimo ou agudíssimo
alto	altíssimo, supremo ou sumo
amável	amabilíssimo
amargo	amaríssimo ou amarguíssimo
amigo	amicíssimo
antigo	antiquíssimo
áspero	aspérrimo
atroz	atrocíssimo
baixo	baixíssimo ou ínfimo
belo	belíssimo

Adjetivo	Superlativo
benéfico	beneficentíssimo
benévolo	benevolentíssimo
bom	boníssimo ou óptimo
capaz	capacíssimo
célebre	celebérrimo
cheio	cheíssimo
comum	comuníssimo
cristão	cristianíssimo
cruel	crudelíssimo
difícil	dificílimo
doce	dulcíssimo ou docíssimo
dócil	docílimo ou docilíssimo
eficaz	eficacíssimo
estranho	estranhíssimo
fácil	facílimo
feio	feíssimo
feliz	felicíssimo
feroz	ferocíssimo
fiel	fidelíssimo
forte	fortíssimo
frágil	fragílimo ou fragilíssimo
frio	friíssimo ou frigidíssimo
geral	generalíssimo
grande	máximo ou grandíssimo
honorífico	honorificentíssimo
horrível	horribilíssimo
humilde	humílimo ou humildíssimo
inconstitucional	inconstitucionalíssimo
incrível	incredibilíssimo
infiel	infidelíssimo
inimigo	inimicíssimo
íntegro	integérrimo
jovem	juveníssimo
livre	libérrimo
magnífico	magnificentíssimo
magro	macérrimo, magríssimo
mal	malíssimo
maléfico	maleficentíssimo

Adjetivo	Superlativo
malévolo	malevolentíssimo
manso	mansuetíssimo
mau	péssimo
miserável	miserabilíssimo
mísero	misérrimo
necessário	necessaríssimo ou necessaríssimo
negro	nigérrimo ou negríssimo
nobre	nobilíssimo
normal	normalíssimo
notável	notabilíssimo
original	originalíssimo
pagão	paganíssimo
pequeno	mínimo ou pequeníssimo
pessoal	personalíssimo ou pessoalíssimo
pobre	paupérrimo ou pobríssimo
popular	popularíssimo
precário	precaríssimo ou precariíssimo
pródigo	prodigalíssimo
próspero	prospérrimo
provável	probabilíssimo
são	saníssimo
sábio	sapientíssimo
sagrado	sacratíssimo
salubre	salubérrimo
senil	senilíssimo
sensível	sensibilíssimo
sério	seríssimo ou seriíssimo
simpático	simpaticíssimo
simples	simplíssimo ou simplicíssimo
singular	singularíssimo
soberbo	superbíssimo
tenaz	tenacíssimo
terrível	terribilíssimo
triste	tristíssimo
vão	vaníssimo
veloz	velocíssimo
visível	visibilíssimo
voraz	voracíssimo

Adjetivo	Superlativo
vulgar	vulgaríssimo
vulnerável	vulnerabilíssimo

3.13. POSIÇÃO DO ADJETIVO E A MUDANÇA DE SENTIDO

A depender da posição do adjetivo em relação ao verbo, pode ocorrer mudança de sentido na sentença. Há toneladas de questões a respeito desse assunto. Veja como isso acontece:

Grande homem (pessoa importante)
Homem **grande** (pessoa alta, corpulenta)
Velho amigo (pessoa há muito conhecida)
Amigo **velho** (amigo com idade avançada)
Telefone **simples** (sem muitos recursos)
Simples telefone (um telefone qualquer, indistinto)

É claro que isso nem sempre acontece. Há situação em que a mudança de posição não gera uma alteração de sentido na frase. Um exemplo poderia ser o par "bela cidade" x "cidade bela". Apesar de haver alteração na posição, o sentido permanece. Esse tipo de mudança também pode ser frequente em textos literários ou mesmo na fala, a fim de gerar um efeito mais expressivo.

COMO ISSO CAI NA PROVA?

Vejamos uma questão para ilustrar melhor o assunto:

➤ (2014 – CESPE – TCDF/DF – Auditor de Controle Externo) Dado que, na expressão "o vácuo interrogante do porvir", os termos "interrogante" e "do porvir" especificam o mesmo núcleo nominal, o sentido da expressão seria mantido caso a posição desses elementos fosse a seguinte: **o vácuo do porvir interrogante**.

( ) Certo   ( ) Errado

Resposta: errado.

Comentário: a banca afirma que não haverá mudança de sentido, todavia a palavra *interrogante* (um adjetivo) muda de referente com seu deslocamento na sentença: no primeiro caso, atua sobre o substantivo *vácuo*; no segundo, atua sobre o substantivo *porvir*.

3.14. SEÇÃO ESPECIAL: OS ADJETIVOS RELACIONAIS

Os adjetivos de relação (ou adjetivos relacionais) tiram o sono dos concurseiros que resolvem alguma prova elaborada pela Fundação Getulio Vargas (FGV). Há muita mitologia a respeito dessas palavras, mas – com o objetivo de facilitar o processo de análise – vou indicar alguns princípios classificatórios dos adjetivos de relação:

a) São derivados de substantivos, ou seja, facilmente decomponíveis em uma locução adjetiva.

b) Não admitem (**em linguagem denotativa**) flexão de grau (superlativo, comparativo etc.).

c) Sua posição usual é após o substantivo.

Veja os exemplos:

Discurso presidencial (do presidente)
Casa paterna (do pai)
Plataforma petrolífera (de petróleo)

Note que não se pode pensar (ao menos em linguagem literal) em formas como **muito presidencial**, **muito paterna** ou **muito petrolífera**. Isso quer dizer que não ocorre a flexão de grau do adjetivo em questão. Veja também que o adjetivo passa a ser formado por meio da modificação da palavra pela colocação de um sufixo. Além disso, é visível que o adjetivo tem a posição comum após o substantivo.

➤ (2014 – FGV – SEDUC-AM – Professor – *Língua Portuguesa*) Assinale a opção que indica o adjetivo que é classificado como adjetivo de relação.

a) *"Como é linda a primavera!".*

b) *"A praça está cheia de flores e borboletas».*

c) *"O ar está mais tépido...".*

d) *"as pessoas trocam as roupas por outras mais leves"*

e) *"como se pode ficar livre dessa alienação escolar?"*

> **Resposta: e.**
>
> Comentário: a palavra *escolar* é derivada do substantivo *escola* e, nesse caso, não admite flexão de grau em linguagem denotativa. Um caminho possível a ser seguido também é o de que não há possibilidade de criar uma locução adjetiva para os demais adjetivos destacados, apenas para a forma *escolar* (de escola).

Você verá, posteriormente, que um adjetivo pode figurar como outras classes de palavras. Por exemplo, em:

O **incompetente** chegou ao local da prova.

A palavra destacada pertencia à classe dos adjetivos, mas – em razão da anteposição do artigo – houve uma derivação e ela se transformou em um substantivo. Como se estivéssemos falando sobre "o indivíduo incompetente" e retirássemos o substantivo da construção. Isso é muito comum na língua corrente.

Outro exemplo interessante está a seguir:

Mário chegou **rápido** ao local da prova.

A palavra *rápido* é um adjetivo e designa uma propriedade de um ser. Ocorre que, na construção acima, a palavra *rápido* está indicando **o modo como a ação de chegar transcorreu**. Nesse caso, o adjetivo foi empregado com a função de um advérbio de modo. Também se trata de uma derivação imprópria (ou enálage). Há questões que tratam esse caso como o de um **adjetivo adverbializado**.

Eu sugiro, para encerrar a conversa sobre essa classe de palavras, que você procure fazer um exercício para aprender a separar o que é adjetivo e o que é substantivo. Quando olhamos palavras como *legal*, *bonito*, *verde*, *azul* e *famoso*, é muito simples chamá-las de adjetivo. Agora, quando o que está em análise é termo semelhante a *inepto*, *perspicaz*, *inglês*, *avermelhado*, a situação muda um pouco! O primeiro passo para ficar muito bom em estudos gramaticais é aprender a classificar os vocábulos!

3.15. EXERCÍCIOS

1. (2017 – CS-UFG – DEMAE-GO – Técnico em Informática) No trecho "Tudo é superlativo na tragédia provocada pelo rompimento da barragem de Fundão, em Mariana, na região Central de Minas" a palavra superlativo cumpre função de

   a) substantivo.

   b) adjetivo.

   c) superlativo.

   d) advérbio.

2. (2017 – MPE-GO – MPE-GO – Secretário Auxiliar) As expressões sublinhadas correspondem a um adjetivo, exceto em:

   a) João Fanhoso anda amanhecendo sem entusiasmo.

   b) Demorava-se de propósito naquele complicado banho.

c) Os bichos <u>da terra</u> fugiam em desabalada carreira.

d) Noite fechada sobre aqueles ermos perdidos da caatinga <u>sem fim</u>.

e) E ainda me vem com essa conversa de homem <u>da roça</u>.

3. (2017 – FAURGS – TJ-RS – Técnico Judiciário) Na pluralização do adjetivo composto *físico-químico*:

a) ambos os elementos da composição recebem a marca de plural.

b) apenas o primeiro elemento da composição recebe a marca de plural.

c) apenas o primeiro elemento da composição recebe a marca de plural, e o acento é deslocado.

d) apenas o último elemento da composição recebe a marca de plural.

e) nenhum dos elementos da composição recebe a marca de plural, e o acento é deslocado.

4. (2017 – NUCEPE – FMS – Técnico de enfermagem) Nos trechos dispostos nas opções abaixo, as palavras em destaque têm função gramatical de conferir algum atributo àquelas que as sucedem. Essa afirmação só **NÃO** é válida para

a) *... descobrimos que foi a **melhor** decisão.*

b) *... quando sofre os impactos negativos dos nossos **maus** hábitos.*

c) *E entre as **maiores** ameaças à saúde do seu amigo do peito ...*

d) *Ele bate **mais** forte quando estamos apaixonadas, ...*

e) *... é capaz de causar **grandes** problemas, ...*

5. (2017 – VUNESP – Câmara de Sumaré-SP – Auxiliar de Administração) Em qual alternativa o termo destacado tem a função de qualificar outra palavra?

a) Aonde **você** vai com esse botão de rosa?

b) Vou dar pra **Rosinha**!

c) Mas por que você não dá logo uma rosa **aberta**?

d) **Até** eu ter coragem…

e) … de falar **com** ela...

3.16. GABARITO

1 – b

2 – b

3 – d

4 – d

5 – c

4. Advérbio

Vamos conversar um pouco sobre os advérbios. Apesar de não ser a maior classe dentro da Morfologia, é uma das mais incidentes nas provas de concursos públicos. Partiremos da definição para compreender suas peculiaridades.

Define-se advérbio como a palavra invariável[1] que imprime uma circunstância geralmente sobre um verbo, sobre um adjetivo ou sobre outro advérbio.

Exemplos:

> O aluno dedicado <u>estuda</u> **muito**. (Aqui, a palavra destacada imprime a ideia de *intensidade* sobre o verbo.)
>
> Língua Portuguesa é **muito** <u>interessante</u>. (Aqui, a palavra destacada imprime a ideia de *intensidade* sobre o adjetivo.)
>
> Minha prima canta **muito bem**. (Aqui, a primeira palavra destacada imprime sentido de *intensidade* sobre a segunda, a qual imprime sentido de *modo* sobre o verbo.)

4.1. CATEGORIAS ADVERBIAIS

> Decore esses sentidos e esses exemplos, a fim de que você consiga se localizar com relação à presença de advérbios nas sentenças.

---

[1] Para facilitar a identificação, pense em um advérbio como uma palavra **sem feminino** e **sem plural**.

Categoria	Exemplos
Afirmação	sim, certamente, efetivamente, claramente, realmente
Negação	não, nunca, jamais, absolutamente
Dúvida	talvez, será, tomara, quiçá, oxalá, acaso, porventura, possivelmente, eventualmente
Tempo	hoje, já, agora, depois, antes, amanhã, nunca, jamais, ainda, cedo, sempre, outrora, antigamente
Lugar	ali, aqui, lá, cá, ali, acolá, algures, alhures, nenhures, abaixo, acima, além, aquém, dentro, detrás, longe, perto
Modo	bem, mal, rapidamente, adrede, acinte, lentamente, sofregamente, paulatinamente, gradualmente, debalde, assim, depressa, devagar
Intensidade	muito, pouco, mais, menos, bastante, demais, assaz, bem, quão, tão, meio
Interrogação	por que, como, quando, onde, aonde, donde
Inclusão	também, além, inclusive, até
Designação[2]	eis

4.2. DIFERENÇA ENTRE ADVÉRBIO E LOCUÇÃO ADVERBIAL[3]

A distinção entre um advérbio e uma locução adverbial segue a mesma lógica da divisão entre um adjetivo e uma locução adjetiva, ou seja, a quantidade de termos. Vejamos alguns exemplos:

Ontem, eu fiz uma prova. (A expressão destacada é um advérbio de tempo.)

No dia anterior, fiz uma prova. (A expressão destacada é uma locução adverbial de tempo.)

No dia mais importante do ano, fiz uma prova. (A expressão destacada é uma locução adverbial de tempo.)

Por necessidade, fiz uma prova. (A expressão destacada é uma locução adverbial de causa.)

---

[2] A palavra *eis* representa uma dificuldade para a taxonomia (classificação) morfológica, pois não há consenso sobre sua natureza classificatória: se advérbio; se palavra denotativa. Além disso, é necessário registrar que essa dificuldade está estreitamente relacionada a um outro ponto de divergência, que se trata da origem desse vocábulo (do prefixo *ex*, da preposição *ecce* ou da forma verbal *heis* – contrata da forma *haveis*).

[3] Se uma preposição vier antes de um advérbio, não haverá mudança na natureza da expressão. Apenas passará a ser uma **locução adverbial**. No entanto, se se empregar uma preposição após um advérbio ou uma locução adverbial, o elemento há de se transformar em uma **locução prepositiva**.

Preste atenção para o fato de que um advérbio pode ser deslocado no interior da sentença, o que chamamos de **mobilidade sintática**. É preciso observar que esse deslocamento pode gerar mudança de sentido a depender da quantidade de elementos que recebem a influência do advérbio na sentença.

Dizendo de outro modo: o advérbio é uma palavra volúvel! É aquela pessoa que está "fácil" na balada: se chegar perto de alguém, pega! Se mudar de lado na festa e achar outra pessoa, pega também! Essa metáfora explica um pouco da natureza dos advérbios! Para ilustrar essa explicação, veja o exemplo a seguir:

Ontem, o ministro disse que assinaria o contrato.

Nesse exemplo, o advérbio sinaliza o **tempo** da ação de **dizer**.

O ministro disse que assinaria o contrato **ontem**.

Nesse exemplo, o advérbio sinaliza o **tempo** da ação de **assinar**.

Não é apenas nas extremidades que podemos ter o advérbio. Na realidade, o deslocamento pode ocorrer da seguinte maneira:

O ministro disse que assinaria o contrato.
Ontem

Ou seja:

Ontem, o ministro disse que assinaria o contrato.
O ministro, **ontem**, disse que assinaria o contrato.
O ministro disse, **ontem**, que assinaria o contrato.
O ministro disse que, **ontem**, assinaria o contrato.
O ministro disse que assinaria, **ontem**, o contrato.
O ministro disse que assinaria o contrato, **ontem**.

Outros advérbios podem oferecer uma multiplicidade de sentidos ainda maior. Veja o caso da palavra *só*, que pode ser um advérbio ou um adjetivo. Pensemos no sentido adverbial dessa palavra para o próximo exemplo:

Só ele esqueceu as chaves do carro.

Ele **só** esqueceu as chaves do carro.

Ele esqueceu **só** as chaves do carro.

Ele esqueceu as chaves **só** do carro.

Ele esqueceu as chaves do carro **só**.

Se você ler com a entonação correta, achará os sentidos particulares de cada posição desse advérbio. Isso serve para as questões em que a banca solicitar a **reescrita de trechos do texto**. Pode ser que não haja prejuízo para a correção gramatical da sentença, mas pode haver (e há, na maioria dos casos) mudança de sentido original.

1. É muito comum haver questões sobre a classificação da palavra *mesmo* como advérbio. Em frases como "Ele veio *mesmo* ao seu encontro", é possível dizer que há um advérbio na sentença. Nesse caso, ele soa como algo de afirmação. Outro exemplo poderia ser "Essa discussão é *mesmo* necessária?"

2. É comum encontrar aqui ou acolá algumas questões que abordam a palavra *todo* como um advérbio que se entende por exceção à regra da variabilidade de gênero. É o que se vê no exemplo a seguir:

(2017 – FGV – ALERJ – Analista Legislativo) Sabemos todos que os advérbios pertencem a uma classe de palavras que não apresentam variação de gênero; a frase abaixo em que a palavra sublinhada, apesar de ser um advérbio, apresenta corretamente esse tipo de variação é:

a) a tripulação chegou <u>toda</u> assustada.

b) as imigrantes estavam <u>meias</u> entristecidas.

c) é <u>proibida</u> a entrada de pessoas sem camisa.

d) ela disse um "muito <u>obrigada</u>" bastante delicado.

e) ela <u>mesma</u> fez a decoração da casa.

Em que a banca examinadora indica como gabarito o item relativo à letra A. Ocorre que isso não corresponde à lógica de construção da expressão em questão. A palavra *todo*, originalmente um adjetivo (correspondente a *inteiro, completo*), é variável, mas não em seu emprego adverbializado, uma vez que não se realiza a flexão de gênero na derivação imprópria. Na verdade, quando se diz "chegou <u>toda</u> assustada" a correspondência semântica é "chegou *inteiramente* assustada" ou ainda "chegou assustada *por completo*" (chegou assustada *completamente/completamente* assustada). Trata-se, desse modo, de uma forma adverbializada de um adjetivo, para a qual há uma correspondência do registro culto, algo como "chegou assustada de todo". Essa flexão da palavra **todo** se dá por influência do gênero do vocábulo que a acompanha. De qualquer modo, é preciso que você entenda que há dois caminhos: tentar contestar a banca e tentar acertar a questão. Mesmo que se saiba haver uma postura teórica inconsistente, deve-se optar por marcar o item que vai se relacionar com o gabarito da banca, a fim de evitar dissabores.

3. A despeito de o advérbio ser uma palavra invariável, pode haver uma possibilidade de flexão de grau dimensivo, ou seja, empregar uma relação de intensidade sobre a circunstância expressa. Além disso, aceita-se – no registro coloquial, bem como em alguns registros literários – o emprego de formas de aumentativo (*pertão, muitão, benzaço*) e de diminutivo (*pertinho, longinho, pouquinho*).

4. Apesar de o sufixo -mente ser formador de advérbios, não é possível pensar que toda palavra assim finalizada será classificada como tal. Palavras como *infelizmente, francamente, evidentemente* serão relegadas à categoria das **palavras denotativas** quando indicarem uma avaliação subjetiva do falante. Há estudiosos, a exemplo de Castilho (2010), que apontam haver uma função sintática para esses elementos, a saber: a de **adjunto adsentencial**. A explicação é simples! Um adjunto adsentencial funciona como um modificador de toda a sentença, não apenas de um elemento. Como exemplo: **Infelizmente**, Tadeu parou de trabalhar. O falante se posiciona subjetivamente quando faz a análise pessoal de toda a sentença que profere.

5. Há muitas especulações a respeito da classificação dos advérbios. Trata--se, com efeito, de uma das classes de identificação mais movediça. Por isso, alguns estudiosos divergem em relação à possibilidade de alocar alguma palavra no grupo das denotativas ou no grupo dos advérbios. Como o objetivo da presente obra é facilitar a sua vida, eu não vou me deter nessas discussões, que mais poderão complicar seus estudos do que suavizá-los.

6. A palavra *aliás* é classificada, em alguns dicionários, como um advérbio com o sentido de **retificação**.

7. As palavras *algures, alhures* e *nenhures* significam *em algum lugar, em outro lugar* e *em nenhum lugar*, respectivamente, e, apesar de não serem usadas constantemente podem aparecer nas QPP.

8. Quando – em uma formação frasal – forem empregados diversos advérbios terminados em -mente numa sequência, é comum empregar o sufixo apenas no último elemento, a não ser que a intenção seja a de gerar ênfase.

> Entrou *lenta e silenciosamente* na sala. (certo)

> Passou pela vida *intensamente, desmesuradamente, avidamente, fortemente*. (certo)

9. É importante perceber que os advérbios podem mudar de sentido no interior das sentenças a depender da intenção do falante. Vejamos o exemplo do advérbio "bem".

> Denise canta **bem**. (modo)

> Denise canta **bem** brutalmente. (intensidade e modo)
>
> Denise canta brutalmente **bem** (intensidade e modo)
>
> Denise canta **bem**, brutalmente. (modo e intensidade)

10. Os advérbios *tão* e *quão* intensificam apenas adjetivos e advérbios, não substantivos.

11. Os advérbios onde, aonde e donde são empregados em razão da natureza locativa a que se associam, ou seja, como é feita a menção ao lugar. Veja:

> **Onde** Jonas está agora? (Indicativo de ausência de deslocamento.)
>
> **Aonde** Jonas pretende ir amanhã? (Indicativo de deslocamento.)
>
> **Donde** veio o safado do Jonas? (Indicativo de origem.)

12. Os advérbios e as locuções adverbiais possuem uma função sintática fixa: a de **adjunto adverbial**.

4.3. VARIAÇÃO DE INTENSIDADE DO ADVÉRBIO

A variação gradual de intensidade dos advérbios é muito semelhante à dos adjetivos. Talvez, você recorde alguma nomenclatura anteriormente estudada.

a) Comparativo:

> De igualdade: Partiu **tão** *cedo* **quanto** seu irmão.
>
> De inferioridade: Partiu **menos** *cedo* (do) **que** seu irmão.
>
> De superioridade:

– Analítico: Torcia pelo time de seu pai **mais** *animadamente* (do) **que** o irmão.

– Sintético: Resolveu o enigma **melhor** que o professor.

b) Superlativo:

> Absoluto:

– Analítico: Escreviam a frase **muito** *lentamente*.

– Sintético: Falavam **muitíssimo** sobre o filme.

Relativo:

– De superioridade: Meu amigo analisava as sentenças **o mais** *estranhamente* **possível**.

– De inferioridade: Atribuíram as notas **o menos** *corretamente* **possível**.

> ## ATENÇÃO
>
> 1. As formas *melhor* e *pior* são comparativos de superioridade dos advérbios *bem* e *mal*. Como nos exemplos a seguir:
>
> Falava **melhor** agora, sem dores de garganta.
>
> Executava **pior** as atividades para as quais fora designado.
>
> 2. Em vez de *melhor* e *pior*, empregam-se as formas *mais bem* e *mais mal* antes de particípios:
>
> Este texto está **mais bem** *escrito* do que o da outra aluna.
>
> Ele foi o cliente **mais mal** *atendido* pelo vendedor.
>
> 3. Após particípios, no entanto, apenas *melhor* e *pior*.
>
> Tudo me pareceu esclarecido melhor, assim que ela chegou.
>
> O trabalho foi executado pior, em razão da falta de interesse.

4.4. LOCUÇÕES ADVERBIAIS E ADVÉRBIOS LATINOS

Em razão da influência do Direito Romano, é muito comum haver o emprego de advérbios ou locuções adverbiais provenientes do latim. Segue uma lista com esses elementos para consulta. Essa lista foi extraída da obra de Hauy (2014).

Locução	Significado
A fortiori	Com mais razão.
A posteriori	Pelo que segue; com as consequências de uma hipótese.
A priori	Segundo um princípio anterior; admitido como evidente.
Ab aeterno	Desde toda a eternidade; sempre.
Ab hoc et ab hac	A torto e a direito.
Ab imo corde	Do fundo do coração; sinceramente.
Ab imo pectore	Do íntimo do peito, do fundo da alma.
Aab incunabulis	Desde o princípio; desde a origem.
Ab initio	Desde o princípio.
As irato	Arrebatadamente.
Ab ore ad aurem	Em segredo; discretamente.
Ab origine	Desde a origem; desde o princípio.
Ab ovo	Desde o princípio; a partir do ovo.
Ad amussim	À risca; com exatidão.

Cap. 4 · ADVÉRBIO

Locução	Significado
Ad cautelam	Por precaução.
Ad diem	Até o dia; prazo último para o comprimento de uma obrigação.
Ad extra	Por fora; exteriormente.
Ad extremum	Até o fim; até o extremo.
Ad finem	Até o fim.
Ad gloriam	Pela glória.
Ad hoc	Para o caso; eventualmente.
Ad interim	Provisoriamente; interinamente.
Ad internecionem	Até o extermínio.
Ad intra	Por dentro; interiormente.
Ad judicem dicere	Falar perante o juiz.
Ad judicia	Para o juízo; diz-se do mandato judicial outorgado ao advogado pelo mandante.
Ad libitum	À vontade.
Ad littem	Para o litígio.
Ad litteram	Literalmente.
Ad mensuram	Conforme a medida.
Ad modum	Conforme a maneira.
Ad nutum	Segundo a vontade; ao arbítrio.
Ad referendum	Pendente de aprovação.
Ad usum	Conforme o uso.
Ad valorem	Segundo o valor.
Æquo animo	Com ânimo igual.
Coram populo	Em público; em alto e bom som.
Currente calamo	Ao correr da pena.
Ex abrupto	Repentinamente; inopinadamente, arrebatadamente.
Ex cathedra	De cátedra; em função do próprio cargo.
Ex corde	Do coração.
Ex officio	Por lei; oficialmente; em virtude do próprio cargo.
Gratis	De graça.
Grosso modo	Por alto; resumidamente.
In fine	No fim.
In limine	No limiar; no princípio.
In perpetuum	Para sempre.
In totum	Em geral; no todo; totalmente.
Infra	Abaixo; no lugar inferior.

Locução	Significado
In verbis	Com as mesmas palavras.
Ipsis verbis	Com as mesmas palavras.
Lato sensu	Em sentido geral.
Mutatis mutandis	Com as mudanças devidas.
Pari passu	A passo igual; junto.
Per fas et per nefas	A torto e a direito.
Pro forma	Por mera formalidade.
Retro	Atrás.
Sic	Assim; desse modo; com as mesmas palavras.
Sine dia	Indeterminadamente; sem fixar dia.
Sine qua non	Sem a qual não há; sem a qual não pode existir.
Sine ira et studio	Sem ódio e sem preconceito.
Statim	Imediatamente.
Stricto sensu	Em sentido restrito.
Suo tempore	No momento oportuno.
Supra	Acima; no lugar superior.
Una voce	A uma voz; unanimemente.
Unguibus et rostro	Com unhas e dentes.
Vice-versa	Às avessas; em sentido inverso.

Eu sugiro que você faça um esforço para não confundir um adjetivo com um advérbio. De mais a mais, saiba que é muito comum haver questões que podem apresentar locuções adverbiais que você nunca viu antes, vale a pena fazer um esforço para tentar captar o sentido construído na sentença.

COMO ISSO CAI NA PROVA?

Vamos ver um exemplo de questão para você se sentir mais seguro depois de ter finalizado esta unidade.

➤ (2017 – VUNESP – Câmara de Sumaré-SP – Auxiliar de Administração)

Agenda lotada

Flávia logo percebeu que as outras moradoras do prédio, mãe dos amiguinhos do seu filho, Paulinho, de seis anos, olhavam para ela com um ar de superioridade. Não era para menos. Afinal, o garoto até aquela idade se limitava a brincar e ir à escola. Andava em total descompasso com os outros meninos, que já haviam desenvolvido múltiplas e variadas atividades desde a mais tenra infância. Então, Flávia pediu ao marido que tivesse uma conversa com o filho.

– O que você gostaria de fazer, Paulinho? – perguntou o pai, dando uma de liberal que não costuma impor suas vontades.

– Brincar...

– Você não acha que já passou um pouco da idade, filho? A vida não é uma eterna brincadeira. Você precisa começar a pensar no futuro. Pensar em coisas mais sérias, desenvolver outras atividades. Você não gostaria de praticar algum esporte?

Alheios ao desejo do filho, os pais resolveram colocar Paulinho na natação, na ginástica olímpica, no inglês, judô, francês...

Quando os amiguinhos da rua chamavam Paulinho para brincar depois do colégio, ele respondia:

– Não posso, tenho aula de inglês.

– E depois?

– Vou pro judô.

– Então quando poderemos brincar?

– Não sei. Tenho que ver na agenda.

À noitinha chegava mais cansado do que o pai. Nunca mais brincou. E Paulinho foi ficando adulto antes do tempo, como uma fruta que amadurece antes da hora.

(NOVAES, Carlos Eduardo. *A cadeira do dentista*. 8ª ed. São Paulo: Ática, 2003. Adaptado.)

A alternativa em que a palavra destacada estabelece sentido de intensidade é:

a) ... desde a **mais** tenra infância.

b) ... que **já** desenvolveram múltiplas e variadas atividades...

c) – E **depois**?

d) A vida **não** é uma eterna brincadeira.

e) E foi ficando adulto **antes** do tempo...

Resposta: a.

Comentário: a palavra *mais* intensifica o sentido do adjetivo *tenra*, ou seja, expressa valor de intensificação. A palavra *já* indica o tempo da ação de desenvolver. A palavra *depois* é um advérbio de valor temporal. A palavra *não* é um advérbio de negação. A palavra *antes* é um advérbio de tempo. Desse modo, a resposta é a assertiva da letra A.

4.5. EXERCÍCIOS

1. (2018 – FGV – Câmara de Salvador-BA – Assistente Legislativo) Em todos os segmentos abaixo há adjuntos adverbiais com valores semânticos diferentes; a opção em que a indicação desse valor está INCORRETA é.

   a) "... no cotidiano de todas as sociedades sob várias formas" / modo.
   b) "... ao nos referirmos à violência, estamos falando de agressão física"/ assunto.
   c) "... o ser humano precisou produzir violência em escala inédita no reino animal" / lugar.
   d) "... um tipo de violência fundamental para a constituição de civilizações" / finalidade.
   e) "... sempre foi violenta, porque, para sobreviver em ambientes hostis, ..." / meio.
   Parte inferior do formulário.

2. (2018 – VUNESP – IPSM – Assistente de Gestão) Assinale a alternativa em que o termo em destaque é advérbio, expressando sentido de afirmação.

   a) **Muita** gente acredita que, ao contrário de todas as demais atividades humanas...
   b) Porque é especial **demais**, elevada demais, dizem alguns.
   c) "... quem não tem, não vai **nunca** aprender..."
   d) Há os que chegam à **mesma** conclusão pelo lado oposto...
   e) Talento literário é raro **mesmo**, mas não se trata disso.

3. (2017 – PR-4 UFRJ – UFRJ – Auxiliar de Administração)

   Vou Te Encontrar
   Paulo Miklos
   Compositor: Nando Reis

   Olha, ainda estou aqui
   Perto, nunca te esqueci
   Forte, com a cabeça no lugar
   Livre, livre para amar

   Sofro, como qualquer um
   Rio, quando estou feliz
   Homem, dessa mulher
   Vivo, como você quer

Nas ondas do mar
Nas pedras do rio
Nos raios de sol
Nas noites de frio

No céu, no horizonte
No inverno, verão
Nas estrelas que formam
Uma constelação

Vou te encontrar...
Vou te encontrar

Olha, eu fiquei aqui
Perto, está você em mim
Forte, pra continuar
Livre, livre para amar

Sofro, como qualquer um
Rio, porque sou feliz
Homem, de uma mulher
Vivo, como você quer

No beijo da moça
No alto e no chão
Nos dentes da boca
Nos dedos da mão

No brilho dos olhos
Na luz da visão
No peito dos homens
No meu coração

Vou te encontrar...
Vou te encontrar

A palavra destacada indica tempo em:

a) Nas **noites** de frio.

b) Nos **dentes** da boca.

c) **Forte**, pra continuar.

d) **Homem**, de uma mulher.

e) **Livre**, livre para amar.

4. (2017 – Nosso Rumo – MGS – Artífice)

Porquinho-da-índia

Manuel Bandeira

Quando eu tinha seis anos
Ganhei um porquinho-da-índia.
Que dor de coração me dava
Porque o bichinho só queria estar debaixo do fogão!
Levava ele pra sala
Pra os lugares mais bonitos mais limpinhos
Ele não gostava:
Queria era estar debaixo do fogão.
Não fazia caso nenhum das minhas ternurinhas...
– O meu porquinho-da-índia **foi** minha primeira namorada

Assinale a alternativa cuja palavra em destaque corresponde a um advérbio de negação.

a) "Queria era estar **debaixo** do fogão."

b) "**Quando** eu tinha seis anos."

c) "Porque o bichinho **só** queria estar debaixo do fogão!"

d) "Ele **não** gostava."

5. (2017 – COMPERVE – UFRN – Auxiliar administrativo) O trabalho escravo **ainda** é uma violação de direitos humanos que persiste no Brasil.

A palavra **ainda** expressa uma ideia de

a)   permanência.

b)   alternância.

c)   dúvida.

d)   intensidade.

4.6.   GABARITO

1 – e

2 – e

3 – a

4 – d

5 – a

5) Conjunção

Atençãããããããããããããããão!
Este capítulo é UM DOS MAIS IMPORTANTES deste livro inteiro! Pelo amor de tudo o que você considera mais sagrado: estude este capítulo ATÉ SAIR SANGUE DOS SEUS OLHOS!

Aqui está um assunto que tem cadeira cativa nas provas de língua portuguesa. Há perguntas de toda natureza a respeito das conjunções. Eu recomendo fortemente que você DECORE as palavras que compuserem as listas que seguirão neste capítulo, pois isso fará você acertar muitas questões! Vamos à definição e à classificação!

Definição: conjunção é um termo de natureza conectiva que tem por função ligar elementos de mesma natureza em uma sentença. Nessa ligação, pode haver uma relação de sentido construída durante a conexão. O termo "conjunção" vem do grego *syndethos*[1], que significa "união". Isso quer dizer que o *síndeto* serve para criar **conjuntos** de palavras. É justamente esse tipo de análise que os elaboradores costumam exigir nas provas.

Para facilitar o estudo, bom mesmo é empreender uma classificação das conjunções:

---

[1] Os dicionários apontam a etimologia como *súndetos* (Priberam) e *sýndesmos* (Maria Helena de Moura Neves, 2010).

5.1. COORDENATIVAS

São as conjunções que ligam termos que **não possuem dependência sintática entre si**. Isso que dizer que um termo não desempenha uma função sintática[2] necessária em relação ao outro. Vejamos alguns exemplos:

Maria Lúcia de Barros falou sobre **economia** e **política**. (Os dois elementos destacados não são dependentes entre si, ou seja, são coordenados. Nessa sentença, a palavra *e* criou um conjunto que os une; por essa razão, dizemos que ela é uma conjunção.)

Maria foi à praia, **mas** não entrou no mar. (O mesmo procedimento ocorreu nessa sentença, mas aqui a união foi feita pela palavra *mas* – que indica uma oposição –, além de haver duas **orações**[3] envolvidas – conectadas.)

Dizemos que as orações introduzidas por conjunções coordenativas são *orações coordenadas sindéticas*. Por isso, é importante associar a ideia de síndeto à de conjunção. Também é importante compreender que uma oração coordenada sindética recebe a especificação semântica de acordo com o sentido que é construído na sentença.

Categorias coordenativas:

Categoria	Conjunções	Exemplos
Aditiva: exprime relação de soma.	e, nem, não só... mas também, bem como, como também, que	**O menino estudou muito e fez a prova.** **O candidato não só falou, mas também cumpriu.** **Investe que investe para tentar enriquecer.**
Adversativa: exprime relação de oposição.	mas, porém, todavia, contudo, no entanto, entretanto	**Eu não tinha dinheiro, mas comprei a casa.** **A prova está difícil, no entanto resolverei todas as questões.**
Alternativa: exprime relação de alternância.	ou, ora... ora, quer... quer, seja... seja	**Estude ou arrume algo útil para fazer.** **Ora Marina sorria, ora Marina chorava.**

---

[2] Isso quer dizer que não desempenha função de sujeito, complemento, adjunto, aposto ou algo dessa natureza em relação à outra sentença.

[3] Oração = frase que contém verbo.

Categoria	Conjunções	Exemplos
Conclusiva[4]: exprime relação de conclusão.	logo, portanto, então, assim, pois (após o verbo), por conseguinte	**Estudamos muito, logo entendemos a matéria.** **Paguei a despesa, portanto não há mais débitos.**
Explicativa: exprime relação de explicação.	que, porque, porquanto, pois (antes do verbo), pois que	**Prepare-se, porque o desafio se aproxima.** **Desligue a luz, pois quero dormir.**

Sobre esse ponto, podemos distinguir dois universos: o da teoria – que busca entender a natureza das conjunções e seu emprego nas orações; e o da prática – que busca compreender o sentido que se constrói na observação imediata dos conjuntos de elementos conectados pela conjunção.

Desse modo, observemos as seguintes sentenças:

Joelma estuda gramática **e** faz aulas de judô.

Joelma estudou gramática, **e** não conseguiu resolver as questões.

Na primeira sentença, a conjunção coordenativa notadamente exprime uma soma de ações. Esses são os sentidos de superfície, pois a intenção de quem emite a sentença é indicar essa soma. Na segunda sentença, por outro lado, a conjunção "e" apresenta um sentido de fundo (de oposição, equivalente ao termo *mas*) que deixa de figurar em segundo plano e passa a significar na superfície, uma vez que a intenção do falante não é de indicar a soma, mas de indicar a oposição.

Estou explicando isso para que você fique prevenido contra algumas questões que porventura questionem a respeito do sentido "latente" da conjunção, que pode aflorar durante a leitura.

Tomemos como exemplo a questão abaixo:

➤ (2014 – FGV – PROCEMPA – Técnico Administrativo) Assinale a opção que indica a frase em que a conjunção *e* mostra valor adversativo.

a) *"Por que havemos de odiar **e** desprezar uns aos outros?"*

b) *"A terra, que é boa **e** rica, pode prover a todas as nossas necessidades."*

c) *"O caminho da vida pode ser o da liberdade **e** da beleza."*

d) *"... tem-nos feito marchar a passo de ganso para a miséria **e** os morticínios."*

e) *"Pensamos em demasia **e** sentimos bem pouco."*

---

[4]   Ou ilativa.

Resposta: e.

Comentário: note que todas as conjunções destacadas de A a D apenas indicam a soma dos elementos justapostos (colocados lado a lado). Agora, na conjunção da alternativa E, nota-se uma oposição semântica entre as duas sentenças. Na realidade, a antonímia contextual entre os termos "demasia" e "pouco" permite compreender a ideia de oposição presente na frase. Por essa razão, é preciso considerar o valor semântico (de sentido) da conjunção **e** como adversativo nesse caso.

1. Quando empregada numa repetição, indicando alternância, a conjunção **nem** será considerada coordenativa alternativa.

Nem vida **nem** morte; **nem** azar **nem** sorte

Fazem do homem um ser singular.

Seu espírito dúbio é que afia o corte

Para a existência ressoar.

2. A forma *que nem*, popularmente empregada para indicar uma relação de comparação, não é abonada pela norma culta, ou seja, trata-se de registro informal da língua.

Estivaldo riu *que nem* um louco naquele momento. (= como)

3. Quando a conjunção *mas* for empregada em uma sentença, ela sempre deve encabeçar a oração, isto é, não possui mobilidade sintática dentro de uma frase. As demais conjunções adversativas podem ser deslocadas no interior da sentença.

Eu sei a verdade, **mas** não falarei para você.

Eu sei a verdade, **porém** não falarei para você.

Eu sei a verdade; não falarei, **porém**, para você.

Eu sei a verdade; não falarei para você, **porém**.

4. É comum que os alunos questionem como empregar conjunções como *mas, e, porque* (e tantas outras) entre vírgulas em uma sentença. Bem, aqui é necessário fazer um exame minucioso da sentença para concluir que – a não ser por aqueles casos de deslocamento de uma conjunção no interior da sentença – não haverá conjunções (em posição natural) isoladas por vírgulas. Pode ocorrer uma coincidência linguística e criar a impressão de isolamento. Veja a seguir:

Cacilda gosta de gatos, <u>mas</u> não tem um pet em casa.

Cacilda gosta de gatos, <u>mas,</u> por diversas razões, não tem um pet em casa.

No primeiro exemplo, há o emprego de uma vírgula para separar uma oração coordenada de natureza adversativa de outra oração coordenada que a sucede. No segundo exemplo, além da vírgula empregada para a separação da oração coordenada adversativa, ainda há um par de vírgulas para separar o adjunto adverbial de causa, que está intercalado na sentença. Em uma leitura menos atenta, o cidadão crê que há duas vírgulas para isolar a palavra *mas*, entretanto isso não corresponde à realidade. Evidentemente, causaria menos confusão empregar outro sinal de pontuação para marcar o deslocamento do adjunto adverbial (a exemplo de um par de travessões), embora demandasse maior esforço por parte do escritor.

5. A palavra *mas*, além de ser uma conjunção de natureza adversativa, pode ser enquadrada na categoria das palavras denotativas, com alguns sentidos peculiares, como ressalva ou espanto. Pode, ainda, demarcar a função fática da linguagem na esfera discursiva, a fim de convidar o interlocutor a participar da comunicação.

Falei que Jairo não acertou dez, **mas** vinte questões na prova. (ressalva)

Mas que interessante esse assunto! (admiração/espanto)

Mas quando você volta? (chamado de interlocução)

5.2. SUBORDINATIVAS

São as conjunções que ligam termos de natureza sintática dependente. Isso quer dizer que, em relação a uma oração principal, a subordinada poderá ser sujeito, objeto, predicativo, adjunto adverbial etc. Existem duas naturezas de conjunção subordinativa:

a) **Integrantes:** a Gramática define as palavras *que* e *se* como conjunções integrantes. Recebem esse nome porque elas integram a oração introduzida por elas à principal. Usualmente, introduzem uma ORAÇÃO SUBORDINADA SUBSTANTIVA. Vejamos alguns exemplos:

O economista disse **que a situação do país é preocupante**.

O Governo não sabe **se as medidas serão eficazes**.

Veja que, nas duas sentenças, a conjunção foi empregada para introduzir o complemento dos verbos "dizer" e "saber", ou seja, é possível afirmar que as conjunções introduziram **orações subordinadas substantivas objetivas diretas**[5] (pois têm função de objeto direto).

---

[5] Estudaremos isso principalmente no período composto.

MUITO CUIDADO!

Geralmente, os professores sugerem que o aluno substitua a oração introduzida pela conjunção pelo pronome **isto**, a fim de convalidar que se trata efetivamente de uma conjunção integrante. Apesar de louvável a intenção, essa dica pode fazer haver mais erros do que acertos.

Na verdade, quando o professor sugere essa troca, ele tenta facilitar a percepção da **função desempenhada pela oração introduzida por uma conjunção integrante**, ou seja, tenta facilitar a análise sintática. Veja o exemplo abaixo:

Eu sei **que** Pedro foi aprovado. (conjunção integrante)

Você sabe **que** bolsa devo pegar? (pronome[6] interrogativo)

Veja que, nos dois casos, é possível substituir a oração introduzida pela palavra em negrito pelo termo **isto**, porém não garante que estejamos falando do mesmo elemento morfológico. Em outras palavras: acabamos de desmontar a dica furada da substituição.

É possível, claramente, usar esse raciocínio e ser bem-sucedido. A intenção do mestre – ao dar essa dica – é facilitar a análise da função sintática da oração introduzida pela palavra *que*. Nos dois casos, há uma oração que funciona como complemento do verbo anterior. Nesse sentido, a substituição é cabível.

O assunto relativo às conjunções integrantes pode não ser o mais agradável para você, mas o estudo concentrado acerca desses elementos garantirá a compreensão mais aprofundada dos conteúdos posteriores.

Veja mais exemplos de sentenças introduzidas por conjunções subordinativas integrantes:

I) É fundamental **que** Marcela entregue seus trabalhos.

II) Contaram-me **que** André esteve na cidade.

III) O protagonista duvidava de **que** pudéssemos falar sobre o assunto.

IV) A ideia de **que** poderiam vencer o animava.

V) O mais interessante é **que** nunca se vê o resultado.

---

[6] Há quem prefira o termo "determinante interrogativo".

Note que não há proibição para que haja uma preposição antes de uma conjunção integrante. Para que isso ocorra, é necessário que algum termo solicite a presença da preposição, a exemplo da frase IV.

b) **Adverbiais:** há nove tipos de conjunção subordinativa adverbial, de acordo com a Nomenclatura Gramatical Brasileira (NGB). Cada uma indica uma relação semântica, como se fosse um adjunto adverbial.

Categoria	Conjunções	Exemplos
Causal	já que, como, porque, uma vez que	**Já que** está tudo bem, podemos conversar.
Comparativa	como, mais (do) que, menos (do) que, tanto quanto, tal que	Minha amiga fala **mais do que** deveria.
Condicional	caso, se, contanto que, desde que	**Caso** haja oportunidades, agarre-as.
Consecutiva	tanto que, de modo que, de sorte que	O aluno do Professor Pablo estudou **tanto que** passou no concurso.
Conformativa	conforme, consoante, segundo	A empregada limpou a casa **conforme** a patroa pediu.
Concessiva	embora, ainda que, mesmo que, conquanto, apesar de que	**Embora** não haja tempo, irei estudar para o concurso.
Final	para que, a fim de que, porque	Concentre-se **para que** a matéria fique fácil.
Proporcional	à medida que, à proporção que, ao passo que	João ficava cansado à medida que falava sobre o assunto.
Temporal	quanto, sempre que, logo que, mal	**Logo que** chegou, viu a menina na sala.
Modal[7]	sem que, à maneira que	Tente escrever **sem que** cometa erros. Ele tenta trabalhar à maneira que os outros notem.

---

[7] A NGB não registra as locuções conjuntivas modais. O que não significa que as questões não possam abordar esse assunto.

As conjunções podem adquirir novos valores semânticos a depender da intenção do falante. A palavra *como* pode indicar uma causa em uma sentença. Veja o exemplo:

Como já passava das dez, Jorel precisou ir embora.

Como não sei a resposta, deixarei a questão em branco.

O mesmo fenômeno pode ocorrer com outras expressões, a exemplo da forma *desde que*:

Desde que Natália venha, não chamarei a polícia. (condição)

Desde que Natália chegou, começamos o churrasco. (tempo)

As conjunções representam uma porção muito incidente em provas, portanto é preciso memorizar essas listas. Usualmente, as provas exigem o reconhecimento do sentido e a troca de elementos dentro das sentenças.

5.3. SEÇÃO ESPECIAL: EXPLICAÇÃO X CAUSA

É um problema gigantesco, para diversos alunos, saber diferenciar a palavra *porque* como conjunção coordenativa explicativa da palavra *porque* como conjunção subordinativa adverbial causal. Se você sofre com isso também, escrevi a dica seguinte pensando em seu pranto.

Para ser explicativo:

1. A sentença introduzida pela conjunção *porque* deve estar relacionada a outra sentença, cujo conteúdo indique uma ordem, um aconselhamento, um pedido ou um clamor. Em resumo: busque um verbo conjugado no modo imperativo.

Entre na sala, **porque** já está na hora do trabalho. (Explicação sobre a necessidade de entrar na sala.)

Aproveite a oportunidade, **porque** ela passa rapidamente. (Explicação sobre a necessidade de aproveitar a oportunidade.)

2. Se não houver uma ideia imperativa na sentença relacionada à explicativa, deverá haver – ao menos – uma sentença constativa, ou seja, aquela que indica o juízo que constata um fato a ser explicado pela sentença posterior.

Deve ter chovido, **porque** a rua está molhada. (Explicação sobre a constatação de ter chovido.)

João passou no concurso, **porque** está comemorando demais. (Explicação sobre a constatação de João ter passado no concurso.)

A segunda frase é um pouco mais complexa do que as anteriores, uma vez que exige a identificação da relação hipotética proposta para dar conta do sentido da frase anterior.

Para ser causal:

Basta perceber a relação temporal de sequencialidade entre as sentenças que compõem o período.

> O aluno foi aprovado, **porque** havia estudado os conteúdos. (Estudar foi a causa da aprovação.)
>
> **Porque** havia feito dieta, Adriana emagreceu. (A razão do emagrecimento foi a dieta.)

Note que a conjunção **porque** (de natureza causal) introduz uma sentença que admite deslocamento. A conjunção explicativa introduz uma oração de posição essencialmente fixa, isto é, não costuma apresentar inversão frasal.

COMO ISSO CAI NA PROVA?

➤ (2013 – ESAF – DNIT – Técnico Administrativo – *Questão adaptada*)

Texto II – Marcos Bicalho, superintendente da Associação Nacional de Transportes Públicos (ANTP), defende os corredores para ônibus como a melhor alternativa, porém destaca a dificuldade para que isso seja realizado em grande escala. "Acho que os corredores são o ovo de Colombo. **Mas eles são o conflito. É você tirar o espaço dos carros para dar espaço aos ônibus, uma decisão extremamente difícil e politicamente radical**. Mais radical do que fazer metrô, porque no metrô você trabalha em um espaço novo. O corredor não, ele é uma ação revolucionária, subversiva em relação à ordem vigente", argumenta.

Assinale o conectivo que, no texto II, inserido no início do período sintático "É você tirar o espaço dos carros para dar espaço aos ônibus", explicita a relação de ideias com o período anterior. Desconsidere a necessidade de ajustes na letra inicial maiúscula.

a) Porquanto.

b) No entanto.

c) Contudo.

d) Por isso.

e) Embora.

Resposta: a.

Comentário: fica evidente que a relação presente na sentença é uma explicação com base na constatação "eles são o conflito". Para ilustrar tal relação, o melhor é empregar uma conjunção coordenativa explicativa, a palavra *porquanto*. *No entanto* e *contudo* possuem sentido adversativo; *por isso* possui sentido conclusivo e *embora* possui sentido concessivo.

5.4. EXERCÍCIOS

1. (2018 – FGV – Câmara de Salvador-BA – Assistente Legislativo)

Texto 1 – Guerra civil

Renato Casagrande, *O Globo*, 23/11/2017

O 11º Relatório do Fórum Brasileiro de Segurança Pública, mostrando o crescimento das mortes violentas no Brasil em 2016, mais uma vez assustou a todos. Foram 61.619 pessoas que perderam a vida devido à violência. Outro dado relevante é o crescimento da violência em alguns estados do Sul e do Sudeste.

Na verdade, todos os anos a imprensa nacional destaca os inaceitáveis números da violência no país. Todos se assustam, o tempo passa, e pouca ação ocorre de fato. Tem sido assim com o governo federal e boa parte das demais unidades da Federação. Agora, com a crise, o argumento é a incapacidade de investimento, mas, mesmo em períodos de economia mais forte, pouco se viu da implementação de programas estruturantes com o objetivo de enfrentar o crime. Contratação de policiais, aquisição de equipamentos, viaturas e novas tecnologias são medidas essenciais, mas é preciso ir muito além. Definir metas e alcançá-las, utilizando um bom método de trabalho, deve ser parte de um programa bem articulado, que permita o acompanhamento das ações e que incentive o trabalho integrado entre as forças policiais do estado, da União e das guardas municipais.

O segmento do texto 1 em que a conjunção E tem valor adversativo (oposição) e NÃO aditivo (adição) é:

a) "... crescimento da violência em alguns estados do Sul e do Sudeste".

b) "Todos se assustam, o tempo passa, e pouca ação decorre de fato".

c) "Tem sido assim com o governo federal e boa parte das demais unidades da Federação".

d) "... viaturas e novas tecnologias".

e) "Definir metas e alcançá-las...".

2. (2017 – VUNESP – Prefeitura de Itanhaém-SP – Fisioterapeuta – *Questão adaptada*) Na passagem "**Embora** cruel, o sistema é de uma eficiência impressionante", a conjunção em destaque expressa, no contexto, relação de sentido de

a) causa e pode ser substituída, corretamente, por "Porque".

b) condição e pode ser substituída, corretamente, por "Desde que".

c) concessão e pode ser substituída, corretamente, por "Apesar de".

d) restrição e pode ser substituída, corretamente, por "Contanto que".

e) modo e pode ser substituída, corretamente, por "Assim".

3. (2017 – VUNESP – Câmara de Porto Ferreira-SP – Assessor de Imprensa – *Questão adaptada*) Leia os períodos:

- ... embarcou numa tábua **e** pôs-se a remar. (1º parágrafo);
- **Mas** não o venceu, não o venceu! (3º parágrafo);
- Que dizer deles, **se** nunca ninguém os viu? (4º parágrafo).

As conjunções em destaque nos períodos estabelecem entre as orações, correta e respectivamente, relações de sentido de

a) causa, adição e condição.

b) conexão, oposição e condição.

c) consequência, oposição e explicação.

d) conclusão, adição e opção.

e) conexão, conclusão e condição.

4. (2017 – CESPE – PJC-MT – Delegado de Polícia)

Texto CG1A1AAA

1   A valorização do direito à vida digna preserva as duas
faces do homem: a do indivíduo e a do ser político; a do ser em
si e a do ser com o outro. O homem é inteiro em sua dimensão
4   plural e faz-se único em sua condição social. Igual em sua
humanidade, o homem desiguala-se, singulariza-se em sua
individualidade. O direito é o instrumento da fraternização
7   racional e rigorosa.
O direito à vida é a substância em torno da qual todos
os direitos se conjugam, se desdobram, se somam para que o
10   sistema fique mais e mais próximo da ideia concretizável de
justiça social.

Mais valeria que a vida atravessasse as páginas da Lei
13 Maior a se traduzir em palavras que fossem apenas a revelação
da justiça. Quando os descaminhos não conduzirem a isso,
competirá ao homem transformar a lei na vida mais digna para
16 que a convivência política seja mais fecunda e humana.

> Cármen Lúcia Antunes Rocha. Comentário ao artigo 3.º. In. *50 anos de Declaração Universal dos Direitos Humanos 1948–1998*: conquistas e desafios. Brasília: OAB, Comissão Nacional de Direitos Humanos, 1998, p. 50-1 (com adaptações).

Sem prejuízo para a coerência e para a correção gramatical do texto CG1A1AAA, a conjunção "Quando" (ℓ.14) poderia ser substituída por

a) Se.

b) Caso.

c) À medida que.

d) Mesmo se.

e) Apesar de.

5. (2017 – CESPE – TRE-BA – Analista Judiciário)

Texto CG1A2AAA

1 Desde que a urna eletrônica foi adotada em todo o
território brasileiro, votar passou a ser uma atividade
relativamente simples. Diante da urna, o eleitor pode seguir
4 quatro caminhos diferentes. É possível deixar o voto em
branco: para isso, basta apertar a tecla branca. A segunda
opção é digitar um número que não corresponda a nenhum dos
7 candidatos ou partidos e, com isso, anular o voto. A terceira
opção é digitar o número de um partido e votar "na legenda".
Por fim, é possível escolher um candidato específico
10 digitando-se o seu número.
Até meados da década de 90 do século XX, ainda na
era da cédula de papel, a apuração geralmente era feita em
13 ginásios esportivos e durava muitos dias. As pessoas que
tiveram a oportunidade de ver uma dessas apurações devem se
lembrar das fases da contagem de votos. Inicialmente, os votos
16 em branco eram carimbados para evitar que eles fossem
preenchidos de maneira fraudulenta durante o cômputo. Os
votos nulos eram separados em uma pilha específica. Depois de
19 contados os votos, os boletins de cada urna eram preenchidos,
enviados para níveis superiores de apuração e totalizados. Hoje

os poderosos computadores da justiça eleitoral em Brasília são

22 capazes de proclamar, em poucas horas, quais foram, entre os
milhares de candidatos, os eleitos.

> Jairo Nicolau. *Representantes de quem. Os (des)caminhos do seu voto da urna à Câmara dos Deputados.* Rio de Janeiro: Zabar, 2017, p. 21-3 (com adaptações).

No período que inicia o texto CG1A2AAA, a locução "Desde que" (ℓ.1) introduz uma ideia de

a) proporcionalidade.

b) tempo.

c) causa.

d) consequência.

e) condição.

5.5. GABARITO

1 – b

2 – c

3 – b

4 – a

5 – b

Interjeição

Por definição, interjeição é a palavra[1] ou a expressão que traduz um estado emotivo momentâneo. Também pode ser definida como o elemento invariável que exprime com energia os afetos do ânimo. Veja alguns exemplos:

6.1. CLASSIFICAÇÃO

<u>Interjeições claras</u>: classicamente identificadas como uma interjeição.

Interjeição	Sentido
ah! oh! eh!	alegria, surpresa ou admiração
oba!	empolgação ou entusiasmo
eia!	animação ou empolgação
ufa! arre!	alívio
alô! olá! ó! oi! eh! psiu!	chamamento, apelo
opa!	desculpa
chi!	desagrado ou surpresa negativa
ai! ui!	dor, surpresa ou animação
ai! ah! oh!	arrependimento
hum! ué! epa! ah!	dúvida ou ironia
tchau!	despedida
arre! irra! hum!	impaciência
uh! buh!	reprovação
psiu!	silêncio
oba! upa! ah!	satisfação
hip! hip! hurra!	entusiasmo ou festejo
vixe! vige!	surpresa ou espanto

---

[1] Lucien Tesnière (1988) defende que uma interjeição não pode ser considerada uma palavra, por não ser constituída por morfemas. Apesar disso, grande parte das gramáticas lista as interjeições como constituintes de uma classe de palavras. Talvez, em razão dessa inconsistência teórica, elas não sejam o principal alvo das questões de provas.

Palavra-frase: vocábulo que – intencionalmente – é empregado como uma interjeição.

Palavra-frase	Sentido
Caludo!	silêncio
Cuidado!	advertência
Viva!	exclamação
Coragem!	animação
Bravo!	aplauso
Oxalá! Tomara[2]!	desejo, ansiedade
Bis!	repetição
Salve! Adeus!	saudação, despedida
Fora!	indignação
Coitado!	pena

Locução interjetiva: trata-se de uma frase de situação que cumpre função semelhante à de uma interjeição.

Locução interjetiva	Sentido
Ai de mim!	pena
Cruz credo!	medo
Oras bolas!	desagrado
Valha-me Deus!	socorro
Muito bem!	aprovação
Queira Deus! Quem me dera! Raios o partam!	desejo
Não apoiado!	reprovação
Cala a boca! Bico calado!	imposição de silêncio
Sem dúvida!	concordância
Qual o quê!	desacordo

As interjeições costumam aparecer no início da sentença ou intercaladas na frase, com pontuação específica – para indicar a separação.

Os sentidos das interjeições dependem sobremaneira da intenção do falante no momento da elocução, isso quer dizer que elas podem sofrer atualização semântica, não ficando condicionadas à simplicidade classificatória da tabela.

Por favor, não confunda uma interjeição com uma onomatopeia. Essas últimas são palavras que imitam sons ou rememoram ações (*bum, pof, tum, miau* etc.)

---

[2] Também é possível considerar tais elementos como advérbios, de acordo com alguns autores.

A forma ó é usualmente empregada na construção de uma apóstrofe[3]. Veja o exemplo:

> Ó mulher-serpente, que acende o fogo do inferno de meu coração, destila o veneno em minha alma!

6.2. EXERCÍCIOS

1. (2016 – Instituto Excelência – Prefeitura de Cruzeiro-SP – Técnico – Desenho)
Indique a alternativa em que aparece uma interjeição:

   a) Bravo! Vou indicar esse espetáculo aos meus amigos.
   b) Ela chorou um rio de lágrimas.
   c) Corra, pois precisamos chegar o quanto antes.
   d) Nenhuma das alternativas.

2. (2017 – Instituto Excelência – Prefeitura de Tremembé-SP – Nível Fundamental)

   Qual das frases abaixo apresenta um caso CORRETO de interjeição?

   a) Droga! Preste atenção quando eu estou falando!
   b) Estamos trabalhando muito há dois dias.
   c) Preciso levar meu cachorro ao veterinário.
   d) Nenhuma das alternativas.

3. (2015 – Makiyama – Banestes – Técnico Bancário)

   *Claro, **ué**!*

   A palavra destacada acima faz parte de uma classe de palavras que exprimem emoções, sensações e estados de espírito, e que, muitas vezes, valem por uma estrutura linguística mais elaborada, pois, têm um sentido completo. Qual classe é essa?

   a) Adjetivo.
   b) Pronome.
   c) Interjeição.

---

[3] Invocação do interlocutor por meio de uma frase de interpelação.

d) Conjunção.

e) Preposição.

4. (2017 – Instituto Excelência – Câmara de Santa Rosa-RS – Procurador Jurídico)

"**Ah**, como eu queria voltar a ser criança!"

"**Hum**! Esse pudim estava maravilhoso!"

"**Puxa**! Hoje não foi meu dia de sorte!"

As frases apresentadas indicam:

a) Preposição.

b) Interjeição.

c) Conjunção.

d) Nenhuma das alternativas.

5. (2015 – CESGRANRIO – Petrobras – Profissional Júnior – Serviço Social) No período "**Ah**, que minha história fosse como um raio de sol, irresistivelmente louro, quente, vivo, em sua vida de moça reclusa, enlutada, doente.", a interjeição em destaque apresenta o efeito expressivo de

a) retificação.

b) espanto.

c) realce.

d) adversidade.

e) descontinuidade.

6.3. GABARITO

1 – a

2 – a

3 – c

4 – b

5 – c

7 Numeral

É a palavra que exprime uma noção de quantidade, posição, multiplicação ou divisão. É possível compreender que um número é diferente de um numeral: enquanto o número é uma realidade cognoscente quantificadora, o numeral é a representação dessa realidade por meio de um nome ou de um símbolo.

A classificação dos numerais em língua portuguesa é a seguinte:

a) **Cardinais** (exprimem uma **quantidade**): dois, três, vinte.
b) **Ordinais** (exprimem uma **posição**): segundo, terceiro, vigésimo.
c) **Multiplicativos** (exprimem uma **multiplicação**): dobro, triplo, décuplo.
d) **Fracionários** (exprimem uma **divisão**): meio, terço, onze avos.

Tabela de numerais (atenção para a grafia)

Números	Cardinais	Ordinais	Multiplicativos	Fracionários	Coletivos
1	um	primeiro			
2	dois	segundo	duplo ou dobro	meio ou metade	duo, dueto, dupla
3	três	terceiro	triplo ou tríplice[1]	terço	trio
4	quatro	quarto	quádruplo	quarto	quarteto
5	cinco	quinto	quíntuplo	quinto	quinteto
6	seis	sexto	sêxtuplo	sexto	sexteto
7	sete	sétimo	séptuplo ou sétuplo	sétimo	
8	oito	oitavo	óctuplo	oitavo	
9	nove	nono	nónuplo	nono	novena
10	dez	décimo	décuplo	décimo	dezena, década

---

[1] A palavra *tríplice* possui valor adjetivo, porém guarda uma origem de numeral.

Números	Cardinais	Ordinais	Multiplicativos	Fracionários	Coletivos
11	onze	undécimo ou décimo primeiro	undécuplo	undécimo ou onze avos[2]	
12	doze	duodécimo ou décimo segundo	duodécuplo	duodécimo ou doze avos	dúzia
13	treze	décimo terceiro		treze avos	
14	catorze ou quatorze	décimo quarto		catorze avos	
15	quinze	décimo quinto		quinze avos	
16	dezesseis	décimo sexto		dezesseis avos	
17	dezessete	décimo sétimo		dezessete avos	
18	dezoito	décimo oitavo		dezoito avos	
19	dezenove	décimo nono		dezenove avos	
20	vinte	vigésimo		vinte avos	
21	vinte e um	vigésimo primeiro		vinte e um avos	
30	trinta	trigésimo		trinta avos	
40	quarenta	quadragésimo		quarenta avos	
50	cinquenta	quinquagésimo		cinquenta avos	
60	sessenta	sexagésimo		sessenta avos	
70	setenta	septuagésimo		setenta avos	
80	oitenta	octogésimo		oitenta avos	
90	noventa	nonagésimo		noventa avos	
100	cem	centésimo	cêntuplo	centésimo	centena, cento
200	duzentos	ducentésimo		duzentos avos	
300	trezentos	tricentésimo		trezentos avos	
400	quatrocentos	quadrigentésimo		quatrocentos avos	
500	quinhentos	quingentésimo		quinhentos avos	

---

[2] O substantivo a*vo* indica aquilo que se junta a um denominador maior que dez para indicar a divisão da unidade no número de partes iguais indicado por esse denominador.

Núme-ros	Cardinais	Ordinais	Multiplica-tivos	Fracionários	Coletivos
600	seiscentos	seiscentésimo		seiscentos avos	
700	setecentos	septigentésimo		setecentos avos	
800	oitocentos	octigentésimo		oitocentos avos	
900	novecentos	nongentésimo		novecentos avos	
1 000	mil	milésimo		milésimo	milhar
10 000	dez mil	dez milésimos		dez mil avos	
100 000	cem mil	cem milésimos		cem mil avos	
1 000 000	um milhão	milionésimo		milionésimo	
1 000 000 000	um bilhão	bilhonésimo		bilhonésimo	
1 000 000 000 000	um trilhão	trilhonésimo		trilionésimo	

1. Zero é um numeral cardinal.
2. Apesar de haver divergência entre os gramáticos, a tradição pesa para a consideração da palavra *ambos* como um numeral cardinal que realiza **dêixis anafórica**[3], ou seja, que retoma um elemento expresso anteriormente no texto.
3. Há **substantivos coletivos quantificados**, que usualmente são considerados numerais coletivos.

Atente para os seguintes exemplos de substantivos coletivos qualificados:

Relativos a dias:

2 = bíduo

3 = tríduo

4 = quadríduo

---

[3] Nome *chique* para indicar que o elemento promove uma retomada de algo saliente no discurso anteriormente.

5 = quinquídio

7 = semana

8 = oitava

9 = novena

10 = decêndio

13 = trezena

40 = quarentena

Relativos a meses:

2 = bimestre

3 = trimestre

4 = quadrimestre

6 = semestre

Relativos a anos:

2 = biênio

3 = triênio

4 = quadriênio

5 = quinquênio, lustro

6 = sexênio

7 = septênio

10 = decênio, década, decúria

100 = centênio, centúria, centenário, século

200 = ducentênio

1000 = milênio

Relativos a pessoas, animais ou coisas:

2 = junta (dois bois); dístico (dois versos); par (duas coisas)

3 = terno (três coisas ou pessoas); terceto (coisas, pessoas ou versos); trindade (pessoas); trinca (coisas semelhantes); tríade (coisas ou pessoas)

4 = quarteto (pessoas ou coisas); quadra (versos); quadriga (cavalos)

5 = quinteto (pessoas ou coisas); mão (cadernos)

6 = sextilha (versos)

8 = oitava (versos)

10 = decálogo (leis ou mandamentos); decúria (soldados ou coisas)

12 = dúzia (coisa); grosa (doze dúzias)

100 = centena (coisas); centúria (soldados ou objetos da mesma espécie)

500 = resma (folhas de papel)

Adjetivos derivados de numerais podem ser designativos de idade ou data:

quinquagenário (50)

sexagenário (60)

setuagenário (70)

octogenário (80)

nonagenário (90)

centenário (100)

sesquicentenário (150)

milenário (1000)

7.1. NÚMEROS ROMANOS

Os números romanos são representados por letras, a saber: I, V, X, L, C, D e M. A partir dessas letras (os algarismos romanos) todo o sistema de numeração pode ser estabelecido. A combinação dessas letras depende das seguintes regras:

1. Toda letra colocada à direita de outra de valor igual ou superior deve ter seu valor adicionado ao dessa outra:

II = 2   III = 3   VIII = 8

2 . A letra colocada à esquerda de uma letra de valor superior deve ter seu valor subtraído dessa outra.

IV = 4   IX = 9

3. Nenhuma letra se repete mais de três vezes (apesar disso, é comum encontrar IIII no lugar de IV).

III = 3   XX = 20   CCC = 30

4. Para representar milhares, repete-se, segundo a regra geral, o algarismo romano até três vezes.

MMM = 3 000

5. Acima de três mil, os milhares são representados com os algarismos romanos das unidades com um traço horizontal em cima.

V = 5 000   VII = 7 000

Em Língua Portuguesa, empregamos os algarismos romanos para designar séculos, papas, reis, capítulos, títulos e volumes de uma coleção. Você encontrará a explicação sobre a numeração de itens associados às leis mais adiante.

7.2. EMPREGO DOS NUMERAIS

Os numerais devem ser escritos por extenso, a não ser pelas **datas**, pelas **enumerações** e pelas **operações matemáticas**. Quando a referência for aos dias do mês, empregam-se os cardinais, a não ser pelo primeiro dia. No Brasil, essa referência é feita com o numeral ordinal (primeiro). Diz-se: no dia primeiro de janeiro; em primeiro de março etc.

Quando os numerais indicarem ano, não serão separadas as centenas dos milhares nem por ponto, nem por espaço (1345, 2017, 1987).

Para indicar séculos, hierarquia real, papas e capítulos de obra, são empregados os algarismos **romanos**, que serão lidos como numerais **ordinais** de um a dez e como **cardinais** de onze em diante sempre que houver o numeral depois do substantivo.

> João XXIII (vinte e três)
> Dário I (primeiro)
> Pio XI (onze)
> Século III (terceiro)
> Capítulo X (décimo)

Caso esses algarismos venham **antepostos** ao substantivo, serão lidos como **ordinais**:

> IV Conferência de Estudos da Linguagem (quarta)
> X Encontro de Medicina Legal (décimo)

Na numeração de artigos de leis, decretos e portarias, emprega-se o ordinal até nove e o cardinal de dez em diante.

> Artigo 2º (segundo)
> Decreto 5º (quinto)
> Artigo 10 (dez)
> Portaria 23 (vinte e três)

De acordo com o **Manual de Redação da Presidência da República**, as normas para distribuição de artigos, alíneas, inciso etc. são as que se seguem:

A sistematização das leis mais complexas observa, entre nós, o seguinte esquema básico: Livros, Títulos, Capítulos, Seções, Subseções e Artigos.

Artigo

Artigo é a unidade básica para apresentação, divisão ou agrupamento de assuntos num texto normativo. No tocante à numeração, consagrou-se a práxis, hoje positivada pela Lei Complementar nº 95, de 26 de fevereiro de 1998, de até o artigo nono (art. 9º) adotar a numeração ordinal. A partir do de número 10, emprega-se o algarismo arábico correspondente, seguido de ponto-final (art. 10). Os artigos serão designados pela abreviatura "*Art.*" sem traço antes do início do texto. Os textos dos artigos serão iniciados com letra maiúscula e encerrados com ponto-final, exceto quando tiverem incisos, caso em que serão encerrados por dois-pontos.

Os artigos podem desdobrar-se, por sua vez, em *parágrafos* e *incisos*; e estes, em *alíneas*.

Parágrafos (§§)

Os parágrafos constituem, na técnica legislativa, a imediata divisão de um artigo, ou, como anotado por Arthur Marinho, "(...) *parágrafo* sempre foi, numa lei, disposição secundária de um artigo em que se explica ou modifica a disposição principal".

O parágrafo é representado pelo sinal gráfico §.

Também em relação ao parágrafo, consagra-se a prática da numeração ordinal até o nono (§ 9º) e cardinal a partir do parágrafo dez (§ 10). No caso de haver apenas um parágrafo, adota-se a grafia *Parágrafo único* (e não "§ *único*"). Os textos dos parágrafos serão iniciados com letra maiúscula e encerrados com ponto-final.

Incisos e Alíneas

Os incisos são utilizados como elementos discriminativos de artigo se o assunto nele tratado não puder ser condensado no próprio artigo ou não se mostrar adequado a constituir parágrafo. Os incisos são indicados por algarismos romanos e as alíneas por letras.

As alíneas ou letras constituem desdobramentos dos incisos e dos parágrafos. A alínea ou letra será grafada em minúsculo e seguida de parêntese: a); b); c); etc. O desdobramento das alíneas faz-se com números cardinais, seguidos do ponto: 1.; 2.; etc.

Por exemplo, art. 5º da Constituição:

"*Art. 5º Todos são iguais perante a lei, sem distinção de qualquer natureza, garantindo-se aos brasileiros e aos estrangeiros residentes no País a inviolabilidade do direito à vida, à liberdade, à igualdade, à segurança e à propriedade, nos termos seguintes:*

(...)

LXXX – conceder-se-á mandado de injunção sempre que a falta de norma regulamentadora torne inviável o exercício dos direitos e liberdades constitucionais e das prerrogativas inerentes à nacionalidade, à soberania e à cidadania;

*LXXII – conceder-se-á **habeas-data**:*

a) para assegurar o conhecimento de informações relativas à pessoa do impetrante, constantes de registros ou bancos de dados de entidades governamentais ou de caráter público;

b) para a retificação de dados, quando não se prefira fazê-lo por processo sigiloso, judicial ou administrativo;

(...)

§ 1º As normas definidoras dos direitos e garantias fundamentais têm aplicação imediata.

§ 2º Os direitos e garantias expressos nesta Constituição não excluem outros decorrentes do regime e dos princípios por ela adotados, ou dos tratados internacionais em que a República Federativa do Brasil seja parte."

Na elaboração dos artigos devem ser observadas algumas regras básicas, tal como recomendado por Hesio Fernandes Pinheiro:

a) cada artigo deve tratar de um único assunto;

b) o artigo conterá, exclusivamente, a norma geral, o princípio. As medidas complementares e as exceções deverão ser expressas em parágrafos;

c) quando o assunto requerer discriminações, o enunciado comporá o **caput** do artigo, e os elementos de discriminação serão apresentados sob a forma de incisos;

d) as expressões devem ser usadas em seu sentido corrente, salvo se se tratar de assunto técnico, quando então será preferida a nomenclatura técnica, peculiar ao setor de atividades sobre o qual se pretende legislar;

e) as frases devem ser concisas;

f) nos atos extensos, os primeiros artigos devem ser reservados à definição dos objetivos perseguidos pelo legislador e à limitação de seu campo de aplicação.

Agrupamento de Artigos

a) Das Seções

A Seção é o conjunto de artigos que versam sobre o mesmo tema. As seções são indicadas por algarismos romanos (*v. g.*: Seção I; Seção II; etc.) e grafadas em letras minúsculas em negrito. Eventualmente, as Seções subdividem-se em Subseções.

b) Dos Capítulos

O Capítulo é formado por um agrupamento de Seções e, assim como os *Títulos, Livros* e *Partes* são grafados em letras maiúsculas e identificados por algarismos romanos.

c) Título

O Título engloba um conjunto de Capítulos.

d) Livro

Nas leis mais extensas – normalmente, na legislação codificada –, os conjuntos de Títulos são reunidos em *Livros*, podendo estes ser desdobrados em *Parte Geral* e *Parte Especial.*

7.3. RECOMENDAÇÕES PARA A PONTUAÇÃO E A ESCRITA DOS CARDINAIS

1. A conjunção **e** deve separar as unidades das dezenas, bem como as dezenas das centenas.

   73   –   setenta **e** três
   105   –   cento **e** cinco
   234   –   duzentos **e** trinta **e** quatro

2. Não se deve empregar a conjunção **e** entre o milhar e a centena, a menos que a centena se inicie por zero ou que termine por dois zeros.

   1.152   –   mil cento e cinquenta e dois
   1.035   –   mil e trinta e cinco
   1.500   –   mil e quinhentos
   58.025 –   cinquenta e oito mil e vinte e cinco

3. Cada conjunto de três algarismos arábicos deve ser separado do anterior por um ponto na representação numérica.

    2.435.573   –   dois milhões, quatrocentos e trinta e cinco mil, quinhentos e setenta e três.

    38.541   –   trinta e oito mil, quinhentos e quarenta e um.

4. Se os números forem muito extensos, é necessário substituir a conjunção por uma vírgula entre os grupos de três algarismos, a não ser pelo último grupo (quando a centena iniciar por zero ou terminar por dois zeros).

    4.353.144   –   quarto milhões, trezentos e cinquenta e três mil, cento e quarenta e quatro.

    54.891.023   –   cinquenta e quatro milhões, oitocentos e noventa e um mil e vinte e três.

5. Para ler os numerais ordinais acima e 2.000, é possível lançar mão de duas estratégias: o milhar como cardinal ou como ordinal, e os demais sempre lidos como ordinais.

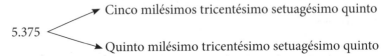

5.375 — Cinco milésimos tricentésimo setuagésimo quinto
5.375 — Quinto milésimo tricentésimo setuagésimo quinto

7.4. FLEXÃO DOS NUMERAIS

a) Cardinais

Podem ser flexionados em:

- **Gênero**: um, dois e centenas superiores a cem flexionam em gênero:

    uma, duas, duzentas, quinhentas, setecentas

    Mil, milhão e milhar são invariáveis em **gênero**. Os numerais que acompanham *mil* podem concordar com o substantivo da sentença:

    Duas mil **pessoas**.
    Dois mil **livros**.
    Alguns milhares de mulheres.
    Dois milhões de aves

- **Número**: o terminados em -lhão ou -lião:

    milhões[4], bilhões ou biliões, trilhões ou triliões

---

[4] Milhão não tem a forma -lião.

ATENÇÃO

* Quando estiverem substantivados, os cardinais terminados em vogal podem ser passados para o plural: os setes, os noves, os quatros.

** Formas como 1,2 milhão não podem ser passadas para o plural, pois o designativo é unitário. Agora, caso fosse 2,3 milhões, o designativo passou a ser mais de dois.

b) Ordinais e fracionários

Os ordinais e os fracionários variam em gênero e número:

segundo, segunda, segundos, segundas

vigésimo, vigésima, vigésimos, vigésimas

uma quinta parte, três quintas partes

meio-dia e meia (hora)

sete metros e meio (metro)

c) Multiplicativos

Flexionam-se em gênero e número quando acompanharem o núcleo de uma expressão nominal, ou seja, quando forem adjuntos:

Ele executou dois <u>saltos</u> **triplos**.

O detergente possui **tripla** <u>ação</u> contra os germes.

- Dúplice e tríplice não variam em gênero, apenas em número: tríplice aliança, tríplice complôs.

- Quando núcleos de expressões nominais, os multiplicativos serão invariáveis: fez o **dobro** do esforço.

- Usualmente, os numerais não possuem flexão de grau, mas é possível empregar formas como *primeiríssimo*, *vintão*, *trintinha* para conferir expressividade à sentença.

Apesar de ser um assunto relativamente longo, não há muitas questões a respeito de numerais nas provas de concursos públicos. A probabilidade de você encontrar essas questões é bem baixa. Por isso, este capítulo não precisa entrar toda vez em seu ciclo de revisões.

7.5. EXERCÍCIOS

1. (2017 – IBFC – AGERBA – Técnico em Regulação – *Questão Adaptada*) Considere as palavras destacadas na frase abaixo e assinale a alternativa em que se indica, respectivamente e de modo correto, sua classificação morfológica.

   *"Durante anos, o homem teve **um** sonho: queria viajar de avião na **primeira** classe."*

   a) numeral e numeral.
   b) numeral e pronome.
   c) artigo e numeral.
   d) pronome e numeral.
   e) artigo e pronome.

2. (2012 – KLC – Prefeitura de Alto Piquiri-PR – Auxiliar de serviços gerais) O numeral ordinal (18º) corresponde a:

   a) décimo oito.
   b) dezoito avos.
   c) décimo oitavo.
   d) dez oitavos.
   e) nenhuma alternativa está correta.

3. (2017 – MS CONCURSOS – Prefeitura de Tanguá-RJ – Técnico de enfermagem) Assinale a alternativa onde temos um numeral fracionário.

   a) Nessa carteira só há duas notas.
   b) A primeira proposta foi aceita pela maioria dos alunos.
   c) Comprou na feira o dobro de livros que pretendia.
   d) Coube a ela um terço da herança dos avós.

4. (2013 – VUNESP – PC-SP – Atendente de Necrotério Policial) Assinale a alternativa em que o numeral corresponde, corretamente, à sua forma escrita.

   a) 48.º candidato – quadragésimo oito candidato.
   b) Século XIV – Século dezesseis.

c) 653.000 mandados de prisão – seiscentos e cinquenta e três mil mandados de prisão.

d) Mulher deu à luz 5 bebês. – Mulher deu à luz quintos.

e) 1/3 do salário – o triplo do salário.

5. (2014 – FGV – Câmara Municipal do Recife-PE – Assistente Administrativo) Lemos os numerais XX e XXI como cardinais (vinte, vinte e um); o numeral romano que deve ser lido como ordinal é:

a) João XXIII.

b) Pio XII.

c) Pedro IV.

d) Capítulo XVI.

e) Século XV.

7.6. GABARITO

1 – a

2 – c

3 – d

4 – c

5 – c

8 Preposição

Daqui para frente, a coisa começa a ficar monstruosa. Por quê? Porque tudo começa a se relacionar e você tem a obrigação (mesmo) de trazer na memória tudo que estudou até aqui e tudo que será passado neste capítulo.

Preposição é um termo de natureza conectiva, que opera uma relação de sentido no segmento em que aparece. Distintamente das conjunções, as preposições são empregadas por uma exigência da sentença (quer gramaticalmente, quer semanticamente).

A preposição costuma ser utilizada em função de uma exigência sintática, a qual recebe o nome de *Regência*. A depender da natureza da regência, a preposição pode indicar uma relação apenas de correção gramatical ou uma relação de manutenção de sentido.

Dizendo isso de maneira técnica, significa que a preposição é a palavra invariável que relaciona outras palavras (que podem pertencer a classes diferentes) em uma sentença. Nessa relação, é comum identificar o termo **regente** ou **subordinante** (quem dá início à relação) e o termo **regido** ou **subordinado** (quem se submete ao antecedente). A preposição é o elo entre esses elementos.

Dizendo isso de uma maneira mais confortável, funciona assim: imagine que a frase seja um grande baile: algumas palavras podem ir desacompanhadas, pois são solteiras e estão na pegação. Outras palavras, se quiserem ir para a balada, terão de levar seus companheiros, porque já têm algum tipo de relação e não podem sair solteiras, sob pena de "perderem a vida". Desse modo, você sempre vai tentar encontrar quem está **convidando** a preposição para o baile da frase!

Vejamos alguns exemplos:

- **Regência verbal:** As pessoas <u>assistiram</u> **a**o discurso sobre a preservação ambiental. (Empregamos a preposição "a" para demonstrar a relação presente entre o verbo e seu complemento. O verbo "assistir", empregado no sentido de "ver", deve receber a preposição "a".)

- **Regência nominal:** A <u>habilidade</u> **com** as palavras era seu forte. (A preposição "com" foi – por assim dizer – "convidada" pelo substantivo "habilidade". Isso demonstra uma relação de Regência Nominal.)

ATENÇÃO

Pode ser que – em algumas situações – você não encontre a palavra que convidou a preposição. Para elucidar isso, eu tenho outra analogia:

Imagine que você está na festa, procurando aquela pessoa especial (porque foi desacompanhado). De repente, parece que o salão se abre e Deus entregou uma pessoa na medida para você. Puxa vida, era ela que faltava para completar sua vida! Parece que ela veio do céu!

Pois é, eu costumo dizer que algumas preposições (quando não convidadas por um verbo, um adjetivo, um advérbio ou um substantivo) vêm do "céu gramatical". Camões vem de lá, trazendo uma preposição especial, apenas para montar aquela locução adverbial ou adjetiva marota que estávamos querendo colocar na frase. Veja o exemplo:

Em <u>casa</u>, Márcia pintou um belo quadro.

A preposição *em* não foi convidada pelo verbo *pintar*. Ela teve que ser empregada na sentença para que fosse possível gerar a locução adverbial de lugar. Então, você deve saber que nem sempre vai encontrar o termo regente da preposição. Em algumas situações, deverá identificar a formação de uma locução adverbial, adjetiva, prepositiva, conjuntiva etc. a fim de entender a relação entre as palavras na frase.

Um critério fundamental para distinguir uma preposição de uma conjunção é que a conjunção liga elementos de mesma natureza morfológica, ao passo que a preposição pode ligar elementos de naturezas morfológicas distintas.

Vive **de** trambiques (verbo – **preposição** – substantivo)

Carro **com** acessórios (substantivo – **preposição** – substantivo)

Disse **que** viria ao evento (verbo – **conjunção** – verbo)

Casa **e** família (substantivo – **conjunção** – substantivo)

8.1. CLASSIFICAÇÃO DAS PREPOSIÇÕES

8.1.1. Essenciais

São preposições por essência, herdadas das formas preposicionais latinas. É preciso decorar esta lista para que fique mais simples o estudo futuro. Leia esta tabela **até sair sangue dos olhos**! Decore a sigla ACDEPST, que reúne as iniciais das preposições essenciais!

A, ante, até, após.

Com, contra.

De, desde.

Em, entre.

Para, per, por, perante,

Sem, sob, sobre,

Trás.

Exemplos de emprego das preposições essenciais:

Saiu **de** casa **a** pé.

Ante tal ofensa, foi **para** casa.

Andou **até** o limite **das**[1] forças.

Após o almoço, falarei **com** você.

Desde as duas horas, espero sua ligação.

Gosto **de** bons livros.

Em se desculpando, poderá sair.

Não há acerto **entre** dois teimosos.

Estude **para** ser aprovado.

Calcularam a renda ***per capita***.

Por um grande motivo, ele resolveu mudar sua vida.

Não se cale **perante** a injustiça.

Sem esperança, não há vida.

Estamos todos **sob** o mesmo sol.

O gato pisava **sobre** a mesa.

Saiu **de trás** da mata.

---

[1] *De + as* = trata-se de uma combinação da preposição com o artigo definido.

Semântica das preposições: é importante pensar sobre o sentido que as preposições podem assumir em uma frase. Há muitas questões de prova que abordam esse assunto.

Eu lutei **com** Jonas. (Estávamos do mesmo lado.)

Eu lutei **contra** Jonas. (Ele era meu inimigo.)

Eu lutei **sem** Jonas. (Jonas não estava na luta. Não pense que essa frase significa que lutei sozinho, isso seria interpretar demais.)

Eu lutei **por** Jonas. (Jonas foi a razão de minha luta.)

Eu lutei **ante** Jonas. (Posição em relação a Jonas.)

Eu lutei **após** Jonas. (Jonas lutou antes de mim.)

Perceba que eu usei anteriormente a mesma frase com diferentes preposições. Agora, vejamos a mesma preposição em diferentes contextos:

Falaremos **de** você. (assunto)

Sairemos **de** casa. (lugar)

Viajaremos **de** avião. (meio)

Entraremos **de** mansinho. (modo)

Morreram **de** fome. (causa)

Taco **de** madeira. (material)

Bolsa **de** brinquedos. (conteúdo ou finalidade)

Nesse momento, você deve pensar que o que determina finalmente o sentido da preposição é aquilo que a acompanha na sentença. Bem, é basicamente isso. Na realidade, é necessário fazer uma análise daquilo que está em volta da preposição para compreender bem o sentido que ela transmite em uma sentença. Como a língua é viva, essas possibilidades são numerosas e cabe ao leitor buscar a construção do sentido dessas expressões. Pode ser que sua prova aborde precisamente a identificação do sentido dessas expressões.

8.1.2. Acidentais

São palavras que não nasceram como preposição e, em dado momento, passaram a ser empregadas na função de preposições:

mediante	durante
salvo	tirante
exceto	salvante
menos	segundo
fora	consoante
afora	

Em uso:

Ela fará, **salvo** engano, a prova amanhã.

Fora Maria, todas as meninas entraram na sala.

Segundo o autor, aquilo era um direito de todos.

Todos entenderam o conteúdo, **menos** Dália.

Tabela de contrações das preposições essenciais com artigos

Preposições (vertical) / Artigos (horizontal)	o	a	os	as	um	uma	uns	umas
a	ao	à	aos	às	-	-	-	-
de	do	da	dos	das	dum	duma	duns	dumas
em	no	na	nos	nas	num	numa	nuns	numas
per	pelo	pela	pelos	pelas	-	-	-	-
por	polo	pola	polos	polas	-	-	-	-

O fato de não aparecer contração entre, por exemplo, *a* e *um* não significa que não seja possível empregar esses elementos em uma frase, apenas que eles não se combinam em uma só palavra. Veja:

Sei que ele se refere **a** <u>um</u> estudante anterior. (Preposição e artigo indefinido sem combinação.)

Contemporaneamente, ensinam alguns que a palavra *pelo* é resultado da combinação de *por* com o artigo *o*. Na realidade, por uma questão didática, optou-se por tal explicação, mas a origem dessa expressão é a junção da preposição *per* com o artigo *o*. A combinação de *por* com o artigo *o* tem como resultado a forma *polo*[2], empregada antigamente em frases como:

Caminhava *polo* campo, entre as flores.

Passeava *pola* calçada, sem muita atenção.

---

[2] Essas formas praticamente não são mais empregadas contemporaneamente.

Vale lembrar, também, que as preposições podem se contrair com pronomes e advérbios. Assim, termos *neste, nesta, naquilo, noutro, noutra, doutro, daquele, daquilo, daqui, dali, daí, donde, doutrem* etc.

ATENÇÃO

Não confunda contração da preposição com combinação ou fusão. Na contração, ocorre alteração fonética; na combinação, não ocorre alteração fonética. A fusão, na realidade, é uma contração da preposição *a* com um artigo *a(s)*. Na realidade, é um tipo especial de contração, em que ocorre um caso de crase.

8.2. LOCUÇÕES PREPOSITIVAS

Duas ou mais palavras reunidas que possuem a função de uma preposição, ou seja, função conectiva. É preciso atentar, porém, que – para ser uma locução prepositiva – é necessário que a expressão termine por uma preposição essencial. Vejamos uma lista de locuções prepositivas.

- Aquelas que terminam em *de*:

abaixo de	apesar de	em razão de
acerca de	aquém de	em redor de
acima de	a respeito de	em vez de
a despeito de	atrás de	em volta de
adiante de	através de	fora de
à exceção de	cerca de	junto de
a favor de	debaixo de	na conta de
a fim de	defronte de	perto de
a frente de	dentro de	por baixo de
além de	depois de	por causa de
à maneira de	de trás de	por cima de
antes de	embaixo de	por dentro de
ao lado de	em cima de	por detrás de
ao longo de	em face de	por meio de
ao modo de	em favor de	por trás de
ao redor de	em frente de	sem embargo de
a par de	em meio de	sob pena de

- Aquelas que terminam em *a*:

até a	em atenção a	quanto a
com respeito a	em relação a	
devido a	junto a	

- Aquelas que terminam em *com*:

| de acordo com | de conformidade com | para com |

8.3. PREPOSIÇÃO E PRONOMES RELATIVOS

É muito comum encontrar questões em que seja exigida a análise da presença de uma preposição associada a um pronome relativo. Nesses casos, eu ensino a regra do **olhar para frente**. Quero dizer que, nesses casos, você deverá investigar se há qualquer elemento posterior ao pronome relativo que exija a presença da preposição. Veja a demonstração:

O conteúdo **de** que gosto é Sintaxe.

Foi o verbo *gostar* que exigiu a presença da preposição *de*. Afinal, trata-se de um verbo transitivo indireto, cujo complemento é introduzido pela preposição **de**. A retirada dessa preposição causará incoerência na construção da sentença.

Vejamos outros exemplos:

As acusações **de** que me <u>defendi</u> são falsas. (Defendi **das** acusações.)
Eis o homem **a** cujo caráter <u>aludo</u>. (Aludo **ao** caráter.)
Aquela é a roupa **com** a qual <u>vou</u> ao baile. (Vou ao baile **com** a roupa.)
Essa é a razão **por** que <u>luto</u>. (Luto **por** uma razão.)

Nem sempre você terá uma regência clara na exigência da preposição. Pode ser que, em alguns casos, se trate somente de uma locução adverbial. Aquele caso em que a preposição vem do "céu gramatical".

8.4. PREPOSIÇÃO E CONJUNÇÕES

Esse é outro assunto comum em algumas provas, meu nobre leitor! Aqui a regra não é a de olhar para frente, mas a de **olhar para trás**, pois – nesses casos – será o termo anterior a reclamar a bendita preposição. Veja o exemplo:

Cesário não duvidava **de** que seus amigos fossem gente de bem.

Aqui, é o verbo *duvidar* que exige a presença da preposição para anteceder a conjunção integrante dentro da oração. Veja que é muito fácil cair nas armadilhas das questões, por isso é por demais importante saber com que palavra você está lidando, se pronome ou conjunção.

Esse dispositivo gramatical não deve ser observado apenas nas questões. Na composição das redações, esse é um dos tipos mais elementares de erro que os candidatos cometem. Portanto, cuidado na hora de escrever!

8.5. SEÇÃO ESPECIAL: DA REPETIÇÃO DAS PREPOSIÇÕES

Todos os dias, muitos alunos me questionam se as preposições obedecem ao princípio do "paralelismo sintático" (que você já viu aqui em nossa obra, com relação aos artigos). Vale dizer que, quando as preposições forem empregadas sem uma relação direta com um determinante (artigo, pronome, numeral), não será necessário repeti-las, a não ser que se pretenda um efeito de destaque na sentença.

> Suzana e responsável **por** Maria, Pedro, Álvaro e Joana.
> Suzana é responsável **por** Maria, **por** Pedro, **por** Álvaro e **por** Joana.

As duas sentenças estão corretas, mas a segunda apresenta maior ênfase do que a primeira.

Agora, vejamos algumas maneiras de esse assunto cair nas provas!

COMO ISSO CAI NA PROVA?

▶ (2013 – CESPE – Telebras – Nível Superior – *Questão Adaptada*) No trecho "Cooper usou sua nova invenção para ligar para Joel Engel", a preposição "para" expressa, em ambas as ocorrências, ideia de finalidade, introduzindo expressões adverbiais.

( ) Certo ( ) Errado

Resposta: errado.

Comentário: No primeiro caso, a preposição é empregada com um sentido de finalidade; no segundo caso, a visão que se tem é de "destinatário".

Bem, não é só dessa maneira que o conteúdo relacionado às preposições pode aparecer. Também pode haver questões relacionadas à crase, ao emprego de pronomes relativos, das próprias conjunções. Cabe ao aluno ficar atento à exigência sintática da sentença (a Regência, propriamente falando). Vejamos mais exemplos:

Questão de relevância na discussão dos efeitos adversos do uso indevido de drogas é a associação do tráfico de drogas ilícitas e dos crimes conexos – geralmente de caráter transnacional – com a criminalidade e a violência.

> (2014 – CESPE – Polícia Federal – Agente de Polícia Federal – *Questão Adaptada*) No fragmento acima, o emprego da preposição "com", em "com a criminalidade e a violência", deve-se à regência do vocábulo "conexos".
>
> ( ) Certo ( ) Errado
>
> **Resposta: errado.**
>
> Comentário: O emprego da preposição se deve à regência do termo *associação*, que exige duplo complemento (associação DE algo COM algo). Essa é uma questão de Regência Nominal.

8.6. EXERCÍCIOS

1. (2018 – FCC – TRT-14ª Região – Analista Judiciário) Quanto ...... origens do ruído, o pensador David le Breton ...... associa ao utilitarismo, com que se relaciona, por vezes, ... racionalismo, que dispõe a experiência dos sentidos em segundo plano.

   Preenche as lacunas da frase acima, correta e respectivamente, o que se encontra em:

   a) as – às – ao.
   b) a – a – ao.
   c) às – às – ao.
   d) as – as – o.
   e) às – as – o.

2. (2017 – Objetiva – SAMAE de Caxias do Sul-RS – Assistente de Planejamento) Considerando-se as relações estabelecidas pelas preposições entre o termo regente e o termo regido, assinalar a alternativa em que a preposição sublinhada estabelece relação de finalidade:

   a) Esta é uma obra <u>do</u> autor mineiro.
   b) O gado morreu <u>com</u> a seca.
   c) O momento é propício <u>para</u> vender imóveis.

d) Ela ficou <u>em</u> estado de choque.

e) Os dois se dirigiram <u>para</u> a saída do local.

3. (2013 – CESGRANRIO – BNDES – Técnico Administrativo) O trecho em que a preposição em negrito introduz a mesma noção da preposição destacada em "Na luta **para** melhorar" (L. 1) é:

a) O jogador **com** o boné correu.

b) A equipe **de** que falo é aquela.

c) A busca **por** recordes move o atleta.

d) A atitude do diretor foi **contra** a comissão.

e) Ele andou **até** a casa do treinador.

4. (2016 – BIO-RIO – Prefeitura de São Gonçalo-RJ – Analista de Contabilidade)

TEXTO

ÉDIPO-REI

Diante do palácio de Édipo. Um grupo de crianças está ajoelhado nos degraus da entrada. Cada um tem na mão um ramo de oliveira. De pé, no meio delas, está o sacerdote de Zeus.

(*Edipo-Rei*, Sófocles, RS: L&PM, 2013)

O texto mostra cinco ocorrências da preposição DE; o valor dessa preposição que está corretamente indicado é:

a) de Édipo/lugar.

b) de crianças/especificação.

c) de oliveira/instrumento.

d) de pé/qualificação.

e) de Zeus/finalidade.

5. (2009 – FCC – PGE-RJ – Técnico superior de Procuradoria) A expressão **de que** preenche corretamente a lacuna da frase:

a) A compaixão humana é um sentimento ...... o cronista recusa a se distanciar.

b) O sentimento da compaixão é uma virtude humana ...... o cronista não se furta a valorizar.

c) A compaixão humana é um sentimento ...... o cronista não se esquiva de enaltecer.

d) O sentimento da compaixão é uma virtude humana ...... o cronista sabe reconhecer e valorizar.

e) A compaixão humana é um sentimento ...... o cronista deseja dividir com o leitor.

8.7. GABARITO

1 – e

2 – c

3 – c

4 – b

5 – a

9 Pronome

Temos aqui mais um capítulo extremamente importante. Quase todas as provas exigem que o candidato saiba lidar de maneira competente com os pronomes. Afinal, grande parte dos estudos a respeito dos processos coesivos[1] resvala nos pronomes.

Pronomes são termos que servem para substituir ou retomar elementos dentro de uma sequência textual. Antes de qualquer explicação, quero que você tenha consciência de que os pronomes são muito cobrados em questões que envolvem a análise daquilo que chamaremos de **referenciação**.

Mas o que é essa tal de referenciação?

Trata-se de um procedimento em que é possível identificar um *referente* textual e os demais elementos que a ele fazem menção. Esse é um dos mecanismos mais fortes que estabelecem a coesão textual. Exemplos:

Explicação

Manuel comprou uma casa, mas não gostou muito **dela**.

O pronome que está contraído com a preposição retoma o referente *casa* dentro da sentença. Essa identificação é facilitada, pois o pronome concordou com o gênero do seu referente.

O presidente assinou **um documento** que passa a influenciar na vida do brasileiro ainda no ano presente.

Veja que o termo em negrito foi retomado pelo termo que está sublinhado. Isso quer dizer que o pronome relativo *que* possui como referente (termo que o preenche de significado) a expressão *um documento*. Esse tipo de análise é relativamente simples, mas pode ficar um pouco mais complexo se estiver em outro tipo de frase, veja:

O candidato não disse **o** que seria a solução para o problema.

Nesse caso (talvez o mais movediço de todos), o pronome relativo *que* tem como referente o pronome demonstrativo *o* (troque pelo pronome *aquilo* para perceber melhor). Isso mostra que o referente de um pronome pode ser outro pronome.

---

[1] Processos que permitem ao leitor realizar as conexões textuais necessárias à compreensão daquilo que lê.

Antes de prosseguir, vou explicar uma terminologia que surge em algumas provas. Pode ser um tanto rebuscada, mas acredite que ela fará a diferença na compreensão dos processos de referenciação.

É possível pensar em dois procedimentos de referenciação gerais: a referência **endofórica** e a referência **exofórica**. De maneira simples, a referência **endofórica** é aquela que se realiza **dentro** da base textual, e pode ser do tipo *anafórica* (retomando algo que já foi dito) ou *catafórica* (antecipando algo que será dito). A referência **exofórica** é realizada para indicar algo que não faz parte do texto em si, apelando para a memória do leitor.

Vamos aos exemplos:

Retomadas endofóricas:

> O conceito foi discutido durante a reunião. **Ele** não foi considerado por todos os presentes. (Remissão anafórica, pois retoma o referente anterior.)
>
> Os alunos querem apenas **isto**: uma maneira fácil de aprender gramática. (Referenciação catafórica, pois o pronome antecipa o sentido do que foi dito.)

Retomadas exofóricas:

> João sabe muito bem que **aquilo** não faria mal a seu negócio. (Como não há um referente na superfície do texto, o pronome retoma algo que, provavelmente, fez parte de outra situação comunicativa, ou seja, está fora do texto).

Nem sempre essa nomenclatura está presente nas questões. Convém saber seu significado para uma eventual questão que exija esse raciocínio. Vamos adiante!

Para facilitar o estudo, os pronomes podem ser divididos em sete categorias, a saber:

1. Pessoais (*ele, eu, lhe, se*)
2. De tratamento (*você, Vossa Senhoria*)
3. Demonstrativos (*aquele, esse, este*)
4. Relativos (*que, o qual, quem*)
5. Interrogativos (*quanto, qual*)
6. Indefinidos (*alguém, ninguém, nenhum*)
7. Possessivos (*meu, seu, nosso, vosso*)

Quanto ao papel que desempenham, podemos classificar como:

a) **Pronome substantivo:** desempenha a função de um substantivo na sentença, ou seja, representa função de núcleo da expressão em que atua.

> **Eu** farei a colocação. (O pronome *eu* funciona como sujeito do verbo – o que é uma função usualmente substantiva.)

b) **Pronome adjetivo:** desempenha a função de um adjetivo na sentença, ou seja, sua função não é de núcleo, agindo mais como um elemento periférico.

Meu aluno entrou no Facebook. (O pronome *meu* funciona como adjunto adnominal do núcleo do sujeito – o que é uma função usualmente adjetiva.)

Para facilitar, pense que um pronome adjetivo sempre "acompanha" algum termo, exercendo a função de um determinante.

9.1. EMPREGO DOS PRONOMES

Daqui para frente, vamos estudar um pouco do emprego dos pronomes em nossa língua. Há muito para ler aqui, há muito para aprender aqui! Talvez, este seja uma das seções mais importantes com que você há de trabalhar no estudo da Língua Portuguesa! Vamos ao combate! Já fique preparado, pois você irá ouvir falar um pouco de Sintaxe aqui no meio deste nosso trabalho!

9.1.1. Pronomes pessoais

Diz-se que são pessoais os pronomes que fazem referências às pessoas do discurso. Você não precisa de uma teoria gigantesca para entender a distribuição que está por vir, mesmo porque – no fim das contas – você quer acertar as questões, não dar aula para a prova.

Assim dividiremos as pessoas do discurso:

1ª: quem fala
2ª: para quem se fala.
3ª: sobre quem se fala.

Podemos distribuir essas pessoas de acordo com a seguinte lista dos pronomes pessoais:

PRONOMES PESSOAIS			
Pessoa gramatical	Caso reto	Caso oblíquo	
		Átonos	*Tônicos*
1ª Singular	eu	me	mim, comigo
2ª Singular	tu	te	ti, contigo
3ª Singular	ele, ela[2]	se	si, consigo
1ª Plural	nós	nos	conosco
2ª Plural	vós	vos	convosco
3ª Plural	eles, elas	se, os, as, lhes	si, consigo
Função Sintática	**Usualmente de sujeito**	Usualmente de **complemento** ou de **adjunto**.	

---

[2] Alguns gramáticos indicam que as formas ele *e* ela também podem ser consideradas pronomes oblíquos. Não insiro na tabela por não concordar com tal visão. Lembre-se de que construções como "eu vi **ela** na rua", "eu comprei **ele** ontem" são viciosas para o registro formal da língua, ficando restritas ao registro coloquial.

Como aparecem essas funções sintáticas?

1. **Função de sujeito:** o pronome vai aparecer conjugando o verbo:

   Joana pediu para **eu** lavar o carro. (Veja que o pronome *eu* é o praticante da ação de lavar, logo está na função de sujeito.)

2. **Função de complemento:** preenchendo o vazio do verbo ou de um termo nominal. (A banca pode chamar de objeto direto ou de objeto indireto. Também pode surgir o nome de complemento nominal.)

   Comprei um presente e **o** dei para minha mãe. (Veja que o pronome *o* retoma o referente *o presente* e completa o verbo *dar*.)

   Essa roupa **lhe** fica elegante. (O pronome *lhe* está associado ao adjetivo *elegante*, em uma relação de complementação. Será dito que se trata de um complemento nominal.)

3. **Função de adjunto:** aumentando ou precisando a informação sobre um termo da sentença.

   A menina pegou-**me** a mão. (Veja que a palavra *me* tem um sentido semelhante ao sentido de *minha*, como se dissesse *minha mão*. Quando o pronome pessoal tiver valor possessivo, será considerado um adjunto. No caso da frase, adjunto adnominal da palavra *mão*.)

ATENÇÃO

Existe uma regra específica que deve ser aplicada com verbos causativos (que dão ideia de causa: mandar, pedir, ordenar) e sensitivos (ver, ouvir, sentir etc.): o pronome acumulará duas funções.

Explicação

O fiscal **mandou**-me **ler** as orientações da prova.

O pronome *me*, na frase em que aparece, possui duas funções acumuladas. A primeira é a função de objeto direto do verbo *mandar*; a segunda é a função de sujeito do verbo *ler*.

Eu **a** ouvi chorar no quarto.

Do mesmo modo, o pronome destacado funciona como complemento do verbo *ouvir* e sujeito do verbo *chorar*.

Emprego de algumas formas dos pronomes pessoais:

a) **Eu** e **tu** x **mim** e **ti** – após <u>preposição essencial</u>[3], emprega-se o **pronome do caso oblíquo**.

> Comprei um carro <u>para</u> **mim**.
>
> <u>Entre</u> **mim** e **ti**[4], não há problemas.
>
> Trouxe um livro <u>para</u> **ti**.

Se o pronome desempenhar função de **sujeito**, usa-se **o caso reto**:

> Comprei um carro para **eu** guiar. (Veja que o pronome funciona como sujeito de *guiar*.)
>
> Entre **eu** ficar e **tu** saíres, prefiro a primeira opção. (Veja que *eu* e *tu* conjugam verbos diferentes.)
>
> Trouxe um livro para **tu** leres. (*Tu* é sujeito de *ler*.)

b) **Si** e **consigo** – são formas reflexivas no português brasileiro.

> O homem olha para **si**.
>
> O mestre carrega a sabedoria **consigo**.

c) **Conosco** e **convosco** – se vierem seguidos de uma expressão complementar (*todos, mesmos, próprios*), desdobram-se em *com nós* e *com vós*:

> Este trabalho é **conosco**.
>
> Este trabalho é **com nós mesmos**.
>
> Deixaram o problema **convosco**.
>
> Deixaram o problema **com vós todos**.

---

[3] Lembre-se do ACDEPST, visto no capítulo sobre preposições.

[4] É possível dizer "entre mim e você" ou "entre você e mim", porque a palavra "você" é um pronome de tratamento e não faz parte dessa regra dos pronomes pessoais.

d) **O** e **a** são formas pronominais diretas: ou seja, servem para retomar elementos que não são introduzidos por preposição em uma sentença (na maior parte dos casos[5]). Uma enorme parte das questões cobra esse entendimento.

e) **Lhe** é uma forma pronominal indireta, equivalente a **a ele** ou **a ela**: ou seja, substitui elemento que, na sentença, surge introduzido por uma preposição. Junto com a regra anterior, temos um dos itens mais incidentes a respeito de pronomes.

A empresa pagou **o salário** <u>ao empregado</u>.

A empresa pagou-**o** ao empregado. (Substituição do objeto direto.)

A empresa pagou-<u>lhe</u> o salário. (Substituição do objeto indireto.)

A empresa pagou-lho. (Substituição dos dois em apenas uma forma.)

Emprego de "o" e "a" na ênclise (após verbos)

a) Se a palavra terminar em R, S ou Z, deve-se retirar a última letra e empregar -lo, -la, -los ou -las.

Prende**r** o homem – Prendê-lo.

Fe**z** a tarefa – Fê-la.

Qui**s** a resposta – Qui-la

b) Se a palavra terminar em "Ão", "Õe" ou "M", deve-se empregar -no, -na, -nos, ou -nas.

Compram a casa – Compram-na.

Dão a notícia – Dão-na.

Compõe a canção – Compõe-na.

---

[5] Digo isso, porque pode haver um caso em que o pronome sirva para retomar expressões introduzidas por preposição. Isso acontece se o pronome tiver função de predicativo do sujeito. Veja um exemplo:
Essa brisa é de Deus, só não **a** será se trouxer chuva.
Nesse caso, o *a* retomou a ideia da locução adjetiva *de Deus*, que é introduzida por uma preposição.

COMO ISSO CAI NA PROVA?

➤ (2014 – CESPE – MTE – Contador) "Passe lá no RH!". Não são poucas as vezes em que os colaboradores de uma empresa recebem essa orientação. Não são poucos os chefes que não sabem como tratar um **tema** que envolve seus subordinados, ou não têm coragem de fazê-**lo**, e empurram a responsabilidade para seus colegas da área de recursos humanos. Promover ou comunicar um aumento de salário é com o chefe mesmo; resolver conflitos, comunicar uma demissão, selecionar pessoas, identificar necessidades de treinamento é "lá com o RH". Em pleno século XXI, ainda existem empresas cujos executivos não sabem quem são os reais responsáveis pela gestão de seu capital humano. Os responsáveis pela gestão de pessoas em uma organização são os gestores, e não a área de RH. Gente é o ativo mais importante nas **organizações**: é o propulsor que **as** move e **lhes** dá vida. Portanto, os aspectos que envolvem a gestão de pessoas têm de ser tratados como parte de uma política de valorização desse ativo, na qual gestores e RH são vasos comunicantes, trabalhando em conjunto, cada um desempenhando seu papel de forma adequada.

José Luiz Bichuetti. Gestão de pessoas não é com o RH! In: *Harvard Business Review Brasil*. (com adaptações).

A forma pronominal "lo", em "fazê-lo", refere-se a "tema", e as formas "as" e "lhes" referem-se a "organizações".

( ) Certo   ( ) Errado

Resposta: certo.

Comentário: essa é uma questão que exige a identificação do referente por parte do candidato. Talvez, a parte mais complexa dessa questão seja perceber o verbo **vicário**[6] *fazer*, empregado para auxiliar na retomada dos conceitos. Em que pese esse fato, os pronomes têm seus referentes bem claros na sentença. Nota para a ocorrência do *lhes* como uma forma indireta de complemento.

---

[6] Que foi empregado em lugar de outro.

9.1.2. Pronomes de tratamento[7]

São empregados para qualquer tipo de tratamento, cerimonioso ou não. Há casos específicos para cada pronome. Esse assunto costuma ser incidente nas provas em que o conteúdo de Redação Oficial consta do edital. São pronomes de tratamento *você, senhor, senhora, senhorita, fulano, sicrano, beltrano* e as expressões que integram o quadro seguinte:

PRONOME	ABREVIATURA SINGULAR	ABREVIATURA PLURAL	USA-SE PARA
Vossa(s) Excelência(s)	V. Ex.ª	V. Ex.ᵃˢ	Presidente (sem abreviatura), ministro, embaixador, governador, secretário de Estado, prefeito, senador, deputado federal e estadual, juiz, general, almirante, brigadeiro e presidente de câmara de vereadores.
Vossa(s) Magnificência(s)	V. Mag.ª	V. Mag.ᵃˢ	Reitor de universidade para o qual também se pode usar V. Ex.ª.
Vossa(s) Senhoria(s)	V. S.ª	V. S.ᵃˢ	Qualquer autoridade ou pessoa civil não citada acima.
Vossa(s) Santidade(s)	V. S.	VV. SS.	Papa.
Vossa(s) Eminência(s)	V. Em.ª	V. Em.ᵃˢ	Cardeal.
Vossa(s) Excelência(s) Reverendíssima(s)	V. Ex.ª Rev.ᵐᵃ	V. Ex.ᵃˢ Rev. ᵐᵃˢ	Arcebispo e bispo.
Vossa(s) Reverendíssima(s)	V. Rev.ᵐᵃ	V. Rev. ᵐᵃˢ	Autoridade religiosa inferior às acima citadas.
Vossa(s) Reverência(s)	V. Rev.ª	V. Rev.ᵃˢ	Religioso sem graduação.
Vossa(s) Majestade(s)	V. M.	VV. MM.	Rei e imperador.
Vossa(s) Alteza(s)	V. A.	VV. AA.	Príncipe, arquiduque e duque.

---

[7] Um estudo mais aprofundado será feito no capítulo sobre Redação de Correspondências Oficiais.

ATENÇÃO

Todas essas expressões se apresentam também com SUA para cujas abreviaturas basta substituir o "V" por "S".

Detalhes sobre o uso dos pronomes de tratamento:

a) **Vossa Excelência** etc. x **Sua Excelência** etc.: os pronomes de tratamento com *Vossa(s)* empregam-se em relação direta à pessoa com quem falamos:

> Vossa Excelência precisa ler esta carta. (Falando **diretamente** com a pessoa.)
>
> Com *Sua(s)* são empregados, quando falamos **a respeito da pessoa**:
>
> Sua Excelência precisa ler esta carta. (Falando a respeito da pessoa.)

Muito cuidado com a diferença entre *Vossa* e *Sua* (qualquer coisa). A maior parte das questões sobre Redação Oficial aborda essa diferença em algum tipo de pegadinha. Basta saber que são formas distintas e que cada qual possui sua forma correta de emprego.

b) Uniformização com a **3ª pessoa:** os pronomes de tratamento são referentes à 3ª pessoa; portanto, os verbos, os pronomes possessivos e os pronomes oblíquos empregados em relação a eles devem ficar na 3ª pessoa:

> Necessitamos de que **Vossa Excelência** apresente os **seus** projetos para a campanha.
>
> **Vossa Excelência** está convocado para expor **suas** alegações.

Além disso, a concordância de gênero (masculino ou feminino) que se estabelece com o emprego dos pronomes de tratamento é relativa ao gênero da pessoa com quem se estabelece a interlocução, não com a palavra em si. Veja:

> Em correspondência enviada a um <u>Ministro</u>:
>
> Vossa Excelência está **convidado**.
>
> Em correspondência enviada a uma <u>Ministra</u>:
>
> Vossa Excelência está **convidada**.

COMO ISSO CAI NA PROVA?

➤ (2017 – CPCON – UEPB – Assistente Técnico) Os pronomes de tratamento são utilizados na Redação Oficial com certas especificidades. Mesmo que façam referência à segunda pessoa gramatical, a concordância sempre será em terceira pessoa, uma vez que o verbo concorda com o substantivo que integra a locução e não com o pronome. Com base nessa afirmação, assinale o item de acordo com o Manual de Redação da Presidência da República:

a) Vossa Senhoria enviará seu processo ao departamento responsável?

b) Vossa Senhoria enviarás seu processo ao departamento responsável?

c) Vossa Senhoria enviarás vosso processo ao departamento responsável?

d) Vossa Senhoria enviou vosso processo ao departamento responsável?

e) Vossa Senhoria enviastes seu processo ao departamento responsável?

Resposta: a.

Comentário: como o pronome de tratamento foi empregado na sentença, é necessário uniformizar o tratamento com a 3ª pessoa. Isso quer dizer que se deve empregar o pronome *seu*, bem como conjugar o verbo na terceira pessoa do singular (uma vez que o pronome está no singular).

9.1.3. Pronomes demonstrativos

São pronomes que indicam algum referente pontuado no espaço, no tempo ou no texto. Eles organizam os referentes em algum tipo de distribuição na leitura. Os demonstrativos de simples identificação são de fácil emprego. Veja a tabela a seguir:

	Masculino	Feminino	Neutro	Retomada
1ª	este	esta	isto	Catafórica (para frente)
2ª	esse	essa	isso	Anafórica (para trás)
3ª	aquele	aquela	aquilo	Anafórica ou catafórica

Veja alguns exemplos de emprego desses pronomes:

A única saída é **esta**: <u>rever os conceitos sobre a teoria</u>. (O emprego é **catafórico**, ou seja, o pronome aponta para um referente que está posto à frente de si.)

<u>Rever os conceitos sobre a teoria</u>: **essa** é a única saída. (O emprego é **anafórico**, ou seja, o pronome retoma um referente que está colocado antes de si.)

Sócrates e **Platão** foram representantes da Filosofia Clássica: **este** escrevia os textos em que **aquele** figurava como herói. (Nesse caso, a referência é anafórica e dupla: há dois elementos retomados. Um retoma o mais próximo do início da segunda sentença; o outro retoma o mais distante do início da sentença. Esse é um uso elegante do pronome. Se pretende utilizá-lo, faça com cautela.)

Considerações a respeito do emprego anafórico e catafórico dos demonstrativos

O leitor precisa entender que a lição anterior é uma RECOMENDAÇÃO que encontramos nas gramáticas. Não se trata de um uso exclusivo. Chamo atenção para isso pelo fato de que não é raro observar retomadas anafóricas realizadas pelas formas como *este*, *esta* ou *isto*.

Também é comum que os leitores questionem sobre a possibilidade de empregar as formas *isto*, *isso* e *aquilo* na retomada de três elementos em uma sequência. Para evitar problemas de ordem coesiva, recomenda-se que não seja feita tal distribuição. Opte por formas como *o primeiro*, *o segundo*, *o terceiro*, com o fito de distribuir de maneira mais clara os referentes frasais. Veja o exemplo:

João[1], Carlos[2] e Amadeu[3] estiveram aqui. O primeiro[1] falou sobre a vida; o segundo[2] falou sobre a morte; e o terceiro[3] falou sobre saudades.

Muitos questionam se não seria correto o uso de *esse* em vez de *este* para retomar um referente anaforicamente em uma sequência de informações. Ocorre que a tradição consagrou o uso da forma *este* (*esta* ou *isto*) para tal finalidade.

Existem outros pronomes demonstrativos[8], são eles:

- **"O", "A" (permutáveis por "aquilo" ou "aquela"):** usualmente próximos a pronomes relativos (geralmente *que*) e preposições (geralmente *de*):

  O aluno fez **o** <u>que</u> podia para passar. (Poderíamos reescrever "**aquilo** <u>que</u> podia".)

  Leu o que achou necessário. (Poderíamos reescrever "**aquilo** <u>que</u> achou necessário".)

  As colocações do senador eram iguais às <u>do</u> deputado. (Poderíamos reescrever "àquelas <u>do</u> deputado".)

---

[8] Muita atenção aqui! Esses costumam ser cobrados no formato "pegadinha", ou seja, sem que você perceba que se trata de um pronome demonstrativo.

- **"Tal" e "Semelhante" (permutáveis por qualquer demonstrativo):**

Nesses casos, o pronome demonstrativo (em função adjetiva) ajuda a determinar um substantivo e, em alguns casos, pode indicar uma alteração de sentido.

> Não seria possível resolver **semelhante** problema. (Este problema, aquele problema.)
>
> **Tal** assunto não deve ser discutido aqui. (Esse assunto, aquele assunto.)

Note que, no emprego de *tal assunto*, o pronome serve para dissimular o assunto em si, ou seja, não deixá-lo em evidência, de modo que fique implícito para os interlocutores. O pronome demonstrativo ainda pode reforçar o conteúdo pejorativo de uma expressão.

> Jamais serei visto com **semelhante** asno no meio da rua.
>
> **Tal** imbecilidade eu nunca vi.

O pronome demonstrativo reforça o sentido negativo da elocução, uma vez que deixa clara a intenção do falante de "carregar semanticamente" o sentido do substantivo que emprega após o pronome.

- **"Mesmo" e "próprio" (indicando ênfase dos pronomes pessoais ou de tratamento):**

> Eu **mesmo** encontrei essa resposta.
>
> Daniela disse que ela **própria** seria a responsável.
>
> Faça você **mesmo** a tarefa proposta.
>
> Eles **próprios** retiraram o formulário aqui.

 O que mais cai? Sobre os demonstrativos, a análise mais incidente ainda é a da referência a outros elementos dentro da formulação das sentenças.

9.1.4. Pronomes relativos

Olha lá!!! Estamos diante de um dos assuntos mais importantes no tocante aos pronomes! Há muita, muita, MUITA questão que tematiza os pronomes relativos. Vamos de definição e de emprego dessas formas.

Os relativos são pronomes que promovem uma relação entre palavras de uma sentença. Tal relação pode se dar entre:

- Substantivo e verbo.
- Pronome e verbo.

- Substantivo e substantivo.
- Pronome e substantivo[9].

Os pronomes relativos da língua são os seguintes:

- **Que:** trata-se de um pronome invariável (sem feminino, sem plural). Para ficar mais fácil identificar um pronome relativo "que" em uma sentença, vale utilizar a estratégia de tentar substituí-lo por *o qual, a qual, os quais* ou *as quais.* Nem sempre a troca é permitida, mas o é em grande parte dos casos.

O material de **que** preciso está aqui.

Explicação

Veja que, nesse caso, o pronome conecta *material* a *preciso*, ou seja, relaciona substantivo a verbo. Além disso, é fundamental perceber que a preposição *de* (convidada pelo verbo) é de emprego obrigatório nessa sentença. Isso quer dizer que sua retirada prejudicaria a sentença. Sintaticamente falando, o pronome dessa sentença funciona como um objeto indireto do verbo precisar. O pronome *que* pode retomar pessoas, coisas ou lugares.

- **O qual:** na verdade, o pronome aqui é a palavra *qual*, a palavra *o* – evidente na sentença – é um artigo. Esse pronome é variável, e isso facilita para desfazer ambiguidades nas sentenças.

Eis a mãe do menino, **a qual** passou a noite comigo.

Explicação

O pronome em questão retoma o termo *mãe*, com o qual estabelece uma relação de concordância. Veja que, sintaticamente falando, o pronome em destaque funciona como sujeito do verbo *passar*. Esse pronome pode retomar pessoas, coisas ou lugares.

- **Quem:** esse pronome é invariável e só pode retomar pessoas.

A pessoa a **quem** fiz referência é Joana.

---

[9] Usualmente, a relação entre pronome e substantivo e entre substantivo e substantivo costuma ser realizada pelo pronome "cujo".

> ### Explicação
>
> O pronome em questão retoma o termo *pessoa*. Sua função sintática é de complemento nominal do substantivo *referência*. Seria possível trocá-lo pelo pronome *que* sem prejuízo para a correção gramatical.

- **Quanto:** consideraremos esse um pronome relativo sempre que estiver antecedido de um pronome demonstrativo ou de um pronome indefinido (principalmente a palavra *tudo*).

  Ele fez tudo **quanto** pôde.

> ### Explicação
>
> O pronome *quanto*, na frase em que aparece, funciona como objeto direto do verbo *poder*.

- **Onde:** atenção para esse pronome. Ele só pode ser empregado para fazer referência a lugares. Apenas lugares. Dizer "situação onde", "sociedade onde" está errado. Se não for possível usar o *onde*, empregue *em que* ou *no qual*.

  O país **onde** ocorreu o evento está em crise.

> ### Explicação
>
> Seria totalmente possível empregar a forma "O país **no qual/em que** ocorreu o evento está em crise" sem prejuízo para correção ou para o sentido da sentença. Sintaticamente falando, o pronome em questão funciona como adjunto adverbial de lugar.

- **Cujo:** há algumas informações importantes sobre esse pronome:

  1) Tem sentido de posse, como se houvesse a preposição *de* dentro dele.
  2) Não é interessante trocar esse pronome por outro, simplesmente. Pense na frase: não troque seu cujo por nada[10].
  3) Não admite que sejam colocados artigos após esse pronome. Pense na frase: não enfie artigos no cujo.
  4) Trata-se de um pronome variável, que concordará com o termo que estiver à frente.

     A menina **cuja** bolsa foi roubada acabou de chegar.

---

[10] A troca gerará problemas da seguinte ordem: ou haverá prejuízo para a correção gramatical, ou haverá alteração do sentido original.

Explicação

Veja que esse pronome está conectando dois substantivos, em uma relação praticamente de posse. Como dissesse: bolsa da menina (por isso, o *de* dentro do pronome). *Cuja* concorda com *bolsa*, por isso, está no feminino. Sintaticamente falando, funciona como adjunto adnominal[11] do substantivo *bolsa*.

Como funciona propriamente um pronome relativo?

Eu resolvi escrever esta seção para explicar qual é o funcionamento específico de um pronome relativo. Quero mostrar que tipo de conexão ele opera em uma frase e como você deve analisar esse tipo de ocorrência de palavras.

Lembre-se de que o pronome é um "representante" de outro termo da frase com que se relaciona. Suponha o seguinte par de frases:

Um homem entrou na sala.

Eu vi um homem.

Evidentemente, o termo *o homem* está repetido na sentença. A fim de que seja possível unir as duas sentenças em uma só, vamos empregar um representante para retomar o elemento repetitivo e evitar as desnecessárias repetições.

Eu vi <u>um homem</u> **que** entrou na sala.

Perceba que o pronome foi empregado para desempenhar a mesma função que "o termo repetitivo" desempenharia se estivesse na segunda sentença.

Vejamos outro exemplo para fixar o conteúdo:

Joaquim é <u>o homem</u> em **cujo** caráter eu confio.

Desmembrando, teríamos:

Joaquim é **o homem**.

Eu confio no caráter **do homem**.

Note, ainda, o caráter possessivo empregado com o auxílio do pronome relativo *cujo*.

---

[11] Mesmo que você ainda não saiba o que isso significa, é preciso colocar essa informação. O capítulo de Sintaxe há de clarear essas funções.

COMO ISSO CAI NA PROVA?

➤ (2014 – CESPE – ICMBIO – Nível Médio) O ABCerrado e a Matomática ("matemática do mato"), metodologias criadas por um professor da UnB, apoiam-se em dois princípios: o da elevação da autoestima de
4 alunos e professores e o do envolvimento com o meio ambiente para a construção, de forma lúdica e interdisciplinar, da cidadania e do respeito mútuo. "Fazemos a aproximação por
7 meio de elementos do contexto **onde** as crianças estão inseridas. As atividades de leitura, interpretação e escrita associam-se ao tema do cerrado na forma de poesias, música,
10 desenho, pintura e jogos", explica uma professora da Faculdade de Educação da UnB. Atualmente, a universidade trabalha para expandir a aplicação do ABCerrado na rede de
13 ensino do DF. "Ainda prevalece uma visão conservadora sobre o que é educação", conta a professora. "A natureza possui uma dimensão formadora. Isso subverte a forma de se tratar a
16 relação entre o ser humano e o meio ambiente no cerne de um processo educativo. Não se trata de educar o ser humano para o domínio e a apropriação da natureza, mas de educar a
19 humanidade para ser capaz de trocar e de aprender com ela", completa.

João Campos. O ABC do cerrado. In: **Revista Darcy**, jun./2012 (com adaptações).

Na linha 7, a substituição do vocábulo 'onde' pela expressão **no qual** não comprometeria nem a sintaxe nem a significação do período de que o referido vocábulo faz parte.

( ) Certo   ( ) Errado

Resposta: certo.

Comentário: A palavra que está destacada no texto (o vocábulo *onde*) é um pronome relativo que, a bem da verdade, está mal empregado na sentença (porque *contexto* não é um referente de lugar). A troca suposta pela forma **no qual** faria com que a sentença estivesse correta gramaticalmente falando, pois preservaria o sentido e as relações sintáticas da sentença.

➤ (2014 – CESPE – Câmara dos Deputados – Técnico Legislativo) A atividade policial pode ser verificada em quase todas as organizações políticas **que** conhecemos, desde as cidades-estado gregas até os Estados atuais. Entretanto, o seu
4 sentido e a forma como é realizada têm variado ao longo do tempo. A ideia de polícia **que** temos hoje é produto de fatores estruturais e organizacionais **que** moldaram seu processo

7   histórico de transformação.
     A palavra "polícia" deriva do termo grego *polis*, usado para descrever a
     constituição e organização da autoridade
10   coletiva. Tem a mesma origem da palavra "política", relativa ao exercício
     dessa autoridade coletiva. Assim, podemos perceber que a ideia de polícia
     está intimamente ligada à noção
13   de política. Não há como dissociá-las. A atividade de polícia é, portanto,
     política, uma vez que diz respeito à forma como a autoridade coletiva
     exerce seu poder.

> Arthur T. M. Costa. Polícia, controle social e democracia. In: Arthur Trindade
> Maranhão Costa. **Entre a lei e a ordem**. Rio de Janeiro: FGV, 2004, p. 93. Internet:
> (com adaptações).

No primeiro parágrafo, o pronome relativo "que" exerce, nas duas primeiras
ocorrências, a função de complemento verbal e, na terceira, a de sujeito da
oração em que se insere.

(   ) Certo   (   ) Errado

Resposta: certo.

Comentário: Para compreender a questão, basta substituir os pronomes
por seus referentes e reescrever as sentenças. Farei esse procedimento
aqui:

1. **Que** conhecemos.

Quase todas as organizações políticas conhecemos.

Conhecemos **quase todas as organizações políticas**. (Objeto direto
do verbo *conhecer*.)

2. **Que** temos hoje.

A ideia de política temos hoje.

Temos hoje **a ideia de política**. (Objeto direto do verbo *ter*.)

3. **Que** moldaram.

Fatores estruturais e organizacionais moldaram. (Sujeito do verbo
moldar.)

9.1.5.   Pronomes indefinidos

Pronomes indefinidos recebem essa nomenclatura porque esvaziam semanticamente o referente, ou seja, indicam uma quantidade incerta ou uma identidade
imprecisa. Isso quer dizer que não estabelecem uma significação específica na sentença
em que operam.

Variáveis				Invariáveis
Singular		Plural		
Masculino	Feminino	Masculino	Feminino	
algum	alguma	alguns	algumas	alguém
nenhum	nenhuma	nenhuns	nenhumas	ninguém
todo	toda	todos	todas	outrem
muito	muita	muitos	muitas	tudo
pouco	pouca	poucos	poucas	nada
vário	vária	vários	várias	algo
tanto	tanta	tantos	tantas	cada
outro	outra	outros	outras	
quanto	quanta	quantos	quantas	
bastante	-	bastantes	-	
certo	certa	certos	certas	
qualquer		quaisquer		

Quando você recebe a informação de que "**alguém** andou falando mal de você", a intenção de quem emprega esse tipo de frase é ocultar quem foi o "boca mole" que andou falando da sua pessoa. Para essa finalidade, há os pronomes indefinidos.

Calma aí, não é só para isso que eles servem! Na realidade, também podem ser empregados em frases para criar mudança de sentido (em razão da mudança de posição) ou ainda para reforçar o sentido de algum segmento. Vejamos essas possibilidades:

Mudança de sentido: fique atento para a possibilidade de mudar o sentido se houver deslocamento do pronome na sentença. Não ocorre sempre, mas o sentido pode ser alterado drasticamente, caso ocorra alteração da posição dos elementos em uma frase.

> **Alguma** pessoa veio ao show (ao menos um) X Pessoa **alguma** veio ao show (ninguém).
>
> **Certa** pessoa é difícil de achar (referência a um indivíduo) X Pessoa **certa** é mais difícil ainda (pessoa correta).

Agora, em alguns registros no falar brasileiro, podemos encontrar fórmulas como:

> Meu amigo, eu já vi alguma pessoa nessa feira hoje!

Numa sentença desse tipo, o pronome indefinido é empregado com a intenção de indicar uma **grande quantidade**, ainda que indefinida. Isso se opõe ao uso consagrado, que indica uma quantidade com limitação mínima definida (aquele caso de pelo menos um elemento).

Honestamente, há dois pontos principais que você deve saber quando estiver estudando os pronomes indefinidos, **pois são os mais cobrados em prova**.

1. **Saber que esses pronomes, apesar de possuírem sentido vago, desempenham uma função sintática:**

    Alguém entrou na sala. (Pronome com função de sujeito do verbo *entrar*.)
    Algo me parece estranho. (Pronome com função de sujeito do verbo *parecer*.)
    Poucas pessoas fariam a atividade. (Pronome com função de adjunto adnominal do substantivo *pessoas*.)
    Bastantes alunos foram aprovados no concurso. (Pronome com função de adjunto adnominal do substantivo *alunos*.)

    Então, não vá você pensar que uma frase terá sujeito indeterminado porque um pronome indefinido está conjugando o verbo. Não confunda o sentido do pronome na morfologia com sua função sintática dentro de uma oração.

2. **Saber que há algumas palavras que podem transitar de classe: ora são aplicadas como pronomes, ora são aplicadas como advérbios:**

    Eu estudei **bastante** para o concurso. (Empregado como advérbio, invariável.)

    Eu estudei **bastantes** conteúdos para o concurso. (Empregado como pronome indefinido, variável.)

Vale a seguinte lição: quando a palavra se referir a uma intensificação, será um advérbio (isto é, quando houver a ideia de intensidade); quando se referir a uma quantificação, será um pronome.

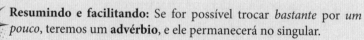

> **Resumindo e facilitando:** Se for possível trocar *bastante* por *um pouco*, teremos um **advérbio**, e ele permanecerá no singular.
>
> Se for possível trocar *bastante* por *vários*, teremos um **pronome**, e ele poderá ser passado para o plural.
>
> **Isso é o que mais se cobra a respeito dos pronomes indefinidos.**

9.1.6. Pronomes interrogativos

Esses pronomes são empregados para fazer uma pergunta (direta ou indireta na sentença).

- Pergunta direta: termina com um ponto de interrogação.
- Pergunta indireta: não necessita de um ponto de interrogação.

Vejamos alguns exemplos para facilitar o entendimento. Aproveitei para colocar a função sintática que cada pronome desempenha na frase de demonstração:

Que você quer? (Pronome com a função de objeto do verbo *querer*.)

Qual é seu nome? (Pronome com a função de sujeito do verbo *ser*.)

Quem comprou o carro ontem? (Pronome com função de sujeito do verbo *comprar*.)

Quanto custa esse carro? (Pronome com a função de objeto direto.)

As mesmas frases podem ser empregadas em forma de perguntas indiretas:

Quero saber **que** você quer.

Não sei **qual** é seu nome.

Você não sabe **quem** comprou o carro ontem.

Eu sei dizer **quanto** custa esse carro.

ATENÇÃO

Vou chamar a sua atenção aqui para o fato de que esses pronomes podem enganar os desavisados. O estudante iniciante cai na armadilha de confundir o pronome interrogativo (*que*) com a conjunção integrante (*que*). É uma pena que o pessoal siga apenas o esquema de trocar a frase pelo *isto*, pois é o que causa a dificuldade. Para elucidar esse caso, vamos pensar que esses pronomes podem ser derivados em uma pergunta direta com o emprego do mesmo pronome; as orações introduzidas por conjunção integrante não precisam da conjunção para virar pergunta:

Não sei **que** você disse ao João. (pronome)

Eu sei **que** você disse a verdade. (conjunção)

Transformando as sentenças:

Que você disse ao João? (Transformação que mantém o sentido e a coerência da frase.)

Que você disse a verdade? (Transformação que deixa a frase incoerente.)

Falando honestamente, o pronome interrogativo não é o elemento mais cobrado da classe dos pronomes em uma prova. Trata-se de um elemento praticamente deixado de lado na composição de grande parte das questões.

9.1.7. Pronomes possessivos

Os pronomes possessivos representam uma divisão importante da classe dos pronomes, uma vez que seu emprego é variado e pode gerar uma multiplicidade de sentidos. Entre os principais casos de emprego desses pronomes, é possível mencionar posse, aproximação ou familiaridade. Vejamos os casos:

> Meu, minha (s)
>
> Teu, tua (s)
>
> Seu, sua (s)
>
> Nosso, nossa (s)
>
> Vosso, vossa (s)
>
> Seu, sua (s)

Minhas razões para estudar não são secretas. (posse)

Esse livro já tem os **seus**[12] 20 anos. (aproximação)

Amélia, fazendo isso, está zelando pelos **seus**[13]. (familiaridade)

ATENÇÃO 1

Muito cuidado com o emprego desses elementos para não gerar ambiguidade[14].

O presidente alegou que o problema do secretário está relacionado a **seu** comportamento.

> Não é possível saber a quem se refere a frase. Se ao comportamento do presidente, ou do secretário, ou do interlocutor da frase.

Meu pai levou meu tio para casa em **seu** carro.

Não é possível saber qual carro foi usado para o transporte, pois o pronome *seu* pode se referir aos dois núcleos masculinos da frase.

Às vezes, é possível desfazer a ambiguidade com a reconstrução da sentença:

> Meu pai, em **seu** carro, levou meu tio para casa.

---

[12] Não se sabe se o livro tem 20 anos, mas a frase indica uma quantidade aproximada.

[13] Pelos seus familiares.

[14] Também chamada de *anfibologia*, é o fato de a frase permitir mais de uma interpretação em razão de algum elemento empregado em sua composição.

ATENÇÃO 2

Convém não empregar pronomes possessivos relacionados a partes do próprio corpo ou a faculdades do espírito que se referem ao objeto de enunciação da frase.

Eu bati a ~~minha~~ cabeça.

Eu machuquei a ~~minha~~ mão.

Você perdeu a sua razão.

Nós cortamos os nossos dedos.

ATENÇÃO 3

A mudança de posição em relação ao substantivo pode gerar alteração do sentido original da frase.

Meu amigo é muito estudioso.

Nessa frase, falamos de um amigo em específico. Enunciamos que ele é estudioso por meio do emprego do pronome possessivo, que indica essa relação de "posse" da amizade.

Amigo **meu** é muito estudioso.

Nessa frase, a mudança de posição do pronome altera o sentido original da sentença, pois indica praticamente uma "condição" para a amizade: para ser meu amigo, é preciso ser estudioso. Aliás, não se sabe se o cidadão tem algum amigo, apenas se estabelece a relação de condição.

Compare a mesma situação nas seguintes frases:

Meu filho não lê esse tipo de livro. (Tenho um filho.)

Filho **meu** não lê esse tipo de livro. (Praticamente uma proibição a qualquer filho.)

ATENÇÃO 4

Os pronomes possessivos geralmente são empregados em função adjetiva (acompanhando um substantivo). Há casos, porém, em que eles podem figurar como pronomes de natureza substantiva, ou seja, com um substantivo implícito na frase.

A banca fez referência ao **meu** trabalho. (Pronome possessivo determinando o sentido do substantivo *trabalho*, ou seja, está em função adjetiva.)

A banca fez referência ao meu trabalho, mas não ao **seu**. (Aqui, o pronome possessivo permitiu a elipse do substantivo *trabalho*, na segunda ocorrência, porque assumiu uma função substantiva. Perceba que ele recebeu um determinante – um artigo – para auxiliar nesse processo de definição.)

ATENÇÃO 5

Os pronomes possessivos concordam com o substantivo que acompanham, ou seja, não necessitam de concordar com o seu referente semântico.

As pessoas batalham para mudar a **sua** vida.

Jamel e Cecília compraram **seus** primeiros carros.

As meninas entregaram **seus** livros para a bibliotecária.

Na primeira frase, a vida é das pessoas, mas o pronome concorda com o substantivo *vida*. Na segunda frase, o pronome concorda com o substantivo *carros*. Na terceira, concorda com o substantivo *livros*.

ATENÇÃO 6

Apesar de a forma *dele* indicar posse, eventualmente, não se trata de um pronome possessivo. Trata-se, com efeito, do pronome pessoal *ele* contraído com a preposição *de*.

Agora, vamos praticar!!!

9.2. EXERCÍCIOS

1. (2016 – IOBV – Prefeitura de Chapecó-SC – Engenharia de Trânsito) Os pronomes pessoais "o, a, lhe, si, consigo" pertencem a terceira pessoa do singular. A qual tipo de pronome pessoal pertencem essas formas?

   a) Pronomes retos.
   b) Pronomes oblíquos.
   c) Pronomes de tratamento.
   d) Pronomes possessivos.

2. (2016 – NUCEPE – Prefeitura de Teresina-PI – Professor-Português) Em: "*Nada encontraria senão o que há para encontrar*" A palavra em destaque assume a função morfológica de

   a) artigo definido.
   b) pronome oblíquo.
   c) pronome demonstrativo.
   d) preposição.
   e) pronome indefinido.

3. (2017 – PR-4 UFRJ – UFRJ – Assistente de Alunos – *Questão Adaptada*) No fragmento "influenciou de forma profunda **os** que a conheceram, mas teve uma vida invisível". O termo em destaque é:

   a) artigo definido.
   b) pronome oblíquo.
   c) pronome demonstrativo.
   d) artigo neutro.
   e) pronome possessivo.

4. (2016 – FUMARC – CBTU – Técnico Industrial) Em "O êxito em nossa educação passa por uma evolução semelhante à que aconteceu nos desportos – da emoção para a razão.", à é:

   a) artigo definido.
   b) pronome demonstrativo.

c) pronome indefinido.

d) preposição.

5. (2016 – IF-PA – IF-PA – Auxiliar de Assuntos Educacionais) Em qual das frases abaixo temos o pronome **que** com função de pronome relativo:

a) Isaac comprou a casa que lhe agradou.

b) Creio que foi Inglês de Sousa.

c) há dias que não durmo!

d) Fala-se que os deuses são culpados!

e) Eu digo que jamais vamos perder!

9.3   GABARITO

1 – b

2 – c

3 – c

4 – b

5 – a

Substantivo

Define-se substantivo como a palavra variável que nomeia seres, conceitos, sentimentos ou ações presentes na língua. Apesar de ser uma classe cujas questões diretamente relacionadas não são tão frequentes, é necessário conhecer o conteúdo para poder estudar sintaxe corretamente. Além disso, posso dizer que as questões mais incidentes estão relacionadas à identificação do substantivo (Morfologia básica, portanto) e à sua classificação no interior da frase.

E como podemos fazer a classificação dos substantivos? Dê uma olhada:

10.1. QUANTO À EXISTÊNCIA

a. Concreto (substantivo que possui existência própria no mundo real ou fantasioso): *pessoa, casa, fada, Deus, carro*.
b. Abstrato (substantivo que designa um sentimento ou um conceito): *vingança, amor, caridade*.

Explicação

Muita gente se confunde na classificação dos substantivos em relação à existência. Pense comigo: o substantivo *boitatá* é concreto, por incrível que pareça. Você pode argumentar: professor, não existe esse tal de boitatá, é um mito. Eeeeeeeeeeeeeeeeeeeeeeeppaaaaaaaaaaaaaaaaaaaaaaaaaaaa! É aí que pretendemos chegar! No mundo da fantasia, boitatá existe sim, senhor! O mesmo vale para fada, para *hobbits*, para duende e para qualquer elemento que tenha existência caracterizada no mundo da fantasia. Antigamente, a galera dizia que substantivo concreto era tudo o que você poderia pegar. Não é bem assim! Pense só: você pode pegar o ar? Não. Mesmo assim, ele é um substantivo concreto!

Já o substantivo abstrato necessita de um ser *contingente*. Calma! A palavra pode parecer estranha, mas é de fácil compreensão. Um ser contingente é aquele que precisa existir para que outro elemento possa ter existência. Dito de um modo mais simples ainda: para que exista amizade, é necessário que alguém seja amigo de alguém. Para que exista vingança, é necessário que alguém se vingue de alguém. Para que exista amor, é necessário que alguém ame alguém. E daí por diante! Assim fica fácil saber o que é um substantivo abstrato.

10.2. QUANTO À DESIGNAÇÃO

a) Próprio[1] (designa um ser particular da espécie e é grafado com a inicial maiúscula): *João, Jonas, Fundação José Clemente, Instituto Pablo Jamilk.*

b) Comum (designa uma espécie genericamente): *homem, dia, empresa, pessoa, cachorro.*

Explicação

Preste atenção ao fato de que é possível transformar um substantivo próprio em comum e vice-versa. Por exemplo, a transformação de um substantivo comum (oliveira) em próprio (Oliveira):

Eu plantei uma **oliveira** no alto daquele morro. (oliveira = árvore de olivas.)

Eu falei com o **Oliveira** na semana passada. (Oliveira = nome do meu amigo.)

Outro exemplo, agora com a transformação de um substantivo próprio em comum:

Helio Gracie perdeu uma luta contra **Masahiro Kimura**. (Kimura = nome do lutador.)

O judoca aplicou um **kimura** e venceu a luta. (kimura = nome do golpe.)

Tente perceber a grafia do vocábulo (letra inicial maiúscula ou minúscula), bem como a intenção do indivíduo ao empregar essas fórmulas de transformação.

10.3. QUANTO À COMPOSIÇÃO

a) Simples (apresenta apenas uma raiz): *roupa, casa, sol.*

b) Composto (apresenta mais de uma raiz): *guarda-roupas, passatempo, girassol.*

Isso que você acabou de ler tem muito a ver com a formação de palavras, ou seja, é um grande mergulho em Morfologia. Eu não vou ficar enchendo você de tabelas agora, mas – no capítulo sobre **formação de palavras** – vou deixar algumas tabelas com os significados de algumas raízes, para você dar uma espiada.

10.4. QUANTO À DERIVAÇÃO

a) Primitivo (sem processo de derivação): *motor, dente, flor.*

b) Derivado (apresenta algum processo de derivação – prefixação, sufixação, parassíntese etc.): *mocidade* (derivada de *moço*), *motorista* (derivada de *motor*), *dentista* (derivada de *dente*).

---

[1] Os substantivos próprios são sempre concretos e devem ser grafados com iniciais maiúsculas.

10.5. COMO PARTITIVOS

Quando indicam parte de algo: *gole, punhado, maioria, minoria, pitada, porção* etc.

10.6. COMO COLETIVOS[2]

Quando indicam a coleção de algo: *enxame* (de abelhas), *vara* (de porcos), *corja* (de bandidos), *esquadrilha* (de aviões), *esquadra* (de navios).

Agora, vou colocar **uma lista esperta de coletivos** para você estudar (porque algumas provas **cobram** isso).

Substantivo	Coletivo
abelhas	colmeia/enxame/cortiço
adágio	adagiário
alho	(quando presos pelas hastes entrelaçados) réstia, enfiada, cambada
amigo	(quando em assembleia) tertúlia
andaime	andaimaria
anedota	anedotário, repertório
animal	(em geral) piara, pandilha, (todos de uma região) fauna, (de carga, de cavalgadura) récua, récova (de raça, para reprodução) plantel (ferozes ou selvagens) alcateia (de lobos, de panteras, de hienas), (criados geralmente no campo, para serviços de lavoura ou para consumo doméstico ou para fins industriais ou comerciais) gado
anjo	teoria, falange, legião, coro
apetrecho	apeiragem
aplaudidor	(quando pagos) claque
argumento	carrada
arma	(quando tomadas do inimigo) troféu
artista	(de teatro, de cinema... trabalhando em conjunto) companhia, elenco
árvore	(em geral e quando em linha) alameda, carreira, fileira, renque
asneira	chorrilho, acervo
asno	récua, récova
assassino	choldra, choldraboldra
assistente	assistência
astro	(reunidos no mesmo grupo) constelação

---

[2] Convém, vez ou outra, ler tabelas de substantivos coletivos, a fim de ampliar o vocabulário.

Substantivo	Coletivo
ator	elenco
autógrafo	(quando em uma lista especial de coleção) álbum
ave	(em geral, quando em grande quantidade) bando, nuvem, (quando em voo) revoada
bala	saraivada
bandeira	(quando tomada do inimigo) troféu
bandido	cáfila, corja, canalha, súcia, choldra, matulagem, matula, alcateia, quadrilha
barco	frota
bêbedo	corja, súcia, farândula
bens	inventário, acervo
bispo	(reunidos para decidir pontos de doutrina) concílio
boca de fogo	bateria
boi	armentio, armento, manada, maromba, ponta (de gado), junta ou cingel (quando agrupados de dois em dois)
borboleta	panapaná ou panapanã
botão	abotoadura
brasa	brasido, braseiro, braseal, brasio
búfalo	manada
bugio	capela
bula	bulário (de documentos pontificiais)
burro	tropa, manada, récua, (quando carregados) comboio
busto	(quando em coleção) galeria
cabelo	cacho, trança, madeixa
cabra	rebanho, fato
cachorro	matilha, canzoada, chusma
cadáver	mortualha
cadeira	(quando dispostas em linha) linha, carreira, fila, fileira, renque
camelo	cáfila, caravana
canção	(quando reunidas em um livro) cancioneiro
canhão	bateria
capim	feixe, paveia, braçada, braçado
cardeal	conclave
carro	comboio, composição
carta	correspondência, (quando geográfica) atlas

Substantivo	Coletivo
carvalho	(quando já crescidos, mas não adultos) malhada
casa	(reunidas em forma de quadrado) quarteirão, quadra
cavaleiro	(pessoa a cavalo) cavalgada, tropel, piquete
cavalgadura	piara, récua
cavalo	manada
cebola	réstia, enfiada
cédula	bolada, bolaço
chave	molho (ó), penca
cigano	bando, cabilda
cliente	clientela, freguesia
cobra	(quando instaladas em um lugar especial) serpentário
colmeia	colmeal, silha
coluna	colunata, renque
comerciante	(em reunião) câmara
concorrente	assembleia, concorrência
condensador elétrico	bateria
cônego	cabido
conspirador	convertículo, conluio, conciliábulo
constelação	galáxia
contrabandista	partida
copo	baixela
corda	(em geral) cordoalha, (em um mesmo liame) maço, (de navio) enxárcia, cordame, cordoalha, cordagem, massame
correia de carro	apeiragem
credor	junta
cura	(eclesiásticos de uma diocese)
deputado	(quando oficialmente reunidos) câmara
desordeiro	caterva, corja, choldra, matula
disco	discoteca
disparate	apontoado
égua	piara
embarcação	frota
escravo	(na mesma morada) senzala
espectador	assistência

Substantivo	Coletivo
espiga	amarrilho, arregaçada, atado, atilho, braçada, feixe, gavela, lio, molho, paveia
estaca	paliçada
estado	(quando unidos em nação) federação, confederação, república
estampa	iconoteca
estátua	galeria
estrela	(quando cientificamente agrupadas) constelação, (quando em grande quantidade) miríade
examinador	junta
excerto	coletânea, coleção, antologia
excursionista	caravana
exemplo	exemplário
explorador	(desbravador) bandeira
feiticeiro	conciliábulo
feno	braçada, braçado
filhote	ninhada
filme	filmoteca, cinemateca
flor	braçada, feixe, festão, grinalda, ramalhete, buquê, cacho
foguete	girândola
fotografia	álbum
frade	ordem
fruta	cacho, penca
grão	(o que cabe na mão) manípulo, manelo, manhuço, manojo, manolho, maunça, mão, punhado
habitante	povo, população
herói	falange
hiena	alcateia
ilha	arquipélago
índio	maloca, tribo
inseto	correição, miríade, nuvem, praga
jornal	hemeroteca
jurado	júri, conselho de sentença, corpo
lâmpada	(quando em fileira) carreira
lei	código, consolidação, corpo
lenha	Molho, feixe, talha

Substantivo	Coletivo
letra	alfabeto
livro	biblioteca
lobo	alcateia, caterva
macaco	capela
malfeitor	bando, choldra, hoste, jolda, malta, manalha, quadrilha, sequela, súcia, tropa
mandamento	(de Deus) decálogo
mantimento	provisão, matula, farnel
mapa	atlas, mapoteca
máquina	maquinaria
marinheiro	maruja, marinhagem, companha, equipagem, tripulação
mastro	mastreação, palamenta (se considerados juntamente comas vergas, os remos etc.)
metal	ferragem
ministro	ministério
montanha	cordilheira, serrania, serra
móvel	mobília, aparelho, trem
músico	banda, charanga, filarmônica, orquestra
nação	coligação, liga, aliança
órgão	(quando concorrem para a mesma função) aparelho, sistema
ovelha	rebanho, grei, chafardel, malhada, oviário
ovo	postura, ninhada
padre	clero, clerezia
palavra	vocabulário, (quando em ordem alfabética e seguidas de significação) dicionário, léxico, (quando proferidas sem ordem, sem nexo) palavrório
pantera	alcateia
papel	caderno, (cinco cadernos) mão, (vinte mãos) resma, (dez resmas) bala
pedra	pedraria
peixe	(em geral) cardume, (miúdo) boana, (em fieira) cambada, espicha, enfiada, (à tona) banco, manta
pena	(na ave) plumagem
peregrino	caravana, romaria, romagem, rancho
pessoas	comitiva, cortejo (fúnebre), renque, multidão, rolo, turba (em desordem), claque (pagas para aplaudir), leva, mó, mole, populaça, reunião, turma, farrancho

Substantivo	Coletivo
planta	(naturais da região) flora
poeta	plêiade
porco	manada, piara, vara, vezeira
prato	baixela, barda
professor	congregação, conselho, corpo, assembleia
quadro	pinacoteca, galeria
revista	hemeroteca
sardinha	(quando em cardume no mar) corso
sectário	facção
selo	álbum
soldado	pelotão, companhia, batalhão, regimento, brigada, coluna, destacamento, patrulha, piquete, esquadrão, grupo, troço, falange, tropa, divisão, exército, (em ordem de marcha) hoste, partida, (quando guarnecem um lugar) guarnição
talher	baixela, faqueiro
taquara	bastida
termo	nomenclatura
tradições e crenças populares	folclore
trecho literário	analecto, antologia, catalecto, compilação, florilégio, seleta, silva
trigo	(feixe) meda
vaca	armentio, armento

10.7. A FLEXÃO DO SUBSTANTIVO

A flexão do substantivo é relativamente semelhante ao que você viu a respeito da flexão do adjetivo, com algumas ressalvas. Veja só: por ser uma flexão de natureza **nominal** (do nome), pode se dar em **gênero**, **número** e **grau**. A diferença é que a flexão de grau do substantivo não é feita da mesma maneira que é feita a flexão de grau do adjetivo.

Vamos dar aquela conferida:

10.7.1. Gênero dos substantivos

A distinção de gênero dos substantivos está articulada sob as noções de masculino e de feminino. E, pelo amor de tudo que você considera mais sagrado, estamos falando do gênero **das palavras**, não estamos falando do gênero **das coisas em si**.

A palavra *garfo* é um substantivo que se escreve com um determinante masculino (o garfo), porque a palavra que representa a coisa em si é masculina. A coisa em si (o garfo) não tem gênero, ou seja, estamos falando sempre do gênero das palavras. Tome muito cuidado para não falar besteira por aí, quando pensar sobre o gênero dos substantivos.

Desse modo, os substantivos podem ser classificados (quanto ao gênero) como:

Biformes: são aqueles que apresentam uma forma para o masculino e outra para o feminino. Existe uma distinção entre eles:

a) **Desinenciais (fazem a flexão com o acréscimo de uma desinência de gênero):**

aluno – aluna

czar – czarina

menino – menina

príncipe – princesa

imperador – imperatriz

b) **Heteronímicos (possuem outro vocábulo para fazer a distinção):**

homem – mulher

boi – vaca

bode – cabra

carneiro – ovelha

cavalo – égua

- **Uniformes:** são aqueles que apresentam apenas uma forma para ambos os gêneros. Nesse caso, eles estão divididos em:
  a) **Epicenos:** usados para animais de ambos os sexos (macho e fêmea[3]) – **o** jacaré, **a** cobra, **a** águia, **a** onça, **a** foca. Isso quer dizer que você dirá algo como: **a** onça <u>macho</u>, **a** onça <u>fêmea</u> para poder diferenciar. O determinante que acompanha o substantivo é o mesmo.

---

[3]   Carlos Góis (1934), Herbert Palhano (1957), Francisco Silveira Bueno (1956) e Napoleão Mendes de Almeida (1962) registram que as formas *macho* e *fêmea* devem concordar com o substantivo. Desse modo, seria igualmente correto dizer "a cobra macha" e "o jacaré fêmeo". Essa lição também está registrada em dicionários como o Priberam e o dicionário da Editora Porto.

Lista com alguns substantivos epicenos

o abutre	o corvo	o mosquito
a águia	o crocodilo	a onça
a andorinha	o dromedário	o panda
a aranha	o escorpião	o peixe
a baleia	o falcão	o pinguim
a barata	a foca	o polvo
o beija-flor	a formiga	a pulga
o besouro	a gaivota	o quati
a borboleta	o gavião	o rinoceronte
o boto	a girafa	o rouxinol
o camaleão	o gorila	o sapo
a capivara	a hiena	a sardinha
o carapau	o hipopótamo	a serpente
o cavalo-marinho	o jacaré	a tartaruga
o chimpanzé	a jiboia	o tatu
a cobra	a melga	o tigre
o condor	a mosca	a zebra

b) **Comum de dois gêneros:** aqueles que possuem a mesma forma para ambos os gêneros. Nesse caso, a distinção é feita por um elemento que fica ao lado do substantivo (artigo, pronome, numeral ou adjetivo) – **o/a** dentista, **o/a** estudante, **o/a** motorista etc.

c) **Sobrecomuns:** apresentam um só gênero, sem possibilidade de alteração – **o** garfo, **a** vítima, **a** criança, **o** algoz, **o** monstro etc.

> ## ATENÇÃO
>
> Na linguagem coloquial ou em algumas expressões literárias, é possível realizar alterações nos substantivos sobrecomuns, a fim de atingir alguns efeitos de sentido.
>
> **O** cobra (pessoa muito competente em algo)/ **A** cobra (animal)
>
> **O** caixa do mercado (pessoa responsável por receber o dinheiro)/**A** caixa (recipiente)
>
> **O** cabeça (o líder de algo) /**A** cabeça (parte do corpo)

> Na modalidade coloquial:
>
> Aquele cara é **um** criança. (Uma pessoa infantil.)
>
> Chegou **o** vítima da galera. (O indivíduo que se passa por vítima constantemente.)

A seguir, uma tabela com transformações de sentido com base na mudança do gênero do substantivo:

o águia (espertalhão)	a águia (ave)
o baliza (soldado)	a baliza (um marco)
o banana (imbecil)	a banana (fruta)
o cabeça (chefe, líder)	a cabeça (parte do corpo)
o capital (dinheiro)	a capital (cidade)
o cinza (a cor cinzenta)	a cinza (resíduos da combustão)
o cisma (separação)	a cisma (receio, dúvida)
o coma (sono mórbido)	a coma (juba)
o coral (canto em coro)	a coral (cobra)
o crisma (óleo sacramental)	a crisma (o ato religioso)
o cura (padre)	a cura (o ato de curar)
o estepe (pneu reserva)	a estepe (vasta planície)
o foca (jornalista experiente)	a foca (animal)
o fruto (resultado, rendimento)	a fruta (designação geral dos frutos)
o grama (unidade de medida)	a grama (capim)
o guia (condutor)	a guia (documento)
o hélice (parte da orelha)	a hélice (pá propulsora)
o língua (intérprete)	a língua (órgão muscular, idioma)
o lotação (veículo)	a lotação (capacidade máxima)
o moral (ânimo)	a moral (ética, conclusão)
o nascente (lado onde nasce o sol)	a nascente (fonte)
o praça (soldado)	a praça (largo)
o rádio (aparelho)	a rádio (emissora)

Na fala bem cuidada, essas expressões não devem ser registradas, evidentemente!

Regras para a formação do feminino dos substantivos biformes desinenciais

Eu vou listar aqui algumas regras que explicitam a **flexão nominal** do substantivo. Você deve ler esta seção se sua banca examinadora tiver muita tradição na cobrança desse assunto. Geralmente, provas de nível médio, aplicadas por bancas mais regionais, apresentam esse tipo de questão.

Em geral, adotam-se os seguintes procedimentos:

1. Substantivos terminados em -o átono formam feminino com a troca de -o por -a:

   menino – menina
   pombo – pomba
   lobo – loba
   aluno – aluna

2. Substantivos terminados em -e formam o feminino com a troca de -e por -a.

   mestre – mestra
   monge – monja
   presidente[4] – presidenta
   infante – infanta

ATENÇÃO

Os designativos de nobreza, ocupações ou dignidades terminados em -e formarão feminino em -esa, -essa ou -isa:

duque – duquesa
príncipe – princesa
conde – condessa
sacerdote – sacerdotisa

---

[4] A discussão sobre o uso de *presidenta* é polêmica no Brasil. Para pacificá-la, segue a lição: a palavra *presidenta* está dicionarizada há mais de dois séculos. Atualmente, ela pode ser empregada como substantivo comum de dois gêneros (o/a presidente) ou como um biforme (o presidente/a presidenta).

3. Substantivos terminados em consoante formarão feminino pelo acréscimo da desinência -a:

marquês – marquesa
embaixador – embaixadora
professor – professora
juiz – juíza

ATENÇÃO

Há algumas exceções a essa regra, a saber: *ator – atriz, imperador – imperatriz, czar – czarina.* Embaixatriz é a esposa do embaixador. Embaixadora é a detentora do cargo de chefe da embaixada.

4. Substantivos terminados em -ão formam feminino trocando -ão por -ã, -oa ou -ona (nos aumentativos):

campeão – campeã
cidadão – cidadã
órfão – órfã }
anfitrião – anfitriã } terminados em -ã
anão – anã
irmão – irmã

leão – leoa
patrão – patroa } terminados em -oa
leitão – leitoa
tabelião – tabelioa[5]

solteirão – solteirona
sabichão – sabichona } terminados em -ona
valentão – valentona
pobretão – pobretona

---

[5] Também pode ser tabeliã.

ATENÇÃO

As formas *sultão – sultana, cão – cadela, ladrão – ladra, perdigão – perdiz, barão – baronesa* são exceções às regras mencionadas. Os substantivos concretos terminados em -ão (à exceção de *mão*) são masculinos (o leão, o alcatrão, o padrão); os abstratos são femininos (a animação, a progressão, a formulação).

Como este é o capítulo das listas, vou colocar uma lista com os substantivos heteronímicos para você ampliar o seu vocabulário:

Masculino	Feminino
bode	cabra
cão	cadela
carneiro	ovelha
cavalheiro	dama
cavalo	égua
compadre	comadre
cupim	arará
genro	nora
homem	mulher
peixe-boi	peixe-mulher
javali	gironda
padrasto	madrasta
pai	mãe
zangão	abelha
elefante	aliá (ou elefanta)
frei	sóror (soror ou sor)
padrinho	madrinha
caxaréu, caxarela, cacharréu	baleia
bispo	espiscopisa (mas o Dicionário Priberam registra a forma "bispa")
burro	besta, mula
cavaleiro	amazona
galo	galinha
pacuçu	paca

Masculino	Feminino
pardal	pardoca ou padaloca
patriarca	matriarca
rajá	rani
tritão	sereia

10.7.2. Substantivos cujo gênero pode oferecer dificuldade

a) São **masculinos**: os nomes das letras do alfabeto, *clã, champanha, dó, eclipse, formicida, jângal*[6] *(jângala), lança-perfume, milhar, orbe, pijama, proclama, saca-rolhas, sanduíche, sósia, telefonema, soma* (o organismo todo tomado como expressão material em oposição às funções psíquicas).

b) São **femininos**: *aguardente, alface, alcunha, alcíone, análise, anacruse, bacanal, fácies, fama, cal, cataplasma, cólera, cólera-morbo, coma, dinamite, eclipse, elipse, faringe, fênix, filoxera, fruta-pão, gesta, libido, polé, preá, síndrome, tíbia, variante* e os nomes terminados em -gem (a não ser por *personagem*, que pode ser masculino ou feminino).

c) Indiferentemente **masculinos ou femininos**: *ágape, avestruz, caudal, componente, diabete, gambá, íris, juriti, igarité, lhama, laringe, ordenança, personagem, renque, sabiá, sentinela, soprano, suástica, suéter, tapa, trama, víspora.*

10.7.3. O número dos substantivos

A noção de número está associada à identificação de singular e de plural. Esta tabela resume as principais regras de formação do plural nos substantivos:

Terminação	Variação	Exemplo
Vogal ou ditongo	Acréscimo do 'S'	carro – carros casa – casas pai – pais
M	NS	pajem – pajens vagem – vagens viagem – viagens
ÃO (primeiro caso)	ÕES	patrão – patrões latão – latões

---

[6] Conjunto denso de árvores.

Terminação	Variação	Exemplo
ÃO (segundo caso)	ÃES	cão – cães tabelião – tabeliães
ÃO (terceiro caso)	S	cidadão – cidadãos irmão – irmãos
R	ES	colher – colheres mulher – mulheres
Z	ES	giz – gizes gravidez – gravidezes
N	ES	abdômen – abdômenes hífen – hífenes
S (oxítonos)	ES	mar**quês** – marqueses
AL, EL, OL, UL	IS	varal – varais anel – anéis arrebol – arrebóis
IL (oxítonos)	S	ca**nil** – canis funil – funis
IL (paroxítonos)	EIS	**mís**sil – mísseis fóssil – fósseis
X	CES	cálix – cálices apêndix – apêndices códex – códices
ZINHO, ZITO	S	mulherzinha – mulherzinhas rapazito – rapazitos

ATENÇÃO

Há substantivos que admitem mais de uma forma de plural.

aldeão – aldeãos – aldeões – aldeães
ancião – anciãos – anciões – anciães
charlatão – charlatões – charlatães
corrimão – corrimãos – corrimões
cortesão – cortesãos – cortesões
deão – deãos – deões – deães
ermitão – ermitãos – ermitões – ermitães

> fuão – fuãos – fuões
> guardião – guardiões – guardiães
> refrão – refrões – refrães
> sacristão – sacristãos – sacristães
> truão – truões – truães
> verão – verãos – verões
> vilão – vilãos – vilões – vilães
> vulcão – vulcãos – vulcões

10.7.4. *Pluralia tantum*

Há alguns substantivos grafados apenas no plural. Eles recebem o nome de *pluralia tantum*:

alvíssaras	bofes	exéquias
anais	calendas	fastos
antolhos	cãs	férias (repouso)
arredores	calças	fezes
belas-artes	condolências	núpcias
belas-letras	confins	óculos
boas-festas	costas (parte do corpo)	pêsames
bodas	esponsais	

Há alguns compêndios que registram outras formas de *pluralia tantum*. Não compõem essa lista justamente pela inconsistência de registro. Um exemplo desse caso é o substantivo *parabéns*, usualmente descrito como *pluralia tantum*. Ocorre que – a despeito de registro menos comum – a forma *parabém* também está dicionarizada.

10.7.5. Plural metafônico

Será que esse nome é chique, minha gente? Claro que é! Metafônico... é até bonito de dizer! Apesar de todo o *glamour* do nome, o conceito é bem simples: alguns substantivos – quando passados para o plural – modificam o timbre de uma vogal que está lá em seu interior. A esse fenômeno, damos o nome de *metafonia*.

Veja em um exemplo:

Porco (ô – fechado)   x   Porcos (ó – aberto)

Nós falamos corretamente mesmo sem saber que esse fenômeno está rolando. Faça esse teste de mudar o número (para o plural) ou o gênero (às vezes funciona).

Se não quiser fazer o teste sempre, fique de olho na lista de palavras com plural metafônico que eu vou jogar aqui para você!

Com a vogal fechada (ô)	Com a vogal aberta (ó)
abrolho	abrolhos
antolho	antolhos
caroço	caroços
choco	chocos
corcovo	corcovos
coro	coros
corvo	corvos
despojo	despojos
destroço	destroços
escolho	escolhos
esforço	esforços
fogo	fogos
forno	fornos
foro	foros
fosso	fossos
imposto	impostos
jogo	jogos
miolo	miolos
olho	olhos
osso	ossos
ovo	ovos
poço	poços
porco	porcos
porto	portos
posto	postos
povo	povos
reforço	reforços
rogo	rogos
sobrolho	sobrolhos
socorro	socorros
tijolo	tijolos
torto	tortos
troco	trocos
troço	troços

Ocorre metafonia em *avô – avó* e em *sogro – sogra*, mas ela está associada à mudança de gênero, não à mudança de número.

10.7.6. O plural dos substantivos compostos

Esse é um assunto que vai exigir de você um espaço a mais no seu HD cerebral. Na formação do plural dos substantivos compostos, precisaremos analisar como o substantivo é formado. A partir de então, é possível traçar as regras. Vejamos alguns dos princípios fundamentais:

a) Somente o último elemento varia:

1. Nos compostos grafados ligadamente:

fidalgo	–	fidalgos
girassol	–	girassóis
lenga-lenga	–	lenga-lengas
pontapé	–	pontapés
vaivém	–	vaivens
zum-zum	–	zum-zuns

2. Nos compostos com as formas adjetivas *grão*, *grã* e *bel*:

grão-prior	–	grão-priores
grã-cruz	–	grã-cruzes
bel-prazer	–	bel-prazeres

3. Nos compostos de tema verbal ou palavra invariável seguida de substantivo ou adjetivo:

furta-cor	–	furta-cores
beija-flor	–	beija-flores
abaixo-assinado	–	abaixo-assinados
alto-falante	–	alto-falantes
vice-rei	–	vice-reis
ex-diretor	–	ex-diretores
ave-maria	–	ave-marias

4. Nos compostos de três ou mais elementos, não sendo o segundo elemento uma preposição:

bem-te-vi	–	bem-te-vis

5. Nos compostos de formação onomatopaica (imitando os sons) em que há repetição total ou parcial da primeira palavra:

reco-reco	–	reco-recos
tique-taque	–	tique-taques

b) Somente o primeiro elemento varia:

1. Nos compostos em que haja preposição clara ou oculta:

cavalo-vapor (de, a)	–	cavalos-vapor
ferro de abrir lata	–	ferros de abrir lata
mula sem cabeça	–	mulas sem cabeça
pé de moleque	–	pés de moleque

2. Nos compostos de dois substantivos, em que o segundo delimita a significação do primeiro:

aço-liga	–	aços-liga
navio-escola	–	navios-escola
manga-rosa	–	mangas-rosa
peixe-boi	–	peixes-boi
salário-família	–	salários-família

c) Ambos os elementos variam:

1. Nos compostos de dois substantivos, de um substantivo e um adjetivo ou de um adjetivo e um substantivo:

amor-perfeito	–	amores-perfeitos
cabra-cega	–	cabras-cegas
carta-bilhete	–	cartas-bilhetes
decreto-lei	–	decretos-leis
gentil-homem	–	gentis-homens
guarda-civil	–	guardas-civis
guarda-mor	–	guardas-mores
lugar-comum	–	lugares-comuns
salário-mínimo	–	salários-mínimos
segunda-feira	–	segundas-feiras

ATENÇÃO

Evanildo Bechara (2009) ensina que *lugar-tenente* faz o plural como *lugares-tenentes*.

2. Nos compostos de temas verbais repetidos:

corre-corre	–	corres-corres
ruge-ruge	–	ruges-ruges

> **ATENÇÃO**
>
> Esses compostos também admitem a flexão apenas do segundo elemento – *corre-corres, ruge-ruges*.

d) Ficam invariáveis:

  1. As frases substantivas:

   a estou-fraca (ave) – as estou-fraca
   o não sei que diga – os não sei que diga
   o disse me disse – os disse me disse
   o bumba meu boi – os bumba meu boi

  2. Os compostos com verbo e uma palavra invariável (advérbio, conjunção, preposição, interjeição):

   o ganha-pouco – os ganha-pouco
   o pisa-mansinho – os pisa-mansinho
   o cola-tudo – os cola-tudo

  3. Os compostos por formas verbais de significado oposto:

   o leva e traz – os leva e traz
   o vai-volta – os vai-volta

e) Admitem mais de um plural, entre outros:

   fruta-pão – frutas-pão, fruta-pães
   guarda-marinha – guardas-marinha ou guardas-marinhas
   padre-nosso – padres-nossos ou padre-nossos
   ruge-ruge – ruges-ruges, ruge-ruges
   salvo-conduto – salvos-condutos ou salvo-condutos

Ufa! Pareceu que não haveria fim para essa parte da **flexão de número**, não é mesmo? Pois acabou! Isso não quer dizer que acabamos de falar sobre substantivo, guerreiro! Antes de finalizar, precisamos dar uma pincelada na flexão de grau dos substantivos.

10.8. O GRAU DO SUBSTANTIVO

Usualmente, o estudo sobre o grau do substantivo se processa na seção sobre flexão nominal (o que estamos estudando agora). Acontece que o processo de passagem para aumentativo e diminutivo não se trata de uma flexão propriamente, mas de uma derivação, uma vez que se dá por meio do emprego de formas sufixais em relação ao vocábulo original.

Como nossa intenção aqui não é discutir a teoria, não vamos nos ater a essa questão específica. Ficaremos concentrados nos processos para criar as noções de aumentativo e diminutivo!

Podemos chamar de *dimensiva* a alteração que se propõe a modificar as características "embutidas" nas palavras. Essa alteração de dimensão pode ser relativa ao tamanho, à dimensão moral, à dimensão afetiva, entre outras[7] possiblidades.

- **Grau normal:** quando não ocorre transformação nas propriedades originais do substantivo, dizemos que está em grau normal: *casa, rapaz, bicicleta, professor*.

- **Grau aumentativo:** empregamos o grau aumentativo com a finalidade de designar o tamanho de algo, o apreço (afinidade) por algo ou o desprezo por algo ou alguém.

Há dois procedimentos para indicar o grau aumentativo:

– Analítico: feito com o auxílio de uma palavra designativa de aumento (*grande, gigante, enorme, colossal*):

homem grande
casa gigante
poema colossal
prédio enorme

– Sintético: feito com o acréscimo de um *sufixo derivacional aumentativo*, que pode ser -ázio, -orra, -ola, -az, -ão, -eirão, -alhão, -arão, -arrão, -zarrão.

homenzarrão
casarão
poemão
prediozão

De acordo com Napoleão Mendes de Almeida (1962), os sufixos aumentativos são:

-aça: barbaça, barcaça
-aço: balaço, ricaço
-alha: muralha, fornalha
-alhão: vagalhão, porcalhão

---

[7] Considere que a língua é viva e aberta à multiplicidade de sentidos quando em uso.

-alho: lençalho

-ancra: bicancra

-anha: barrigana

-anzil: corpanzil

-ão: febrão, buracão

-arra: bocarra, bandarra

-arrão: santarrão

-asco: penhasco

-astro: medicastro, poetastro

-az: vilanaz, telhaz, tracalhaz, lobaz

-ázio: balázio, gatázio, copázio

-eira: bigodeira, canseira, fogueira

-eirão: vozeirão

-eiro: cruzeiro

-ório: finório

-orra: patorra, cabeçorra

-rão: casarão

-zão: papelzão, mamãozão, pezão

-zarrão: homenzarrão, canzarrão

A seguir, um exemplário com substantivos no grau aumentativo sintético:

Substantivo	Aumentativo
amigo	amigão, amigaço, amigalhaço
animal	animalão, animalaço
bala	balaço, balázio
barca	barcaça
beiço	beiçola, beiçorra
bicho	bichão, bicharrão
boca	bocarra, bocaça, boqueirão
cabeça	cabeçorra, cabeção
cão	canzarrão, canaz
cara	caraça, carantonha, carão
casa	casarão
chapéu	chapelão, chapeirão
colher	colheraça
copo	copázio, coparrão, copaço
corpo	corpanzil, corpaço
dente	dentola, dentuça, dentão, dentilhão

Cap. 10 • SUBSTANTIVO

149

Substantivo	Aumentativo
faca	facalhão, facalhaz, facão
festa	festança, festão
galé	galera, galeão
gato	gatarrão, gatão, gatalhão
homem	homenzarrão, homão
jornal	jornalaço
ladrão	ladravaz, ladravão, ladronaço, ladroaço
livro	livrão, livrório
lobo	lobaz, lobão
luz	luzerna
macho	machão
mala	malotão
mão	mãozorra, manzorra, manápula, manopla
menino	meninão
moça	mocetona
moço	mocetão, moçalhão
mulher	mulheraça, mulherona, mulherão
muro	muralha
nariz	narigão, nariganga, narigolê, narilão
navio	naviarra
neve	nevada, nevasca
papel	papelão
pé	pezão
pedinte	pedinchão, pidão, pedintão
pedra	pedregulho
penha	penhasco
poeta	poetastro, poetaço
porta	portão
povo	povaréu, povão
prato	pratarraz, pratarrão, pratalhaz, pratázio
ramo	ramalhão
rapaz	rapagão
rato	ratazana
rico	ricaço
rocha	rochedo

Substantivo	Aumentativo
sábio	sabichão
sala	salão
sapato	sapatorra, sapatão, sapatranca, sapatorro
sapo	saparrão
tesoura	tesourão
vaga	vagalhão
voz	vozeirão, vozeiro

Quando se diz que alguém é um poetastro, há um aumentativo, mas seu emprego não é de valorização. Na realidade, o sentido é pejorativo: trata-se de um poeta reles, de pouco valor. Na construção de uma frase irônica, chamar alguém de *sabichão* é um tipo de ofensa construída com amparo no grau aumentativo.

Quando se emprega uma sentença como *você é o meu amigão*, está-se a enfatizar o valor afetivo a respeito do substantivo. Para que seja possível dimensionar o sentido da frase, é necessário realizar uma análise da intenção do enunciador no momento em que enuncia.

- **Grau diminutivo:** a indicação do grau diminutivo revela as mesmas propriedades que o grau aumentativo possui. Além disso, os processos de alteração de grau também são semelhantes.

  - Analítico: feito com o auxílio de uma palavra designativa de diminuição (*pequeno, diminuto, menor,* ínfimo etc.):

    casa pequena

    pessoa menor

    conceito diminuto

    degrau ínfimo

  - Sintético: feito com o acréscimo de um *sufixo derivacional diminutivo*, que pode ser -ito, -ulo-, -culo, -ote, -ola, -im, -elho, -inho, -zinho (o sufixo -zinho é obrigatório, quando o substantivo terminar em vogal tônica ou ditongo: cafezinho, paizinho).

De acordo com Napoleão Mendes de Almeida (1962), os sufixos diminutivos são:

-acho: populacho, riacho

-apo: fiapo

-cula: partícula

-ebre: casebre

-eca: soneca
-echo: folecho
-eco: livreco
-ejo: lugarejo, animalejo, papelejo
-el: cordel, fardel, carretal
-ela: caixela, lamela, rodela
-elo: colunelo
-elha: cravelha
-elho: folhelho, artiguelho
-epo: folepo
-eta: naveta, caixeta
-ete: bailete, cunhete, diabrete
-eto: coreto, folheto
-ica: pelica, pelotica
-icho: governicho
-ico: burrico, namorico
-il: covil, cabanil
-ilha: presilha, espadilha, pontilha
-ilho: fundilho, quartilho
-ilo: codicilo
-im: espadim, bolsim
-inha: mesinha, cartinha
-inho: livrinho, caderninho
-ino: maestrino
-ipo: folipo
-isco: pedrisco, chuvisco, lambisco
-ita: pedrita, cabrita
-ito: palito, moquito
-oila: moçoila
-ola: sacola, rapazola
-olo: bolinholo
-oque: cavalicoque
-ota: bolota, aldeota, Maricota
-ote: caixote, fidalgote, serrote
-oto: leiroto, perdigoto
-ucho: papelucho
-ula: célula, fórmula
-ulo: glóbulo, módulo, nódulo
-zinha: mãezinha, mãozinha
-zinho: irmãozinho, tatuzinho

Já pode "bater o olho" naquela lista de diminutivos sintéticos para ampliar o vocabulário!

Substantivo	Diminutivo
abelha	abelhita, abelhazinha, abelhinha
aldeia	aldeola, aldeota
animal	animalejo, animalzinho, animálculo
árvore	arbúsculo, arvoreta, arvorezinha
asa	álula, aselha, asinha
ave	avícula
bandeira	bandeirola, bandeirinha
barba	barbicha, barbica
barraca	barraquim, barraquinha
barril	barrilete, barrilote
bigode	bigodinho, bigodito
boca	boquita, boquinha
boné	bonezinho
burro	burrico
cabeça	cabecinha, cabecita
caixa	caixeta, caixote, caixola
caminhão	camioneta, caminhonete
cão	cãozinho, cãozito, canito, canicho
casa	casebre, casinha
chapéu	chapelete, chapeuzinho, chapeleta, chapelinho
chuva	chuvisco, chuvinha, chuvisqueiro
cinto	cintilho
colher	colherinha, colherzinha
corda	cordel, cordinha
corpo	corpúsculo
cruz	cruzeta
dente	dentículo
diabo	diabrete
espada	espadim
estátua	estatueta
faca	faquinha
fazenda	fazendola, fazendinha
febre	febrícula

Substantivo	Diminutivo
filho	filhinho, filhote
fita	fitilho, fitinha
flor	florinha, florículo, florzinha, flósculo
folha	folíolo, folhinha
globo	glóbulo
gota	gotícula
grão	grânulo
homem	homenzinho, homenzito, homúnculo, hominho
ilha	ilhéu, ilhota
índio	indiozinho, indiozito
jornal	jornaleco
lápis	lapisinho
língua	lingueta
livro	livrinho, livrozinho, livreto, livreco, livrete
lobo	lobinho, lobato, lobacho
mala	malinha, maleta, malote
moça	mocinha, moçoila
monte	montinho, montículo
mulher	mulherzinha, mulherinha
namoro	namorico
nariz	narizinho, narizito
palácio	palacete
papel	papelucho, papelinho, papelico, papelete
parte	partícula
pé	pezinho, pezito
pedra	pedrisco
pele	película
poema	poemeto
porção	porciúncula
porta	portinhola, portinha
praça	pracinha
preço	precinho
prego	preguinho
pudim	pudinzinho
questão	questiúncula

Substantivo	Diminutivo
rádio	radiozinho
raio	raiozinho
raiz	radícula, radicela
rapaz	rapazola, rapazote, rapazelho, rapazinho, rapagote
rede	retículo
rei	régulo, reizinho
rio	ribeiro, riacho, regato
rocha	rochinha
rua	ruela
saco	saquitel, saquinho
sala	salinha, salita, saleta
sela	selim
serviço	servicinho
sino	sineta
tábua	tabuinha, tabuazinha
tênis	tenisinho
tesoura	tesourinha
vara	vareta, varela, varinha
vaso	vasinho
velho	velhote, velhinho, velhusco
verão	veranico
verme	vermiculo
verso	versículo
via	viela
vidro	vidrinho
vila	vilela, vileta, vilola, vilarejo, vilinha, vilazinha
voz	vozinha, vozita
xícara	xicarazinha, xicarinha, xicarazita, xicrinha

Da mesma maneira que o grau aumentativo indica desprezo, ironia ou afetividade, o diminutivo também pode indicar. Veja alguns casos:

Trata-se de uma **pessoinha** difícil. (desprezo)

Meu **amorzinho**, venha mais cedo. (afetividade)

Temos um **probleminha**: a casa foi destruída. (ironia)

Encerrando o assunto: você deve ter notado que este capítulo é e-nor-me! Pois é, há muitas peculiaridades a respeito dos substantivos, e olha que eu tentei manter apenas o essencial para você entender o assunto e responder às questões de prova. Talvez, a melhor parte de tudo isso seja o fato de que **não há muitas questões que tematizam o substantivo na maior parte das provas!** Houve um tempo em que as questões sobre flexão nominal, substantivos compostos e metafonia eram extremamente abundantes. Como as avaliações são cíclicas, sabemos que – em algum momento – isso há de regressar. Por ora, não estamos nesses tempos! Aquilo que for muito cansativo neste capítulo, você pode revisar quando estiver com a mente bem sossegada! Agora, vamos colocar as mãos na massa!

10.9. EXERCÍCIOS

1. (2017 – MS Concursos – Prefeitura de Piraúba-MG – Oficial de Serviço Público) Marque a alternativa onde temos substantivos coletivos.

    a) Exército – rebanho – constelação.
    b) Pai – cavaleiro – frade.
    c) Rei – conde – cônsul.
    d) Padre – marido – cão.

2. (2016 – Jota Consultoria – Câmara de Mesópolis-SP – Assistente Legislativo) O substantivo sobrecomum é:

    a) Pessoa.
    b) Colega.
    c) Lojista.
    d) Vírus.
    e) Lápis.

3. (2016 – IF-CE – IF-CE – Tecnólogo – Turismo) Há um substantivo epiceno na frase da opção

    a) Se o indivíduo for cobiçoso e egoísta, assim será a sociedade.
    b) Apesar da gravidade do acidente, a criança sofreu apenas alguns arranhões.
    c) Ele é um jovem bastante competente e com um futuro brilhante.
    d) Os lápis que dei para minha filha estão espalhados no chão da sala
    e) O tigre que assustava os moradores da região foi abatido perto da floresta.

4. (2016 – Jota Consultoria – Prefeitura de Jambeiro-SP – Agente Administrativo) O plural do substantivo está errado em:

a)   Muitos guardas-noturnos ganham pouco.

b)   Recém-nascidos precisam ficar em repouso.

c)   Os salários-família são baixíssimos.

d)   Ficaram muitos abaixo-assinados em cima da mesa.

e)   Os guardas-livros eram inteligentes.

5. (2016 – Legalle Concursos – Prefeitura de Turuçu-RS – Assistente Social) Os substantivos compostos estão incorretamente pluralizados em:

a)   Porta-bandeiras; bons-dias; vice-presidentes.

b)   Abaixo-assinados; grã-duquesas; tique-taques.

c)   Salários-família; gentis-homens; joões-ninguém.

d)   Bombas-relógio; peixes-espadas; alto-falantes.

e)   Capitães-mor; boia-frias; navios-escolas.

10.10. GABARITO

1 – a

2 – a

3 – e

4 – e

5 – e

Verbo

Precisamos ter muito cuidado neste capítulo para não nos perdermos em um mar de teoria. Lembre-se do que eu sempre digo na composição deste livro: **estamos aqui para você acertar as questões, então você deve se concentrar na teoria necessária para compreender o que as questões poderão exigir**. Eu vou fazer o máximo para suavizar todo o palavrório que a teoria gramatical exige.

Por definição, *verbo* é a palavra que exprime a ideia de uma ação, de um estado, de uma mudança de estado ou de um fenômeno natural e que **pode ser conjugada**.

A característica mais importante que deve ser notada é o fato de o verbo poder ser conjugado, isso será central em análises relativas aos verbos.

Essa matéria é extremamente importante, pois o coração de toda a análise sintática reside no reconhecimento e na classificação dos verbos. Isso quer dizer que iremos estudá-los compassadamente neste capítulo, para que as lições fiquem cada vez mais simples.

Vamos começar por uma simples classificação!

11.1. CLASSIFICAÇÃO RELATIVA AO SENTIDO QUE EXPRIMEM

Para facilitar o entendimento dos verbos, convém dividi-los em categorias distintas em função do **sentido** que podem exprimir:

1. **Verbo relacional** (**copulativo** ou **de ligação**): é o verbo que exprime a ideia de **estado** ou de **mudança de estado**. Existe uma lista de verbos relacionais, ou seja, aqueles que – em sua origem – designam esses sentidos mencionados. Vou ser bem honesto com você: DECORE ESTA LISTA! Leia ATÉ SAIR SANGUE DOS OLHOS!

   Ser
   Estar
   Continuar
   Andar
   Parecer
   Permanecer
   Ficar
   Tornar-se

Vejamos um exemplo de como um verbo dessa natureza pode ser empregado.

Miranda **ficou** <u>contente</u> após a entrevista.

Preste atenção ao fato de que o verbo destacado não indica uma ação realizada, mas aponta uma mudança de estado em relação ao estado original, ou seja, Miranda não <u>estava</u> contente, <u>ficou</u> contente. O verbo em questão mostra uma mudança de estado em relação ao estado original de Miranda. É dessa maneira que funciona um verbo de ligação.

Além disso, é necessário explicar o outro sentido do verbo de ligação: a indicação de um estado. Em uma frase como:

Jonatas é <u>uma pessoa intrigante</u>.

Temos um caso em que o verbo (*ser*) indica a constatação de um estado que é feita no momento da elocução. Isso quer dizer que – no momento em que eu profiro essa sentença – indico um estado a respeito de Jonatas.

Mas nem sempre isso acontece. Há casos em que ocorre um fenômeno chamado de **transpredicação verbal**, que consiste – basicamente – em alterar o sentido do verbo, bem como sua natureza de expressão, ou seja, haverá mudança na classificação do verbo. Vejamos os exemplos:

João **anda** empolgado. (Verbo *andar* exprimindo o **estado** de João.)
João **anda** lentamente. (Verbo *anda* exprimindo a **ação** de caminhar.)

Nós sabemos que esses dois sentidos convivem pacificamente na Língua Portuguesa. Portanto, no momento da análise, decorar ajuda muito, mas não resolve completamente os problemas. É fundamental examinar o sentido que o falante pretende indicar na sentença, antes de fazer qualquer tipo de classificação precipitada. Sei que você precisa de mais um exemplo para fixar bem essa informação, então vou mostrar o processo inverso:

O professor **virou** a caixa de giz. (Verbo *virar* exprimindo a **ação** de tombar.)
O professor **virou** um servidor público. (Verbo *virar* exprimindo a ideia de **mudança de estado**.)

Como você deve ter notado, o verbo *virar* não está na lista dos verbos de ligação. O que acontece, com efeito, é o fato de nós modificarmos o sentido do verbo para poder criar uma nova expressão. Essa modificação altera a classificação do verbo.

2. **Verbo nocional** (ou **significativo**): é o verbo que exprime o sentido de **ação** ou de **fenômeno natural**.

O Governo **divulgou** novas informações sobre o Imposto de Renda.

> Todos **necessitamos** de um pouco de paciência.
> Aquele trem **descarrilhou** ontem à tarde.
> O velho **morreu** em companhia de sua família.

Nem todo mundo sabe distinguir uma ação de um fenômeno natural. Não é necessário! Basta você tentar distinguir as ações e os fenômenos das ideias de estado ou mudança de estado. Isso quer dizer que mais vale saber identificar o que é um verbo de ligação, porque quem não estiver nesse grupo necessariamente deverá estar no outro.

Como não há uma lista para verbos dessa natureza, o conveniente é fazer uma divisão, que deve se pautar pela necessidade ou não de haver um complemento, ou seja, entramos no terreno da **transitividade**. Vejamos.

2.1. Intransitivo: é o verbo que **não necessita**[1] **de um complemento**. Seu sentido se encerra no próprio verbo. Quero dizer que o verbo não precisa "negociar" o seu significado com algum tipo de termo complementar. Geralmente, quem o acompanha é simplesmente um termo de natureza adverbial. São exemplos de verbos intransitivos: *viver, correr, crescer* e *germinar*.

Aplicando nas sentenças:

> Aquela criança **cresceu**. (Verbo com o sentido encerrado em si.)
>
> Aquela criança **cresceu** <u>rapidamente</u>. (A palavra *rapidamente* exprime circunstância de "modo" em relação ao verbo, ou seja, não se trata de um complemento.)
>
> Aquele homem **vive** <u>uma vida sofrida</u>. (O verbo continua intransitivo[2], porém a expressão *uma vida sofrida* funciona como objeto direto do verbo. Isso acontece porque o sentido do verbo em si não se alterou, mas houve uma manobra para alterar a informação de modo a enfatizar um trecho da frase.)

---

[1]   Preste muita atenção ao fato de que eu escrevi que o verbo intransitivo **não necessita** de complemento. Em momento algum, mencionei que ele não possui complemento. A terminologia aqui é bem importante para não se confundir.

[2]   Isso não é consenso entre os estudiosos. Há quem assuma que o verbo fora empregado em uma "acepção" transitiva. De qualquer modo, as questões que podem apresentar esse tipo de verbo hão de questionar a respeito do elemento que o acompanha, nesse caso, o que adquiriu a função de objeto direto. Por qualquer um dos caminhos, chega-se ao mesmo resultado.

2.2. Transitivo: é o verbo que **necessita** de um complemento, pois "negocia" o seu sentido com o termo complementar. A depender da relação entre verbo e complemento, podemos dividir a classificação do **verbo transitivo** em três tipos:

2.2.1. Direto: verbo que necessita de um complemento, porém esse complemento **não necessita de uma preposição**, ou seja, possui uma relação "direta" do verbo para com o complemento. São exemplos de verbos transitivos diretos os verbos: *comprar, alugar, vender, fazer, realizar, escrever, traduzir, ler, escutar* etc.

> Meu primo **alugou** uma casa nova.
> Stephen King **escreveu** três ótimos romances.

2.2.2. Indireto: verbo que necessita de um complemento, e esse complemento **deve ser introduzido por uma preposição**, ou seja, possui uma relação "indireta" do verbo para com o complemento. São exemplos de verbos transitivos indiretos os verbos: *gostar, visar, aludir, precisar, necessitar, crer, acreditar*.

> O concursando **visava** ao cargo mencionado.
> Não **duvido** de que ele venha ao baile.
> As meninas **acreditavam** em todas as mentiras.

2.2.3. Bitransitivo: verbo que necessita de dois tipos de complemento: um tipo deve ser **direto**; outro tipo deve ser **indireto**, por isso também pode ser chamado de verbo transitivo direto e indireto. São exemplos de verbos bitransitivos: *dar, ceder, doar, pagar, lançar*.

> O gerente deu **explicações** ao funcionário.
> As crianças lançaram **milho** aos porcos.

11.1.1. Árvore dos verbos

Este organograma pode ajudar você a se encontrar na classificação dos verbos a respeito do sentido e da transitividade.

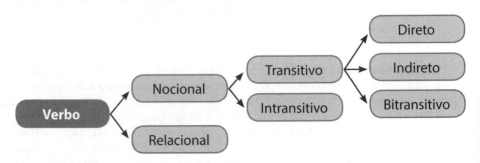

> **NOTAS**
>
> 1. Toda classificação verbal deve ser feita mediante uma análise da construção da frase. Não é conveniente pensar a classificação desvinculada do contexto comunicativo.
>
> 2. Há sentidos expressos pelos verbos que não são indicados na divisão de classificação, em razão de sua especificidade, tais como conveniência (*convir*), desejo (*querer*), existência (*haver*) etc.
>
> 3. Não confunda um verbo transitivo indireto com um verbo intransitivo acompanhando de uma **locução adverbial**. Muita gente comete esse equívoco! Vejamos um exemplo para facilitar a distinção.
>
> Tadeu **chegou** ao local da prova. (O verbo destacado é intransitivo.)
>
> Tadeu **aludia** ao local da prova. (O verbo destacado é transitivo indireto.)
>
> Para que fique clara a distinção, pense no seguinte: o verbo *chegar* possui sentido completo, mesmo sem o indicativo de lugar (que tem a função de **adjunto adverbial**); já o verbo *aludir* não estará com seu sentido completo, caso não esteja acompanhado de um elemento complementar. Isso faz dele um verbo transitivo; como seu complemento só pode vir de maneira indireta (introduzido por uma preposição), trata-se de um transitivo indireto.
>
> 4. Antigamente, falava-se a respeito de verbos birrelativos, ou seja, aqueles que possuem dois complementos indiretos. Contemporaneamente, são tratados apenas como transitivos indiretos.
>
> 5. Há uma categoria verbal conhecida como **verbo transobjetivo**: aquele que possui transitividade (direta ou indireta) e que necessita de um elemento predicativo, a fim de designar alguma característica do complemento. Veja o próximo exemplo para compreender
>
> Eu nunca achei **João** <u>competente</u>. (**João** é o complemento, ao passo que *competente* é o predicativo.)
>
> Eis alguns exemplos de verbos transobjetivos: *achar, aclamar, acusar, calcular, chamar, considerar, constituir, coroar, declarar, deixar, eleger, encontrar, imaginar, intitular, julgar, nomear,* saber, *supor, tachar, ter.*

11.2. CLASSIFICAÇÃO QUANTO AO PAPEL NA SENTENÇA

1. **Verbo principal:** é aquele que – em uma locução verbal – representa o sentido fundamental daquilo que se transmite, ou – de maneira bem mais simples – é o último verbo da locução.

   Os estudantes estão **escrevendo** um texto.

   Eu vou **conhecer** a verdade.

   O programa havia sido **concebido** por um grande roteirista.

2. **Verbo auxiliar:** trata-se daquele que acompanha o verbo principal em uma locução verbal, auxiliando a formação de locuções de voz passiva ou de tempos compostos. Os auxiliares mais usados são *ser*, *estar*, *ter* e *haver*.

Os estudantes **estão** escrevendo um texto.

Eu **hei** de conhecer a verdade.

O programa **havia sido** concebido por um grande roteirista.

Há uma classificação bacana que podemos empreender em relação aos verbos auxiliares (que não os mencionados acima): veja só!

Auxiliares acurativos: são os auxiliares que – quando empregados – permitem maior precisão na indicação dos momentos da ação verbal. Os principais acurativos são: *andar, ir, vir, começar, continuar, tornar, voltar, costumar, acabar* e *deixar*. Veja alguns exemplos:

Mariana **começou** a falar a respeito da prisão.

Espero que Marcelo **deixe** de fazer coisas erradas.

Você **anda** fazendo as piores escolhas.

Auxiliares modais: são os auxiliares que – quando empregados – permitem maior precisão na indicação do modo como ocorre a ação verbal. Os modais podem pontuar obrigatoriedade, possibilidade, vontade, intenção, esforço, finalização etc.

Os cientistas **podem** construir a bomba "limpa".

Legário **tentou** ganhar dinheiro fácil.

Eu **pretendia** – naquela noite – falar com você.

3. **Verbo vicário:** trata-se do verbo que substitui outro, por uma relação de sinonímia que se estabelece no contexto, a fim de evitar repetições na frase.

Minha amiga deveria estudar gramática, mas não o **faz** por preguiça. (O verbo *fazer* retoma a expressão *deveria estudar gramática*, por isso, é chamado de *vicário* – que fica no lugar do outro.)

Explicação

Muito do que se cobra a respeito de verbos está vinculado ao conhecimento dessa classificação mencionada. Pode ser que você não consiga se aprofundar tanto nos outros assuntos, mas, nessas classificações, é preciso estar muito afiado.

COMO ISSO CAI NA PROVA?

➤ (2014 – FCC – TRF 4ª Região – Técnico Judiciário – Área Administrativa) Possuem os mesmos tipos de complemento os verbos grifados em:

a) ... nossa época *produz* milagres todos os dias. // ... o mito de que as humanidades *humanizam*.

b) *Essa "cultura de massas" nasce com o predomínio...* // *Um deles é o de Gilles Lipovetski...*

c) *A pós-modernidade destruiu o mito de que...* // *... nossa época produz milagres todos os dias.*

d) *Essa cultura de massas nasce com o predomínio...* // *... e nem sempre contribui para...*

e) *... as ciências podem prosperar nas proximidades...* // *A pós-modernidade destruiu o mito de que...*

Resposta: c.

Comentário: o verbo *destruir* é transitivo direto, assim como o verbo *produzir*, logo essa é a alternativa correta. Em A, *produzir* é transitivo direto, mas *humanizar* é intransitivo. Em B, *nascer* é intransitivo, *ser* é de ligação. Em D, *nascer* é intransitivo, *contribuir* é transitivo indireto. Em E, *prosperar* é intransitivo, *destruir* é transitivo direto.

11.3. ESTRUTURA DOS VERBOS

Estudamos a estrutura dos verbos para poder compreender como se dá a conjugação verbal e como ocorre a correlação de tempos e modos verbais em Língua Portuguesa.

Mas pode ficar frio, porque essa parte é um pouco exigente. Talvez, você ache um pouco chato ter que ler tudo isso sobre desinências e tudo mais, no entanto acredite: é muito importante estudar formalmente os verbos. Sem isso, é falência garantida!

A fim de fazer uma análise estrutural dos verbos, é preciso destacar os seguintes itens que lhe são estruturantes:

- **Raiz/radical:** também chamado de "morfema lexical", esse é o elemento que guarda o sentido do verbo. Em tese, é a parte invariante da palavra nos verbos regulares. O exemplo é CANTAR, cuja raiz é CANT.
- **Vogal temática:** vogal que, somada à raiz do verbo, forma o "tema" da palavra. São elas – A, E, I. Em exemplos: Danç**a**r, Sofr**e**r, Sorr**i**r.

- **Tema:** trata-se da junção da raiz do verbo com a vogal temática. Can**ta**, so-fr**e**, sorr**i**.
- **Desinências:** são "partes" de palavras que são afixadas aos verbos, para que seja possível fazer as devidas adequações na conjugação ou na estruturação de formas nominais. As desinências podem ser divididas em:
  - » Verbais: que podem indicar o *modo* e o *tempo* em que o verbo está conjugado (desinência de modo-tempo) e que podem indicar o número (singular e plural) e a pessoa (1ª, 2ª ou 3ª) em que se apresenta a forma verbal (desinência de número-pessoa). Essas desinências atuam na conjugação do verbo.
  - » Nominais: que podem ser de **infinitivo**, de **gerúndio** ou de **particípio**. Essas servem para indicar uma **forma nominal** do verbo.

Veja o exemplo da forma verbal a seguir:

FALÁVAMOS

Em que:

FAL: é a raiz.
A: é a vogal temática.
FALA: é o tema.
VA: é a desinência de **modo-tempo** (que indica Pretérito Imperfeito do Indicativo).
MOS: é a desinência de **número-pessoa** (que indica se tratar de verbo conjugado na 1ª pessoa do plural).

Veja agora estas três formas nominais do verbo:

- Fal**ar** – aqui o verbo está no infinitivo, ou em uma forma infinita. Sua marca principal é a desinência -r.
- Fala**ndo**: aqui o verbo está no gerúndio. Sua marca principal é a desinência -ndo.
- Fal**ado**: aqui o verbo está no particípio. Sua marca principal, nos verbos regulares, são as desinências -ado/-ido.

As desinências nominais do particípio são, na realidade, d, t, s:

fala**d**o
repos**t**o
submer**s**o

Mas, como eu prometi suavizar a complexidade do assunto, prefiro que você aposte na terminação como um todo, uma vez que são poucas as questões que exigem esse nível de profundidade teórica. Eu sempre vou lembrar o propósito deste livro: economizar o seu tempo e garantir a maior porcentagem de acerto das questões.

Nem sempre você encontrará todos esses elementos (vogais temáticas, desinências etc.) em todas as formas verbais. Não fique desesperado, vamos dissecar os verbos calmamente.

11.4. FAMÍLIAS VERBAIS

Para facilitar a organização dos verbos, vamos dividi-los em três famílias de conjugação (ou **famílias verbais**). Essa divisão leva em consideração a terminação dessas formas do verbo. São elas:

    1ª: verbos terminados em -AR (cant**ar**, fal**ar**, brinc**ar**)
    2ª: verbos terminados em -ER ou -OR (vend**er**, p**ôr**)
    3ª: verbos terminados em -IR (part**ir**, sorr**ir**)

Os verbos terminados em -OR (compor, repor, supor etc.) fazem parte da segunda família conjugacional, uma vez que – em sua origem – estavam associados à terminação -ER, a exemplo da forma *poner – poer – pôr* (o traço indica a evolução das formas verbais).

11.5. TEMPOS E MODOS VERBAIS

Aqui você vai estudar como estruturamos a conjugação dos verbos e alguns sentidos envolvidos na formação dos tempos verbais. É uma ótima oportunidade para entender quais são os modelos de conjugação. Acredite: isso vai ajudar muito no momento de resolver os exercícios.

Um **modo** verbal expressa um tipo de atitude mental do falante em relação àquilo que profere, ao passo que o **tempo** indica a execução de uma ação, tomando como base o momento da fala. A partir dessas indicações, vamos assinalar os seguintes tempo e modo verbais.

11.5.1. Modo indicativo

É o modo em que as formas exprimem uma ideia de certeza ou de suposição de certeza. Podemos pensar que o modo indicativo é o modo da realidade em si. Seus tempos[3] são:

- **Presente:** amo, vendo, parto.
- **Pretérito perfeito:** amei, vendi, parti.
- **Pretérito imperfeito:** amava, vendia, partia.
- **Pretérito mais-que-perfeito:** amara, vendera, partira.
- **Futuro do presente:** amarei, venderei, partirei.
- **Futuro do pretérito:** amaria, venderia, partiria.

---

[3] Para indicar uma prévia das relações de tempo, inserirei a primeira pessoa dos verbos *amar*, *vender* e *partir*, pois são três verbos de conjugação regular – o que facilitará a compreensão.

Explicações sobre os tempos do modo indicativo

a) O verbo no presente indica uma ação que está em execução no momento da fala.

b) O verbo no pretérito perfeito indica uma ação finalizada em relação ao momento da fala. Trata-se de um passado simples, finalizado.

c) O pretérito imperfeito indica uma ação que foi interrompida em relação ao momento da fala. Trata-se do passado que não pôde ser finalizado.

d) O pretérito mais-que-perfeito indica uma ação finalizada, que ocorreu anteriormente a outra ação já finalizada em relação ao momento da fala. Trata-se do passado do passado.

e) O futuro do presente indica uma ação futura em relação ao momento da fala.

f) O futuro do pretérito indica uma ação que possivelmente ocorreria em relação ao momento da fala.

ATENÇÃO

Pegadinha das questões – há algumas bancas examinadoras (a campeã é a Fundação Carlos Chagas) que exigem a comparação de tempos e modos verbais. O mais comum é haver cobrança a respeito da identificação do pretérito imperfeito do indicativo. Se você reparar bem, conseguirá perceber que a terminação dos verbos da primeira família (terminados em -AR) é diferente da terminação dos verbos da segunda e terceira famílias (terminados em -ER e -IR). Essa terminação tem a ver com as desinências, obviamente, mas uma maneira fácil de resolver as questões é fazer uma simples comparação:

jogava – brincava – falava – terminava

corria – vendia – moía – jazia

sorria – partia – saía – frigia

Veja que os verbos de primeira família possuem essa marca AVA no meio da conjugação; ao passo que os de segunda e terceira famílias possuem o registro IA no meio da conjugação. Isso indica que – apesar de terminações diferentes – se trata dos mesmos tempo e modo verbais. Uma tendência dos últimos anos é inserir o verbo *ser* nessa jogada. Calma aí, porque ele é diferente! Recomendo que você leia a conjugação desse verbo para não perder a linha de raciocínio.

11.5.2. Modo subjuntivo

É o modo em que suas formas exprimem ideia de hipótese provável. Trata-se do modo da possibilidade, não da realidade. Seus tempos são:

a) Presente (que): ame, venda, parta.
b) Pretérito imperfeito (se): amasse, vendesse, partisse.
c) Futuro (quando): amar, vender, partir.

Note que eu coloquei três conjunções ao lado de cada tempo. Elas podem ser empregadas para facilitar o processo da conjugação dos verbos. Para o presente, use a conjunção *que*; para o pretérito imperfeito, use a conjunção *se*; para o futuro, use a conjunção *quando*.

ATENÇÃO

Pegadinha das questões – para o modo subjuntivo, também há uma pequena armação das bancas examinadoras. Nesse caso, a mudança de E para A – no presente do subjuntivo – é o que costuma aparecer nas questões. Verbos de primeira família ganharão o E no meio da conjugação (desinência modo-temporal), ao passo que os verbos de segunda e terceira famílias receberão o A ao longo da conjugação. Ainda que tenhamos desinências diferentes, estaremos falando dos mesmos tempo e modo verbais.

11.5.3. Modo imperativo

É o modo que exprime uma ideia de ordem, pedido, súplica ou aconselhamento. O que é importante saber a respeito do modo imperativo?

- Não há primeira pessoa do singular no imperativo.
- Não precisamos falar a respeito de tempos no modo imperativo.
- Vamos pensar exclusivamente nas formas de afirmativo e negativo do imperativo.

Como montar as formas de imperativo?

a) **Afirmativo**: é preciso retirar a forma da segunda pessoa do singular (*tu*) e da segunda pessoa do plural (*vós*) – provenientes do presente do Indicativo –, retirando a letra "s" do final da palavra. As demais formas advêm do presente do subjuntivo.

b) **Negativo**: basta utilizar a palavra *não* e puxar os elementos provenientes do presente do subjuntivo.

Exemplo: formação do imperativo do verbo amar.

Presente do Indicativo	Imperativo Afirmativo	Presente do Subjuntivo	Imperativo Negativo
Amo	-	Ame	-
Amas →	Ama tu	Ames →	Não ames tu
Ama	Ame você ←	Ame →	Não ame você
Amamos	Amemos nós ←	Amemos →	Não amemos nós
Amais →	Amai vós	Ameis →	Não ameis vós
Amam	Amem vocês ←	Amem →	Não amem vocês

11.6. FORMAS NOMINAIS DO VERBO

As formas nominais são assim chamadas porque correspondem menos ao verbo e mais à categoria dos nomes. Como já mencionei as desinências nominais, segue um breve exemplário, com alguns comentários[4]:

1. **Infinitivo:** verbo terminado em -R. *Amar, vender, partir*. Corresponderiam a um substantivo, desempenhando o mesmo papel sintático.
2. **Gerúndio:** verbo terminado em -NDO. *Amando, vendendo, partindo*. Corresponderiam a um advérbio, desempenhando o mesmo papel sintático.
3. **Particípio:** verbo terminado em -ADO/-IDO. *Amado, vendido, partido*. Corresponderiam a um adjetivo, desempenhando o mesmo papel sintático.

COMO ISSO CAI NA PROVA?

➤ (2013 – FCC – MPE-SE – Analista – Direito) Estão flexionados nos mesmos tempo e modo os verbos em:

a) ... cada criança conclui de modo próprio... / ... nos sentimos profundamente solitários...

b) Mesmo que as famílias queiram... / ... e deveríamos nos orgulhar disso.

c) nos faz menos insignificantes... / ... pela família que tivemos...

d) ... todo empenho de comunicação entre duas mentes esbarrará com... / ... as formas como registramos...

e) ... pela família que tivemos... / ... e influirão em seus pensamentos subsequentes.

---

[4] Você encontrará esses papéis sintáticos mencionados no capítulo sobre sintaxe do período composto.

> **Resposta: a.**
>
> Comentário: em A, *conclui* e *sentimos* são formas do presente do indicativo; em B, *queiram* está no presente do subjuntivo e *deveríamos* está no futuro do pretérito; em C, *faz* está no presente do indicativo e *tivemos* está no pretérito perfeito do indicativo; em D, *esbarrará* está no futuro do presente do indicativo e *registramos* está no presente do subjuntivo; em E, *tivemos* está no pretérito perfeito do indicativo e *influirão* está no futuro do presente do indicativo.

11.7. ASPECTO VERBAL

O estudo do aspecto dos verbos constitui um campo muito mais refinado do que o que se descortinou até agora. Enquanto o *tempo* indica a época da do verbo e o *modo* indica uma postura subjetiva em relação à expressão do verbo, o *aspecto* indica uma análise semântica mais aprofundada, em que são avaliadas a duração, a execução ou o desenvolvimento do sentido expresso pelo verbo.

Os estudos acerca do aspecto verbal são muito importantes, apesar de não serem tão numerosos como outros campos da gramática. Como algumas provas exigem o conhecimento relativo aos aspectos verbais, vamos nos debruçar sobre esse assunto. Novamente, minha intenção aqui será facilitar o contato com esse conhecimento tão refinado teoricamente.

Dividimos o aspecto do verbo da seguinte maneira:

Aspecto	Valor	Tradução
Imperfectivo	Duração	Ação que decorre com uma duração.
Perfectivo	Completamento	Ação que não se desenvolve, pontual.
Iterativo	Repetição	Ação que aparece repetidamente.
Indeterminado	Neutralidade	Ações genéricas, axiomas[5], ditos populares.

11.7.1. Subdivisão dos aspectos verbais

1. O imperfectivo divide-se em:

Inceptivo: em que há a indicação dos primeiros momentos da ação, ou seja, do **começo** da ação durativa.

> Começou a reclamar do atendimento.
> Principiou a falar sobre Filologia.

---

5   Verdade que não precisa de prova.

<u>Cursivo</u>: trata-se da manifestação mais clara do imperfectivo, pois indica a **duração em si**, ignorando limites de início e fim.

> O problema permanece.
> O aluno tem estudado as saídas para o labirinto.

<u>Terminativo</u>: indica o **fim** da duração.

> A disputa terminou.
> Chegamos ao Aeroporto Internacional de Miami.

2. O aspecto perfectivo divide-se em:

<u>Pontual</u>: em que se indica o fim do processo tão logo ele inicie.

> O aluno se levantou e saiu.
> Meu pai entrou na sala e caiu.

<u>Resultativo</u>: indica o resultado que decorre do completamento de uma ação.

> Depois de toda essa discussão, o futuro está decidido.
> A reunião dos políticos virá a impactar na configuração do Senado.

<u>Cessativo</u>: infere-se de uma ação que marca a interrupção de um processo no presente.

> Cale a boca!
> Pare de pensar essas besteiras.

3. O aspecto iterativo divide-se em:

<u>Iterativo imperfectivo</u>: ação repetida com duração.

> Estão falando mal de você!
> Pedro costuma caminhar pelas manhãs.

<u>Iterativo perfectivo</u>: um coletivo de ações pontuais.

> Já caí muitos tombos na vida.
> Acordei muitas vezes em braços alheios.

4. O aspecto indeterminado não apresenta uma divisão, porque o processo é descrito de forma vaga, imprecisa, sem tempo determinado; algo que é próprio do infinitivo.

> A Terra gira em torno do Sol.
> Não posso nada te falar.
> Mais vale um pássaro na mão do que dois voando.

COMO ISSO CAI NA PROVA?

➤ (2014 – UNIRIO – Auxiliar de Enfermagem – *Questão Adaptada*) A estrutura verbal sublinhada que denota aspecto semântico de continuidade é

a) "(...) nos processos de consulta aos grupos cujas terras <u>estão</u> sujeitas ao impacto de grandes obras públicas."

b) "O Instituto Socioambiental (ISA) <u>vem alertando</u> para a lentidão na demarcação das terras indígenas (...)."

c) "(...), o reconhecimento de terras indígenas enfrentou mais dificuldades, assim como <u>tende a afetar</u> mais pessoas (...)".

d) "(...) o que poderá representar um custo menor do que <u>suportar</u> processos conflitivos, (...)".

e) "(...) deixaria a Embrapa na situação de <u>ter que responder</u>, judicialmente, por prejuízos causados aos índios".

Resposta: B.

Comentário: o único caso em que há o aspecto imperfectivo por excelência é o da letra B, uma vez que a forma *vem alertando* indica o aspecto imperfectivo cursivo da ação executada.

11.8. CLASSIFICAÇÃO VERBAL COM BASE NA CONJUGAÇÃO

Dentre as várias possibilidades de classificar um verbo, há uma abordagem que leva em consideração a conjugação. Ela considera as alterações que o verbo pode sofrer e as diversas modalidades de conjugar ou não conjugar o verbo. Vejamos como ela ocorre:

1. **Verbo regular:** é o tipo de verbo que mantém sua raiz inalterada durante a conjugação. Um exemplo é o verbo *cantar*.

   Canto
   Cantas

Canta
Cantamos
Cantais
Cantam

A raiz CANT se mantém ao longo da conjugação dessa forma verbal. Você pode notar isso ao conjugar apenas o presente do indicativo.

2. **Verbo irregular:** é o tipo de verbo que possui uma pequena alteração em sua raiz durante a conjugação. Um exemplo é o verbo *dizer* (*medir, pedir, ouvir, trazer* etc.).

Digo (veja a alteração na raiz do verbo)
Dizes
Diz
Dizemos
Dizeis
Dizem

Ocorre uma mudança na raiz do verbo, mas não é tão drástica, e não aparece em todas as formas.

3. **Verbo anômalo:** é o tipo de verbo que apresenta grande alteração na raiz durante a conjugação. Um exemplo é o verbo *ser*. Outro exemplo é o do verbo *ir*, com intensa alteração durante a conjugação.

Sou
És
É
Somos
Sois
São

A anormalidade é proveniente da evolução das formas conjugacionais do latim, mas você não precisa se aprofundar nisso, pois não costuma ser tema de questão. Basta saber que se trata de um verbo anômalo.

4. **Verbo defectivo**: é o tipo de verbo que apresenta um "defeito" – não há algumas formas para a conjugação. Um exemplo é o verbo *falir*.

Eu -
Tu -
Ele -
Nós falimos
Vós falis
Eles -

Como há questões que tematizam esse assunto, vou inserir uma lista de verbos defectivos para você poder se antecipar nos estudos:

abolir	despavorir	haurir
aborrir	desprazer	impingir
acupremir	doer	inanir
adir	ebulir	jungir
aducir	embair	languir
adurir	emolir	later
aguerrir	empedernir	lenir
anadir	esbaforir	manutenir
anhadir	escucir-se	monir
aprazer	esculpir	moquir
asir	espargir	mosquir
aturdir	espavorir	pertransir
banir	estanguir	prazer
barrir	estresir	precaver
bramir	exaurir	precluir
brandir	excelir	premir
branquir	exinanir	puir
buir	exir	reaver
carpir	explodir	recolorir
colorir	extorquir	reflorir
combalir	falir	relinquir
comburir	feder	relir
comedir	florir	remir
concernir	fornir	renhir
condir	fremer	ressarcir
condoer	fremir	ressequir
delinquir	fretenir	retorquir
delir	fulgir	retransir
demolir	ganir	revelir
demulcir	garnir	ruir
desaborrir	garrir	soer
desaprazer	gornir	susquir
desasir	grassar	transir
desempedernir	gualdir	vagir
desgornir	guarnir	

5. **Abundante**: é o tipo de verbo que possui mais de uma forma para algumas situações. Há dois tipos:

a) **Abundância conjugacional**: mais de uma forma para conjugação. Um exemplo é o verbo *haver*.

Hei

Hás

Há

Havemos (hemos)

Haveis (heis)

Hão

b) **Abundância participial:** mais de uma forma para o particípio do verbo. Nesse caso, eu vou indicar uma regra para você empregar corretamente os diferentes particípios. Geralmente, você irá utilizar esses verbos em locuções ou tempos compostos, isto é, ao lado de outros verbos. A técnica é a seguinte:

– Se você empregar o verbo com os auxiliares *ter* ou *haver*, deverá usar a forma mais longa (regular), terminada em -ado ou -ido.

– Se você empregar o verbo com os verbos de ligação como auxiliares, deverá usar a forma mais curta (irregular), quando houver – é claro!

Dê uma olhada nos exemplos seguintes:

Ter/Haver	SECAPPFT
matado	morto
acendido	aceso
rasgado	roto
enxugado	enxuto
secado	seco
aceitado	aceito
entregado	entregue
ganhado	ganho
pagado	pago
pegado	pego
salvado	salvo
elegido	eleito
envolvido	envolto
morrido	morto
prendido	preso
revolvido	revolto

Ter/Haver	SECAPPFT
suspendido	suspenso
expelido	expulso
exprimido	expresso
extinguido	extinto
frigido	frito
imprimido	impresso
incluído	incluso
submergido	submerso
salvado	salvo
benzido	bento
omitido	omisso
limpado	limpo
isentado	isento
segurado	seguro
soltado	solto
inserido	inserto
findado	findo
emergido	emerso
concluído	concluso

Exemplos:

Ele **havia matado** o homem. (Use o particípio regular com os auxiliares *ter* e *haver*.)

O homem **estava morto**. (Use o particípio irregular com os auxiliares do SECAPPFT.)

Pode ser que algumas construções pareçam estranhas para você, mas aqui vale o ensinamento: em Língua Portuguesa, muito daquilo que achamos diferente é apenas falta de conhecimento das outras possibilidades. O que vale é acertar as questões!

11.9. CONJUGAÇÃO DOS VERBOS PARA EXEMPLO

A parte que segue agora é aquilo que costuma "encher" as gramáticas: infindáveis listas de conjugação verbal. Olha, eu vou fazer o possível para não juntar apenas mais peso de papel na sua casa. Colocarei aqui a conjugação de alguns verbos regulares mais comuns, a fim de que você possa ter contato com as desinências e – depois – colocarei os verbos mais cobrados em provas, nas questões sobre conjugação verbal.

Não desanime! Está valendo o seu futuro! Não podemos procrastinar! A caneta do destino está em suas mãos.

Verbo *amar*

Modo indicativo

Presente do indicativo	Pretérito perfeito do indicativo	Pretérito imperfeito do indicativo
eu amo	eu amei	eu amava
tu amas	tu amaste	tu amavas
ele ama	ele amou	ele amava
nós amamos	nós amamos	nós amávamos
vós amais	vós amastes	vós amáveis
eles amam	eles amaram	eles amavam
Pretérito mais-que--perfeito do indicativo	**Futuro do presente do indicativo**	**Futuro do pretérito do indicativo**
eu amara	eu amarei	eu amaria
tu amaras	tu amarás	tu amarias
ele amara	ele amará	ele amaria
nós amáramos	nós amaremos	nós amaríamos
vós amáreis	vós amareis	vós amaríeis
eles amaram	eles amarão	eles amariam

Modo subjuntivo

Presente do subjuntivo	Pretérito imperfeito do subjuntivo	Futuro do subjuntivo
que eu ame	se eu amasse	quando eu amar
que tu ames	se tu amasses	quando tu amares
que ele ame	se ele amasse	quando ele amar
que nós amemos	se nós amássemos	quando nós amarmos
que vós ameis	se vós amásseis	quando vós amardes
que eles amem	se eles amassem	quando eles amarem

Modo imperativo

Imperativo afirmativo	Imperativo negativo
--	--
ama tu	não ames tu
ame você	não ame você
amemos nós	não amemos nós
amai vós	não ameis vós
amem vocês	não amem vocês

Formas nominais:

Infinitivo: amar

Gerúndio: amando

Particípio: amado

Verbo *vender*

Modo indicativo

Presente do indicativo	Pretérito perfeito do indicativo	Pretérito imperfeito do indicativo
eu vendo	eu vendi	eu vendia
tu vendes	tu vendeste	tu vendias
ele vende	ele vendeu	ele vendia
nós vendemos	nós vendemos	nós vendíamos
vós vendeis	vós vendestes	vós vendíeis
eles vendem	eles venderam	eles vendiam
Pretérito mais-que-perfeito do indicativo	**Futuro do presente do indicativo**	**Futuro do pretérito do indicativo**
eu vendera	eu venderei	eu venderia
tu venderas	tu venderás	tu venderias
ele vendera	ele venderá	ele venderia
nós vendêramos	nós venderemos	nós venderíamos
vós vendêreis	vós vendereis	vós venderíeis
eles venderam	eles venderão	eles venderiam

Modo subjuntivo

Presente do subjuntivo	Pretérito imperfeito do subjuntivo	Futuro do subjuntivo
que eu venda	se eu vendesse	quando eu vender
que tu vendas	se tu vendesses	quando tu venderes
que ele venda	se ele vendesse	quando ele vender
que nós vendamos	se nós vendêssemos	quando nós vendermos
que vós vendais	se vós vendêsseis	quando vós venderdes
que eles vendam	se eles vendessem	quando eles venderem

Modo imperativo

Imperativo afirmativo	Imperativo negativo
--	--
vende tu	não vendas tu
venda você	não venda você
vendamos nós	não vendamos nós
vendei vós	não vendais vós
vendam vocês	não vendam vocês

Formas nominais:

Infinitivo: vender

Gerúndio: vendendo

Particípio: vendido

Verbo *partir*

Modo indicativo

Presente do indicativo	Pretérito perfeito do indicativo	Pretérito imperfeito do indicativo
eu parto	eu parti	eu partia
tu partes	tu partiste	tu partias
ele parte	ele partiu	ele partia
nós partimos	nós partimos	nós partíamos
vós partis	vós partistes	vós partíeis
eles partem	eles partiram	eles partiam
Pretérito mais-que--perfeito do indicativo	**Futuro do presente do indicativo**	**Futuro do pretérito do indicativo**
eu partira	eu partirei	eu partiria
tu partiras	tu partirás	tu partirias
ele partira	ele partirá	ele partiria
nós partíramos	nós partiremos	nós partiríamos
vós partíreis	vós partireis	vós partiríeis
eles partiram	eles partirão	eles partiriam

Modo subjuntivo

Presente do subjuntivo	Pretérito imperfeito do subjuntivo	Futuro do subjuntivo
que eu parta	se eu partisse	quando eu partir
que tu partas	se tu partisses	quando tu partires
que ele parta	se ele partisse	quando ele partir
que nós partamos	se nós partíssemos	quando nós partirmos
que vós partais	se vós partísseis	quando vós partirdes
que eles partam	se eles partissem	quando eles partirem

Modo imperativo

Imperativo afirmativo	Imperativo negativo
--	--
parte tu	não partas tu
parta você	não parta você
partamos nós	não partamos nós
parti vós	não partais vós
partam vocês	não partam vocês

Formas nominais:

Infinitivo: partir
Gerúndio: partindo
Particípio: partido

Verbo *haver*

Modo indicativo

Presente do indicativo	Pretérito perfeito do indicativo	Pretérito imperfeito do indicativo
eu hei	eu houve	eu havia
tu hás	tu houveste	tu havias
ele há	ele houve	ele havia
nós havemos	nós houvemos	nós havíamos
vós haveis	vós houvestes	vós havíeis
eles hão	eles houveram	eles haviam
Pretérito mais-que--perfeito do indicativo	**Futuro do presente do indicativo**	**Futuro do pretérito do indicativo**
eu houvera	eu haverei	eu haveria
tu houveras	tu haverás	tu haverias
ele houvera	ele haverá	ele haveria
nós houvéramos	nós haveremos	nós haveríamos
vós houvéreis	vós havereis	vós haveríeis
eles houveram	eles haverão	eles haveriam

Modo subjuntivo

Presente do subjuntivo	Pretérito imperfeito do subjuntivo	Futuro do subjuntivo
que eu haja	se eu houvesse	quando eu houver
que tu hajas	se tu houvesses	quando tu houveres
que ele haja	se ele houvesse	quando ele houver
que nós hajamos	se nós houvéssemos	quando nós houvermos
que vós hajais	se vós houvésseis	quando vós houverdes
que eles hajam	se eles houvessem	quando eles houverem

Modo imperativo

Imperativo afirmativo	Imperativo negativo
--	--
há tu	não hajas tu
haja você	não haja você
hajamos nós	não hajamos nós
havei vós	não hajais vós
hajam vocês	não hajam vocês

Formas nominais:

Infinitivo: haver
Gerúndio: havendo
Particípio: havido

11.10. CONJUGAÇÃO DE ALGUNS VERBOS IRREGULARES (ANÔMALOS OU DEFECTIVOS)

Ao passo que você estiver lendo as conjugações que se seguem, perceberá que alguns verbos seguem um padrão, determinado pelo verbo de que derivam. Quando for esse o caso, basta analisar o verbo de origem para a conjugação ficar mais fácil.

Verbo *falir*

- Presente do indicativo
  - nós falimos
  - vós falis

- Pretérito imperfeito do indicativo
  - eu falia
  - tu falias
  - ele falia
  - nós falíamos
  - vós falíeis
  - eles faliam

- Pretérito perfeito do indicativo
  - eu fali
  - tu faliste
  - ele faliu
  - nós falimos
  - vós falistes
  - eles faliram

- Pretérito mais-que-perfeito do indicativo
  - eu falira
  - tu faliras
  - ele falira
  - nós falíramos
  - vós falíreis
  - eles faliram

- Futuro do pretérito do indicativo
  - eu faliria
  - tu falirias
  - ele faliria

nós faliríamos

vós faliríeis

eles faliriam

- Futuro do presente do indicativo

  eu falirei

  tu falirás

  ele falirá

  nós faliremos

  vós falireis

  eles falirão

- Presente do subjuntivo

- Pretérito imperfeito do subjuntivo

  se eu falisse

  se tu falisses

  se ele falisse

  se nós falíssemos

  se vós falísseis

  se eles falissem

- Futuro do subjuntivo

  quando eu falir

  quando tu falires

  quando ele falir

  quando nós falirmos

  quando vós falirdes

  quando eles falirem

- Imperativo afirmativo

  fali vós

- Imperativo negativo

  Infinitivo: falir | **Particípio:** falido | **Gerúndio:** falindo

  Verbos com a conjugação semelhante à do verbo *falir*:

  ressarcir – manutenir – descolorir – aguerrir – combalir – buir – bramir – florir – adir – embair – dejungir – espavorir – branquir – lenir – ressequir – delir – desjungir – despavorir – transir – exinanir – fornir – guarnir – desparzir – emolir – desempedernir – reprurir – aborrir – renhir – repruir – desflorir-se.

Verbo *demolir*

- Presente do indicativo
  tu demoles
  ele demole
  nós demolimos
  vós demolis
  eles demolem

- Pretérito imperfeito do indicativo
  eu demolia
  tu demolias
  ele demolia
  nós demolíamos
  vós demolíeis
  eles demoliam

- Pretérito perfeito do indicativo
  eu demoli
  tu demoliste
  ele demoliu
  nós demolimos
  vós demolistes
  eles demoliram

- Pretérito mais-que-perfeito do indicativo
  eu demolira
  tu demoliras
  ele demolira
  nós demolíramos
  vós demolíreis
  eles demoliram

- Futuro do pretérito do indicativo
  eu demoliria
  tu demolirias
  ele demoliria
  nós demoliríamos
  vós demoliríeis
  eles demoliriam

- Futuro do presente do indicativo
    eu demolirei
    tu demolirás
    ele demolirá
    nós demoliremos
    vós demolireis
    eles demolirão

- Presente do subjuntivo

- Pretérito imperfeito do subjuntivo
    se eu demolisse
    se tu demolisses
    se ele demolisse
    se nós demolíssemos
    se vós demolísseis
    se eles demolissem

- Futuro do subjuntivo
    quando eu demolir
    quando tu demolires
    quando ele demolir
    quando nós demolirmos
    quando vós demolirdes
    quando eles demolirem

- Imperativo afirmativo
    demole tu
    demoli vós

- Imperativo negativo

Infinitivo: demolir | **Particípio:** demolido | **Gerúndio:** demolindo

Verbos com conjugação semelhante à do verbo *demolir*:

colorir – abolir – explodir – carpir – submergir – banir – emergir – jungir – extorquir – ungir – brandir – retorquir – imergir – fremir – exaurir – pungir – empedernir – fulgir – zurzir – esparzir – exceler – delinquir-se – vagir-se.

Verbo *pôr*

- Presente do indicativo
  eu ponho
  tu pões
  ele põe
  nós pomos
  vós pondes
  eles põem

- Pretérito imperfeito do indicativo
  eu punha
  tu punhas
  ele punha
  nós púnhamos
  vós púnheis
  eles punham

- Pretérito perfeito do indicativo
  eu pus
  tu puseste
  ele pôs
  nós pusemos
  vós pusestes
  eles puseram

- Pretérito mais-que-perfeito do indicativo
  eu pusera
  tu puseras
  ele pusera
  nós puséramos
  vós puséreis
  eles puseram

- Futuro do pretérito do indicativo
  eu poria
  tu porias
  ele poria
  nós poríamos
  vós poríeis
  eles poriam

- Futuro do presente do indicativo
  - eu porei
  - tu porás
  - ele porá
  - nós poremos
  - vós poreis
  - eles porão

- Presente do subjuntivo
  - que eu ponha
  - que tu ponhas
  - que ele ponha
  - que nós ponhamos
  - que vós ponhais
  - que eles ponham

- Pretérito imperfeito do subjuntivo
  - se eu pusesse
  - se tu pusesses
  - se ele pusesse
  - se nós puséssemos
  - se vós pusésseis
  - se eles pusessem

- Futuro do subjuntivo
  - quando eu puser
  - quando tu puseres
  - quando ele puser
  - quando nós pusermos
  - quando vós puserdes
  - quando eles puserem

- Imperativo afirmativo
  - põe tu
  - ponha ele
  - ponhamos nós
  - ponde vós
  - ponham eles

- Imperativo negativo

  não ponhas tu

  não ponha ele

  não ponhamos nós

  não ponhais vós

  não ponham eles

  Infinitivo: pôr | **Particípio:** posto | **Gerúndio:** pondo

  Verbos com conjugação semelhante à do verbo *pôr*:

  propor – compor – impor – supor – depor – opor – interpor – expor – repor – dispor – transpor – apor – predispor – contrapor – pressupor – sobrepor – antepor – pospor – recompor – indispor – decompor – superpor – descompor – prepor – soto-pôr – entrepor – contrapropor – justapor – subpor – repropor.

  Verbo *doar*

- Presente do indicativo

  eu doo

  tu doas

  ele doa

  nós doamos

  vós doais

  eles doam

- Pretérito imperfeito do indicativo

  eu doava

  tu doavas

  ele doava

  nós doávamos

  vós doáveis

  eles doavam

- Pretérito perfeito do indicativo

  eu doei

  tu doaste

  ele doou

  nós doamos

  vós doastes

  eles doaram

- Pretérito mais-que-perfeito do indicativo
  eu doara
  tu doaras
  ele doara
  nós doáramos
  vós doáreis
  eles doaram

- Futuro do pretérito do indicativo
  eu doaria
  tu doarias
  ele doaria
  nós doaríamos
  vós doaríeis
  eles doariam

- Futuro do presente do indicativo
  eu doarei
  tu doarás
  ele doará
  nós doaremos
  vós doareis
  eles doarão

- Presente do subjuntivo
  que eu doe
  que tu does
  que ele doe
  que nós doemos
  que vós doeis
  que eles doem

- Pretérito imperfeito do subjuntivo
  se eu doasse
  se tu doasses
  se ele doasse
  se nós doássemos
  se vós doásseis
  se eles doassem

- Futuro do subjuntivo
    quando eu doar
    quando tu doares
    quando ele doar
    quando nós doarmos
    quando vós doardes
    quando eles doarem

- Imperativo afirmativo
    doa tu
    doe ele
    doemos nós
    doai vós
    doem eles

- Imperativo negativo
    não does tu
    não doe ele
    não doemos nós
    não doeis vós
    não doem eles

Infinitivo: doar | **Particípio:** doado | **Gerúndio:** doando

Verbos com conjugação semelhante à do verbo *doar*:

perdoar – abençoar – aperfeiçoar – magoar – voar – coar – afeiçoar – enjoar – atraiçoar – acorçoar – desafeiçoar – soar – acoroçoar – coroar – acoraçoar – amaldiçoar – caçoar – desacorçoar – assoar – descorçoar – arrazoar – destoar – abendiçoar – abotoar – estraçoar – aquinhoar – maldiçoar – sobrevoar – baldoar – agrilhoar.

Verbo *mediar*

- Presente do indicativo
    eu medeio
    tu medeias
    ele medeia
    nós mediamos
    vós mediais
    eles medeiam

- Pretérito imperfeito do indicativo
  - eu mediava
  - tu mediavas
  - ele mediava
  - nós mediávamos
  - vós mediáveis
  - eles mediavam

- Pretérito perfeito do indicativo
  - eu mediei
  - tu mediaste
  - ele mediou
  - nós mediamos
  - vós mediastes
  - eles mediaram

- Pretérito mais-que-perfeito do indicativo
  - eu mediara
  - tu mediaras
  - ele mediara
  - nós mediáramos
  - vós mediáreis
  - eles mediaram

- Futuro do pretérito do indicativo
  - eu mediaria
  - tu mediarias
  - ele mediaria
  - nós mediaríamos
  - vós mediaríeis
  - eles mediariam

- Futuro do presente do indicativo
  - eu mediarei
  - tu mediarás
  - ele mediará
  - nós mediaremos
  - vós mediareis
  - eles mediarão

- Presente do subjuntivo

  que eu medeie
  que tu medeies
  que ele medeie
  que nós mediemos
  que vós medieis
  que eles medeiem

- Pretérito imperfeito do subjuntivo

  se eu mediasse
  se tu mediasses
  se ele mediasse
  se nós mediássemos
  se vós mediásseis
  se eles mediassem

- Futuro do subjuntivo

  quando eu mediar
  quando tu mediares
  quando ele mediar
  quando nós mediarmos
  quando vós mediardes
  quando eles mediarem

- Imperativo afirmativo

  medeia tu
  medeie ele
  mediemos nós
  mediai vós
  medeiem eles

- Imperativo negativo

  não medeies tu
  não medeie ele
  não mediemos nós
  não medieis vós
  não medeiem eles

Infinitivo: mediar | **Particípio:** mediado | **Gerúndio:** mediando

Verbos com conjugação semelhante à do verbo *mediar*:
ansiar – odiar – intermediar – incendiar – mediar – desremediar.

Para memorizar, você pode pensar na regra do MÁRIO, que reúne as iniciais dos principais verbos com esse paradigma de conjugação.

Mediar
Ansiar
Remediar
Incendiar
Odiar

Verbo *ver*

- Presente do indicativo
  eu vejo
  tu vês
  ele vê
  nós vemos
  vós vedes
  eles veem

- Pretérito imperfeito do indicativo
  eu via
  tu vias
  ele via
  nós víamos
  vós víeis
  eles viam

- Pretérito perfeito do indicativo
  eu vi
  tu viste
  ele viu
  nós vimos
  vós vistes
  eles viram

- Pretérito mais-que-perfeito do indicativo
  eu vira
  tu viras
  ele vira
  nós víramos

vós víreis

eles viram

- Futuro do pretérito do indicativo

eu veria

tu verias

ele veria

nós veríamos

vós veríeis

eles veriam

- Futuro do presente do indicativo

eu verei

tu verás

ele verá

nós veremos

vós vereis

eles verão

- Presente do subjuntivo

que eu veja

que tu vejas

que ele veja

que nós vejamos

que vós vejais

que eles vejam

- Pretérito imperfeito do subjuntivo

se eu visse

se tu visses

se ele visse

se nós víssemos

se vós vísseis

se eles vissem

- Futuro do subjuntivo

quando eu vir

quando tu vires

quando ele vir

quando nós virmos

quando vós virdes

quando eles virem

- Imperativo afirmativo

vê tu

veja ele

vejamos nós

vede vós

vejam eles

- Imperativo negativo

não vejas tu

não veja ele

não vejamos nós

não vejais vós

não vejam eles

Infinitivo: ver | **Particípio:** visto | **Gerúndio:** vendo

Verbos com conjugação semelhante à do verbo *ver*:

prever – rever – interver – antever – entrever – circunver – telever.

Verbo *vir*

- Presente do indicativo

eu venho

tu vens

ele vem

nós vimos

vós vindes

eles vêm

- Pretérito imperfeito do indicativo

eu vinha

tu vinhas

ele vinha

nós vínhamos

vós vínheis

eles vinham

- Pretérito perfeito do indicativo

  eu vim

  tu vieste

  ele veio

  nós viemos

  vós viestes

  eles vieram

- Pretérito mais-que-perfeito do indicativo

  eu viera

  tu vieras

  ele viera

  nós viéramos

  vós viéreis

  eles vieram

- Futuro do pretérito do indicativo

  eu viria

  tu virias

  ele viria

  nós viríamos

  vós viríeis

  eles viriam

- Futuro do presente do indicativo

  eu virei

  tu virás

  ele virá

  nós viremos

  vós vireis

  eles virão

- Presente do subjuntivo

  que eu venha

  que tu venhas

  que ele venha

  que nós venhamos

  que vós venhais

  que eles venham

- Pretérito imperfeito do subjuntivo

  se eu viesse

  se tu viesses

  se ele viesse

  se nós viéssemos

  se vós viésseis

  se eles viessem

- Futuro do subjuntivo

  quando eu vier

  quando tu vieres

  quando ele vier

  quando nós viermos

  quando vós vierdes

  quando eles vierem

- Imperativo afirmativo

  vem tu

  venha ele

  venhamos nós

  vinde vós

  venham eles

- Imperativo negativo

  não venhas tu

  não venha ele

  não venhamos nós

  não venhais vós

  não venham eles

  Infinitivo: vir | **Particípio:** vindo | **Gerúndio:** vindo

  Verbos com conjugação semelhante à do verbo *vir*:
  reconvir – revir – contravir – desconvir – devir – obvir – devenir.

  Verbo *aderir*

- Presente do indicativo

  eu adiro

  tu aderes

  ele adere

nós aderimos

vós aderis

eles aderem

- Pretérito imperfeito do indicativo

  eu aderia

  tu aderias

  ele aderia

  nós aderíamos

  vós aderíeis

  eles aderiam

- Pretérito perfeito do indicativo

  eu aderi

  tu aderiste

  ele aderiu

  nós aderimos

  vós aderistes

  eles aderiram

- Pretérito mais-que-perfeito do indicativo

  eu aderira

  tu aderiras

  ele aderira

  nós aderíramos

  vós aderíreis

  eles aderiram

- Futuro do pretérito do indicativo

  eu aderiria

  tu aderirias

  ele aderiria

  nós aderiríamos

  vós aderiríeis

  eles adeririam

- Futuro do presente do indicativo

  eu aderirei

  tu aderirás

  ele aderirá

  nós aderiremos

vós aderireis

eles aderirão

- Presente do subjuntivo

que eu adira

que tu adiras

que ele adira

que nós adiramos

que vós adirais

que eles adiram

- Pretérito imperfeito do subjuntivo

se eu aderisse

se tu aderisses

se ele aderisse

se nós aderíssemos

se vós aderísseis

se eles aderissem

- Futuro do subjuntivo

quando eu aderir

quando tu aderires

quando ele aderir

quando nós aderirmos

quando vós aderirdes

quando eles aderirem

- Imperativo afirmativo

adere tu

adira ele

adiramos nós

aderi vós

adiram eles

- Imperativo negativo

não adiras tu

não adira ele

não adiramos nós

não adirais vós

não adiram eles

Infinitivo: aderir | **Particípio:** aderido | **Gerúndio:** aderindo

Verbos com conjugação semelhante à do verbo *aderir*:

competir – preferir – sugerir – conferir – inserir – gerir – ferir – expelir – despir – interferir – auferir – transferir – repetir – referir – deferir – repelir – digerir – compelir – inferir – impelir – aferir – transgredir – preterir – proferir – enxerir – ingerir – desferir – disferir – propelir – asserir.

Verbo *comprazer*

- Presente do indicativo

  eu comprazo

  tu comprazes

  ele compraz

  nós comprazemos

  vós comprazeis

  eles comprazem

- Pretérito imperfeito do indicativo

  eu comprazia

  tu comprazias

  ele comprazia

  nós comprazíamos

  vós comprazíeis

  eles compraziam

- Pretérito perfeito do indicativo

  eu comprouve

  tu comprouveste

  ele comprouve

  nós comprouvemos

  vós comprouvestes

  eles comprouveram

- Pretérito mais-que-perfeito do indicativo

  eu comprouvera

  tu comprouveras

  ele comprouvera

  nós comprouvéramos

  vós comprouvéreis

  eles comprouveram

- Futuro do pretérito do indicativo
  - eu comprazeria
  - tu comprazerias
  - ele comprazeria
  - nós comprazeríamos
  - vós comprazeríeis
  - eles comprazeriam

- Futuro do presente do indicativo
  - eu comprazerei
  - tu comprazerás
  - ele comprazerá
  - nós comprazeremos
  - vós comprazereis
  - eles comprazerão

- Presente do subjuntivo
  - que eu compraza
  - que tu comprazas
  - que ele compraza
  - que nós comprazamos
  - que vós comprazais
  - que eles comprazam

- Pretérito imperfeito do subjuntivo
  - se eu comprouvesse
  - se tu comprouvesses
  - se ele comprouvesse
  - se nós comprouvéssemos
  - se vós comprouvésseis
  - se eles comprouvessem

- Futuro do subjuntivo
  - quando eu comprouver
  - quando tu comprouveres
  - quando ele comprouver
  - quando nós comprouvermos
  - quando vós comprouverdes
  - quando eles comprouverem

- Imperativo afirmativo
  compraze tu
  compraza ele
  comprazamos nós
  comprazei vós
  comprazam eles

- Imperativo negativo
  não comprazas tu
  não compraza ele
  não comprazamos nós
  não comprazais vós
  não comprazam eles

  Infinitivo: comprazer | **Particípio:** comprazido | **Gerúndio:** comprazendo

  Verbo *caber*

- Presente do indicativo
  eu caibo
  tu cabes
  ele cabe
  nós cabemos
  vós cabeis
  eles cabem

- Pretérito imperfeito do indicativo
  eu cabia
  tu cabias
  ele cabia
  nós cabíamos
  vós cabíeis
  eles cabiam

- Pretérito perfeito do indicativo
  eu coube
  tu coubeste
  ele coube
  nós coubemos
  vós coubestes
  eles couberam

- Pretérito mais-que-perfeito do indicativo

  eu coubera

  tu couberas

  ele coubera

  nós coubéramos

  vós coubéreis

  eles couberam

- Futuro do pretérito do indicativo

  eu caberia

  tu caberias

  ele caberia

  nós caberíamos

  vós caberíeis

  eles caberiam

- Futuro do presente do indicativo

  eu caberei

  tu caberás

  ele caberá

  nós caberemos

  vós cabereis

  eles caberão

- Presente do subjuntivo

  que eu caiba

  que tu caibas

  que ele caiba

  que nós caibamos

  que vós caibais

  que eles caibam

- Pretérito imperfeito do subjuntivo

  se eu coubesse

  se tu coubesses

  se ele coubesse

  se nós coubéssemos

  se vós coubésseis

  se eles coubessem

- Futuro do subjuntivo
    quando eu couber
    quando tu couberes
    quando ele couber
    quando nós coubermos
    quando vós couberdes
    quando eles couberem

- Imperativo afirmativo
    cabe tu
    caiba ele
    caibamos nós
    cabei vós
    caibam eles

- Imperativo negativo
    não caibas tu
    não caiba ele
    não caibamos nós
    não caibais vós
    não caibam eles

Infinitivo: caber | **Particípio:** cabido | **Gerúndio:** cabendo

Como eu já havia dito, a seção sobre conjugação verbal serve para você tirar suas dúvidas e para ter contato com os paradigmas conjugacionais (ou seja, modelos de conjugação). Não vai precisar esfregar os olhos nessas páginas, mas também não pode passar de largo.

COMO ISSO CAI NA PROVA?

➤ (2014 – FCC – TCE-RS – Auditor Público Externo) Todas as formas verbais estão corretamente flexionadas na frase:

a) Se nos dispormos a ler velhas cartas, surpreenderemo-nos com elas.

b) Não há nada que detenhe o ímpeto da curiosidade quando passamos a reler cartas antigas.

c) Quem dá com um velho maço de cartas já intue que ali haverá matéria de muito interesse.

d) Que mais quererá um leitor das velhas cartas senão que reconstituam um tempo já morto?

e) Não conteram o espanto quando deram com cartas que julgavam para sempre perdidas.

> **Resposta: d.**
>
> Comentário: em A, a conjugação correta é *dispusermos* (seguindo o paradigma de **pôr**); em B, a conjugação correta é *detenha* (seguindo o paradigma de **ter**); em C, a conjugação correta é *intui* (seguindo o paradigma de **influir**); em D, a forma verbal está empregada corretamente; em E, a conjugação correta é *contiveram* (seguindo o paradigma de **ter**).

11.11. APÊNDICE IMPORTANTE

Formas rizotônicas e arrizotônicas dos verbos

Já vi alunos ficarem desesperados quando a prova trouxe um questionamento a respeito dessas formas verbais. Não se trata de conteúdo difícil, mas o nome espanta os mais aflitos. Vou explicar de maneira simplificada para você entender:

- Uma forma rizotônica é aquela em que o acento tônico (a força da pronúncia) recai sobre a raiz do verbo.

    amo, **can**to, **par**to, **be**bo, **fa**lo, **di**go

- Uma forma arrizotônica é aquela em que o acento tônico (a força da pronúncia) não recai sobre a raiz do verbo.

    ama**rás**, canta**rí**eis, parti**rei**, bebe**rá**, fala**ria**

Usualmente, as formas de 1ª, 2ª e 3ª pessoa do singular e a de 3ª pessoa do plural do presente do indicativo e do presente do subjuntivo (além das correspondentes no imperativo) são rizotônicas. As demais formas são geralmente arrizotônicas.

COMO ISSO CAI NA PROVA?

➤ (2011 – TJ-SC – Técnico Judiciário - Auxiliar) Assinale a alternativa que **NÃO** contém uma forma verbal arrizotônica:

a) Começou.

b) Fazer.

c) Enfrentar.

d) Passa.

e) Cresceu.

Resposta: d.

Comentário: vou destacar a forma tônica de todos os verbos, para podermos analisar. Come**çou**, fa**zer**, enfren**tar**, **pas**sa, cres**ceu**. A única forma cujo acento tônico recai sobre a raiz da forma verbal é a do verbo *passar*, pois está no presente do indicativo (e corresponde à 3ª pessoa do singular).

11.12. TEMPOS COMPOSTOS

Vamos trocar uma ideia agora sobre um assunto muito interessante no tocante ao estudo das formas verbais: a formação dos tempos compostos. Não é o assunto mais incidente nas provas, mas aparece eventualmente em algumas questões.

Ao formar um tempo composto, empregamos os auxiliares *ter* ou *haver* ao lado dos verbos principais no **particípio**. Considere que – em todos os exemplos posteriores – é possível trocar o verbo *ter* pelo verbo *haver*.

Tempos compostos do INDICATIVO

1. **Pretérito perfeito composto:** é formado com o auxiliar conjugado no **presente do indicativo** somado ao verbo principal no **particípio**.

tenho amado	tenho vendido	tenho partido
tens amado	tens vendido	tens partido
tem amado	tem vendido	tem partido
temos amado	temos vendido	temos partido
tendes amado	tendes vendido	tendes partido
têm amado	têm vendido	têm partido

2. **Pretérito mais que perfeito composto:** é formado com o auxiliar conjugado no **pretérito imperfeito do indicativo** somado ao verbo principal no **particípio**.

tinha amado	tinha vendido	tinha partido
tinhas amado	tinhas vendido	tinhas partido
tinha amado	tinha vendido	tinha partido
tínhamos amado	tínhamos vendido	tínhamos partido
tínheis amado	tínheis vendido	tínheis partido
tinham amado	tinham vendido	tinham partido

3. **Futuro do presente composto:** formado com o verbo auxiliar conjugado no **futuro do presente do indicativo** somado ao verbo principal no **particípio**.

terei amado	terei vendido	terei partido
terás amado	terás vendido	terás partido
terá amado	terá vendido	terá partido
teremos amado	teremos vendido	teremos partido
tereis amado	tereis vendido	tereis partido
terão amado	terão vendido	terão partido

4. **Futuro do pretérito composto:** formado com o verbo auxiliar conjugado no **futuro do pretérito do indicativo** somado ao verbo principal no **particípio**.

teria amado	teria vendido	teria partido
terias amado	terias vendido	terias partido
teria amado	teria vendido	teria partido
teríamos amado	teríamos vendido	teríamos partido
teríeis amado	teríeis vendido	teríeis partido
teriam amado	teriam vendido	teriam partido

Tempos compostos do SUBJUNTIVO

1. **Pretérito perfeito composto:** formado com o verbo auxiliar conjugado no **presente do subjuntivo** somado ao verbo principal no **particípio**.

tenha amado	tenha vendido	tenha partido
tenhas amado	tenhas vendido	tenhas partido
tenha amado	tenha vendido	tenha partido
tenhamos amado	tenhamos vendido	tenhamos partido
tenhais amado	tenhais vendido	tenhais partido
tenham amado	tenham vendido	tenham partido

2. **Pretérito mais-que-perfeito composto:** formado com o verbo auxiliar conjugado no **pretérito imperfeito do subjuntivo** somado ao verbo principal no **particípio**.

tivesse amado	tivesse vendido	tivesse partido
tivesses amado	tivesses vendido	tivesses partido
tivesse amado	tivesse vendido	tivesse partido
tivéssemos amado	tivéssemos vendido	tivéssemos partido
tivésseis amado	tivésseis vendido	tivésseis partido
tivessem amado	tivessem vendido	tivessem partido

3. **Futuro composto do subjuntivo:** formado com o verbo auxiliar conjugado no **futuro do subjuntivo** somado ao verbo principal no **particípio**.

tiver amado	tiver vendido	tiver partido
tiveres amado	tiveres vendido	tiveres partido
tiver amado	tiver vendido	tiver partido
tivermos amado	tivermos vendido	tivermos partido
tiverdes amado	tiverdes vendido	tiverdes partido
tiverem amado	tiverem vendido	tiverem partido

É possível, ainda, construir as **formas nominais compostas** de infinitivo e de gerúndio. Acompanhe!

1. **Infinitivo impessoal composto (que corresponde a um pretérito pessoal):** formado com o verbo auxiliar empregado no **infinitivo impessoal** somado ao verbo principal no **particípio**.

ter amado	ter vendido	ter partido

2. **Infinitivo pessoal composto (que corresponde a um pretérito pessoal):** formado com o verbo auxiliar empregado no **infinitivo pessoal** somado ao verbo principal no **particípio**.

ter cantado	ter vendido	ter partido
teres cantado	teres vendido	teres partido
ter cantado	ter vendido	ter partido
termos cantado	termos vendido	termos partido
terdes cantado	terdes vendido	terdes partido
terem cantado	terem vendido	terem partido

3. **Gerúndio composto**: formado com o verbo auxiliar no **gerúndio** somado ao verbo principal no **particípio**.

tendo amado	tendo vendido	tendo partido

COMO ISSO CAI NA PROVA?

➢ (2015 – FUNCAB – CRC-RO – Contador) Em "ela jamais teria conhecido" a forma verbal está no:

a) pretérito imperfeito composto.

b) futuro do presente composto.

c) futuro do pretérito composto.
d) pretérito perfeito composto.
e) pretérito mais-que-perfeito.

> **Resposta: c.**
> Comentário: veja que a forma verbal está construída com o verbo auxiliar (*ter*) conjugado no futuro do pretérito somado ao verbo principal (*conhecer*) no particípio. Essa construção recebe o nome de futuro do pretérito composto.

Dica esperta: tome cuidado com as questões que exigem a distinção entre tempo composto e locução verbal. Os auxiliares dos tempos compostos são *ter* e *haver*, ao passo que os principais auxiliares das locuções verbais[6] são *ser* e *estar*.

11.13. CORRELAÇÃO DE TEMPOS E MODOS VERBAIS

Diferentemente do assunto anterior, este assunto DESPENCA nas provas! Ainda mais se você estiver prestando um concurso da banca da Fundação Carlos Chagas! Pensamos a correlação dos tempos e dos modos de maneira a evitar incoerência na estruturação das frases. Trata-se de uma avaliação da lógica relativa à execução das ações nos encadeamentos de frases.

Para economizar o seu tempo – você tem muita coisa para estudar –, vou deixar um esquema de como se articulam os tempos e modos verbais nas frases.

- Presente do indicativo + presente do subjuntivo:
    Necessito de que o aluno **traga** o exame.

- Pretérito perfeito do indicativo + pretérito imperfeito do subjuntivo:
    Pedi para que minha mãe **fizesse** um bolo.

- Presente do indicativo + pretérito perfeito composto do subjuntivo:
    Torço para que minha amiga **tenha realizado** aquela proeza.

---

[6] Não vá se esquecer dos verbos auxiliares acurativos e dos auxiliares modais, sobre os quais escrevi anteriormente.

- Pretérito perfeito do indicativo + pretérito mais-que-perfeito do indicativo:

    Passou no concurso de tanto que **estudara**.

- Pretérito imperfeito do indicativo + mais-que-perfeito composto do subjuntivo:

    Gostaria de que ele **tivesse falado** a verdade.

- Futuro do subjuntivo + futuro do presente do indicativo:

    Se não **houver** paralização, tudo **correrá** bem.

- Pretérito imperfeito do subjuntivo + futuro do pretérito do indicativo:

    Se você **lesse** o livro, certamente **saberia** as respostas.

- Pretérito mais-que-perfeito composto do subjuntivo + futuro do pretérito composto do indicativo:

    Se Alana **tivesse feito** sua inscrição, a banca **teria aceitado** o recurso.

- Futuro do subjuntivo + futuro do presente do indicativo:

    No dia em que ele **trouxer** o presente, eu **sossegarei**.

- Futuro do subjuntivo + futuro do presente composto do indicativo:

    Quando você **falar** a verdade, o mundo **terá** acabado.

11.14. EMPREGO DO INFINITIVO

De longe, um dos maiores debates que há em gramática é a respeito do emprego do infinitivo, se pessoal ou impessoal. Pense bem, se até os deuses da gramática vacilam nesse ponto, que pode um reles mortal curioso fazer a respeito?

Bem, para dirimir (diminuir) as dificuldades, eu vou apresentar algumas regras principais do emprego do infinitivo. Lembre-se de que essas práticas são mais de cunho estilístico do que de cunho normativo.

Empregaremos o infinitivo impessoal (sem flexionar):

1. Quando indicarmos uma expressão imperativa:

    Marchar! Avançar! Retroceder!

2. Quando o verbo tiver valor substantivo, sem um agente expresso (sem sujeito):

    "**Viver** é muito perigoso." (G. Rosa)

    O melhor remédio é **ignorar** os imbecis.

ATENÇÃO 1

Caso seja a intenção do falante, para demarcar o sujeito (ainda que oculto), será possível flexionar o infinitivo.

O melhor remédio é **ignorarmos** imbecis. (Intenção de demonstrar o sujeito oculto *nós*.)

3. Em uma locução verbal, quando houver clara demonstração do sujeito pela flexão do verbo auxiliar:

Queremos **agir** como pensamos **ser** correto. (Veja o verbo auxiliar conjugado.)

ATENÇÃO 2

Quando o verbo auxiliar for *parecer*, será possível flexionar qualquer dos verbos da locução – individualmente.

Os alunos **parecem** estudar gramática. (auxiliar flexionado)

Os alunos parece **estudarem** gramática. (infinitivo flexionado)

Empregaremos o infinitivo pessoal quando quisermos identificar o agente da ação do verbo em sua forma infinita.

Por **tu** não **falares**, perderás todas as tuas garantias.

Fizemos isso a fim de (nós) **resolvermos** os problemas.

Também se pode empregar o infinitivo pessoal para indicar indeterminação do sujeito.

Ouvi **falarem** muito mal de você.

Caso notável: o infinitivo poderá variar ou não, por causa da construção sonora da frase, caso venha antecedido pelas preposições *sem, de, a, para* ou *em*:

Vamos sair de casa, **sem** nos **importar/importarmos** com a volta.
Eles entravam na Igreja **sem crer/crerem** na religião.
As teorias de Christian Bonatto não careciam **de ser/serem** comprovadas.
Obrigá-los **a votar/votarem** para mim seria algo interessante.
Os loucos sempre aparecem **para justificar/justificarem** suas loucuras.

Lembre-se de que essas recomendações não espelham a concordância de todos os gramáticos. Por isso, sempre que uma questão apresenta análise do emprego do infinitivo pessoal ou impessoal, é muito mais por inocência do que por coragem.

11.15. EXERCÍCIOS

1. (2018 – IBFC – SEPLAG-SE – Especialista em Políticas Públicas e Gestão Governamental) Analise as afirmativas a seguir atribuindo-lhes valores Verdadeiro (V) ou Falso (F):

( ) Renderam-se às tropas aliadas as forças germânicas de terra, mar e ar. (O núcleo do sujeito é, "forças germânicas".)

( ) Pode haver grandes shows na virada cultural. (O verbo haver tem valor existencial.)

( ) Precisa-se de pedreiro. (A partícula SE atua como determinante do sujeito.)

( ) Foram incentivados a comemorar a queda do governo. (O infinitivo não é flexionado, principalmente, em locuções verbais e verbos preposicionados.)

Assinale a alternativa que, respectivamente, apresenta a sequência correta de cima para baixo.

a) V; V; F; V.
b) F; F; V; V.
c) V; F; V; F.
d) V; V; F; F.

2. (2017 – FCC – TST – Analista Judiciário) Considerada a norma-padrão, ambas as palavras destacadas estão corretamente empregadas na seguinte frase:

a) Mais chance de evitar reveses ele terá, quanto mais se dispor a detalhar as etapas de construção da obra.

b) Lembro bem do dia em que reavemos os valores que os estelionatários repuseram na conta da empresa.

c) Acabou freiando o carro de repente porque as moças que exibiam os abaixo-
-assinados atrapalharam a sua visão.

d) Se os indiciados entreverem a menor possibilidade de saírem ilesos, interporão os mais imaginativos recursos.

e) É justo que ele medeie a negociação, mas é bom que você o previna dos desafios que enfrentará.

3. (2016 – Legalle Concursos – Prefeitura de Portão-RS – Psicólogo – *Questão Adaptada*) Leia o fragmento a seguir para responder à questão.

Trata-se de uma pessoa tão especial, tão rara, tão fundamental que medirá os gestos e revisará os ímpetos. Faz questão de expor publicamente o que confia em segredo, não dá chance para mentiras e ambiguidades.

Em "medi_rá_", o fragmento em destaque se classifica como:

a) desinência número-pessoal.

b) desinência modo-temporal.

c) vogal temática.

d) tema.

e) radical.

4. (2015 – CPCON – Prefeitura de Catolé do Rocha-PB – Monitor) Acerca dos processos de estruturação do vocábulo "ESTUDÁVAMOS" assinale a alternativa correta.

a) O Tema é ESTUD.

b) Não há desinência número-pessoal.

c) Não há vogal temática explícita.

d) O radical deste enunciado é ESTUDA.

e) A sílaba VA corresponde à desinência modo-temporal.

5. (2018 – FGV – BANESTES – Técnico Bancário) "Não sei ver nada do que vejo; vejo bem apenas o que relembro e tenho inteligência apenas nas minhas lembranças". (Rousseau)

A relação ver/vejo só NÃO se repete de forma correta no seguinte par:

a) rir/rio.

b) trazer/trago.

c) requerer/requeiro.

d) deter/detenho.

e) reaver/reavejo.

11.16. GABARITO

1 – a

2 – e

3 – b

4 – e

5 – e

Vozes verbais

O conteúdo de vozes verbais é muitíssimo cobrado em provas de língua portuguesa, independentemente do tipo de avaliação que se propõe. A despeito disso, não se trata de um conteúdo muito complexo. A maior parte dos falantes consegue realizar transposição sem grandes problemas, quase intuitivamente. Eu vou explicar os procedimentos aqui para você entender como analisar o conceito de voz e a transposição de vozes.

A noção de voz do verbo está relacionada à atitude que o verbo exprime (pensando no papel de quem pratica ou de quem recebe a ação do verbo) quando empregado em uma sentença. É possível definir **quatro vozes** para os verbos na Língua Portuguesa, segundo a tradição gramatical. São elas:

- **Voz ativa:** que se caracteriza por possuir um sujeito agente, ou seja, que pratica uma ação.

    O garoto **escreveu** um poema. (O garoto pratica a ação.)

- **Voz passiva:** que se caracteriza por possuir um sujeito de natureza paciente, ou seja, que é alvo da ação do verbo.

    Um poema **foi escrito** pelo garoto. (O poema recebe a ação.)

- **Voz reflexiva:** que apresenta um sujeito agente e, ao mesmo tempo, paciente. Isso quer dizer que a noção do verbo é executada pelo sujeito e o próprio sujeito a recebe.

    A menina **penteava-se** em frente ao espelho. (A menina pratica e recebe a ação.)

- **Voz recíproca:** que diverge da anterior pelo simples fato de haver mais de um elemento envolvido na execução da ação e pelo fato de a ação expressa ser mútua.

    Meus irmãos **se abraçaram** com nostalgia. (Meus irmãos praticam a ação mutuamente.)

Vamos observar quais são os elementos mais importantes para analisarmos nessas construções.

12.1. VOZ ATIVA

Reconhecer um verbo na voz ativa não é algo difícil, basta identificar um sujeito que pratica a ação expressa pelo verbo.

Exemplos:

Meu amigo **aluga** casas. (O sujeito da oração pratica a ação de alugar sobre o termo afetado *casas*.)

Os alunos **farão** aquela prova. (Note o termo *os alunos* praticando a ação de fazer sobre o termo *aquela prova*.)

O autor **está escrevendo** um livro. (O autor pratica a ação de *estar escrevendo* sobre o termo *um livro*.)

Elymar **há de compor** uma bela canção. (Elymar pratica a ação de compor sobre o termo *uma bela canção*.)

O governador **declarou** que o estado **tomou** as providências cabíveis. (O governador pratica a ação de declarar sobre o afetado *que o estado tomou as providências cabíveis* e – na segunda oração – o estado pratica a ação sobre o afetado *providências cabíveis*.)

Determinaram prazos para a execução do projeto.

Invadiram a casa de meu amigo.

Veja só: nessas duas frases anteriores, o verbo está com o sujeito indeterminado[1] e, mesmo assim, pode ser indicado como voz ativa. O fato de não haver um sujeito expresso não significa que não haja um praticante da ação. É isso que devemos levar em conta para realizar a análise da voz do verbo.

Independentemente da posição dos elementos na frase, a voz continuará a mesma, a menos que seja transposta (convertida) para outra. Isso quer dizer que nas frases:

João perseguiu um cachorro.

Perseguiu um cachorro João.

Um cachorro João perseguiu.

João um cachorro perseguiu.

Temos voz ativa em todas, ainda que haja posições distintas nas sentenças. Perceba que o verbo se mantém na mesma estrutura de voz.

---

[1] Você terá as explicações precisas sobre tipos de sujeito no capítulo sobre sintaxe.

12.2. VOZ PASSIVA

A voz passiva focaliza o alvo da ação, ou seja, o paciente (ou afetado). Só é possível fazer a conversão de uma frase da voz ativa para a voz passiva se o verbo possuir um sujeito e se houver noção de prática de ação. Isso quer dizer que os **verbos impessoais** e verbos como *sofrer, merecer, receber* (entre outros ditos de voz neutra) não podem ser apassivados.

No tocante a esse efeito, é importante perceber que não haverá voz passiva para o verbo que indicar um fenômeno natural ou para o verbo *haver* (no sentido de *existir, ocorrer* ou *acontecer*), por exemplo.

Trato, neste capítulo, dos aspectos meramente estruturais que condicionam a compreensão das vozes em língua portuguesa. Há uma miríade de concepções acerca da natureza das vozes, mas não nos delongaremos nessas discussões, pois dificilmente serão parte componente das questões de prova.

É preciso prestar atenção, pois há dois tipos de voz passiva: **a analítica** (maior) e **a sintética** (menor). Vejamos.

1. <u>Analítica</u>: possui (usualmente) a seguinte estrutura – Sujeito Paciente + Locução Verbal + Agente da Passiva.

Exemplos:

Casas **são alugadas** por meu amigo.
Aquela **prova será** feita pelos alunos.
Um livro **está sendo escrito** pelo autor.
Uma bela canção **há de ser composta** por Elymar.
A caixa **será aberta** por mim.
A atriz **estava cercada** de pessoas.
A casa **havia de ser construída** pelos pedreiros.
Que as providências cabíveis **foram tomadas** pelo estado **foi declarado** pelo governador.

O último exemplo foi um pouco mais complexo, porque eu fiz a conversão de duas orações para a voz passiva. Isso é possível em nossa língua, mas você não há de encontrar esses exemplos em todas as gramáticas, pois ainda necessitamos de estudos mais aprofundados acerca do assunto.

Vamos falar sobre algumas considerações estruturais muito importantes no entendimento da voz passiva analítica:

1. O sujeito paciente sempre será representado pelo afetado que está na voz ativa.

2. O agente da passiva sempre será representado pelo sujeito agente da voz ativa.

3. A locução verbal de voz passiva será formada pela junção do verbo *ser* ou do verbo *estar* (auxiliares) com o verbo principal no particípio.
4. O verbo auxiliar deverá receber as informações do verbo principal da voz ativa, isto é, tempo, modo ou forma nominal.
5. O agente da passiva pode ser introduzido pelas preposições *por*, *per* ou *de* (em casos mais raros, *com*).
6. Só haverá junção da preposição com um artigo, na formação do agente da passiva, se houver o artigo antecedendo o sujeito agente na voz ativa.

Vamos ilustrar o procedimento de transposição para que seja possível compreender o fenômeno.

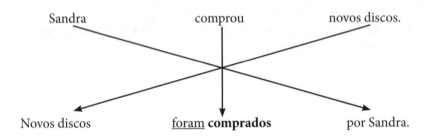

Nesse exemplo, é bom notar:

- O sujeito agente (*Sandra*) passando a ser o agente da passiva, introduzido pela preposição *por*.
- A forma verbal *comprou*, no pretérito perfeito, passando a *foram comprados*, em que o verbo *ser* passa a ser conjugado no pretérito perfeito e o verbo principal fica no particípio.
- O objeto direto (*novos discos*) passando a funcionar como sujeito paciente na oração.

Sempre é possível mapear esse processo em uma transposição de voz do verbo. As questões podem tematizar o processo inverso, também: da voz passiva analítica para a voz ativa. Nesse caso, o fundamental é recuperar a conjugação do verbo auxiliar. Ele será o parâmetro para voltar à voz ativa.

2. <u>Sintética</u>: possui (usualmente) a seguinte estrutura – Verbo + Pronome *se*+ Sujeito Paciente.

Exemplos:

> Alugam-**se** casas.
> Far-**se**-á aquela prova.
> Está-**se** escrevendo um livro.
> Observam-**se** bons resultados.
> Entrega-**se**-lhe a resposta.
> Tem-**se** feito a diferença no mundo.

Considerações importantes sobre a voz passiva sintética:

- O verbo da oração deve concordar com o sujeito paciente.

- O pronome *se* recebe o nome de **pronome apassivador** ou **partícula apassivadora**.

- Assim como na voz passiva analítica, na voz passiva sintética, você **não vai encontrar o objeto direto**. Isso se dá porque o objeto direto se converte em sujeito paciente.

- A conversão para a voz passiva analítica, mantendo o sentido original e a correção gramatical da sentença, deve ser feita a partir de uma oração que – na voz ativa – tiver um sujeito indeterminado, com o verbo na terceira pessoa do plural (sem referente expresso):

    Invadiram a casa do presidente. (Voz ativa com sujeito indeterminado.)

    Invadiu-se a casa do presidente. (Voz passiva sintética/a casa do presidente = sujeito paciente.)

    Descobriram a cura da doença. (Voz ativa com sujeito indeterminado.)

    Descobriu-se a cura da doença. (Voz passiva sintética/a cura da doença = sujeito paciente.)

- Há infinitas questões de prova que exigem a análise sobre a adequação de singular e plural (concordância) nos casos em que houver o verbo acompanhado do pronome apassivador. Então, tente notar que pode haver alteração nas relações sintáticas da frase. No exemplo a seguir:

    Invadiram **a casa do presidente**. (objeto direto)

    Invadiu-se **a casa do presidente**. (sujeito paciente)

O objeto direto se transformou no sujeito paciente. Essa é uma alteração de função sintática necessária na conversão de voz ativa para a voz passiva.

ATENÇÃO

A conversão da voz ativa para a voz passiva deve preservar os elementos essenciais (sujeito, verbo e complemento) a fim de manter o sentido original das sentenças. Entretanto, se o falante desejar apagar o agente da passiva, ficará evidente que se realizou uma manobra de ordem semântica para apagar o agente da passiva, ou seja, o agente da ação. Evidentemente, o sentido original será alterado, mas esse dispositivo é observado como um fato linguístico.

> Os policiais prenderam o perigoso bandido.

> O perigoso bandido foi preso **pelos policiais**. (agente da passiva presente)

> O perigoso bandido foi preso. (agente da passiva oculto)

Quando o indivíduo pratica essa manobra, é sua intenção apagar o agente da sentença. O valor disso discursivamente é diminuir a importância do praticante da ação. Caso se parta de uma sentença como essa, é possível chegar à sua forma sintética (ainda que não se tenha partido de um sujeito indeterminado da voz ativa). Isso ocorre porque ele é indeterminado discursivamente, não sintaticamente.

> Prendeu-se o perigoso bandido. (voz passiva sintética)

Nesse caso, a focalização está na ação, e não no paciente da ação (tampouco no agente, que está mais do que apagado).

Esse procedimento que eu acabei de explicar não costuma ser alvo de estudos dos gramáticos, uma vez que aparentemente há um desvio ao princípio da conversão da voz ativa para a voz passiva. Ainda que não haja estudos, a possibilidade existe.

12.3. VOZ REFLEXIVA

Na voz reflexiva, o **sujeito** e o **afetado** pela ação representam o mesmo referente. Veja:

> A criança rabiscou-se com a caneta.

> Joana penteava-se no quarto.

> Meus primos se jogaram no lago.

Note que – em cada frase – o pronome *se* representa a ação que persegue o sujeito praticante. Ou seja, é como se fosse um espelho: a ação vai e volta para quem a pratica. Classificamos o sujeito como agente e paciente da ação verbal.

Uma das maneiras mais práticas de perceber se o verbo foi empregado na voz reflexiva é empregar – no lugar do pronome *se* – a expressão *a si mesmo*.

A criança rabiscou *a si mesma* com a caneta.

Joana penteava *a si mesma* no quarto.

Meus primos jogaram *a si mesmos* no lago.

O pronome *se* assume, nos exemplos mencionados, a função sintática de objeto direto do verbo (ou complemento direto, o que significa a mesma coisa).

12.4. VOZ RECÍPROCA

A voz recíproca é semelhante à reflexiva, com a distinção de que aquela (a recíproca) exige a identificação de mais de um elemento no sujeito e a ação deve exprimir uma ação mútua. Dito de maneira mais simples: os agentes devem praticar a ação uns sobre os outros. Vejamos:

Os concorrentes **se** cumprimentaram durante o evento.

Pedro e Paulo **se** esbofetearam na saída da aula.

A noção de que os sujeitos agem mutuamente é fundamental para construir a ideia de voz recíproca nessas sentenças. Há mais de um elemento envolvido na ação, e esses elementos praticam a ação um sobre o outro. Em *os concorrentes*, pressupõe-se a presença de mais de um concorrente; em *Pedro e Paulo*, fica evidente a presença de dois agentes.

Para descobrir se a palavra *se* foi empregada como um pronome recíproco, basta substituí-la pela expressão *um ao outro* ou *uns aos outros*.

Os concorrentes cumprimentaram **uns aos outros** durante o evento.

Pedro e Paulo esbofetearam **um ao outro** na saída da aula.

COMO ISSO CAI NA PROVA 1?

➤ (2018 – FCC – DPE-AM – Análise de Sistemas) *E então, de súbito, ouvimos a voz de Wagner*

Transformando-se o segmento sublinhado acima em sujeito da frase, a forma verbal resultante será:

a) é ouvido.

b) se ouvem.

c) é ouvida.

d) fomos ouvidos.

e) foram ouvidas.

Resposta: c.

Comentário: para que o termo *a voz de Wagner* seja o sujeito da sentença, é necessário converter a frase para a voz passiva. Nesse caso, a única opção disponível é a analítica, uma vez que a questão apresenta formas verbais em locução. Para fazer a conversão, basta iniciar a sentença com *A voz de Wagner*, inserir o verbo ser (no presente do indicativo, porque a voz ativa está nesse tempo e nesse modo) e passar o verbo *ouvir* para o particípio. O resultado é **a voz de Wagner é ouvida**.

COMO ISSO CAI NA PROVA 2?

➤ (2013 – CESPE – MPU – Técnico Administrativo)

O Conselho Nacional de Justiça (CNJ) é o melhor exemplo de que a reforma do Poder Judiciário não está estagnada. Dez anos atrás, época em que ainda se discutia a
4 criação do conselho, ao qual cabia o epíteto "órgão de controle externo do Judiciário", a existência de um órgão nesses moldes, para controlar a atuação do Poder Judiciário, gerava
7 polêmica.
Atualmente, o CNJ não só se tornou realidade, como ainda é citado em outro contexto. O órgão goza hoje de alto
10 conceito como ferramenta de planejamento. É verdade que subsistem controvérsias acerca dos limites de sua atuação, mas elas permanecem em segundo plano diante de medidas
13 moralizadoras por ele determinadas, como o combate ao nepotismo e aos supersalários, além da aplicação de penalidades aos magistrados.
16 Antes, os quase cem tribunais do país funcionavam sem nenhuma coordenação, e pouco – às vezes, nada – se sabia sobre eles. Não havia certeza sequer a respeito do total de

19 processos, juízes e recursos. A partir da elaboração de
    relatórios como o Justiça em Números, o CNJ pôde, por
    exemplo, criar metas para desatar os nós da justiça brasileira.
22 Uma delas, de 2009, previa o julgamento de todos os processos
    distribuídos antes de 2006. Identificaram-se quase 4,5 milhões
    de casos; 90% deles já foram julgados.

Folha de S.Paulo, Editorial, 7/4/2013 (com adaptações).

Prejudica-se a correção gramatical do texto ao se substituir "Identificaram-se" (l.23) por **Foram identificados**.

( ) Certo   ( ) Errado

Resposta: errado.

Comentário: Veja que, além de perceber a noção de voz passiva na sentença, a banca também joga com as noções relacionadas ao emprego da concordância. Como se trata de uma transposição de voz passiva sintética para uma voz passiva analítica, é necessário manter a flexão do verbo no plural.

Agora, é hora de rachar de fazer exercícios!

12.5. EXERCÍCIOS

1. (2017 – FCC – TST – Analista Judiciário – Contabilidade) Respeitam-se as normas de concordância nessa adequada transposição de uma forma verbal ativa para uma forma verbal passiva:

   a) Da visão de um objeto participam perspectivas = As perspectivas têm participação na visão de um objeto.

   b) O livro teria traduções em várias línguas = Em várias línguas haveriam traduções do livro.

   c) É bom prestigiar encenações teatrais = É bom que se prestigiem encenações teatrais.

   d) Sua visão não corresponde aos fatos = Os fatos não são correspondidos em sua visão.

   e) Muitas verdades expressa uma máscara = Expressa-se numa máscara muitas verdades.

2. (2017 – Prime Concursos – Prefeitura de Santo Expedito-SP – Motorista) Assinale a alternativa em que o verbo está na voz passiva

a) João lavou o carro.

b) O carro foi lavado por João.

c) Lucas resolveu a prova.

d) Lucas cortou-se.

3. (2017 – FCC – TST – Analista Judiciário) Há ocorrência de voz passiva e adequada articulação entre tempos e modos verbais na frase:

a) Por mais que nos esforçássemos, não haveremos de conseguir captar o sentido de todas essas mensagens.

b) Se fôssemos analisar a fundo todas essas mensagens, certamente muitas delas não contarão com nosso beneplácito.

c) Se eles se dispuserem a analisar todas as mensagens que chegam, não haveriam de se submeter a elas com tanta facilidade.

d) Num universo em que tantos signos nos atropelem, impunha-se que os selecionemos por rigorosos critérios.

e) Ainda que venhamos a nos esforçar, o sentido de todas essas mensagens não poderá ser captado por nós.

4. (2017 – NC-UFPR – Itaipu Binacional – Administração) Assinale a alternativa em que os verbos estão corretamente flexionados.

a) Se for possível usar anticorpos que reconheceriam a proteína beta-amiloide, essa estratégia iria não só melhorar os sintomas como preveniria a progressão da doença.

b) Se fosse possível usar anticorpos que reconhecem a proteína beta-amiloide, essa estratégia irá não só melhorar os sintomas como prevenir a progressão da doença.

c) Se for possível usar anticorpos que reconhecessem a proteína beta-amiloide, essa estratégia ia não só melhorar os sintomas como preveniria a progressão da doença.

d) Se fosse possível usar anticorpos que reconhecessem a proteína beta-amiloide, essa estratégia iria não só melhorar os sintomas como prevenir a progressão da doença.

e) Se for possível usar anticorpos que reconhecerão a proteína beta-amiloide, essa estratégia irá não só melhorar os sintomas como prevenirá a progressão da doença.

5. (2017 – CETREDE – Prefeitura de Aquiraz-CE – Guarda Nacional) Quanto às vozes verbais, marque a opção CORRETA.

a) A mulher matou-se. Voz passiva analítica.

b) Tranquei todos no quarto. Voz ativa.

c) O carro foi freado bruscamente. Voz passiva sintética.

d) Sou barbeado diariamente. Voz reflexiva.

e) O material será posto no lugar. Voz passiva sintética.

12.6. GABARITO

1 – c

2 – b

3 – c

4 – d

5 – b

13 — Sintaxe do período simples

http://uqr.to/d6yf

Como vai, guerreiro(a)? Tudo bem? Está bem vivo até aqui? Vamos começar agora uma jornada pelo mundo das funções sintáticas. Essa parte da Língua Portuguesa é fundamental para compreender conteúdos como **concordância, colocação pronominal** e **pontuação**.

A única dificuldade que você terá será a de parar de ler o livro, porque Sintaxe é o melhor de todos os conteúdos de Língua Portuguesa! Quem domina Sintaxe domina o mundo! É preciso que você estabeleça metas para trabalhar com esse conteúdo: aprendendo uma função de cada vez! Sem neuras, você conseguirá resolver quaisquer questões a respeito desse assunto. Vamos ao trabalho!

Sugestão: eu sugiro que você trabalhe primeiramente com a sintaxe do período simples, buscando entender os assuntos mais básicos, como sujeito, objeto direto e objeto indireto. Somente depois disso, pense em caminhar para conteúdos que exijam mais de você, como orações subordinadas e orações reduzidas.

13.1. SINTAXE

Sintaxe é a parte da Gramática normativa que estuda a **função** que os termos estabelecem entre si quando em um período. É muito importante não confundir com a Morfologia, que tem a ver com a classificação das palavras. Por exemplo, na frase:

> Eu li a redação. (A palavra *Eu* é um pronome (morfologicamente falando) que funciona, na oração em que aparece, como o **sujeito** (sintaticamente falando) do verbo *ler*).

Por que rola uma confusão?

Porque as bancas costumam cobrar os aspectos "morfossintáticos", ou seja, querem que você saiba o que aquela classe de palavra está fazendo (desempenhando como função sintática) em determinada sentença.

Para não errar, lembre-se sempre de que a análise sintática tem a ver com a estrutura funcional do período. Isso quer dizer você deve primeiro reconhecer a classe e depois analisar toda a oração.

Para saber mais propriamente o que isso significa, convém fazer uma distinção entre frase, oração e período:

1. **Frase:** qualquer sentença que seja dotada de sentido. Basta ter emtido para ser uma frase:

   Fogo!

   Bom dia!

   Eu gosto de Língua Portuguesa!

   Os guerreiros hão de avançar sobre os inimigos amanhã!

2. **Oração:** frase que se organiza em torno de uma forma verbal. Sem verbo, é impossível fazer análise sintática. Disso, nós aprendemos que toda oração é uma frase, mas nem toda frase é uma oração. Frase nominal é o nome daquela que não tem verbo; oração é o nome daquela que se organiza em torno da forma verbal:

   Estudaremos gramática na próxima semana.

   Aquela garota **está mentindo** para você.

   Saberemos a verdade em poucos minutos.

3. **Período:** trata-se do conjunto de orações e pode se dividir em:

   a. <u>Simples</u>: apenas uma oração (oração absoluta):

   Houve uma discussão sobre a proposta.

   Sidney **encontrou** as respostas mais importantes.

   b. <u>Composto</u>: mais de uma oração. Há estratégias de composição que teremos que estudar:

   Pedro **disse** que **houve** uma discussão sobre a proposta.

   Cecília **comprou** uma bolsa nova, mas não a **usou**.

   c. <u>Misto</u>: mais de um processo de composição de período. No período misto, encontraremos coordenação e subordinação ao mesmo tempo:

   Pedro **disse** que **houve** uma discussão sobre a proposta e que não mais **falaria** sobre o assunto.

   O ministro da Educação **informou** que – depois que **houvesse** consenso sobre a proposta – **assinaria** o acordo e que **facilitaria** o combate à corrupção.

A fim de facilitar o estudo da Sintaxe, é interessante começar com uma divisão do **período simples**, ou seja, estudar quais são os termos da oração. Isso servirá para você saber quais nomes poderá encontrar quando estiver realizando uma análise sintática de uma oração absoluta (período simples).

Vejamos:

Termos essenciais	Termos integrantes	Termos acessórios
Sujeito	**Complementos verbais**	Adjunto adnominal
Predicado	**Complemento nominal**	**Adjunto adverbial**
	Agente da passiva	**Aposto**
	Predicativo do sujeito	**Vocativo**
		Predicativo do objeto

Sem medo de errar, as funções mais importantes para que você se dê bem nas provas de língua portuguesa são essas que marquei em negrito no texto. Isso não quer dizer que você possa ficar sem estudar as demais. Tome vergonha!

Agora, estudaremos termo por termo, para simplificar a nomenclatura e fazer o conteúdo ficar mais fácil!

13.2. SUJEITO

Sujeito é o termo sobre o qual se declara ou se constata algo. Vamos tirar um conceito que **não funciona** aí na sua cabeça: sujeito não precisa ser um cara; não precisa começar a sentença e usualmente **não começa com preposição**! Eu sei muito bem que, para os gramáticos, há muitas lacunas no conceito de sujeito. Mas isso não será parte de nossa preocupação.

Saiba que o importante é tentar classificar o sujeito dentro de uma sentença. Você pode nem o encontrar, mas é fundamental operar a sua classificação. Eu vou mostrar como podemos classificar os tipos de sujeito! Simbora!

Tipos de sujeito

1. **Simples:** é o sujeito que possui apenas um núcleo. Beleza, professor! Mas o que vem a ser núcleo do sujeito? A resposta está lá na morfologia. Podem ser núcleos do sujeito os seguintes termos:

   a. **Substantivo**: Chegaram os **governantes** para a reunião. (O substantivo *governantes* é o núcleo do sujeito do verbo *chegar*.)

   b. **Pronome**: O conceito **que** caiu na prova era refinado. (O pronome relativo *que* é núcleo do sujeito do verbo *cair*.)

   c. **Expressão substantivada**[1]: **O falar demais** denuncia a ignorância. (A expressão *o falar demais* – que equivale a um substantivo – é núcleo do sujeito do verbo *denunciar*.)

---

[1] Já estudamos isso no capítulo sobre artigos. Se estiver com dúvidas, volte lá para conferir.

Muita gente tenta facilitar o processo, perguntando paro o verbo: "Quem?"

Funciona sempre, professor?

Nada funciona para sempre, meu amigo! É claro que – se você estiver em apuros conceituais e não conseguir classificar o sujeito – pode emtar fazer essa pergunta ao verbo, a fim de tentar encontrar o referente. Isso ficará fácil de fazer em uma frase como:

Grande parte das pessoas esteve no evento durante a tarde!

Se questionarmos: **quem** esteve no evento durante a tarde? A resposta será **grande parte das pessoas**. Isso quer dizer que encontramos o sujeito da sentença. Como eu falei anteriormente, essa estratégia é boa, mas não funcionará sempre!

2. **Composto:** é o sujeito que possui mais de um núcleo. Isso quer dizer possui mais de um dos termos mencionados anteriormente (substantivo, pronome ou expressão substantivada).

   Quincas e **Brás Cubas** são personagens de Machado.
   Eu e **você** devemos falar sobre o assunto.
   O falar de Mariana e **o reclamar de Juarez** são coisas terríveis.

3. **Oculto, desinencial ou elíptico:** é o tipo de sujeito cujo núcleo não aparece expresso antes do verbo, portanto passa a ser retomado pela desinência que o verbo apresenta. É preciso ressaltar, no emtanto, que deve ser possível resgatar o referente para o sujeito do verbo:

   Aquele candidato estudou para o concurso e **gabaritou** a prova. (O sujeito do verbo *gabaritar* é oculto, mas seu referente é o termo *aquele candidato*.)
   Fiz o trabalho sem dificuldades. (O sujeito do verbo *fazer* é oculto, mas seu referente é o pronome *eu*.)
   Entrei, saí, falei, reclamei, briguei, voltei, desisti. (Em todas as formas, há um sujeito oculto *eu*, recuperado pela marca de conjugação do verbo.)

Na primeira frase, há dois sujeitos: um deles é simples (*aquele candidato*); o outro é oculto, mas retoma o referente anterior. Parece confuso, mas não é! Pense comigo: você vai tentar classificar um tipo de sujeito para cada verbo (oração) que você encontrar na frase. Podemos encontrar uns 50 sujeitos ocultos em uma frase, contanto que os verbos apareçam permitindo a identificação do referente.

4. **Indeterminado:** é o tipo de sujeito cujo núcleo não se consegue determinar, porque não está saliente (evidente) no texto. Existem alguns casos para estudarmos:

a) **Verbo na 3ª pessoa do plural sem um referente expresso:**

Propagaram mentiras a respeito de sua posição política.

Quebraram o vidro da janela.

Entraram sem ninguém perceber.

Usamos essa estratégia para não indicar quem propagou, quem quebrou, quem entrou, pois a intenção é ocultar o agente da ação, mesmo que alguém a tenha praticado.

Coloquialmente, os falantes fazem uso de uma estratégia semelhante, porém deixam o verbo no singular. Ainda não se pode considerar uma fórmula de sujeito indeterminado, mas a intenção é essa.

Diz que você pode fazer o serviço.

Esse é um exemplo que ilustra essa "estratégia" coloquial. Normativamente falando, deveria ser empregado o verbo no plural. Por isso, pense da seguinte maneira: isso é próprio da fala, não da escrita.

b) **Verbo transitivo indireto, verbo de ligação ou verbo intransitivo + palavra SE.** Note-se que, nesse caso, a palavra *se* será classificada como um ÍNDICE DE INDETERMINAÇÃO DO SUJEITO[2]. Além disso, o verbo deverá ficar no singular:

Necessita-se de novos concursos.

Trata-se de conceitos importantes para a ciência.

Nem sempre se **parece** feliz.

É-se contente com amigos.

Chegou-se a bons resultados com o trabalho.

Vive-se confortavelmente no interior.

Há duas observações importantes com relação ao sujeito indeterminado formado nesse segundo caso: a primeira é que **o verbo deve ser empregado no singular SEMPRE!** A segunda é que existe um sujeito para todos esses verbos, ele apenas não está

---

[2] Isso quer dizer: pista de que o sujeito está indeterminado.

determinado na frase. Não confunda sujeito indeterminado com sujeito inexistente. Também é importante ressaltar que em uma frase como "Alguém entrou nesta sala", o sujeito do verbo *emtrar* é simples, representado pelo pronome indefinido *alguém*. O pronome é indefinido, o sujeito é simples!

5. **Inexistente:** ocorre nas situações em que o verbo puder ser classificado como verbo impessoal[3]. Vejamos alguns casos principais:

a) **Verbos que denotam (significam literalmente) fenômeno natural:**

Nevava naquela manhã de domingo.
Venta muito na cidade de Cascavel.
Chovia intensamente durante a noite.

Por outro lado, se o verbo for empregado em sentido conotativo, será possível encontrar um sujeito para o verbo.

O professor <u>choveu</u> críticas ao diretor da escola. (O professor = sujeito.)

b) **Verbo *haver* (no sentido de existir, ocorrer ou acontecer):**

Havia problemas com as máquinas.
Deverá haver alunos aprovados no concurso.
Haveria situações complexas na universidade.

Observação: há dois itens bem importantes nessa parte da regra: o primeiro é que o verbo deve ficar no singular; o segundo é que (se a banca trocar o verbo *haver* por qualquer um daqueles três listados anteriormente, o verbo deverá concordar com o sujeito). Veja o exemplo:

Deverão existir alunos aprovados no concurso.

c) **Verbo** haver, fazer **ou** ir **(no sentido de tempo transcorrido):** o verbo também deve permanecer no singular:

Há meses, não paro de estudar.
Há dois séculos, o país foi descoberto.
Faz anos que leciono essa matéria.
Faz cinco dias que não falo com ela.
Vai semanas que parti de casa.

Não há sujeito em qualquer dessas frases.

---

[3] Impessoal = não necessita de um sujeito.

d) **Verbo** chegar **ou** bastar **(no sentido de cessamento):**

Chega dessas mentiras!
Basta de enganação!

e) **Verbo** ser **(no sentido de tempo ou distância):** note-se que, nesse caso, o verbo concorda com o predicativo:

Daqui até ali **são** 300 metros. (O verbo concorda com a palavra *metros*, que é núcleo do predicativo, apesar de não haver sujeito na oração.)
Da minha cidade até aqui **são** dois dias de viagem.

6. **Oracional:** trata-se do sujeito formado por uma Oração (frase com um verbo). O outro nome pode ser Oração Subordinada Substantiva Subjetiva:

É preciso **que o homem entenda sua condição**. (Nessa frase, a oração introduzida pela conjunção integrante introduz o sujeito do verbo *ser*.)
Convém aos homens **que a vida seja fácil**.
A atividade ficar pronta muda todo o cenário atual.

O sujeito oracional será mais especificamente tratado na seção sobre sintaxe do período composto. Apesar disso, é fundamental explicar que se trata de uma oração inteira que funciona como sujeito de outra oração.

13.3. PREDICADO

De maneira simples, o predicado é aquilo que se declara ou que se constata a respeito do sujeito. A depender da natureza do predicado, podemos _lassifica-lo de três maneiras:

a) **Verbal:** formado essencialmente por um **verbo nocional**.
b) **Nominal:** formado por um **verbo relacional** e um **predicativo do sujeito**.
c) **Verbo-nominal:** formado por um **verbo nocional** e por um **predicativo** (do sujeito ou o objeto).

Vejamos os exemplos:

O governador **leu o contrato da licitação**. (predicado verbal)

Aquele regime **parece abalado**. (predicado nominal)

Meus alunos **chegaram animados**. (predicado verbo-nominal)

Achei o comentário inteligente. (predicado verbo-nominal)

Resumão Show!

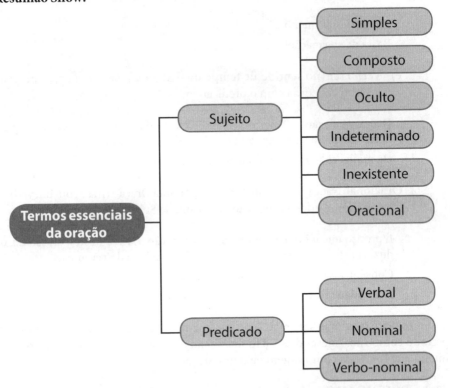

Esses são os termos essenciais da oração, ou seja, é o que você deve analisar primeiro antes de prosseguir e buscar os demais elementos. Definiremos aqui que o primeiro passo que deve ser dado – na hora de realizar a análise sintática – é separar o sujeito do predicado. Isso facilitará a análise dos demais elementos.

Dos dois elementos estudados, o mais cobrado em provas é o sujeito. Sugiro que você os estude e que você consiga classificá-lo nas orações.

 COMO ISSO CAI NA PROVA?

➤ (2014 – CESPE – TJ-SE) Em vinte e poucos anos, a Internet
  deixou de ser um ambiente virtual restrito e transformou-se em
  fenômeno mundial. Atualmente, há tantos computadores e dispositivos
4 conectados à Internet que os mais de quatro bilhões de
  endereços disponíveis estão praticamente esgotados. Por essa
  razão, a rede mundial concentra as atenções não só das pessoas

7   e de governos, mas também movimenta um enorme contingente
de empresas de infraestrutura de telecomunicações e de
empresas de conteúdo. Pela Internet são compradas passagens
10   aéreas, entradas de cinema e pizzas; acompanham-se as notícias
do dia, as ações do governo, os gols e os capítulos das novelas;
e são postadas as fotos da última viagem, além de serem
13   comentados os últimos acontecimentos do grupo de amigos.
No entanto, junto com esse crescimento do mundo
virtual, aumentaram também o cometimento de crimes e outros
16   desconfortos que levaram à criação de leis que criminalizam
determinadas práticas no uso da Internet, tais como invasão a
sítios e roubo de senhas.
19   Devido ao aumento dos problemas motivados pela
digitalização das relações pessoais, comerciais e
governamentais, surgiu a necessidade de se regulamentar o uso
22   da Internet.

Internet: <www.camara.leg.br> (com adaptações).

No último período do primeiro parágrafo do texto, construído de acordo com o princípio do paralelismo sintático, o sujeito das orações classifica-se como indeterminado.

(   ) Certo   (   ) Errado

Resposta: errado.

Comentário: Há um detalhe que fornece a resposta para essa questão de forma mais objetiva: os verbos estão empregados na voz passiva. Isso permite entender que os sujeitos não estão indeterminados; trata-se de sujeitos expressos na própria sentença.

➤ (2014 – CESPE – Câmara dos Deputados – Técnico Legislativo)

No momento em que se completa o cinquentenário do
golpe de 1964, as condições são propícias para análises menos
afetadas pelo calor dos acontecimentos. A distância no tempo
4   favorece um olhar mais analítico e menos passional, ainda que
interessado politicamente e compromissado com o repúdio à
violência e ao autoritarismo.
7   (...) É importante pesquisar a ditadura, assim como
divulgar o conhecimento produzido e enfrentar as polêmicas
10   que ele inexoravelmente provoca. Além de disputas inerentes
à lógica do conhecimento por si, está em jogo a formação

política dos cidadãos brasileiros. Tal aspecto da questão é, em

13 particular, significativo entre nós porque, no Brasil, é muito
numeroso o grupo de pessoas que desconhece o passado
recente.

16 Ao contrário do que muitos têm apregoado, o melhor
não é "virar a página" no que se refere ao período da ditadura.
Escolha mais adequada é empreender uma apropriação crítica

19 desse passado político recente, tanto para consolidar nossa
frágil cidadania quanto para entender a realidade em que
vivemos. Para tanto, é fundamental estudar a ditadura, a fim de

22 compreender a atualidade do seu legado e, assim, criar
condições de superá-lo.

Rodrigo Patto Sá Motta, Daniel Aarão Reis e Marcelo Ridenti. **A ditadura que mudou o Brasil**: 50 anos do Golpe de 1964. Rio de Janeiro: Zahar, 2014 (com adaptações)

Na linha 7, o verbo **ser** está conjugado na terceira pessoa do singular – "É" – por compor oração sem sujeito.

(   ) Certo   (   ) Errado

Resposta: errado.

Comentário: na frase é *importante pesquisar a ditadura*, vemos o verbo de ligação (*ser*) e o predicativo do sujeito (*importante*). Além disso, nota-se que há um verbo empregado no infinitivo (*pesquisar*), o qual funciona como elemento que introduz um sujeito oracional (*pesquisar a ditadura*). Por isso, não se trata de oração sem sujeito.

Termos integrantes da oração

Nesta parte, você vai estudar os seguintes elementos:

- Complementos verbais
- Complemento nominal
- Agente da passiva
- Predicativo do sujeito

Entre os termos integrantes, disparadamente os mais cobrados são os complementos verbais. Evidentemente, estudaremos com a mesma dedicação os demais elementos!

13.4. COMPLEMENTOS VERBAIS

Chamamos de complemento verbal o termo que – de alguma forma – completa o sentido de um verbo em uma sentença. Essa complementação deve ser entendida como a extensão do sentido do verbo para um elemento afetado, ou seja, pense da seguinte maneira: o verbo "projeta" o seu sentido sobre a forma complementar. Os complementos verbais integrantes são o **objeto direto** e o **objeto indireto**.

1. **Objeto direto:** é o termo que completa o sentido de um verbo sem necessitar de preposição:

> Aquela menina fez **algo terrível**.
> Trouxeram **canetas** para os candidatos.
> O deputado recebeu **ofertas e vantagens**.
> Não conheço o livro **que** você escreveu. (pronome na função de objeto direto)

Observação: pode haver objeto direto de um verbo intransitivo. Veja o exemplo:

> Hermógenes morrerá **uma morte sofrida**.

Explicação

O verbo *morrer* é intransitivo, porém – nessa construção – há um tipo de ênfase "literária" colocada na sentença. Por essa razão, surge esse tipo de objeto direto. Ainda podemos dizer que, nesse exemplo, o objeto é também cognato (pois tem a raiz semelhante à raiz do verbo). Desse modo, mesmo que o verbo não exija um complemento, é possível inserir um quando houver a intenção de transformar o sentido da sentença.

Tipos de objeto direto[4]: é importante analisar a construção das sentenças para descobrir o tipo de objeto direto:

a) **Objeto direto preposicionado:** objeto direto que recebe uma preposição para mudar o sentido do enunciado sem alterar a transitividade do verbo:

> O fiel comeu **do pão da vida**. (Emprega-se a preposição para modificar o sentido do verbo: comer algo – totalidade –; comer de algo – parcialidade.)

---

[4] Quando falamos sobre tipos de objeto direto, estamos desconsiderando a forma mais comum do objeto direto: com apenas um núcleo (a forma simples).

Se disséssemos "o fiel comeu **o pão da vida**", inferiríamos que ele comeu o pão todo, não parte dele:

> Se matares **a mim**, terás uma vida de desgostos.
>
> Ama **a Deus** como um fiel desesperado.
>
> Pegou **da espada** para atacar o inimigo.
>
> Matou o homem **ao animal**. (Evitar ambiguidade.)

Não se pode confundir o objeto direto preposicionado com o objeto indireto, pois a preposição é requerida pela forma do complemento, não pela forma verbal. Haverá sempre algum tipo de ajuste a ser feito com o objeto direto preposicionado: ou para evitar a ambiguidade, ou para poder empregar um pronome pessoal como forma complementar, ou para indicar algum sentido além do habitual.

b) **Objeto direto pleonástico:** nesse caso, emprega-se um termo que retoma o objeto direto, o que cria duas formas de complemento verbal direto (por isso, pleonástico):

> O processo, nós **o** escrevemos ontem. (Há duas vezes o objeto direto nessa sentença: uma é *o processo*, a outra é o pronome *o*.)
>
> A casa, eu **a** comprei à vista. (O pronome oblíquo funciona como objeto direto pleonástico pois retoma o objeto direto que já está na sentença.)

c) **Objeto direto cognato:** objeto que possui a mesma raiz do verbo da oração:

> Adamastor comprou **uma boa compra**. (*Compra* é cognato de *comprar*.)
>
> Lutei **uma luta interessante**. (*Luta* é cognato de *lutar*.)

d) **Apagamento do objeto direto:** faz-se a elipse do objeto quando o contexto permite compreender sua presença semântica:

> – Você comprou o carro?
> – Comprei. (Subentende-se o emprego do termo *carro*.)
> – Não sei se ele fez a tarefa.
> – Ele fez. (Subentende-se o emprego do termo *a tarefa*.)

Nesse caso, o objeto direto está elíptico ou "apagado".

e) **Objeto direto oracional:** trata-se de uma oração que possui a função de objeto direto:

> Aquele homem maluco diz **que foi traído**.
>
> Sérgio afirmou **que precisava de mais dados**.
>
> Meu primo diz **ser escritor**.

2. **Objeto indireto:** termo que completa o sentido de um verbo com a necessidade de uma preposição para introduzir a complementação:

O Governo precisa **de novos rumos**.
Ninguém duvida **de Pedro e Marcelo**.
O presidente aludia **a novas dificuldades do país**.
O problema **de que** me desviei era grave.

O objeto indireto também pode ser:

a) **Objeto indireto pleonástico:** retomando um objeto indireto já presente na sentença:

Aos pecadores, jamais **lhes** perdoarei os pecados. (O termo *aos pecadores* é o objeto indireto que está deslocado na frase; o termo *lhes* é o objeto indireto pleonástico.)

b) **Objeto indireto cognato:** a classificação de cognato tem mais a ver com a raiz da palavra do que com a estrutura do termo em si. Não se trata de um tipo especial de objeto indireto, tão somente uma forma de escrever a expressão com núcleo semelhante ao do verbo:

Ela duvida **de uma dúvida tremenda**. (As raízes do verbo e do núcleo do objeto indireto são iguais.)

c) **Apagamento do objeto indireto:** da mesma maneira que se pode omitir o objeto direto, pode-se omitir o objeto indireto:

– Sabe se Maria acredita **em fantasmas?**
– Acredita! (O objeto indireto está apagado na sentença.)

d) **Objeto indireto oracional:** trata-se de uma oração que desempenha a função de objeto indireto:

Márcia gosta **de que limpem a casa com cuidado**.
O trabalho visa **a garantir a união das pessoas**.

Observação: não raro, o objeto indireto oracional (principalmente quando o verbo estiver no infinitivo) poderá vir sem a preposição que o introduziria. Muito comum na fala, essa retirada é legitimada pela gramática normativa. Pode ser que você a encontre em algumas provas. Veja como ficaria o exemplo anterior, seguindo tal parâmetro:

O trabalho visa **garantir a união das pessoas**.

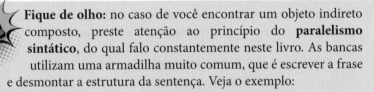

Fique de olho: no caso de você encontrar um objeto indireto composto, preste atenção ao princípio do **paralelismo sintático**, do qual falo constantemente neste livro. As bancas utilizam uma armadilha muito comum, que é escrever a frase e desmontar a estrutura da sentença. Veja o exemplo:

Eu precisava de camisa e sapato. (certo)

Eu precisava de camisa e de sapato. (certo)

Eu precisava da camisa e do sapato. (certo)

Eu precisava da camisa e sapato. (errado)

Eu precisava da camisa e de sapato. (errado)

Eu precisava de camisa e do sapato. (errado)

Veja que é possível empregar apenas uma preposição para todo o termo; repetir a preposição como recurso enfático; e unir preposição e artigo nas duas formas complementares. As demais possibilidades desviam da norma. Isso também é muito comum quando se trata de crase! Calma, que isso será visto no capítulo sobre o assunto!

13.5. COMPLEMENTO NOMINAL

É o termo que completa o sentido de um **substantivo**, de um **adjetivo** ou de um **advérbio**. É importante ressaltar que o complemento nominal é sempre (na gramática da Língua Portuguesa falada no Brasil) um termo indireto, ou seja, é introduzido por uma preposição ou representado por um pronome de forma indireta:

Naquele lugar, não há <u>acesso</u> **a conteúdos específicos**. (Completando um substantivo.)

O vídeo não era <u>adequado</u> **para crianças**. (Completando um adjetivo.)

O homem agiu <u>contrariamente</u> **ao esperado**. (Completando um advérbio.)

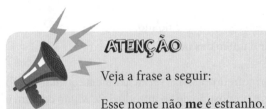

ATENÇÃO

Veja a frase a seguir:

Esse nome não **me** é estranho.

O pronome se apresenta com uma função pouco comentada nas gramáticas escolares e que representa – há muitos anos – um grande desafio para os gramáticos. A função em questão se chama **dativo**

> **de opinião**[5]. As bancas examinadoras, em sua maioria, indicam que a função desse termo é a de **complemento nominal**, como se fosse dito: esse nome não é estranho **para mim**.

Complemento nominal oracional: trata-se da oração que desempenha a função de complemento nominal:

> Gracindo tem <u>esperança</u> **de que a prova seja fácil**. (A oração toda funciona como complemento nominal do substantivo *esperança*.)

> Estou <u>convicto</u> **de que poderemos completar o desafio**. (A oração completa o sentido do adjetivo *convicto*.)

Você deve estar esperando uma seção para diferenciar o complemento nominal do adjunto adnominal. Eu sei. Todo mundo quer saber esse segredo. Vai rolar por aqui? Vai! Onde? Na seção sobre o adjunto adnominal, você encontrará essa explicação.

13.6. AGENTE DA PASSIVA

Podemos definir o agente da passiva como o termo a que se atribui a prática da ação na **voz passiva analítica**:

> O crime foi cometido **por um desconhecido**.
> O quadro foi vendido **por um grande comerciante de arte**.
> O cantor foi rodeado **de fãs enlouquecidos**.
> O trabalho será feito **por quem entende do assunto**. (Agente da passiva oracional.)

Você deve se lembrar de que nós já estudamos o agente da passiva no capítulo sobre *vozes verbais*.

---

[5] A propósito do dativo, pense que se trata de uma espécie de complemento indireto que apresenta um sentido específico, como uma soma entre um objeto indireto e um adjunto adverbial. Há quatro tipos mais importantes com que você talvez já tenha se encontrado, mas nunca soube como classificar:

1. Dativo de posse: exprime o possuidor. As bancas tratam como um adjunto adnominal. A menina tomou-**me** a caneta. (A minha caneta, a caneta de mim.)

2. Dativo de ético: segundo Brisolara (2015), trata-se de uma situação pragmática marcada pela participação e pelo envolvimento emotivo de uma pessoa a respeito de uma circunstância indicada pelo predicado.
João **me** morre assim sem mais nem menos.

3. Dativo de interesse: é o que indica a quem a ação do verbo prejudica ou beneficia.
Acendeu-**me** uma fogueira docemente. (Para mim.)

4. Dativo de opinião: exprime a opinião do indivíduo.
Para mim, Tadeu é o culpado.

13.7. PREDICATIVO DO SUJEITO

Trata-se do termo que pertence formalmente ao predicado, mas que caracteriza o sujeito. Imagine que é um elemento "cativo" (preso, em essência) do predicado. Assim, você pensa em um prediCATIVO.

Não é necessário haver um verbo de ligação para que haja um predicativo do sujeito. Basta que o elemento da frase indique uma caracterização imediata a respeito do sujeito da oração:

O presidente está **preocupado**.
A culpada é **Marina**.
Meu amigo nasceu **rico**.
Eu comprei uma motocicleta **empolgado**.
Nós somos **um**.
O problema são **eles**.
O bom é **que consigamos aquela matéria**. (predicativo oracional)

É possível deslocar o predicativo do sujeito sem modificar sua função sintática:

Empolgado, Jurandir entrou na sala.

Desesperada, Marcela gritava com as amigas.

Predicativo oracional do sujeito: trata-se da oração que exerce a função de predicativo do sujeito:

O bom é **que você estude até sair sangue dos olhos**. (Veja que, nessa análise, o sujeito é a expressão *o bom*, haja vista a expressão substantivada *o bom*.)

Na maioria das gramáticas, não há uma divisão que coloque o predicativo do sujeito como um termo integrante da oração. Usualmente, encontramos uma seção que fala sobre os predicativos enquanto se discute a natureza do predicado. Eu, professor Pablo, acho isso pouco didático. Emprego essa divisão para facilitar a compreensão dos conteúdos.

COMO ISSO CAI NA PROVA?

> (2004 – CESPE – Polícia Federal – Agente Federal da Polícia Federal) **Os novos sherlocks**

1 Dividida basicamente em dois campos,
2 criminalística e medicina legal, a área de perícia nunca
3 esteve tão na moda. Seus especialistas volta e meia

4 estão no noticiário, levados pela profusão de casos que
5 requerem algum tipo de tecnologia na investigação.
6 Também viraram heróis de seriados policiais campeões
7 de audiência. Nos EUA, maior produtor de programas
8 desse tipo, o sucesso é tão grande que o horário nobre,
9 chamado de prime time, ganhou o apelido de crime
10 time. Seis das dez séries de maior audiência na TV
11 norte-americana fazem parte desse filão.
12 Pena que a vida de perito não seja tão fácil e
13 glamorosa como se vê na TV. Nem todos utilizam
14 aquelas lanternas com raios ultravioleta para rastrear
15 fluidos do corpo humano nem as canetas com raio
16 laser que traçam a trajetória da bala. "Com o avanço
17 tecnológico, as provas técnicas vêm ampliando seu
18 espaço no direito brasileiro, principalmente na área
19 criminal", declara o presidente da OAB/SP, mas, antes
20 disso, já havia peritos que recorriam às mais diversas
21 ciências para tentar solucionar um crime.
22 Na divisão da polícia brasileira, o pontapé inicial
23 da investigação é dado pelo perito, sem a companhia
24 de legistas, como ocorre nos seriados norte-
25 -americanos. Cabe a ele examinar o local do crime, fazer
26 o exame externo da vítima, coletar qualquer tipo de
27 vestígio, inclusive impressões digitais, pegadas e
28 objetos do cenário, e levar as evidências para análise
29 nos laboratórios forenses.

Pedro Azevedo. *Folha Imagem*, ago./2004 (com adaptações)

A forma verbal "utilizam" (L. 13) está complementada por um objeto direto composto por dois núcleos.

(   ) Certo   (   ) Errado

Resposta: certo.

Comentário: o primeiro núcleo é *lanternas* e o segundo é *canetas*. Por isso, o objeto direto é dito *composto*.

➤ (2014 – CESPE – MTE – Agente Administrativo – *Questão Adaptada*)

1 É importante fazer uma diferenciação das expressões
relação de trabalho e relação de emprego. A expressão relação
de trabalho representa o gênero, do qual a relação de emprego
4 é uma espécie. Podemos dizer que o gênero "relação de

trabalho" engloba, além da relação de emprego, outras formas
de prestação/realização de trabalho como o trabalho voluntário,
7   o trabalho autônomo, o trabalho portuário avulso, o trabalho
eventual, o trabalho institucional e o trabalho realizado pelo
estagiário. Assim, toda relação de emprego (espécie) é uma
10 relação de trabalho, mas nem toda relação de trabalho é uma
relação de emprego.
Para compreendermos o alcance das expressões
13 relação de trabalho e relação de emprego, é importante termos
claro o alcance de alguns termos utilizados no nosso cotidiano.
Por exemplo, a carteira de trabalho e previdência social
16 (CTPS) está ligada à relação de trabalho subordinado que
corresponde ao vínculo de emprego. Nem todos os tipos de
relações de trabalho são registrados na CTPS, mas todos os
19 tipos de relação de emprego são registrados no referido
documento.

> Ricardo Jahn. Relação de emprego e
> de trabalho – diferenciação. In: *O Sul*,
> set./2010 (com adaptações)

Acerca dos aspectos linguísticos e das ideias do texto acima, julgue o item a seguir.

As expressões "outras formas de prestação/realização de trabalho" (l.5-6) e "o alcance das expressões relação de trabalho e relação de emprego" (l.12-13) desempenham a mesma função sintática nos períodos em que ocorrem.

(   ) Certo   (   ) Errado

Resposta: certo.

Comentário: os dois elementos desempenham a função sintática de objeto direto.

13.8. TERMOS ACESSÓRIOS DA ORAÇÃO

Os termos que são ditos acessórios servem para, de alguma forma, mexer com o sentido das expressões. Isso quer dizer que esses termos aumentam ou especificam a informação relacionada a um referente.

Para facilitar o entendimento, imagine que um termo acessório seja como um acessório que você possa usar: brincos, anéis, pulseiras etc. Eles apenas modificam a informação sobre você, mas não fazem parte da sua constituição estrutural. Não vão destruir você, caso sejam retirados.

13.8.1. Adjunto adnominal

Trata-se do termo que particulariza o núcleo de uma expressão de caráter nominal. Usualmente, artigos, pronomes adjetivos (aqueles que acompanham substantivos), adjetivos, locuções adjetivas e numerais desempenham a função de adjuntos adnominais. As orações adjetivas comportam-se como adjuntos adnominais oracionais:

> **Uma** medida será necessária.
> **Duas** posições foram criticadas.
> **A** mulher **do vizinho** comprou **minha** casa.
> **Aquela** questão **fácil** me salvou na prova.
> Homem **que trabalha** tem propósito. (Uma oração adjetiva restritiva com valor de adjunto adnominal.)

13.8.1.1. Diferença entre adjunto adnominal e complemento nominal

É preciso, para não criar confusão, fazer uma distinção entre adjunto adnominal e complemento nominal. Algumas questões trazem isso como tema e acabam com a vida do candidato.

Compare as duas frases a seguir:

> A descoberta **do remédio** foi benéfica. (complemento nominal)
> A descoberta **do cientista** foi benéfica. (adjunto adnominal)

O complemento nominal surgirá como resultado da ação que o substantivo pode exprimir, como é o caso de "descoberta do remédio" – o remédio foi descoberto, ou seja, é o resultado da ação de "descobrir".

O adjunto adnominal surgirá como o sujeito da ação que o substantivo pode exprimir, como é o caso de "descoberta do cientista" – o cientista descobriu algo, ou seja, é o sujeito da ação de "descobrir".

A confusão só ocorrerá com os casos em que houver um substantivo derivado de um verbo. Há alguns parâmetros que podemos seguir para facilitar:

1. O complemento nominal está associado a substantivo, adjetivo ou advérbio. O adjunto adnominal está associado a substantivos, geralmente.
2. O complemento nominal se associa a substantivos abstratos.
3. O complemento nominal não admite apagamento da sentença, ou seja, sua remoção poderá causar incoerência.
4. Caso um substantivo abstrato seja empregado como concreto, deixa de exigir complemento nominal e passará a receber um adjunto adnominal:

> A plantação **de maçã** é rentável naquela região. (O ato de plantar/complemento nominal.)
> A plantação **de maçã** foi destruída. (As árvores plantadas/adjunto adnominal.)

5. Antigamente, a lição mencionada anteriormente (investigar se o complemento surge como um elemento agente ou paciente) era o critério mais acertado para determinar a natureza classificatória sintática. Pesquisas mais recentes demonstram que esse critério não é assim tão confiável. Veja as seguintes construções retiradas de Bechara (2009):

A resolução **do diretor** (complemento nominal subjetivo)

A prisão **do criminoso pela polícia** (complemento nominal subjetivo passivo)

A remessa **dos livros** (complemento nominal objetivo)

A resposta **ao crítico** (complemento nominal terminativo)

O assalto **pelo batalhão** (complemento nominal de causa eficiente)

A ida **a Petrópolis** (complemento nominal circunstancial)

Evanildo Bechara ensina que essas formas são complementos nominais em razão de sua relação de extensão da significação com o termo antecedente, sua posição frasal, sua impossibilidade de apagamento e da inexistência de pausa, além da necessidade de introdução por uma preposição.

Representa ainda um ponto de grande discussão a diferença fundamental entre um adjunto adnominal e um complemento nominal. Há algumas bancas, a exemplo da Fundação Getulio Vargas (FGV), que costumam cobrar essa distinção (de maneira corajosa, eu costumo dizer). Geralmente, a distinção entre o elemento agente e o elemento paciente costuma resolver as dificuldades. Tentemos resumir o conteúdo com uma pequena tabela:

Complemento nominal	Adjunto adnominal
É termo integrante.	É termo acessório.
Não pode ser apagado.	Pode ser apagado.
Obrigatoriamente indireto (preposicionado ou representado por uma forma pronominal indireta).	Não necessita de uma preposição em todas as situações.
Completa substantivo abstrato, adjetivo ou advérbio.	Modifica o sentido de um substantivo ou de um elemento substantivado.
Representa a extensão do sentido do referente.	Modifica o sentido do referente.
No teste (agente/paciente), costuma ser o paciente.	No teste (agente/paciente), costuma ser o agente.
Geralmente, não pode ser reduzido a um adjetivo.	Geralmente, pode ser reduzido a um adjetivo.

COMO ISSO CAI NA PROVA?

▶ (2013 – FGV – MPE-MS – Técnico Administrativo) Assinale a alternativa em que o elemento sublinhado representa o paciente (complemento nominal) e não o agente (adjunto adnominal).

a) Aula de Latim.

b) Comentaristas de futebol.

c) Campos de futebol.

d) Transmissões de nossa televisão.

e) Étimo de nosso substantivo.

Resposta: b.

Comentário: em todas as expressões, há um substantivo concreto. Na letra B, entretanto, o substantivo *comentaristas* é proveniente de um adjetivo e o termo *de futebol* tem uma natureza passiva em relação ao comentário. Se fizéssemos uma transformação na estrutura da frase, o resultado seria: o futebol é comentado, ou seja, há uma noção passiva. Isso não se nota em nenhuma das outras sentenças.

▶ (2012 – FGV – PC-MA – Auxiliar de Perícia Médico-legal) Assinale a alternativa em que o termo sublinhado exerce a função de complemento e não de adjunto do termo anterior.

a) Brigas de trânsito.

b) Disseminação das armas de fogo.

c) Áreas pobres do Nordeste.

d) Índices de violência.

e) População de baixa renda.

Resposta: b.

Comentário: o substantivo *disseminação* é derivado do verbo *disseminar*. Nesse caso, observa-se a extensão do sentido desse substantivo para o complemento. Isso quer dizer que *as armas de fogo* são disseminadas. A noção que se apresenta é passiva. Por isso, trata-se de um complemento nominal.

13.8.2. Adjunto adverbial

Trata-se do termo que imprime uma circunstância sobre verbo, adjetivo ou advérbio. Na verdade, adjunto adverbial é o nome sintático de um advérbio ou de uma locução adverbial.

Para o candidato, além de descobrir que o elemento da frase é um adjunto adverbial, é fundamental identificar o sentido que ele exprime na sentença. Isso costuma ser o tema das questões relativas a essa função sintática:

> **Por medo**, o homem ficou calado. (causa)
> **Na semana anterior**, **não** houve aula. (tempo/negação)
> **Talvez** ele faça parte do grupo. (dúvida)
> Marcos foi **ao cinema** *com sua namorada*. (lugar/companhia)
> **Para a aprovação**, Estude Língua Portuguesa. (finalidade)
> Minha mãe quebrou as castanhas **com um martelo**. (instrumento)
> O presidente pretende aprovar a medida à força. (modo)

Para a formação de um adjunto adverbial, valem as mesmas observações que fiz a respeito da formação da locução adverbial: usualmente, inicia por uma preposição, possui um núcleo nominal e indica um sentido possível de ser descrito.

Vale lembrar que uma oração subordinada adverbial possui valor de um adjunto adverbial oracional.

13.8.3. Aposto

Trata-se do termo que serve para explicar, resumir, especificar, enumerar ou distribuir um referente, com o qual estabelece identificação semântica, ou seja, o referente e o aposto devem ter significado semelhante. Antes de prosseguir, tente tirar da sua cabeça a ideia de que aposto é apenas o elemento que está entre vírgulas. Nem tudo que está entre vírgulas é um aposto e o aposto nem sempre estará entre vírgulas.

Veja quais são os tipos de aposto:

1 . Explicativo:

> Graciliano Ramos, **o autor de "Vidas Secas"**, era nordestino.
> Donald Herzbeck – **o chefe do departamento de geologia** – não concorda com a tese.
> **Elemento essencial à vida**, a água deve ser preservada.
> Meu primo, **o homem que acabou de entrar**, é cientista.

Perceba que o aposto explicativo sempre vem isolado de seu referente. Pode vir antes ou depois do termo a que se refere, além de poder ser isolado por vírgulas, travessões ou parênteses.

Há um mito de que, no aposto explicativo, não há verbo. Isso é besteira. Pode haver verbo, mas o núcleo do aposto deve ser um elemento nominal (substantivo, pronome etc.) para que seja um aposto explicativo.

2. Resumitivo ou recapitulativo:

AFO, Economia, Português, RLM, **tudo** ele gabaritou.

Maria perdeu a casa, o carro, o dinheiro, **tudo de importante para ela**.

O aposto resumitivo encerra um referente (ou fundamental) com um termo que resume a extensão de seu significado. Usualmente, um pronome indefinido é empregado para tal finalidade.

3. Especificativo ou restritivo:

O vereador **Jucelino Doidivanas** assinou a correspondência.

O livro do professor **Pablo Jamilk** deixou tudo mais fácil para mim!

O aposto especificativo não ficará isolado em relação a seu referente na sentença. Se se apresentar isolado, será um aposto explicativo.

4. Enumerativo:

Há <u>dois problemas</u> para a produção de alimentos: **a seca e as chuvas**.

O Mercantilismo se resumia a <u>três princípios básicos</u>: **ouro, poder e glória**.

O aposto enumerativo deve ser representado pela quantidade de núcleos exatamente igual à quantidade expressa pelo numeral associado ao substantivo referente.

5. Distributivo:

Os comunicados vieram separadamente: **o do concurso, primeiro; o do processo, depois**.

Os candidatos possuem grande potencial: **João, em Física; Marcelo, em Química**.

O aposto distributivo resgata um referente e o distribui. Note que é possível inferir a presença do referente de maneira subentendida no interior do aposto.

6. Oracional:

Solicitei esta alteração: **que ela não fosse a primeira da lista**.

O pedido, **que fizessem um curso específico**, foi atendido.

O pedido, **fazer um curso específico**, foi atendido.

Cap. 13 • SINTAXE DO PERÍODO SIMPLES

O aposto oracional também é chamado de **oração subordinada substantiva apositiva**, e seu núcleo deve ser representado pela oração completa. Quando desenvolvida, a oração em questão usualmente será introduzida por uma conjunção subordinativa integrante. Quando reduzida, geralmente terá o verbo no infinitivo.

13.8.4. Vocativo

Trata-se de uma interpelação que indica com quem se fala. É o termo que indica quem é o interlocutor da sentença:

> **Senhor**, traga suas credenciais!
> Preste atenção, **menina**!
> Agora, **meus nobres**, partiremos para a batalha!

O vocativo deve vir separado dos demais elementos da frase, por vírgula, travessão ou um ponto de exclamação.

13.8.5. Predicativo do objeto

Trata-se da característica ou qualidade do objeto que foi atribuída pelo sujeito da sentença. Essa é a maneira mais fácil de encontrar o predicativo do objeto. O predicativo pode ser do objeto direto ou do objeto indireto. É preciso saber que o predicativo se trata de uma qualificação momentânea que se atribui ao sujeito. Talvez, essa seja a maneira mais eficaz de o encontrar:

> O povo achou a atitude **incorreta**. (Quem atribuiu à atitude a qualidade de incorreta foi o sujeito da oração.)
> O juiz considerou o réu **culpado**. (Quem atribuiu ao réu a característica de culpado foi o sujeito da oração.)
> Chamamos aos invejosos **de falhos**. (predicativo do objeto indireto)
> Preciso do peixe **fresco**. (predicativo do objeto indireto)

Finalizamos a sintaxe do período simples! Você pode perceber que, apesar de ser uma matéria muito intuitiva e fácil, exige muita atenção aos detalhes. Por isso, peço que você interrompa agora, reveja toda a matéria de sintaxe até aqui e, só então, caminhe para a sintaxe do período composto. Bons estudos! Força, guerreiro(a)!

Vejamos alguns exercícios para fixar tudo que você aprendeu!

13.9. EXERCÍCIOS

1. (2017 – PR-4 UFRJ – UFRJ – Assistente de Alunos) Quanto à sintaxe da oração "O século XXI **promove revoluções movidas a likes.**" é correto afirmar que o predicado em destaque é:

a) verbo-nominal.
b) verbal.
c) simples.
d) nominal.
e) composto.

2. (2017 – CCV-UFC – UFC – Jornalista – *Questão Adaptada*) Em: "E aí aconteceu **uma inovação ainda mais importante.**", o termo em destaque classifica-se sintaticamente como:

a) sujeito.
b) predicativo.
c) objeto direto.
d) objeto indireto.
e) adjunto adverbial.

3. (2017 – MS Concursos – SAP-SP – Agente de Segurança Penitenciária) Assinale a alternativa onde não há aposto.

a) A Mata Atlântica, a segunda floresta mais devastada do mundo, revela novidades que surpreendem até os cientistas.
b) Único metal líquido, o mercúrio possui inúmeras utilidades.
c) Felicidade, onde te escondes?
d) Amanhã, domingo, não sairei.

4. (2017 – Legalle Concursos – Câmara de Vereadores de Guaíba-RS – Procurador) Na frase "Desconfiei da conversa do vendedor e não concordei com a proposta", o termo em destaque exerce função sintática de:

a) objeto direto.
b) objeto indireto.
c) agente da passiva.

d) complemento nominal.

e) adjunto adnominal.

5. (2018 – Orhion Consultoria – Prefeitura de Jaguariúna – Procurador Jurídico) No verso: "Ouviram do Ipiranga as margens plácidas", o sujeito de <u>ouviram</u> é:

a) indeterminado.

b) oculto.

c) simples.

d) composto.

13.10. GABARITO

1 – a

2 – a

3 – c

4 – b

5 – c

14) Sintaxe do período composto

Agora, nosso trabalho vai mergulhar na parte mais interessante da gramática normativa: a sintaxe do período composto. Teremos a missão de ampliar o período simples, identificando que haverá mais de uma oração no processo.

Isso cai em provas? Sim, cai! E não é pouco! Cai bastante, mas nem sempre com o mesmo tipo de nomenclatura. A cada tipo diferente de questão, eu sinalizarei os termos que você poderá encontrar.

Definição: chama-se "período composto" o período que apresenta mais de uma oração. Para que seja possível isso ocorrer, deve haver um **processo de composição** do período. Usualmente, dois processos concorrem para a formação de um período. Vejamos quais são:

Processos de composição:

a) Coordenação: é o processo em que **não há dependência sintática** entre as orações. Ou seja, estruturalmente elas são autônomas.

b) Subordinação: é o processo em que **há uma dependência sintática** entre as orações. Isso quer dizer que uma oração (subordinada) desempenhará alguma função em relação a outra (principal).

Fique com essa diferenciação de nomenclatura na cabeça sempre que precisar analisar sintaticamente um período composto.

14.1. ORAÇÕES COORDENADAS[1]

Definição: são aquelas que não possuem dependência sintática. Classificam-se de acordo com o seguinte critério:

---

[1] Você achará esse conteúdo repetitivo, porque já estudou a função das conjunções na parte de Morfologia. É fundamental repetir a matéria, porém!

14.1.1. Assindéticas

São as que não possuem conjunção para realizar a conexão. Ainda que haja um sentido latente dentro da oração, a conjunção pode não estar presente na introdução da oração.

> O povo **protestou**, **gritou**, **esbravejou**.
> **Entrei** na sala, **vi** a menina, **desanimei**.
> **Vim**, **vi**, **venci**.

Note que pode haver uma conjunção dentro da sentença, mesmo que a oração seja assindética. Há uma diferença fundamental entre haver uma conjunção na sentença e ser uma oração coordenada sindética.

> Pedro e Mariana **entraram** na sala, **olharam**-se, **saíram**.

Existe uma conjunção na primeira oração (assindética), mas ela não introduz a conexão entre duas orações. Na realidade, a conjunção aditiva está unindo dois substantivos que se encontram dentro DA MESMA oração coordenada assindética.

Se tivéssemos uma construção como:

> Pedro e Mariana **entraram** na sala, **olharam**-se <u>e</u> **saíram**.

A conjunção aditiva presente na última oração promove a conexão entre as duas últimas orações do período. Nesse caso, a última oração passa a ser uma oração coordenada sindética, pois é introduzida pela conjunção.

Pode ser que você precise identificar qual sentido está por trás da relação entre as orações e, então, inserir a conjunção adequada à situação.

14.1.2. Sindéticas[2]

São as que aparecem introduzidas por uma conjunção coordenativa. Vejamos:

1. **Aditivas:** exprimem noção de soma.

> Gumercindo falou com a mãe **e a trouxe para casa**.
> Márcio não é honesto **nem tem bom caráter**.

---

[2] Mesmo que haja uma oração coordenada sindética (introduzida por conjunção), a assindética será a que não possuir conjunção.

2. **Adversativas:** exprimem oposição ou negação de uma sentença anterior.

   João Paulo sofre, **mas tenta resistir**.
   Pedro está cansado; **continua, porém**. (A conjunção está deslocada na sentença.)

3. **Alternativas:** exprimem alternância.

   Faça o exercício **ou volte aos livros**.
   Ora precisava de ajuda, **ora** ajudava os amigos. (As duas orações aqui são orações coordenadas sindéticas alternativas.)

4. **Conclusivas:** exprimem conclusão.

   O aluno é esperto, **portanto estudará Gramática**.
   O problema é de fácil resolução, **logo, em pouco tempo, teremos bons resultados**.

5. **Explicativas:** exprimem a explicação sobre algo.

   Traga o jantar, **porque estou faminto**.
   Deve ter chovido, **pois o chão está molhado**.

Lembre-se de que – para a sentença ser explicativa – deve correlacionar-se com outra coordenada que traga um sentido de ordem ou de hipótese.

COMO ISSO CAI NA PROVA?

➤ (2013 – UFBA – UFBA – Contador – *Questão Adaptada*) O período "A rua continuava indefinidamente, e o dedo apontado, e eu sem saber, e ela pedindo urgência, dizendo que o fogo lavrava sempre." apresenta, predominantemente, orações independentes, coordenadas, e a figura de sintaxe polissíndeto.

( ) Certo   ( ) Errado

Resposta: certo.

Comentário: São todas orações coordenadas sindéticas aditivas. Pela repetição intencional da conjunção, entende-se que há uma figura de construção denominada "polissíndeto".

➤ (2013 – MPE-SC – Promotor de Justiça – Tarde – *Questão Adaptada*) O período a seguir é um período composto por duas orações coordenadas: *De acordo com o juiz Ricardo Rachid, o sistema penal brasileiro "é um sistema falido" e o Código Penal, de 1940, "é uma colcha de retalhos".*

( ) Certo ( ) Errado

Resposta: certo.

Comentário: Basta fazer a contagem dos verbos da oração, para verificar que são duas orações coordenadas. Além disso, basta verificar que há uma conjunção coordenativa aditiva (*e*).

14.2. ORAÇÕES SUBORDINADAS

São as orações que possuem dependência sintática. Isso quer dizer que uma desempenha uma função em relação à outra. Há três naturezas de subordinação. Convém estudá-las individualmente.

- Substantivas: 6 tipos.
- Adjetivas: 2 tipos.
- Adverbiais: 10 tipos.

14.2.1. Orações subordinadas substantivas

São as orações que desempenham a função de um substantivo. Quando desenvolvidas, são, geralmente, introduzidas por uma **conjunção subordinativa integrante**. Para facilitar o entendimento, vamos fazer uma comparação entre período simples e período composto. Desse modo, você verá como funcionaria o processo de nominalização, que é transformar a oração em uma expressão de caráter nominal. Algumas questões da banca FGV cobram exatamente esse procedimento.

1. Oração subordinada substantiva subjetiva: desempenha a função de sujeito, por isso, subjetiva.

Período simples:

> É necessário **o estudo**.

Período composto:

> É necessário **que você estude**. (oração subordinada substantiva subjetiva)
>
> Convém a todos **que ele trabalhe**. (oração subordinada substantiva subjetiva)

Período composto reduzido:

> É necessário **ele estudar**. (oração subordinada substantiva subjetiva reduzida de infinitivo)
>
> Convém a todos **ele trabalhar**. (oração subordinada substantiva subjetiva reduzida de infinitivo)

Há uma pegadinha muito comum nesse caso: consiste em perguntar ao candidato se a oração completa o sentido do adjetivo "necessário" ou qualquer outro que possa aparecer "importante", "fundamental" etc.

2. <u>Objetiva direta</u>: desempenha a função de objeto direto. Algumas bancas, a exemplo de Cespe/Cebraspe e FCC, costumam utilizar o termo "oração com função de complemento do verbo".

Período simples:

> Pedro disse **algo importante**.

Período composto:

> Pedro disse **que entendeu a matéria**.
> Eu espero **que o país atinja seus objetivos**.
> Não sabemos **qual pessoa escolher**. (Introduzida por um pronome.)

Período composto reduzido:

> Pedro disse **entender a matéria**.
> Eu espero **o país atingir seus objetivos**.

3. <u>Objetiva indireta</u>: desempenha a função de objeto indireto. Também pode ser nomeada como "oração que completa o sentido do verbo".

Período simples:

> O Governo necessita **de novos rumos**.

Período composto:

> O Governo necessita **de que haja manifestações**.
> Minha irmã não gosta **de que falem mentiras**.
> Eu aludo **a que você estude Língua Portuguesa**.

Período composto reduzido:

O Governo necessita **de haver manifestações**.
Minha irmã não gosta **de falarem mentiras**.
Eu aludo **a você estudar Língua Portuguesa**.

4. Completiva nominal: desempenha a função de complemento nominal. Nesses casos, as questões trarão a informação de que a oração completa o sentido do nome ou do adjetivo.

Período simples:

O aluno tem esperanças **de aprovação**.

Período composto:

O aluno tem esperanças **de que a prova seja fácil**.

A dúvida **de que seria possível** dificultou a execução.

Período composto reduzido:

O aluno tem esperanças **de a prova ser fácil**.

A dúvida **de ser possível** dificultou a execução.

5. Predicativa: desempenha a função de predicativo do sujeito. Você perceberá que é muito comum haver o verbo de ligação na oração principal.

Período simples:

O importante é **Língua Portuguesa**.

Período composto:

O importante é **que você fale a verdade**.
A verdade é **que eu não tenho o dinheiro**.

Período composto reduzido:

O importante é **você falar a verdade**.
A verdade é **eu não ter dinheiro**.

6. Apositiva: desempenha a função de aposto.

Período simples:

Eu quero apenas isto: **o meu cargo**.
O problema, a demissão, era motivo de debate.

Período composto:

Eu quero apenas isto: **que o cargo seja meu**.

O problema, **que fosse demitido**, era motivo de debate.

Período composto reduzido:

Eu quero apenas isto: **o cargo ser meu**.

O problema, **ser demitido**, era motivo de debate.

7. <u>Agentiva</u> (oração subordinada substantiva de agente da passiva):

Período simples:

O gol foi marcado **pelo lateral**.

Período composto:

O gol foi marcado **por quem jogava na lateral**.

Aquele quadro foi pintado **por quem marcou uma geração**.

Dica facilitadora!

Existe um pequeno "macete" para facilitar a identificação da oração subordinada substantiva: basta trocar a oração em questão pela palavra *isto* e, então, proceder à análise sintática. Eu costumo ensinar que você deve trocar toda a oração substantiva pela palavra *batata*. Isso funciona muito bem para resolver o problema. Veja o exemplo:

É importante **que a aula inicie no horário**.

Assim que você identificar que temos uma conjunção integrante e que ela introduz uma oração, troque toda essa expressão pela palavra *batata*. Olha só:

É importante ~~que a aula inicie no horário~~ batata.

É importante batata. (Agora reordene a frase.)

Batata é importante. (Descobrimos que *batata* está na função de sujeito, logo a oração toda estava na função de sujeito.)

Outro exemplo:

Josney disse **que o tempo estava acabando**.

Josney disse ~~que o tempo estava acabando~~ batata.

Josney disse **batata**. (Descobrimos que se trata da função de objeto direto, logo a oração desempenha a mesma função.)

COMO ISSO CAI NA PROVA?

➤ (2013 – CESPE – STF – Técnico Judiciário – Tecnologia da Informação – *Questão Adaptada*) No trecho "é possível que associe a figura do seu pai com a figura do seu pai como é hoje", o conectivo "que" inicia oração que complementa o sentido do adjetivo "possível".

( ) Certo ( ) Errado

Resposta: errado.

Comentário: a conjunção integrante (que a banca chama de "conectivo") introduz uma oração que desempenha a função de sujeito do verbo *ser*. Troque a sentença pela palavra *batata*: é possível batata = batata é possível. Nota-se que a palavra *batata* funcionou como sujeito da oração.

14.2.2. Orações subordinadas adjetivas

As orações subordinadas adjetivas desempenham a função de um adjetivo na sentença em que aparecem. Essas são muito cobradas em concursos públicos, portanto, é preciso ficar atento à definição e à classificação dessas orações. A depender da banca com que se trabalha, elas podem receber o nome de orações subordinadas relativas[3], em razão de as desenvolvidas serem introduzidas por um pronome relativo. Lembre-se de que a oração adjetiva possui a função de um **adjunto adnominal oracional**.

Comparação entre período simples e período composto:

Período simples:

Admiramos alunos **estudiosos**. (adjetivo)

Período composto:

Admiramos alunos **que estudam**. (oração adjetiva)

Note que o sentido é o mesmo, a despeito de haver mudança na quantidade de verbos.

---

[3] Esse nome é usualmente utilizado pela banca ESAF.

Classificação das orações adjetivas

1. <u>Oração subordinada adjetiva restritiva</u>: é a que restringe (especifica) o conteúdo do termo anterior. Sua estrutura comum é: Pronome Relativo + Verbo – Vírgula. Entenda "vírgula" aqui como "separação", que se pode dar por vírgulas, travessões ou parênteses:

   O quadro **que Dali pintou** é caro.

   O quadro **pintado por Dali** é caro. (reduzida de particípio)

   O lugar **para onde ele vai** é desconhecido.

   Eu conheço o livro **de que você me falou**.

   O restaurante **em que jantei na Argentina** era muito bom.

2. <u>Oração subordinada adjetiva explicativa</u>: é a que apresenta um conteúdo que já pertence ao referente (por isso, explicativo). Sua estrutura comum é: Pronome Relativo + Verbo + Vírgula (entendida como travessões ou parênteses também):

   O homem, **que não é Deus**, deve ser humilde.

   Aquela pessoa, **de cuja irmã eu falava**, testemunhou o crime.

   O maior problema do autor, **em cuja pena não confio**, é o vacilo intelectual.

   Falaremos com o maior representante daqui, **escolhido pelo povo**. (reduzida de particípio)

Muitas vezes, a banca examinadora solicitará que você retire a separação da sentença. Caso isso aconteça, haverá necessária mudança de sentido, pois a oração deixará de ser explicativa e passará a ser restritiva. Agora, cuidado se a solicitação for para retirar APENAS UMA VÍRGULA! Nesse caso, se houver mais de uma, a retirada de uma delas causará PREJUÍZO GRAMATICAL, pois haverá erro de pontuação (provavelmente uma vírgula sobrará entre o sujeito e o verbo).

14.2.3. Seção especial: função sintática do pronome relativo

Esse é um conteúdo cada vez mais presente em provas de concurso. O que se espera é que o candidato saiba analisar a função sintática que o pronome desempenha na sentença em que aparece. Para que isso fique mais fácil, basta seguir o procedimento ora em comento:

Procedimento:

- Decompor a sentença.
- Trocar o pronome pelo referente (ou mesmo pela palavra *batata*, porque também funciona).
- Analisar.

Vamos demonstrar isso:

> Eu li uma frase **que** você escreveu. (Achamos o pronome.)
> Eu li uma frase // **que** você escreveu. (Decompusemos a sentença.)
> **Que** você escreveu (Separamos a frase a ser analisada.)
> **Uma frase** você escreveu (Colocamos o referente no lugar do pronome.)
> **Batata** você escreveu (Ou colocamos a palavra *batata* no lugar do pronome.)
> Você escreveu **uma frase**. (Deixamos na ordem direta a sentença.)
> Você escreveu "batata" (Para mostrar como ficaria com a outra palavra.)
> Descobrimos que se trata de um complemento verbal do tipo *objeto direto*. Isso quer dizer que o pronome desempenha a função de complemento do verbo *escrever* na frase em que aparece.

Teste o mesmo procedimento com os seguintes exemplos:

1.	O escritor **que** assinou o livro era João. (pronome com função de sujeito)
2.	A matéria **de que** gosto é Gramática. (pronome com função de objeto indireto)
3.	A dúvida **a que** fiz alusão foi sanada. (pronome com função de complemento nominal)
4.	Não é aquele o país **aonde** vou. (pronome com função de adjunto adverbial de lugar)
5.	A mulher **cuja** bolsa foi roubada é Helena. (pronome com função de adjunto adnominal)
6.	O material **que** meu amigo comprou é ótimo. (pronome com função de objeto direto).
7.	Caio é o empresário **que** todos gostariam de ser. (pronome com função de predicativo do sujeito)
8.	Aquela é a pessoa **por quem** fui denunciado ontem. (pronome com função de agente da passiva)

COMO ISSO CAI NA PROVA?

▶ (2014 – CESPE – ANTAQ – Conhecimentos Básicos – Todos os cargos)

As obras de dragagem objetivam remover os sedimentos
que se encontram no fundo do corpo d'água para
permitir a passagem das embarcações, garantindo o acesso ao
4   porto. Na maioria das vezes, a dragagem é necessária quando
da implantação do porto, para o aumento da profundidade

natural no canal de navegação, no cais de atracação e na bacia

7 de evolução. Também é necessária sua realização periódica
para o alcance das profundidades que atendam o calado das
embarcações.

Internet: <www.antaq.gov.br> (com adaptações).

A oração "que se encontram no fundo do corpo d'água" (L.2) tem função restritiva.

( ) Certo   ( ) Errado

Resposta: certo.

Comentário: Para chegar a essa conclusão, basta avaliar que há um pronome relativo (*que*), um verbo (*encontrar*) e que não há vírgulas nessa oração. Isso leva a crer que a oração é de natureza restritiva.

➤ (2014 – CESPE – Câmara dos Deputados – Analista Legislativo – Consultor Legislativo – Conhecimentos Básicos)

Ao vender Sochi como sede dos Jogos Olímpicos de
Inverno de 2014, o presidente russo Vladimir Putin prometeu
uma experiência única: turistas e atletas poderiam esquiar nas
4 montanhas, onde é muito frio, e mergulhar em piscinas abertas
de hotéis, onde o clima é mais ameno, no mesmo dia. Sochi é
famosa como estância de veraneio de milionários russos. Pelo
7 fato de o clima na região ser subtropical, a temperatura prevista
para a Olimpíada já estava no limite do aceitável para a prática
de esportes na neve: no inverno, é esperada a média de 6ºC na
10 altura do mar Negro, que banha o litoral. O que atletas e
turistas encontraram ao chegar a Sochi, porém, foi um cenário
muito mais inusitado. O calor na altura do mar atinge 20ºC e,
13 nas montanhas, 15ºC. O calor intenso derreteu a neve nas
pistas, forçou o cancelamento de treinos e prejudicou
competições. Por trás dessa surpresa, um velho conhecido: o
16 aquecimento global, fenômeno responsável por mudanças
climáticas intensas que têm afetado o planeta no último século
e que pôde ser notado em anomalias frequentes nessa última
19 temporada de inverno no Hemisfério Norte e de verão, no Sul.

Alexandre Salvador e Raquel Beer. Cadê o frio?
In: Veja, fev./2014 (com adaptações).

As orações "onde é muito frio" (L.4) e "que banha o litoral" (L.10) têm natureza explicativa, o que justifica o fato de estarem isoladas por vírgulas.

( ) Certo   ( ) Errado

Resposta: certo.

Comentário: trata-se de orações subordinadas adjetivas explicativas, note a separação na sentença.

➤ (2013 – CESPE – PRF – Policial Rodoviário Federal)

Todos nós, homens e mulheres, adultos e jovens,
passamos boa parte da vida tendo de optar entre o certo e o
errado, entre o bem e o mal. Na realidade, entre o que
4   consideramos bem e o que consideramos mal. Apesar da longa
permanência da questão, o que se considera certo e o que se
considera errado muda ao longo da história e ao redor do globo
7   terrestre.
No trecho "o que consideramos bem" (l.3-4), o vocábulo "que" classifica-se como pronome e exerce a função de complemento da forma verbal "consideramos".

( ) Certo   ( ) Errado

Resposta: certo.

Comentário: o verbo *considerar* tem sujeito oculto, cujo referente é o pronome de primeira pessoa: *nós*. Seu complemento verbal é o pronome *que*, o qual retoma o pronome demonstrativo *o*.

14.2.4.   Orações subordinadas adverbiais

São as orações que desempenham a função de um adjunto adverbial na sentença. Sua característica fundamental, quando desenvolvidas, é que surgem introduzidas por uma **conjunção subordinativa adverbial**[4]. Logo, a nomenclatura das orações fica condicionada à classificação semântica das conjunções. É importante atentar para o sentido das conjunções na sentença, pois costuma ser alvo de questões. Além disso, é importante observar o critério de mobilidade – possibilidade de deslocar a oração na sentença –, pois nesse caso há uma vírgula obrigatoriamente.

Comparação para facilitar o entendimento:

---

[4]   Que você já estudou no capítulo sobre conjunções.

Período simples:

Amanhã, venha estudar.

Período composto:

Quando tiver tempo, venha estudar.

Desse modo, fica claro que a oração subordinada adverbial possui a mesma função que a de um adjunto adverbial, isto é, costuma ser empregada para apresentar uma circunstância em relação a outra oração do período.

Classificação das orações: 10 tipos.

1. <u>Causais</u>: exprimem sentido de causa. Suas principais conjunções são *já que, porque, uma vez que, como* etc.

    Já que estava preparado, resolveu a prova.
    Foi aprovado no concurso **porque estudara muito na semana anterior**.
    Por estar preparado, resolveu a prova. (oração subordinada adverbial causal reduzida de infinitivo)
    Estando preparado, resolveu a prova. (oração subordinada adverbial causal reduzida de gerúndio)

2. <u>Comparativas</u>: exprimem ideia de comparação. Algumas conjunções são *como, mais (do) que, menos (do) que*.

    Executou a tarefa **como um perito faria**.
    Nunca estude **menos do que você poderia estudar**.

3. <u>Condicionais</u>: exprimem ideia de condição. Algumas conjunções são *se, desde que, contanto que* etc.

    Desde que haja garra, o cargo será seu.
    Se chegar a tempo, poderemos fazer a reunião.
    Caso chegue a tempo, poderemos fazer a reunião.
    Chegando a tempo, poderemos fazer a reunião. (reduzida de gerúndio)

> **NOTAS**
>
> Veja como houve mudança na conjugação verbal ao trocar a conjunção *se* pela conjunção *caso*. Isso já foi motivo de questionamento. O candidato precisava saber que – com a conjunção **caso**, o verbo assumiria a forma de conjugação do presente do subjuntivo; a passo que – com a conjunção **se** – o verbo deveria assumir a forma de conjugação do futuro do subjuntivo, ou seja, houve mudança de **tempo**, mas não de **modo** verbal.

4. <u>Conformativas</u>: exprimem a ideia de conformidade. Algumas conjunções são *conforme, segundo, consoante* etc.

> Eu farei o teste **segundo o professor recomendou**.
>
> **Conforme o filósofo disse**, o homem caça o próprio homem.

5. <u>Consecutivas</u>: exprimem a ideia de consequência. Algumas conjunções são *tanto que, de modo que, de sorte que*.

> O candidato estava tão preparado **que gabaritou a prova**.
>
> Tanto falou **que ficou rouco**.
>
> Falou muito, **ficando rouco**. (reduzida de gerúndio)

6. <u>Concessivas</u>: exprimem a ideia de concessão. Algumas conjunções são *embora, ainda que, mesmo que* etc.

> **Embora haja muitos concorrentes**, o cargo será meu!
>
> Irei ao baile de formatura **mesmo que me custe o namoro!**
>
> **Mesmo havendo muitos concorrentes**, o cargo será meu! (reduzida de gerúndio)
>
> Irei ao baile de formatura **apesar de me custar o namoro**[5]. (reduzida de infinitivo)

7. <u>Finais</u>: exprimem ideia de finalidade. Algumas conjunções são *para que, a fim de que, porque* etc.

> Separou o tema, **a fim de que pudesse estudar**.
>
> **Para que pudesse comprar o carro**, decidiu economizar.
>
> **Para poder comprar o carro**, decidiu economizar. (reduzida de infinitivo)
>
> Separou o tema, **a fim de poder estudar**. (reduzida de infinitivo)

8. <u>Proporcionais</u>: exprimem ideia de proporção. Algumas conjunções são à medida que, à proporção que, *ao passo que* etc.

> Ganhava dinheiro, à medida que enganava os professores.
>
> **Ao passo que adentrava a sala**, sentia um calafrio no pescoço.

---

[5] Você deve pensar que houve algum erro aqui, porque pensou ter visto a conjunção (ou a locução conjuntiva) na formação da oração. Na realidade, quando viu *apesar de*, tratava-se de uma locução **prepositiva**, não conjuntiva.

9. <u>Temporais</u>: exprimem ideia de tempo. Algumas conjunções são *sempre que, logo que, mal, assim que* etc.

> **Sempre que a vida parecer difícil**, resista!
> Ele assinará o cheque **assim que chegar aqui!**
> Ele assinará o cheque **ao chegar aqui!** (reduzida de infinitivo)
> Ele assinará o cheque **chegando aqui!** (reduzida de gerúndio)

10. <u>Modais</u>: exprime a ideia de modo. Algumas locuções conjuntivas são *sem que*, à maneira que etc.

> Maria saiu de casa **sem que fosse percebida**.
> À maneira que achou melhor, Tadeu compôs a canção.
> Maria saiu de casa **sem ser percebida**. (reduzida de infinitivo)

14.3. REDUÇÃO DE ORAÇÕES

Na modalidade reduzida, eliminamos o conectivo em questão (pronome ou conjunção) e passamos o verbo para uma forma nominal (infinitivo, gerúndio ou particípio). Na redução das orações substantivas, é muito comum o verbo ser empregado no infinitivo; na redução das adjetivas, o mais comum é que ele seja empregado no particípio; na redução das adverbiais, não há uma forma nominal predileta, mas é preciso saber o seguinte: o gerúndio pode gerar ambiguidade de sentido, o particípio pode alterar o sentido original e o infinitivo necessitará de uma preposição ou de uma locução prepositiva para manter o sentido da oração original.

Veja que eu apresentei os exemplos de orações reduzidas ao longo da explicação sobre cada procedimento de subordinação.

14.4. PERÍODO MISTO

Trata-se do período composto **por mais de um processo de composição**, ou seja, haverá mais de duas orações. Nesse sentido, o aluno precisa compreender que uma oração será principal, e haverá coordenação e subordinação na mesma sentença.

Veja um exemplo:

> O ministro anunciou que não haverá cortes no orçamento e que há dinheiro para quitar a dívida externa.
>
> O ministro anunciou (oração principal)
> que não haverá cortes no orçamento (oração subordinada substantiva objetiva direta)
> que há dinheiro para quitar a dívida externa (oração subordinada substantiva objetiva direta)

Mas você não pode se esquecer de que há duas orações ligadas entre si por uma conjunção coordenativa, logo:

não haverá cortes no orçamento (oração coordenada assindética)

há dinheiro para quitar a dívida externa (oração coordenada sindética aditiva)

Isso quer dizer que há coordenação e subordinação dentro da mesma sentença. Mais um exemplo para você entender:

Jocélia alegou que não conhecia o meliante, mas que sabia algo sobre seu passado.

Jocélia alegou (oração principal)

que não conhecia o meliante (oração subordinada substantiva objetiva direta)

que sabia algo sobre seu passado (oração subordinada substantiva objetiva direta)

Essas duas últimas orações são subordinadas à principal. Agora vejamos como elas ficam coordenadas entre si:

Não conhecia o meliante (oração coordenada assindética)

Mas sabia algo sobre seu passado (oração coordenada sindética adversativa)

A essas orações que são – ao mesmo tempo – coordenadas de subordinadas, daremos o nome de **orações equipolentes**. Elas formam o período misto.

14.5. PERÍODO COMPLEXO

Calma, não se assuste com o nome. Isso se deve apenas à formação do período, que é complexa, ou seja, não segue o padrão estabelecido tradicionalmente. Na realidade, trata-se de uma formação muito mais próxima do nosso dia a dia do que da expressão escrita formal. Quero deixar claro que a terminologia *período complexo* é algo que eu utilizo para pensar essas expressões, pois gosto de construir essa fronteira entre os tipos de período e não colocar tudo no mesmo grupo de período composto. Você não precisa decorar esse nome, pois – a menos que o elaborador tenha familiaridade com o meu trabalho e com as minhas pesquisas – é pouco provável que ele use essa definição de período em uma prova. Um período será dito complexo quando possuir uma oração interferente em sua construção. Veja os exemplos:

Eu sei que o Manoel – **ele sempre faz uma coisa desse tipo** – costuma chegar sem aviso antecedente.

Maria nunca (**veja bem o que estou falando**) faria uma coisa dessas.

As orações interferentes podem vir isoladas por travessões, parênteses ou vírgulas. O fato é que elas devem vir isoladas na sentença em que estiverem.

Pronto! Agora você finalizou o estudo de Sintaxe e pode caminhar para os conteúdos posteriores da Gramática Normativa. Nunca desista da batalha, guerreiro(a)! Vamos firmes até o dia da vitória!

Você verá como esses conteúdos podem ser cobrados agora, durante a resolução dos exercícios.

14.6. EXERCÍCIOS

1. (2017 – IBADE – IPERON-RO – Técnico em Informática) A oração destacada em "É claro QUE NINGUÉM ESPERA que o Facebook faça isso." classifica-se como subordinada

   a) substantiva subjetiva.
   b) substantiva predicativa.
   c) adjetiva explicativa.
   d) adjetiva restritiva.
   e) substantiva objetiva direta.

2. (2017 – Quadrix – Conter – Auxiliar Administrativo) No trecho "Você acha que nós queremos ver isso?", o "que":

   a) deveria, obrigatoriamente, ser substituído por "o qual".
   b) deveria, obrigatoriamente, ser substituído por "nos quais".
   c) é um pronome relativo.
   d) introduz uma oração subordinada substantiva.
   e) é uma preposição, já que une termos de mesma classificação morfológica.

3. (2017 – MS Concursos – SAP-SP – Agente Penitenciário) Em "Toma conselhos com vinho, mas toma decisões com água", temos:

   a) uma oração coordenada assindética e outra coordenada sindética adversativa.
   b) uma oração coordenada assindética e outra coordenada sindética alternativa.
   c) uma oração coordenada assindética e outra coordenada sindética conclusiva.
   d) uma oração coordenada assindética e outra coordenada sindética explicativa.

4. (2017 – MS Concursos – SAP-SP – Agente Penitenciário) "Não sei se poderei viajar nas férias". Neste período composto por subordinação, temos:

a) uma oração principal e outra subordinada substantiva objetiva direta.

b) uma oração principal e outra subordinada substantiva subjetiva.

c) uma oração principal e outra subordinada adverbial temporal.

d) uma oração principal e outra subordinada adverbial causal.

5. (2017 – Nosso Rumo – CREA-SP – Analista-Advocacia) Assinale a alternativa que apresenta uma oração subordinada substantiva objetiva direta.

a) Respondi-lhe **que já havia terminado a prova**.

b) Foi anunciado **que Alice é a vencedora do olimpíada**.

c) É fundamental **que você não se atrase para a reunião**.

d) Minha vontade é **que encontre o seu caminho**.

e) É necessário **que se estabeleçam regras na escola**.

14.7. GABARITO

1 – a

2 – d

3 – a

4 – a

5 – a

15 Concordância verbal e nominal

A concordância é, na verdade, uma parte da Sintaxe, por isso chamamos de sintaxe de concordância. É claro que – para entender o que você vai ler aqui – é necessário ter passado pela matéria de sintaxe e compreendido bem o que você leu. Concordância é um dos conteúdos mais importantes no universo dos concursos públicos, portanto sua missão é ter tudo isso na ponta da língua. Quase toda prova apresenta, ao menos, uma questão sobre concordância!

Há muitas regras para estudarmos aqui! Agora, a missão é tentar fazer um esforço para isso entrar na sua cabeça! Nem que seja na marra!

15.1. CONCEITUAÇÃO

"Concordar", de uma maneira geral, significa modificar as palavras de modo que elas se relacionem harmoniosamente em uma sentença. Essa harmonia está relacionada à flexão dos termos. Sempre existirá, nos casos de concordância, uma palavra que servirá de "orientação" para realizar a adequação da flexão. Quer dizer que – em um sentido mais abrangente – concordar significa harmonizar.

A **flexão** dos termos para concordância pode ser feita de:

- *Gênero*: masculino e feminino.
- *Número*: singular e plural.
- *Pessoa*: 1ª, 2ª e 3ª pessoa.

Os casos mais incidentes nas questões são os de concordância de número. Isso não quer dizer que você não deva prestar atenção aos demais casos.

Há três **tipos** de concordância:

- **Lógica ou gramatical:** consiste em adequar o termo que concorda ao núcleo de seu referente para concordância. Veja o exemplo:

    Os boatos não <u>surtiram</u> efeito.

Explicação

Nessa sentença, o verbo realiza a concordância com o núcleo de seu sujeito, visto que ele (boatos) se encontra no plural.

- **Atrativa ou eufônica:** consiste em adequar o termo que concorda ao termo que mais se aproxima dele. Veja o exemplo:

Surgiu a <u>resposta</u> e o problema no mesmo momento.

> ### Explicação
> Nessa sentença, o verbo concorda com o núcleo do sujeito que mais se aproxima do verbo. Também seria correto concordar com os dois elementos, ou seja, escrever no plural.

- **Siléptica ou ideológica:** consiste em adequar o termo que concorda com a ideia expressa pelo referente, não com a palavra. Veja o exemplo:

Os brasileiros <u>somos</u> receptivos.

> ### Explicação
> Nessa sentença, o verbo não concorda com o sujeito inteiramente, uma vez que a referência para o sujeito está na 3ª pessoa do plural (a lógica seria "os brasileiros são"). Ao escrever a forma *somos*, ocorre uma silepse de pessoa, por isso – de certo modo – o falante "se inclui" na expressão (mudança da 3ª pessoa para a 1ª pessoa do plural). Deve-se saber que esse tipo de sentença encontra maior anuência na literatura (para um sentido mais expressivo) ou na fala menos cuidada, informal. Como damos privilégio à concordância lógica, você precisa saber que a siléptica existe, mas é pouco frequente nas provas.

Antes de começar, uma distinção importante:

<u>Concordância verbal</u>: análise que leva em consideração a relação entre **sujeito** e **verbo**:

<u>Minhas alunas</u> **devem** fazer aquela prova.

> ### Explicação
> Nesse caso, o sujeito *minhas alunas* faz o verbo ser flexionado no plural, a fim de estabelecer uma relação de concordância.

<u>Concordância nominal</u>: análise que leva em consideração a relação entre os termos do grupo nominal – substantivo, artigo, adjetivo, pronome e numeral:

"*As* **pessoas** *boas* devem amar *seus* **inimigos**.[1]" (Seu Madruga)

---

[1] Nessa frase, os núcleos nominais substantivos fazem que seus termos periféricos (artigo, adjetivo, pronome) estabeleçam relação de concordância.

> **Explicação**
>
> O artigo (*as*) e o adjetivo (*boas*) concordam com o substantivo (*pessoas*), do mesmo modo como o pronome (*seus*) concorda com o substantivo (*inimigos*).

15.2. REGRAS DE CONCORDÂNCIA VERBAL

• Regra geral (também chamada de regra do sujeito simples): o **verbo** concorda com o **núcleo do sujeito** em número e pessoa.

Ocorreram **manifestações** ao longo do país.

Duas **pessoas** duvidaram de que **você** viria para a festa.

Isso quer dizer que o verbo deve se relacionar com o núcleo do sujeito, a fim de manter concordância.

• Regra do sujeito composto: há duas possibilidades claras:

a) Sujeito anteposto ao verbo: verbo deve ser empregado no plural:

Brasil e China hão de sediar o evento.

O parlamentar e seu companheiro foram citados no processo.

b) Sujeito posposto ao verbo: **verbo no plural** ou concorda com **o referente mais próximo**:

Chegou/chegaram Manoel e sua família. (Caso o verbo seja empregado no singular, ele concorda apenas com o núcleo *Manoel*; caso seja empregado no plural, ele concorda com todos os núcleos do sujeito.)

Foi citado/foram citados o parlamentar e seu companheiro no processo. (A mesma observação vale para esse caso. O verbo pode concordar apenas com o mais próximo ou com todos os núcleos do sujeito.)

Pablo, mas o que aconteceria se o núcleo mais próximo estivesse no plural? Simples: o verbo só poderá ficar no plural.

• Regra do sujeito oracional: caso o sujeito seja uma oração subordinada substantiva subjetiva, o verbo deve ficar no singular:

É necessário **que haja superávit primário**. (Verbo *ser* está no singular, porque seu sujeito é uma oração.)

Convém **que o aluno estude Gramática**. (Verbo *convir* está no singular, porque seu sujeito é uma oração.)

Demais regras relativas à construção do sujeito:

- Sujeito construído com expressão partitiva seguida de nome no plural: o verbo pode ficar no singular (para concordar com a expressão partitiva) ou no plural (para concordar com o "nome" que vier no plural):

    Grande parte dos jogadores fez/fizeram uma preparação intensa.
    A maioria dos estudantes esteve/estiveram no salão de estudos.

Explicação

Na primeira frase, se o verbo estiver no singular, significará que optamos por concordar com o substantivo *parte*. Se o verbo estiver no plural, significará que optamos por concordar com o substantivo *jogadores*.

- Sujeito construído com expressão que indica quantidade aproximada seguida de numeral: verbo concorda com o substantivo que estiver na expressão formadora do sujeito:

    Cerca de 50 % das **pessoas** gabaritaram a prova.
    Cerca de 50% do **povo** gabaritou a prova.

ATENÇÃO

Se houver porcentagem sem o substantivo, o verbo concorda com a noção de quantidade:

    50% gabaritaram a prova.
    30% compareceram às urnas.

- Sujeito construído com substantivo empregado sempre no plural (*pluralia tantum*): há duas possibilidades:

a) **Se o substantivo estiver empregado sem artigo ou com artigo no singular**: verbo permanece no singular:

    Minas Gerais exporta cultura.
    O Amazonas é vasto.

b) **Se o substantivo for empregado com artigo no plural**: o verbo vai para o plural:

> **Os Estados Unidos** <u>entraram</u> no conflito.
> **As Minas Gerais** <u>exportaram</u> muitos escritores.

- Sujeito construído com a expressão *mais de um, menos de dois* (*três, quatro* etc.): emprega-se o verbo em concordância com o substantivo posterior:

> **Mais de um professor** falou sobre o assunto.
> **Menos de três pessoas** compareceram à reunião.

- <u>Sujeito construído com pronome interrogativo/indefinido (no plural) + pronome pessoal</u>: pode o verbo concordar com um dos pronomes em questão:

> **Quais de nós** encontrarão/encontraremos a resposta?
> **Muitos de nós** reivindicam/reivindicamos as medidas mencionadas.

ATENÇÃO

Se os pronomes estiverem no singular, o verbo também permanece no singular:

> **Qual de nós** é capaz de resolver o problema?
> **Nenhum de vós** conseguirá terminar esta lição.

- Sujeito construído com a expressão *um dos que*: o verbo deve ir para o plural:

> César foi **um dos** intelectuais **que** mais <u>apoiaram</u> a nova visão de cultura.
> Encontrei **um dos** autores **que** mais <u>venderam</u> livros na história.

- Sujeito construído com núcleos sinônimos: o verbo pode ser empregado no singular ou no plural:

> Tragédia, catástrofe e incidente é/são o futuro daquele lugar.

- Sujeito construído com **núcleos em gradação** (crescente ou decrescente): verbo no plural ou concorda com o último núcleo:

> Um **dia**, um **mês**, um **ano**, uma **vida** de opressão não **é** suficiente (são suficientes) para nos vencer.

- Sujeito construído por pessoas gramaticais diferentes: o plural se dá para a pessoa predominante[2]:

> **Marina** e **eu** <u>vamos</u> à festa da praia hoje. (nós)
> **Tu** e **ela** <u>ireis</u> ao cais para ver o sol poente? (vós)

- Sujeito composto ligado pela palavra "com" (no sentido aditivo): o verbo deve ir para o plural:

> **A menina com sua mãe** <u>registraram</u> a queixa.

ATENÇÃO

Se separada por vírgulas a expressão que inicia com a preposição, o verbo fica no singular. Isso acontecerá, porque a expressão entre vírgulas deixará de fazer parte do sujeito e passará a ser um adjunto adverbial:

> **A menina**, <u>com sua mãe</u>, <u>registrou</u> a queixa.

- Sujeito composto ligado pela palavra *nem*: não há consenso, mas o usual é empregar no plural:

> **Nem dinheiro nem fama** <u>encantavam</u> aquela menina.

Note é possível empregar a forma verbal no singular também, apesar de não ser muito comum.

- Sujeito composto ligado pela palavra *ou*: há alguns casos:

a) Sem transmitir a ideia de exclusão: verbo no plural:

> **Cebola ou tomate** devem ser usados em qualquer almoço.
> **Casa ou carro são itens importantes para o patrimônio.**

Note que não há exclusão dos elementos que compõem o sujeito. Na realidade, essa alternância ocorre para informar que ambos os elementos podem concorrer concomitantemente para a ação.

---

[2]   A noção de predominância dá-se pela relação de ordem, ou seja, 1ª, 2ª e 3ª pessoa.

b) Com exclusão de referente: verbo no singular:

Mariano ou Pedrito conquistará o cargo dos sonhos.

O São Paulo ou o Palmeiras vencerá o campeonato.

Nesses casos, apenas um dos elementos poderá ser indicado como o agente da ação. Por isso, a construção deve ser com o verbo no singular.

- Sujeito construído com a expressão *um e outro*: verbo no singular ou no plural, a menos que haja noção de reciprocidade (daí vai para o plural):

Um e outro fez/fizeram a inscrição do concurso. (Sem noção de reciprocidade.)

Um e outro se cumprimentaram naquela tarde quente. (Com noção de reciprocidade.)

- Sujeito construído com a expressão *um ou outro*: verbo deve ser empregado no singular:

Dos meninos que estavam na sala, **um ou outro** entenderá a matéria explicada.

- Sujeito construído com a expressão *nem um, nem outro*": o verbo deve ficar no singular:

Das saídas propostas para a crise; **nem uma, nem outra** me parece cabível.

15.2.1. Regras com verbos impessoais

É muito comum haver questões a respeito dos verbos impessoais. Honestamente, é o que mais cai em relação à concordância verbal. Bancas como CESPE/CEBRASPE, FCC, VUNESP, CESGRANRIO, FUNRIO, IBFC E FUNCAB adoram esse assunto. A sugestão é memorizar e buscar compreender os casos em que o verbo deverá permanecer no singular.

- Quando o verbo *haver* for empregado no sentido de existir, ocorrer ou acontecer: o verbo deve ficar no singular:

Há meios de conseguir a vitória.

Deve haver livros importantes na minha estante.

Há de haver resposta para esta crise.

Note que, enquanto o verbo *haver* estiver empregado como verbo principal na oração – ainda que haja outros verbos auxiliares ou palavras no plural –, ele e os possíveis auxiliares deverão permanecer no singular.

- Mas, pelo amor de Deus, criatura; se a banca fizer trocas de verbos, preste atenção! O verbo que não possui sujeito é o verbo *haver*. *Existir, ocorrer* ou *acontecer* possuem sujeito e podem ir para o plural. Veja:

  <u>Existem</u> **meios de conseguir a vitória**. (O verbo está no plural, porque o sujeito está posposto e tem núcleo no plural.)

  <u>Devem existir</u> **livros importantes** na minha estante.

  <u>Hão de existir</u> **respostas para a crise**.

- Com os verbos *haver, fazer* ou *ir* (no sentido de tempo transcorrido): o verbo fica no singular. (Muito cuidado, pois na oralidade costumamos falar incorretamente.):

  Há duas semanas, comecei a estudar para o concurso.

  Faz três meses que iniciei minha preparação.

  Vai para três anos que não pego nos cadernos.

- <u>Regra do verbo</u> *ser* (indicando tempo ou distância): o verbo deve concordar com o predicativo do sujeito[3]:

  Daqui até ali são **60 metros**. (O verbo concorda com o núcleo *metros.*)

  De Cascavel até São Paulo, é **uma hora de avião.** (O verbo concorda com o núcleo *hora.*)

  Hoje é **dia 20 de dezembro**. (O verbo concorda com o núcleo *dia.*)

  Amanhã serão **25 de março**. (Aqui a concordância é com a ideia de *25 dias passados de março.*)

- Concordância do verbo *parecer* somado a um verbo no infinitivo: se o sujeito estiver no plural, há duas possibilidades:

  » O verbo *parecer* pode ficar no plural:

  Os alunos **parecem** estudar muito.

  Meus amigos **parecem** falar de algo importante.

  » O verbo no infinitivo pode ir para o plural (parece errado, mas não está):

  Os alunos parece **estudarem** muito.

  Meus amigos parece **falarem** de algo importante.

---

[3] Cuidado! Esse é um caso de concordância muito particular! Não erre!

- Pronome relativo *que* (funcionando como sujeito da oração): o verbo concorda com o referente do pronome:

   O indivíduo **que** vir esses indícios deve procurar ajuda.
   As mulheres **que** estudam crescem na vida.

Veja que o verbo concorda com o antecedente do pronome relativo, pois é a referência para a conjugação. Questões assim são muito comuns em provas.

- Pronome relativo *quem* (como sujeito de oração): o verbo fica na 3ª pessoa do singular[4]:

   Foram os bandeirantes **quem** explorou a área.
   São os homens **quem** destruiu o planeta.

- Verbo *dar* (indicando *bater* ou *soar*) + horas: deve-se identificar o sujeito para realizar a concordância:

   Deu três horas **o relógio da parede**.
   Deram **três horas** no relógio da parede.

15.2.2. Verbos acompanhados da palavra "SE"

Quando se trabalha com verbos acompanhados da palavra *se*, o maior compromisso é desvendar a função da palavra *se*. A partir de então, torna-se mais fácil a análise da concordância. Veja os casos seguintes.

a) *Se* – funcionando como partícula apassivadora/pronome apassivador[5]: o verbo concorda com o sujeito paciente:

   Vendem-se sapatos. (*Sapatos* funciona como sujeito.)
   Sapatos são vendidos.

---

[4] Apesar de um descalabro gramatical, há algumas gramáticas que admitem a possibilidade de o verbo concordar com o referente do pronome, ou seja, flexionar para algo diferente da 3ª perceira do singular.
   Foram os **bandeirantes** quem **exploraram** a área.
   São os **homens** quem **destruíram** o planeta.

[5] Usualmente, os verbos transitivos diretos os verbos bitransitivos possuem voz passiva. Isso ajuda a identificar.

Ofereceram-se prêmios ao vencedor da corrida. (*Prêmios* funciona como sujeito.)

Prêmios são oferecidos ao vencedor da corrida.

Sabe-se que há problemas no país. (Como o sujeito é oracional, o verbo ficou no singular.)

Que há problemas no país é sabido.

b) *Se – índice de indeterminação do sujeito*[6]: o verbo fica na 3ª pessoa do singular:

Visava-se a cargos importantes para o concurso.

Não se **fica** famoso sem esforço.

Vive-se feliz em algumas partes do mundo.

Eu listei até agora algumas das principais regras de concordância verbal que um cidadão precisa saber por duas razões: ou porque vai precisar usar essas regras para falar ou escrever, ou porque isso vai cair nas provas certamente.

Com efeito, haverá algumas regras mais fortemente nas provas em detrimento de outras. Depende muito do perfil da banca examinadora. Os casos de impessoalidade verbal, verbos acompanhados da palavra *se* e sujeito oracional são campeões de incidência nas provas.

15.3. CONCORDÂNCIA NOMINAL

A concordância nominal investiga a relação entre os termos do grupo nominal. Para quem não se lembra de quais são esses termos, basta ver o seguinte esquema:

A relação harmônica entre os elementos nominais em uma sentença – como já mencionei no início do capítulo – é o que compõe o princípio fundamental da concordância nominal.

Além de saber quais são esses termos, é conveniente também lembrar quais são as palavras por natureza invariáveis (que não flexionam) da língua.

---

[6] Isso ocorre com verbo intransitivos, verbos de ligação e verbos transitivos indiretos.

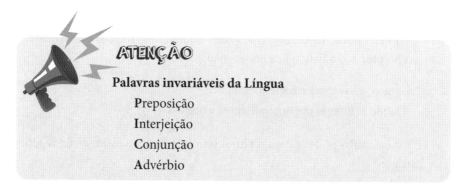

Palavras invariáveis da Língua
Preposição
Interjeição
Conjunção
Advérbio

15.3.1. Regras de concordância nominal

<u>Regra geral</u>: o adjetivo, o numeral, o pronome e o artigo concordam em gênero e número com o substantivo a que se referem:

O primeiro <u>momento</u> árduo por que passei foi **aquele citado** por você.

Apesar de a concordância nominal ser fácil e praticamente intuitiva, é preciso atentar para alguns casos especiais.

A concordância nominal é extremamente detalhada, por isso, eu vou simplificar alguns princípios dela nas seguintes regras:

Adjetivo na função sintática de adjunto adnominal

- **Concordância atrativa**: a fim de escolher o referente, flexiona-se o adjetivo:

    Trouxe casaco e sapato **preto**. (O sapato é preto.)
    Trouxe casaco e sapato **pretos**. (Os dois são pretos.)
    Trouxe **preto** casaco e sapato. (O casaco é preto.)
    Trouxe **pretos** casaco e sapato. (Os dois são pretos.)
    Trouxe camisa e sapato **preto**. (O sapato é preto.)
    Trouxe camisa e sapato **pretos.** (Os dois são pretos.)

- **Se houver adjetivo (ou particípio de verbos) referindo-se a vários substantivos no singular e no mesmo gênero:**
    a) Se estiver posposto ao termo de referência: concorda com o plural e com o gênero do substantivo ou fica no singular:

        Esforço, combate, resultado **reunidos** em apenas um dia.
        Miséria e tristeza **humana** era o que se via no mundo.

    b) Se estiver anteposto ao termo de referência: concorda com o mais próximo:

        Especificada hora e situação, poderemos sair.
        Definido o problema e a resolução, começaremos o texto.

- Se houver noção de decomposição dos adjetivos em relação a um substantivo no plural, o adjetivo fica no singular:

  Li as <u>obras</u> **francesa**, **inglesa** e **alemã**.
  Estudo as <u>línguas</u> **portuguesa**, árabe e **inglesa**.

- O substantivo pode ir para o plural sem que haja necessidade de repetir o artigo:

  Os estudantes inicial, avançado e intermediário estiveram no local.

- Se o substantivo estiver no singular, repete-se o artigo antes de cada adjetivo:

  Assim se faz n**a** <u>lei</u> romana e n**a** brasileira.
  A língua alemã, <u>a</u> **francesa**, <u>a</u> **inglesa** e <u>a</u> **portuguesa**.

Há autores que defendem a possibilidade de não haver repetição de artigo em algumas dessas construções:

  A terceira, quarta, quinta e sexta **cláusula**.
  Falei sobre a terceira, quarta, quinta e sexta **série**.
  Falei sobre a terceira, a quarta, a quinta e a sexta **séries**.

Atente para os próximos casos, pois eles tendem a ser sorrateiros e muito mais incidentes nas provas.

- Palavra *bastante*. Para não errar seu emprego, basta entender a diferença de classificação morfológica:
  - » **Advérbio**: invariável (sem plural). Será um sinônimo de *demais*:

    O posicionamento do Governo mudou **bastante**.
    Estudei **bastante** o conteúdo proposto.

  - » **Pronome indefinido**: variável. Será um sinônimo de *vários*:

    Meu irmão estudou **bastantes** matérias.
    Comprei **bastantes** espadas na feira.

  - » **Adjetivo**: variável. Será um sinônimo de *suficientes*:
    Havia indícios **bastantes** sobre o caso.
    Encontramos respostas **bastantes** para explicar.

A sugestão é tentar trocar a palavra *bastante* pela palavra *muito* e observar sua possibilidade de flexão. Se *muito* for para o plural, a palavra *bastante* também irá.

- A palavra *menos*: sempre invariável:

    Havia **menos** mulheres no festival.
    Joelson estudou **menos** naquele dia frio.

- A palavra *meio*: pode ser variável, a depender da classificação.
    » <u>Advérbio</u>: Aquela menina parece **meio** <u>abatida</u>. (O advérbio incide sobre o adjetivo.) A dica, nesse caso, é trocar a palavra *meio* por *um pouco*. Se mantiver o sentido, não será passada para o plural.
    » <u>Numeral</u>: Nhonho comeu **meia** melancia. (O numeral indica a metade.)
    » <u>Substantivo</u>: João não encontrou **meios** para mudar de vida. (A palavra *meios* pode ser interpretada como um sinônimo de *modos*.)

- *Anexo, incluso, apenso* e *quite*: são termos variáveis e devem concordar com o substantivo:

    Seguem **anexas** as <u>imagens</u> descritas.
    Seguem **apensos** os <u>documentos</u>.
    Seguem **inclusas** as <u>provas</u>.
    <u>Eu</u> estou **quite** com seu irmão.
    <u>Nós</u> estamos **quites** com seu irmão.

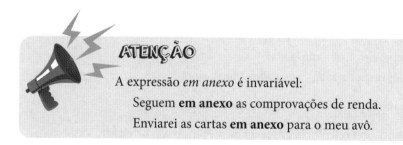

ATENÇÃO

A expressão *em anexo* é invariável:
Seguem **em anexo** as comprovações de renda.
Enviarei as cartas **em anexo** para o meu avô.

Não raro, vejo alguns desavisados indicando que é incorreto empregar a expressão *em anexo*. Não há qualquer fundamento nessa lição. Talvez, isso ocorra em razão de muita gente achar que a sentença toda deve ser invariável pelo fato de haver uma expressão como *em anexo*. Isso não acontece. Apenas a locução *em anexo* permanece invariável na sentença.

- É necessário, é proibido, é permitido. Casos em que houver verbo de ligação associado a um predicativo formado por palavra variável. Só variam se houver na sentença um determinante à esquerda[7] do núcleo do sujeito:

    É **necessária** <u>a vinda antecipada</u>/É **necessário** <u>chegar cedo</u>.
    Maçã é bom/**A** maçã é **boa**.
    Ajuda é obrigatório/**Sua** ajuda é **obrigatória**.

- Concordância da palavra *só*:
    » Se for um **adjetivo** (sinônimo de *sozinho*): variável:

        O menino estava **só**. (sozinho)
        As crianças ficaram **sós**. (sozinhos)

    » Se for um **advérbio** (sinônimo de *somente*): invariável:

        Hoje à noite, **só** quero estudar.
        Durante a visita, Aroldo **só** falou sobre si.

ATENÇÃO

A expressão *a sós* é invariável:
    Depois da discussão, ela queria ficar **a sós** com a irmã.

- *Obrigado*, *mesmo* e *próprio*: concordam com o referente:

    <u>Ela</u> **mesma** enviou os envelopes.
    <u>Ele</u> **próprio** falou com o empresário.
    A <u>mulher</u> disse: "**obrigada**!"
    <u>Nós</u> diremos: muito **obrigados** a todos vocês!

- A palavra *possível* representa um caso interessante.

a) Quando em referência direta a um substantivo, *possível* será variável:

    Eu consultei o assunto em todos os <u>livros</u> **possíveis**.
    Essa foi a <u>guerra</u> **possível** para a nossa era.

---

[7] Um artigo, um pronome ou um numeral, basicamente.

b) Como componente das locuções *o mais... possível, o menos... possível, o melhor possível* etc., será invariável:

> Essa guerra é o mais sangrenta possível.
> Escolheram as questões o mais difíceis possível.

É evidente que existem muitíssimas regras de concordância. Eu tinha duas opções: a primeira seria fazer uma lista exaustiva de casos que jamais hão de aparecer em uma prova; a segunda – que eu adotei – consistiu em garantir que você compreendesse o raciocínio de concordância, de modo a acertar as questões. É exatamente isso que irá acontecer. Com o estudo regrado e paciente, você será capaz de entender todas essas regras e reconhecê-las nos questionamentos. A banca pode esconder essas regras em questões sobre reescrita de sentenças, o que é muito comum. O principal é manter o foco e estudar sempre! Agora, vamos praticar o que aprendemos.

15.4. EXERCÍCIOS

1. (2018 – CESGRANRIO – Transpetro – Técnico de Administração e Controle Júnior) A concordância da forma verbal destacada foi realizada de acordo com as exigências da norma-padrão da língua portuguesa em:

   a) Com o crescimento da espionagem virtual, é necessário que se promova novos estudos sobre mecanismos de proteção mais eficazes.

   b) O rastreamento permanente das invasões cibernéticas de grande porte permite que se suspeitem dos *hackers* responsáveis.

   c) Para atender às demandas dos usuários de celulares, é preciso que se destinem à pesquisa tecnológica muitos milhões de dólares.

   d) Para detectar as consequências mais prejudiciais da guerra virtual pela informação, necessitam-se de estudos mais aprofundados.

   e) Se o crescimento das redes sociais assumir uma proporção incontrolável, é aconselhável que se estabeleça novas restrições de utilização pelos jovens.

2. (2018 – FCC – SEGEP-MA – Auxiliar de Fiscalização Agropecuária) A frase escrita em conformidade com a norma-padrão da língua é:

   a) Não haviam informações claras sob as espedições pioneira que iniciaram a exploração do litoral maranhense.

   b) Não havia informações claras sobre as expedições que iniciaram a exploração do litoral maranhense.

c) Não tinha informações clara sob as expedições pioneiras que iniciou a exploração do litoral maranhense.

d) Não existiam informações claras sobre as expedições pioneira que iniciaram a exploração do litoral maranhense.

e) Não existião informações claras sob as expedições pioneiras que iniciaram à exploração do litoral maranhense.

3. (2018 – FCC – DPE-AM – Assistente Técnico de Defensoria) As regras da concordância padrão estão plenamente respeitadas na frase:

a) Os africanos livres eram responsáveis pela fabricação de telhas, potes, tijolos, enfim, tudo que eram produzidos na olaria.

b) De origem cabinda, Apolinária tinha 24 anos quando chegou ao Brasil, acompanhado de outros africanos livres.

c) A autora se interessou pela vida de africanos livres no Brasil, como Apolinária, que chegou a Manaus em 1855.

d) O registro escrito da vida de muitos desses trabalhadores se perderam, mas a contribuição deles para a história do Brasil é indelével.

e) Ainda que reste muitas zonas de silêncio, já se percebe esforços no sentido de evidenciar a importância dessas pessoas.

4. (2018 – MPE-GO – MPE-GO – Secretário Auxiliar) Elas estavam _____ cansadas quando chegaram _____ dormitório. Assinale a alternativa que completa esse enunciado de acordo com a norma culta.

a) meias – ao.

b) meia – no.

c) meio – ao.

d) meia – no.

e) meio – no.

5. (2018 – FCC – Prefeitura de São Luís-MA – Auditor Fiscal de Tributos) Redação clara e em concordância com a norma-padrão da língua está presente na alternativa:

a) Atitudes como aquela do renomado ator são moralmente condenável, por isso sanções previstas na lei devem ser efetivamente aplicadas, como forma de coibir comportamentos indiscutivelmente inadequados.

b) O tumultuado revesamento de funcionários responsáveis pela revisão dos cinco últimos processos em análise impediu o coordenador de inclui-los num dos malotes recém-enviados à direção, sob a rúbrica de urgência.

c) A tendência de alguns jovens empresários do setor adotar regras de conduta distintas dos empresários mais antigos merece ser analisada com cautela, pois é relevante considerar a experiência já adquirida.

d) Se o debate desse assunto foi consensualmente tido como fundamental para o desenvolvimento do programa, os responsáveis haveriam de ter comunicado isso antes, porque agora a inclusão do tema é extemporânea.

e) Foi convidado à defesa e argumentou de forma contundente, com um preciso e belo jogo de palavras que não deixassem dúvidas sobre a veracidade dos fatos, como comprova o resultado a favor do acusado.

15.5. GABARITO

1 – c

2 – b

3 – c

4 – c

5 – d

16 Colocação pronominal

Eu quis trazer uma compilação simples das regras relativas à colocação dos pronomes oblíquos átonos neste material. Além disso, acrescentei algumas questões para você poder praticar.

Apesar de ser um conteúdo relativamente fácil (uma vez que depende mais de um breve conhecimento de morfologia e pouca coisa de sintaxe), o assunto relativo à chamada "colocação pronominal" costuma ser negligenciado por grande parte dos estudantes. Erro crasso, que pode custar caro na hora de prestar um concurso ou resolver qualquer prova!

É provável que você não encontre muitas dificuldades depois de ler o conteúdo aqui reunido e depois de fazer todos os exercícios selecionados.

16.1. COLOCAÇÃO DOS PRONOMES ÁTONOS

16.1.1. Conceitos e explicações iniciais

A **colocação pronominal**, que também pode ser conhecida como **sintaxe de colocação, toponímia ou tmese**, é a parte do conteúdo de sintaxe que estuda a **posição dos pronomes oblíquos átonos** nas sentenças. Notadamente, a análise que se faz a respeito desses pronomes está atrelada à posição do pronome em relação a um verbo; entretanto, pode haver casos da relação entre pronome e pronome ou da relação entre advérbio e pronome.

Antes de investigar a posição desses pronomes, é bem importante lembrar quais são eles; afinal, se você não se ligou no estudo da Morfologia, é bem provável que você esteja "boiando" no que seja um <u>pronome oblíquo átono</u>.

Pronomes oblíquos átonos
me
te
o, a, lhe, se
nos
vos
os, as, lhes, se

Esse toque serve para rememorar quais são esses elementos da Morfologia. Também serve para você não achar que a criatividade acabou e que os exemplos são sempre com os mesmos pronomes.

Vejamos quais são as ditas posições dos pronomes oblíquos átonos:

Casos de colocação pronominal:

1. **Próclise:** colocação do pronome oblíquo antes do verbo:

   Nunca **lhe** <u>retiraram</u> as esperanças de vitória.

2. **Mesóclise:** colocação do pronome oblíquo no meio do verbo:

   Avisá-la-emos quando chegar a hora.

3. **Ênclise:** colocação do pronome oblíquo após o verbo:

   Diz-se que o país sofre com a crise internacional.

4. **Apossínclise:** intercalação de palavras entre o pronome oblíquo e o verbo:

   Provavelmente você me não acredite se eu contar.

Uma pergunta deve ficar aí martelando em sua cabeça: como isso pode cair em uma prova?

Bem, isso depende muito da banca. Vamos pensar nas duas bancas-alvo para nossa prova em questão: CESPE e ESAF. No caso da banca CESPE, o usual é que ela solicite a mudança da posição do pronome, ou seja, que ela pergunte sobre a possibilidade de alterar a colocação, mantendo a correção gramatical e o sentido do texto. Já a banca ESAF costuma propor um trecho de texto em que alguns elementos aparecem repetidos, então solicita a reescrita do segmento, empregando pronomes a fim de evitar as "viciosas repetições".

Para garantir o acerto desse tipo de questão, é preciso memorizar as regras de colocação pronominal. Passemos a esse estudo!

16.1.2. Regras de próclise

A próclise usualmente ocorre em casos nos quais se faz notar a presença das chamadas "palavras atrativas", isto é, as palavras que – em razão do princípio da eufonia (bom soar das palavras) – atraem os pronomes para perto de si. Vamos dizer que essas palavras são "sexy" demais, os pronomes não se aguentam e vão para perto delas. Memorize esses casos!

1. Com palavras ou expressões de sentido negativo:

Não <u>me</u> negue o direito à cidadania, **nunca** <u>o</u> empenhei em trambiques.

Comentário da regra: perceba que os advérbios de negação atraem os pronomes (que estão sublinhados) para perto de si. Há um erro muito comum de colocação pronominal que consiste em passar esses pronomes para uma forma enclítica (depois do verbo, algo como "Não negue-me"). A isso, dá-se o nome de **hipercorreção**.

2. **Com conjunções subordinativas (ou locuções conjuntivas subordinativas):**

Sempre que me pego em situações difíceis, costumo rever minhas prioridades.

Comentário da regra: no exemplo que mencionei acima, temos uma locução conjuntiva, que é uma espécie de conjunto de termos com apenas uma função. No caso, duas palavras que funcionam como uma conjunção.

Sugiro, guerreiro(a) do concurso, que você relembre as conjunções ou locuções conjuntivas subordinativas para facilitar o estudo dessa regra. Vejamos uma pequena tabela:

Conjunções subordinativas adverbiais

Categoria	Conjunções	Exemplo
Causal	já que, como, porque uma vez que	**Já que** me interessa o assunto, estudarei.
Comparativa	como, mais (do) que, menos (do) que, tanto quanto, tal que	Falei **mais do que** me permitiram.
Condicional	caso, se, contanto, desde que	**Caso** o veja por aqui, passe o aviso.
Consecutiva	tanto que, de modo que, de sorte que	Investi **tanto que** me vi pronto a passar.
Conformativa	conforme, consoante, segundo	A empregada limpou a casa **conforme** lhe ordenaram.
Concessiva	embora, ainda que, mesmo que, conquanto, apesar de que	**Embora** me façam falta, abdicarei de alguns alimentos.
Final	para que, a fim de que, porque	Concentre-se **para que** a possa compreender propriamente.
Proporcional	à medida que, à proporção que, ao passo que	João ficava cansado **à medida que** me contava suas aventuras.
Temporal	quanto, sempre que, logo que, mal	**Logo que** me libertei daquela situação, comemorei.

Além das subordinativas adverbiais, lembre-se das subordinativas integrantes (*que* e *se*), as quais introduzem **orações subordinadas substantivas**. Vejamos um exemplo:

O fiscal disse **que** me trariam um novo modelo de prova após o exame.

3. Pronome relativo:

Os conceitos a **que** <u>me</u> refiro pertencem a Heidegger.

Perceba que a palavra destacada nessa frase é classificada como pronome relativo, pois faz a conexão entre um substantivo e um verbo e, além disso, pode ser permutada pelo termo *os quais*, resultando em *aos quais*, em razão de somar com a preposição.

Relembrando quais são os pronomes relativos da língua:

- Que
- O qual (a qual)
- Quem
- Quanto
- Onde
- Cujo

4. Pronomes indefinidos:

Naquele lugar que deveria ser estranho, **tudo** <u>me</u> parecia familiar.

Dentre os elementos para memorizar, estão os pronomes indefinidos. As questões com esses pronomes são comuns, porque os candidatos usualmente negligenciam a importância de memorizar esses termos.

Pronome	Pronome
alguém	algum
ninguém	nenhum
outro	outrem
cada	tudo
todo	nada
qualquer	certo

5. Pronomes interrogativos:

De todas as alternativas possíveis, **qual** <u>me</u> fará passar no concurso?

Vejamos os pronomes interrogativos da língua:

- Que
- Quem
- Qual
- Quanto

6. Advérbios:

O contrato? **Talvez** <u>o</u> assinem amanhã.

A tabela a seguir traz alguns advérbios para memorizarmos:

Categoria	Exemplos
Afirmação	sim, certamente, evidentemente, claramente
Negação	não, nunca, jamais, absolutamente
Dúvida	talvez, será, tomara, quiçá
Tempo	hoje, já, agora, depois, antes
Lugar	ali, aqui, lá, acolá, algures, alhures, nenhures
Modo	bem, mal, rapidamente, adrede
Intensidade	muito, pouco, mais, menos, bastante
Interrogação	por que, como, quando, onde, aonde, donde
Inclusão	também, além, inclusive
Designação	eis

7. "Em" + gerúndio:

Em se **desculpando** pela ofensa, não haverá dificuldades atreladas ao processo.

8. Verbo no particípio:

O caso do verbo no particípio é um pouco diferente. O que acontece, na verdade, é que o particípio repele a ênclise, ou seja, há mais maneiras de se fazer a colocação do pronome oblíquo. O problema reside, fundamentalmente, na ênclise.

O Governo me havia **remetido** o documento.

O Governo havia-me **remetido** o documento. (Comum em Portugal.)

O Governo havia me **remetido** o documento. (Comum no Brasil.)

O Governo havia **remetido**-me o documento. (Sentença incorreta.)

9. Sentenças optativas:

Uma oração optativa é aquela que exprime um desejo. Costumam ser sentenças de organização simples.

Deus **lhe** pague!

Observação: não caia na pegadinha!

Pode ser que a banca faça uma intercalação na sentença, buscando ludibriar você! Não caia nessa! Veja o exemplo:

Ele disse **que**, já fazia mais de duas semanas, <u>me</u> pagou.

Preste atenção que a sentença interferente *já fazia mais de duas semanas* está intercalada na sentença e separa o pronome de uma conjunção subordinativa integrante. Isso é algo muito comum em questões de concurso. Não se deixe enganar, é impossível fazer uma ênclise nesse caso.

16.1.3. Regras de mesóclise

As regras de mesóclise são as mais fracas. Isso quer dizer que, em um caso de mesóclise, se houver qualquer alteração (como a anteposição de palavra atrativa), a colocação deverá ser alterada. Nesse caso, para uma próclise. Vejamos os casos de mesóclise.

1. Verbo conjugado no futuro do presente do indicativo:

> **Notificá**-lo-**emos** em razão de tal injúria. (Verbo *notificar* no futuro: <u>notificaremos</u> + o pronome oblíquo.)

2. Verbo conjugado no futuro do pretérito do indicativo:

> **Informá**-la-**ia** quando retornasse de viagem. (Verbo *informar* no futuro do pretérito: <u>informaria</u> + o pronome oblíquo.)

> **NOTAS**
>
> Se houver algum caso de próclise nessas frases acima, a regra de mesóclise há de ceder lugar para a próclise. Como disse anteriormente, as palavras "atrativas" são mais fortes.
>
> A mesóclise, apesar de elegante, é pouco empregada na linguagem corrente. Não é muito recomendável utilizá-la se estiver escrevendo uma redação.

16.1.4. Regras de ênclise

1. Início de sentença: não se inicia sentença com pronome oblíquo átono:

> **Faz-se** muito com a dedicação e esforço.
>
> Atualmente, **vive-se** com medo nas grandes cidades. (Perceba que o pronome está enclítico, porque se considera início de sentença após aquela vírgula – uma vez que ela isola um elemento antecipado na sentença.)

2. Verbo no infinitivo impessoal:

> É fundamental **esforçar**-se para novos rumos.

3. Verbo no gerúndio:

> O suspeito saiu **afastando**-se do local do crime.

4. **Verbo no imperativo afirmativo:**

Tragam-me o livro solicitado!

5. **Verbo no infinitivo + preposição *a* antecedendo o verbo + pronomes *o* ou *a*:**

O lenhador saiu pela floresta **a procurá**-la apressadamente.
O promotor fitou o acusado **a ofendê**-lo desmesuradamente.

16.1.5. Colocação facultativa

Memorize estes casos! É muito comum as bancas questionarem se o pronome pode ser "deslocado" na sentença, sem problemas para a correção gramatical. Há apenas dois casos.

1. **Sujeito expresso próximo ao verbo:**

Machado de Assis se refere à sociedade da época.
Machado de Assis refere-se à sociedade da época.

2. **Verbo no infinitivo antecedido por *não* ou por preposição:**

Todos sabemos que, ao se **acostumar** com a vida, tendemos ao comodismo.
Todos sabemos que, ao **acostumar**-se com a vida, tendemos ao comodismo.

16.2. CONCEITOS IMPORTANTES PARA LEMBRAR

Um dos primeiros fatos importantes para relembrar é o que acontece na ênclise dos pronomes *o* e *a*.

a) **Se a palavra terminar em "R", "S" ou "Z": retiram-se essas letras e empregam-se as formas *lo, la, los* ou *las*:**

O meliante pretendia furtar **a carteira**./O meliante pretendia furtá-**la**.
O menino quis **o livro** ontem./O menino qui-**lo** ontem.
Faz **a atividade descrita no edital** novamente./Fá-**la** novamente.

b) **Se a palavra terminar em "ÃO", "ÕE" ou "M" (sons nasais): empregam-se as formas *no, na, nos* ou *nas*:**

Falem **a verdade** para a menina/Falem-**na** para a menina.
Dão **um bom conselho**/Dão-**no**.
Põe **a confiança** aqui/Põe-**na** aqui.

Outro fato importante para lembrar é que há possibilidade de os pronomes se combinarem, veja:

***Mo = me + o*:**

Deu o recado para mim./Deu-me o recado./Deu-me-o/Deu-mo.

***To = te + o*:**

Deu o recado para ti./Deu-te o recado./Deu-te-o./Deu-to.

***Lho = lhe + o*:**

Deu o recado para Joana./Deu-lhe o recado./Deu-lhe-o./Deu-lho.

***No-lo = nos + o*:**

Ele deu o recado para nós./Ele nos deu o recado./Ele no-lo deu.

***Vo-lo = vos + o*:**

Ele deu o recado para vós./Ele vos deu o recado./Ele vo-lo deu.

Também é conveniente lembrar qual é a forma correta para empregar os pronomes de terceira pessoa *o, a* e *lhe*. Vejamos:

1. *O* e *a* são formas pronominais diretas: ou seja, servem para retomar elementos que não são introduzidos por preposição em uma sentença (na maior parte dos casos).
2. *Lhe* é uma forma pronominal indireta, equivalente a *a ele ou a ela*: ou seja, substitui elemento que, na sentença, surge introduzido por uma preposição:

   A empresa pagou o salário ao empregado.
   A empresa pagou-**o** ao empregado. (Substituição do objeto direto.)
   A empresa pagou-**lhe** o salário. (Substituição do objeto indireto.)
   A empresa pagou-**lho**. (Substituição dos dois em apenas uma forma.)

COMO ISSO CAI NA PROVA?

Bem, isso depende. Há alguns padrões que as bancas costumam utilizar. Dentre os mais comuns, destaco os que exigem análise da correção gramatical da sentença, sem mencionar nada a respeito da posição do pronome, o que é muito usual em reescrita de sentenças. Também é possível que a banca pergunte se o pronome está no lugar correto ou se a alteração de sua posição não prejudica a correção gramatical da sentença. Vejamos uns exemplos:

➤ (2014 – CESPE – TJ-SE – Técnico Judiciário – Área Judiciária) No segmento "isso então nem se fala", a posição do pronome "se" justifica-se pela presença de palavra de sentido negativo.

( ) Certo   ( ) Errado

Resposta: certo.

Comentário: Essa resposta se justifica pela regra de próclise que exige a anteposição do pronome oblíquo átono nos casos em que houver uma palavra atrativa. Pois bem, a palavra *nem* é uma conjunção coordenativa que significa *e não*, ou seja, possui sentido negativo. Por essa razão, o pronome *se* está em posição proclítica.

➤ (2009 – ESAF – Analista Tributário da Receita Federal do Brasil) Assinale a opção que corresponde a erro gramatical.

O IDH é um índice que, pela simplicidade, **se (1)** disseminou mundialmente, tornando-**se (2)** um parâmetro de avaliação de políticas públicas na área social, o que não é pouco, levando-se em consideração que há respaldo científico.

No entanto, para além das filigranas metodológicas, é preciso não **se perder (3)** de vista o ponto fundamental do IDH, que é medir a qualidade de vida para além de indicadores econômicos. Nesse sentido, ele é uma bem-sucedida alternativa ideológica do indicador puro e simples do Produto Interno Bruto, **no qual (4)** pode camuflar o real nível de bem-estar da maioria da população. Com o IDH, medir desenvolvimento humano passou a ser tão ou mais importante que **aferir (5)** o mero, e às vezes enganador, desenvolvimento econômico.

(**Jornal do Brasil**, Editorial, 7/10/2009, adaptado.)

a) (1).

b) (2).

c) (3).

d) (4).

e) (5).

Resposta: d.

Comentário: apesar de a resposta dessa questão estar pautada na regência do pronome relativo (a preposição *em* não deveria estar presente ali), destaco os casos de colocação pronominal em (1) e (2). A próclise é obrigatória em (1), em razão de haver um pronome relativo (*que*) causando a atração do pronome átono. A ênclise é obrigatória em (2), em razão de haver um verbo empregado no gerúndio sem a preposição *em* antecedendo a forma verbal.

16.3. EXERCÍCIOS

1. (2013 – FCC – TRE-RO – Analista Judiciário) *No âmbito da arte contemporânea, a pintura de Chagall ...... pela importância que tem nela o elemento temático, de fundo onírico, que, por sua vez, ... as profundas raízes afetivas e culturais do artista. Sua obra, moderna, ... todas as conquistas formais da arte contemporânea.*

(Adaptado de: educação.uol.com.br/biografias/marc-chagall.html)

Preenchem corretamente as lacunas da frase acima, na ordem dada:

a) se destaca – refletem – assimila.

b) destaca – refletem – assimilava.

c) destaca-se – refletiam – assimilaram.

d) destaca – refletia – assimilara.

e) se destaca – reflete – assimilou.

2. (2016 – FCC – TRT 23ª Região – Analista Judiciário) Em 1949, quando o pai morreu, Manoel herdou suas terras em Corumbá. Pensou inicialmente em vender as terras, mas a mulher convenceu Manoel a restabelecer raízes no Pantanal. Por ocasião do lançamento de "O Guardador das Águas", que daria a Manoel o seu primeiro Prêmio Jabuti, afirmou: "Entre o poeta e a natureza ocorre uma eucaristia".

Fazendo-se as alterações necessárias, os elementos sublinhados acima foram corretamente substituídos por um pronome, na ordem dada, em:

a) vendê-las – convenceu-o – lhe daria.

b) vender-lhes – convenceu-lhe – daria-lhe.

c) as vender – convenceu-lhe – o daria.

d) vendê-las – lhe convenceu – daria-no.

e) vender-lhes – o convenceu – lhe daria.

3. (2016 – FCC – SEGEP-MA – Técnico da Receita Estadual) Os árabes usavam mosaicos de azulejos para ornamentar as paredes de seus palácios, conferindo às paredes brilho e ostentação. Influenciados pela técnica mourisca, artesãos espanhóis e portugueses simplificaram a técnica e adaptaram a técnica aos padrões ocidentais.

Fazendo-se as devidas alterações, os elementos sublinhados acima estão corretamente substituídos por um pronome, na ordem dada, em:

a) conferindo-as – adaptaram-lhe.

b) lhe conferindo – a adaptaram.

c) conferindo-lhes – adaptaram-na.

d) conferindo-a – lhes adaptaram.

e) conferindo-as – as adaptaram.

4. (2018 – VUNESP – PC-SP – Auxiliar de Papiloscopista) Assinale a alternativa em que a colocação do pronome destacado atende à norma-padrão da língua.

a) Apenas quando lembra-**se** do que lera nos jornais, o narrador compreende a razão de não haver pão.

b) Ao ouvir a história do padeiro, o narrador indigna-se com a forma como sempre tratavam-**no** nas casas.

c) O narrador relacionava a história do padeiro à sua, **se** recordando do tempo em que era um jovem escritor.

d) De tanto ouvir que não era ninguém, o padeiro já não **se** incomodava mais por ser tratado assim.

e) Para o padeiro, era natural a ideia de que ninguém reconhecia-**o** devido à natureza do seu trabalho.

5. (2018 – CESGRANRIO – Banco do Brasil – Escriturário) O pronome destacado foi utilizado na posição correta, segundo as exigências da norma-padrão da língua portuguesa, em:

a) Quando as carreiras tradicionais saturam-**se**, os futuros profissionais têm de recorrer a outras alternativas.

b) Caso os responsáveis pela limpeza urbana descuidem-**se** de sua tarefa, muitas doenças transmissíveis podem proliferar.

c) As empresas têm mantido-**se** atentas às leis de proteção ambiental vigentes no país poderão ser penalizadas.

d) Os dirigentes devem esforçar-**se** para que os funcionários tenham consciência de ações de proteção ao meio ambiente.

e) Os trabalhadores das áreas rurais nunca enganaram-**se** a respeito da importância da agricultura para a subsistência da humanidade.

16.4. GABARITO

1 – e

2 – a

3 – c

4 – d

5 – d

17 Regência verbal e nominal

Sequenciando o nosso trabalho, vamos estudar um pouco de Regência. Essa matéria é simples e intuitiva. Para que você consiga entendê-la, deverá fazer um pequeno esforço no sentido de reconhecer as relações entre as palavras em uma sentença.

Basicamente, a Regência costuma servir como a base para compreender os casos de crase. Além disso, há diversas questões que estão baseadas no emprego (ou não) das preposições em relações dentro das frases.

É evidente que existem regras, as quais devem ser respeitadas, nesse caso, elas aparecerão discriminadas em nosso capítulo. Iniciemos com algumas definições e, posteriormente, passemos aos casos.

17.1. DEFINIÇÃO

Regência é a parte da sintaxe que se preocupa com a relação entre as palavras e seus possíveis complementos. Pode-se dividi-la em duas partes fundamentais:

- **Regência verbal:** relação entre o verbo e seus possíveis complementos.

    O menino **assistia** ao jogo de seus amigos. (O verbo *assistir* foi empregado no sentido de *ver* e, nesse sentido, ele deve ser empregado com a preposição *a* para introduzir o complemento.)

    Eu **duvido** de que haja pessoas naquela sala. (O verbo *duvidar* evoca a preposição *de* para introduzir seu complemento verbal. Dessa maneira, poderemos compreender que se trata de um verbo com transitividade indireta.)

- **Regência nominal:** relação entre substantivo, adjetivo ou advérbio e seus possíveis complementos. Veja alguns exemplos:
    » Substantivo:

    Não havia **acesso** aos documentos naquele estabelecimento.

    » Adjetivo:

    Maria é **orgulhosa** de seus filhos.

» Advérbio:

O candidato reagiu **favoravelmente** <u>a seus inimigos</u>.

Para facilitar a vida do estudante, vou propor uma analogia mais didática: imagine que uma oração seja um grandioso "baile". Algumas palavras podem ir "solteiras" ao baile; outras já estão "casadas" e precisam levar suas companheiras (preposições) à festa em questão. As palavras solteiras não obrigam a presença de uma preposição. As palavras casadas exigem o acompanhamento de uma preposição para introduzir um complemento ou um modificador (adjunto).

Na realidade, o estudo da regência leva tempo e depende muito da leitura. Ocorre que, em grande parte das questões, há verbos que são mais incidentes. Esses compõem os "casos fundamentais de estudo". Isso é o que faremos a partir de agora.

17.2. PRINCIPAIS CASOS DE REGÊNCIA VERBAL

Doravante, segue uma lista com alguns dos principais casos de regência verbal. Nesta lista, haverá o verbo e os sentidos que ele pode assumir. Lembre-se dos significados das siglas: VTD (verbo transitivo direto – sem necessidade de preposição), VTI (verbo transitivo indireto – com necessidade de preposição), VB (verbo bitransitivo – com dois complementos) e VI (verbo intransitivo – eventualmente empregado com uma preposição para introduzir um modificador).

- **Agradar:**
  » VTD: no sentido de *acariciar*:

    A garota agradava **seu animal de estimação**.
    A mãe agradou **o filho** para que ele dormisse.

  » VTI: no sentido de *contentar, deixar feliz*. A preposição que rege o complemento, nesse caso, deve ser *a*:

    O aluno agradou **ao professor** com seu desempenho.
    Sua atitude não agrada **a seus pares**.

- **Assistir:**
  » VTD: no sentido de *ajudar*:

    O professor assistiu **seus alunos** durante o trabalho.
    O Governo assiste **o povo** com benesses.

» VTI: no sentido de *ver*, é transitivo indireto, com complemento introduzido pela preposição *a*:

> O ministro assistiu à apresentação do evento.
>
> Ontem, assistimos **ao filme mais novo do ano**.

» VTI: no sentido de *pertencer*, o verbo ainda é transitivo indireto e também é introduzido pela mesma preposição *a*:

> Assiste **ao homem** o direito à vida.
>
> Aquele direito fundamental não assiste mais **a todos**.

» VI (*em*): empregado no sentido de *morar*, deve ser empregado com a preposição *em*, a fim de montar a locução adverbial de lugar:

> Assistiremos **em Manaus** até o dia da prova.
>
> Há muitos anos, eu assisto **em Campinas**.

- **Aspirar:**
» VTD: no sentido de *sorver* ou *cheirar*:

> À tarde, aspirava **o perfume das flores**.
>
> Aspiramos **o aroma** que a torta exalava.

» VTI: no sentido de *ter em vista*, *desejar*, o verbo é transitivo indireto, com complemento regido pela preposição *a*:

> Aspiramos **ao cargo mais alto**.
>
> Aspirava **a que você conseguisse ser aprovado**.

- **Chegar/Ir:** são verbos intransitivos. As preposições podem demarcar o emprego de uma locução adverbial que, sintaticamente, funciona como adjunto adverbial.
» Preposição *a* (indica destino). Nesse caso, a preposição introduz um **adjunto adverbial**:

> Chegaremos **ao local mencionado**.
>
> Irei **ao salão** horas mais tarde.

» Preposição *em* (indica estaticidade):

> Cheguei **no trem** à estação. (Estava dentro do trem.)
>
> Irei **no carro de Marina**. (Dentro do carro.)

» Ir a/para

Usualmente, identifica-se uma distinção entre *ir a algum lugar* e *ir para algum lugar*. Diz-se que quem vai *a* acaba por voltar; quem vai *para* não tem intenção de regressar. Pensando praticamente:

João vai **a** São Paulo toda semana. (Pressupõe-se que ele vá voltar.)

João vai **para** São Paulo no fim do mês. (Pressupõe-se que ele não volte.)

- **Chamar:** é VTD e admite as seguintes construções:

Eu chamei seu nome.

Eu chamei por seu nome.

Eu chamei o concorrente de derrotado.

Eu lhe chamei derrotado.

Eu chamei derrotado ao concorrente.

Pelo fato de o verbo *chamar* evocar um qualificativo para sua forma complementar do verbo (ou seja, pedir um predicativo do objeto), podemos dizer que se trata de um verbo *transitivo direto predicativo*. O mesmo pode ocorrer com as formas *achar*, *considerar* e *julgar*. Veja os próximos exemplos:

Mariana *achou* sua amiga estranha.

O juiz *considerou* o réu culpado.

Julgo complexa *essa questão*.

- **Corroborar:** é um VTD. Muita gente emprega incorretamente esse verbo, utilizando a palavra *com*. Saiba que esse emprego é vicioso e não deveria ocorrer:

A pesquisa corroborou **a tese apresentada**.

A fala do presidente corroborou **a visão do ministro**.

- **Esquecer/Lembrar:** esses verbos apresentam uma peculiaridade em seu emprego!

» Sem pronome, sem preposição:

Esqueceram **os compromissos**.

Lembraram **os compromissos**.

» Com pronome, com preposição:

Esqueceram-**se dos** compromissos.

Lembraram-**se dos** compromissos.

Independentemente do sentido do verbo ou da extensão da oração, as mesmas regras explicitadas devem ser aplicadas.

- **Ensinar:** pode ser aplicado da seguinte forma:
  - » Algo a alguém:

    Ensinei <u>Gramática</u> **a meus alunos.**

  - » Alguém a "fazer algo":

    O menino ensinou <u>seu amigo</u> **a jogar futebol**.

Entende-se que – de alguma maneira – o verbo *ensinar* é bitransitivo.

- **Implicar:**
  - » VTD: no sentido de *acarretar*, não exige complemento:

    Cada escolha **implica uma renúncia.**

Muito cuidado, pois há diversas pessoas que empregam de maneira incorreta essas formas.

  - » VTI (*com*): será empregado com a preposição *com*, quando significar *rivalizar*:

    José implicava **com as ideias de seu chefe**.

  - » VTB: no sentido de *envolver algo em alguma coisa*, a preposição para o emprego da forma indireta deve ser *em*:

    Implicamos **muito dinheiro** <u>na negociação</u>.

- **Morar/Residir** (*em*): trata-se de verbos intransitivos. A preposição *em* introduz o adjunto adverbial:

  O local **em que** moro aparenta ser antigo.
  Pedro residia **em Los Angeles** naquela época.

- **Namorar:** é verbo transitivo direto, ou seja, não exige preposição. O emprego da preposição *com* altera o sentido do termo consequente, que passa a ser adjunto adverbial de companhia:

  Juliana namora **seu amigo de infância**.

- **Obedecer/desobedecer:** são verbos transitivos indiretos, que devem ter seus complementos introduzidos pela preposição *a*:

  Não se deve desobedecer **aos princípios éticos**.
  Obedeça **às leis de trânsito**.

- **Pagar:** verbo bitransitivo – pagar algo **a** alguém. Nota-se que – usualmente – o complemento preposicionado remete à ideia de pessoa:

  O menino pagou **a conta** ao dono da venda.

- **Perdoar:** trata-se de um verbo bitransitivo (perdoar algo a alguém):

  Eu perdoarei **a dívida** aos meus devedores.

- **Preferir:** verbo bitransitivo (não é possível reforçar esse verbo, ou seja, usar expressões como *prefiro mil vezes* ou *prefiro mais*. Além disso, veja que a preposição correta é a preposição *a* e não *de*):

  A mulher preferia **o livro** ao computador.
  Prefiro **Sintaxe** a Matemática.

- **Querer:** trata-se de um verbo transitivo direto:

  Quero **um bom resultado** na prova.

  » Quando no sentido de desejar bem, usa-se com objeto direto preposicionado:

    Eu quero bem **a meus alunos**.

- **Responder:** é verbo transitivo indireto, com complemento regido pela preposição *a*:

  Responda **às perguntas anteriores**.
  O questionamento **a** que respondi era crucial para compreender o raciocínio.

- **Simpatizar/Antipatizar:** trata-se de verbo transitivo indireto, com complemento regido pela preposição *com*:

  Eu não simpatizo **com essa música**.
  Mariana antipatizava **com todas as vizinhas da rua**.

- **Suceder** pode assumir as seguintes regências:

» VTI: no sentido de *substituir*, deve ser empregado com a preposição *a*:

Este governo sucedeu **ao regime anterior**.

» VI: no sentido de *ocorrer*, trata-se de verbo intransitivo:

Sucederam eventos terríveis.

- **Visar:**

» VTD: no sentido de *mirar*, emprega-se sem preposição:

O arqueiro visava **o alvo vermelho**.

» VTI (a): no sentido de *ter em vista*, emprega-se com a preposição *a*:

Aquele rapaz visava **ao cargo de gerente**.

Muita atenção para o fato de que é comum haver a supressão da preposição que introduz o complemento do verbo quando esse mesmo complemento for de base oracional, ou seja, quando se tratar de uma oração com função de complemento verbal.

O Governo visava **que houvesse diminuição na taxa de homicídios**.
O Governo visava **a que houvesse diminuição na taxa de homicídios**.

» VTD: no sentido de *assinar*, também se emprega sem preposição:

Meu pai visou **aquele documento**.

Casos intrigantes:

Quero chamar a atenção para alguns casos intrigantes de regência verbal. Casos em que a inserção ou a remoção da preposição não prejudicam a correção gramatical, tampouco o sentido original da sentença. Como isso costuma ser objeto de algumas questões de prova, vou comentar algo sobre esses verbos aqui:

1. *Atender*: esse verbo pode ser empregado com ou sem a preposição *a*, sem gerar alteração drástica de sentido:

Certamente atenderemos **ao seu pedido**.
Certamente atenderemos **seu pedido**.

2. *Influenciar*: esse verbo pode ser empregado com ou sem a preposição *em*, sem que haja incorreção gramatical ou alteração de sentido:

A situação influenciou **a decisão de toda a equipe**.
A situação influenciou **na decisão de toda a equipe**.

> 3. *Pensar*: esse verbo possui emprego semelhante ao que estudamos em relação ao verbo *influenciar*, ou seja, pode ser empregado com ou sem a preposição *em*:
>
>> Parece-me essencial pensar **a causa** de maneira inovadora.
>>
>> Parece-me essencial pensar **na causa** de maneira inovadora.
>
> Outro caso intrigante é o fato de que – independentemente do que leiamos nos livros de regência – existe a possibilidade de a intenção do falante alterar a classificação regencial do verbo. Veja os casos a seguir:
>
>> Eu **comprei** um carro. (Verbo empregado na acepção de transitivo direto, pois o foco da ação está na coisa comprada.)
>>
>> Eu **comprei** um carro para minha mãe. (Verbo empregado intencionalmente na acepção de transitivo direto e indireto, ou bitransitivo, pois o foco está na transição da coisa comprada ao seu receptor.)
>>
>> Eu gosto é de **comprar**. (Verbo *comprar* empregado na acepção intransitiva, pois o foco está somente na ação, sem indicar o receptor, a transferência de posse ou mesmo o objeto comprado.).

Há, com efeito, muitíssimos casos de regência verbal. Com o estudo progressivo, você irá descobrindo as nuances desse conteúdo, que é muito cativante. Além disso, é preciso saber que essa matéria – além de ser base para questões como as de crase – pode ser cobrada em uma exigência de análise para o preenchimento de lacunas dentro de um texto, com expressões previamente assinaladas (tais como: *a que, em que, de que, com que* etc.).

COMO ISSO CAI NA PROVA?

▶ (2018 – FCC – TRT 6ª Região-PE – *Técnico Judiciário – Área Administrativa*) Está correto o uso do elemento sublinhado na seguinte frase:

a) Nos diálogos forjados nas redes sociais, os usuários selecionam aqueles <u>dos quais</u> estão dispostos a interagir.

b) A maioria das pessoas hoje acessa as redes sociais <u>em cuja</u> influência revolucionou a forma de compartilhar notícias.

c) Deve-se reagir com cautela à recepção de conteúdos <u>aos quais</u> são disseminados nas mídias digitais.

d) As mídias sociais são acusadas de formar redutos <u>no qual</u> o usuário consome um conteúdo que o agrade.

e) A esfera pública, <u>na qual</u> os mais engajados prevalecem, parece tomada por uma intensa polarização.

Resposta: e.

Comentário: o erro de cada elemento está na regência do verbo, essencialmente. Em A, a preposição que deveria sem empregada é *com*, pois a regência do verbo *interagir* é dada pela preposição *com*. Em B, o erro está em empregar a preposição *em*, pois não há qualquer elemento que exija esse conectivo na sentença. Em C, a inserção da preposição *a* compromete a correção gramatical da sentença. Em D, o erro não está no emprego da preposição, mas na concordância, pois o pronome relativo retoma o antecedente *redutos*, com o qual deveria concordar.

17.3. REGÊNCIA NOMINAL

Para a regência nominal, seria necessário – no mínimo – um dicionário, o que verdadeiramente costuma ser publicado. Na verdade, esta tabela abaixo demonstra apenas alguns casos de regência nominal. O importante é que, durante a leitura, você tenha a capacidade de perceber as preposições que aparecem ali, povoando o entorno desses termos. Desse modo, a noção de regência fica mais intuitiva para quem está lendo. Como eu não colocarei um dicionário de regência aqui para você ler, apresentarei alguns dos casos para os quais deve voltar mais atenção. Veja os exemplos seguintes:

Substantivos	Adjetivos	Advérbios
acesso a, de, para	acessível a, para	contrariamente a
alusão a, de	acostumado a, com	diferentemente de
amor a, de, para, com, por	afável com, para com	independentemente de
analogia com, entre	afeiçoado a, por	longe de
antipatia a, contra, por	aflito com, por	paralelamente a
ânsia de, por	agradável a	perto de
atenção a, com, para com	alheio a, de	proximamente a, de
aversão a, para, por	aliado a, com	relativamente a
bacharel em	amante de	
capacidade de, para	ambicioso de	
devoção a, para com, por	amizade a, por, com	
doutor em	análogo a	
dúvida acerca de, em, sobre	ansioso de, por, para	
empenho de, em, por	apaixonado de, por	

Cap. 17 · REGÊNCIA VERBAL E NOMINAL

Substantivos	Adjetivos	Advérbios
horror a, de, por	apto a, para	
medo a, de	aficionado a, de, por	
obediência a	assíduo a, em	
ojeriza a, por	atencioso com, para com	
paixão de, por	avesso a imune a, de	
respeito a, com, para com	ávido de, por	
zelo a, de, por	benéfico a	
	capaz de, para	
	certo de	
	cioso de	
	compatível com	
	compreensível a	
	comum a, de	
	conforme a, com	
	compaixão de, para com,	
	contemporâneo a, de	
	contente com, de, em, por	
	contrário a	
	contíguo a	
	constante em	
	constituído com, de, por	
	cruel com, para, para com	
	cuidadoso com	
	curioso a, de, por	
	dedicado a	
	desatento a	
	descontente com	
	desejoso de	
	desfavorável a	
	desgostoso com, de	
	desprezo a, de, por	
	devoto a, de	
	diferente de	
	difícil de	
	digno de	
	entendido em	

Substantivos	Adjetivos	Advérbios
	equivalente a	
	erudito em	
	escasso de	
	essencial para	
	estranho a	
	fácil a, de, para	
	falho de, em	
	falto de	
	fanático por	
	favorável a	
	feliz com, de, em, por	
	fértil de, em	
	fiel a	
	firme em	
	generoso com	
	grato a	
	hábil em	
	habituado a	
	horror a	
	hostil a, contra, para com	
	idêntico a	
	imbuído em, de	
	impossível de	
	impróprio para	
	imune a	
	incompatível com	
	inconsequente com	
	indeciso em	
	independente de, em	
	indiferente a	
	indigno de	
	inepto para	
	inerente a	
	inexorável a	
	insensível a	
	inútil a, para	

Substantivos	Adjetivos	Advérbios
	isento de	
	junto a, de, por	
	leal a	
	lento em	
	liberal com	
	misericordioso com, para com	
	natural de	
	necessário a	
	negligente em	
	nocivo a	
	paralelo a	
	parco em, de	
	passível de	
	peculiar a	
	perito em	
	perpendicular a	
	pertencente a	
	permissivo a	
	paralelo a	
	parecido a, com	
	pertinaz em	
	possível de	
	possuído de, por	
	posterior a	
	preferível a	
	prejudicial a	
	prestes a, para	
	propenso a, para	
	propício a	
	próximo a, de	
	relacionado com	
	residente em	
	respeito a, com, de, para com, por	
	responsável por	

Substantivos	Adjetivos	Advérbios
	rico de, em	
	satisfeito com, de, em, por	
	seguro de, em	
	semelhante a	
	sensível a	
	simpatia a	
	sito em	
	situado a, em, entre	
	suspeito a, de, por	
	último a, de, em	
	união a, com, entre	
	útil a, para	
	último a, de, em	
	vazio de	
	versado em	
	vizinho a, de	

O trabalho não acaba. A regência depende de um estudo constante, fundamentalmente voltado à leitura e à compreensão das relações entre os elementos frasais. Muita gente reclama que acha o assunto de regência chato! Chato é carregar pedra! Todo investimento em seu futuro vale a pena! O esquema agora é resolver alguns exercícios. Vamos à luta!

17.4. EXERCÍCIOS

1. (2018 – FCC – ALESE – Técnico Legislativo) *"Como eu era protestante, não pulei Carnaval durante a minha infância, nas décadas de 1950 e 1960. No entanto, eu e meu pai cantávamos muitas das marchinhas que ouvíamos no rádio, numa época em que a TV ainda não existia. Uma de que eu gosto muito diz assim: "Iaiá, cadê o jarro? O jarro que eu plantei a flor. Eu vou te contar um caso: eu quebrei o jarro e matei a flor". Hoje já não há marchinhas tão interessantes, quase não sinto beleza nelas. Mas gosto muito dos sambas-enredo, verdadeiras epopeias."*

(Adaptado de: ROSA, Yêda Stela. 70 anos, de São Luiz. A-lá-lá- ô, ô, ô, ô, ô. Todos. São Paulo: Mol, Fevereiro/Março, p. 22)

Considerando a regência e a estruturação das sentenças, a alternativa em que as duas construções estão corretas é:

a) Uma de que eu gosto/Fez promessas das quais não me esqueci.

b) numa época em que a TV ainda não existia/Numa época aonde a corrupção não era divulgada.

c) muitas das marchinhas que ouvíamos no rádio/Muitos dos desfiles cuja a transmissão assistíamos pela TV.

d) O jarro que eu plantei a flor/O poço o qual caíram as chaves.

e) numa época em que a TV ainda não existia/Numa época que precisamos voltar.

2. (2018 – MS Concursos – SAP-SP – Oficial Administrativo) Quanto à regência verbal, marque a alternativa incorreta.

a) Ontem assistimos a um clássico do cinema, o filme 2001 – Uma odisseia no espaço.

b) É necessário que motoristas e pedestres obedeçam às leis de trânsito.

c) O garoto desobedeceu a seus pais.

d) Não posso viajar agora, pois ainda não usei ao passaporte.

e) Estes pães estão bons para consumo até amanhã.

3. (2018 – MS Concursos – SAP-SP – Oficial Administrativo) Também sobre regência verbal, assinale a alternativa correta.

a) Médicos e enfermeiras assistiram ao acidentado.

b) Não lembrava ao nome dela.

c) Ela antipatizou dele assim que o viu.

d) O atirador visou ao alvo... errou!

e) Ele está se especializando em computação, porque visa uma promoção na empresa.

4. (2018 – MS Concursos – SAP-SP – Oficial Administrativo) Quanto à regência nominal, assinale a alternativa incorreta.

a) O presidente mostrou-se desfavorável ao nosso projeto.

b) Sou capaz de resolver rapidamente esta questão.

c) Ele ficou descontente com o resultado do jogo.

d) Meu amigo é entendido em informática.

e) Nossa classe é responsável pela horta comunitária.

5. (2018 – VUNESP – Câmara de Dois Córregos – Diretor Contábil Legislativo) Leia o trecho a seguir.

No passado, a mão de obra oriunda do campo era absorvida _____ indústria. Em um passado mais recente, o setor de serviços encarregou-se _____ ocupar boa parte dos trabalhadores que perderam espaço na indústria, que tem investido sistematicamente _____ automatização e outras tecnologias. Atualmente, dispersos _____diferentes campos de atuação, o desafio dos trabalhadores consiste _____ se adaptar à era da internet e da informática.

Considerando as regras de regência verbal e nominal, conforme a norma-padrão da língua, as lacunas do texto devem ser preenchidas, correta e respectivamente, com

a) na ... de ... de ... com ... de.

b) pela ... de ... em ... por ... em.

c) pela ... a ... de ... por ... com.

d) da ... de ... em ... com ... em.

e) com a ... por ... em ... de ... por.

17.5. GABARITO

1 – a

2 – d

3 – e

4 – b

5 – b

18 Crase

18.1. TEORIA

Crase é o nome do fenômeno linguístico em que se pronuncia o som de duas vogais em apenas uma emissão sonora. Na verdade, trata-se de uma união, como o próprio nome grego "*krásis*" indica. O acento grave indicativo de crase (`) deve ser empregado em contrações da preposição *a* com:

a) O artigo definido feminino:

O homem foi à reunião descrita na ata.

Explicação

Veja a regência do verbo *ir* (que justifica a primeira ocorrência do *a*), para introduzir o adjunto adverbial de lugar, emprega-se a preposição *a*, ou seja, (ir *a* algum lugar). A segunda ocorrência do *a* é justificada pelo fato de haver um substantivo feminino (*reunião*) que está determinado[1] na frase.

b) Os pronomes *aquele, aquela* ou *aquilo*:

Referimo-nos àquele assunto mencionado.

Explicação

Além de observar a regência do verbo (referir-se *a* alguma coisa), deve-se entender que, com o pronome demonstrativo apontado na regra, deve ser empregado o acento grave.

c) O pronome demonstrativo *a*:

Tenho uma calça semelhante à que você tem.

---

[1] Dizer que um substantivo está determinado significa dizer que há um artigo, um pronome ou um numeral particularizando-o na sentença.

> **Explicação**
>
> Nessa sentença, há o pronome relativo *que* e seu antecedente é o pronome demonstrativo *a* (identificável se o trocarmos por *aquela*). Como usamos o adjetivo *semelhante*, sua regência exige o emprego da preposição *a*. Logo, somamos o *a* preposição ao *a* pronome demonstrativo.

Essa é a parte da teoria que você precisa saber para entender os casos de crase. A partir de agora, é possível segmentar a matéria em três tipos: **casos proibitivos**, **casos obrigatórios** e **casos facultativos**.

18.2. CASOS PROIBITIVOS (NÃO SE PODE EMPREGAR O ACENTO GRAVE)

Preste muita atenção nestes casos, pois – se você inserir um acento grave nessas sentenças – criará um erro gramatical.

1. Diante de palavra masculina:

Ele fazia menção a <u>dissídio</u> trabalhista.

2. Diante de palavra com sentido indefinido:

O homem não assiste a <u>filmes</u> medíocres.

3. Diante de verbos:

Os meninos estavam dispostos a <u>estudar</u> Gramática.

4. Diante de alguns pronomes (pessoais, de tratamento, indefinidos, interrogativos):

A <u>Sua Excelência</u>, dirigimos um comunicado.

5. Em expressões com palavras repetidas:

<u>Cara</u> a <u>cara</u>, <u>dia</u> a <u>dia</u>, <u>mano</u> a <u>mano</u>.

6. Diante de topônimos que não admitem o artigo:

Agripino viajará a <u>São Paulo</u>.

Para não errar essa regra, convém usar o antigo macete: "vou à, volto da = crase há. Vou a, volto de = crase pra quê?"

> ## ATENÇÃO 1
>
> Se o topônimo estiver especificado (se houver algum tipo de determinante na sentença), o acento grave deve ser empregado.
>
> Agripino viajará à São Paulo[2] **de sua infância.**

7. **Diante da palavra** *casa* **(no sentido de "lar"):**

O menino voltou a casa, para falar com a mãe.

> ## ATENÇÃO 2
>
> Se houver algum tipo de determinação (especificação) da palavra *casa*, haverá também o acento grave na sentença.
>
> O menino voltou à casa **da mãe.**

8. **Diante da palavra** *terra* **(no sentido de "solo"):**

Muitos virão a terra após navegar.

> ## ATENÇÃO 3
>
> Se houver especificação da palavra *terra*, haverá também o acento grave na sentença.
>
> Muitos virão à terra **dos jogos olímpicos.**

9. **Diante de numerais cardinais referentes a substantivos não determinados pelo artigo:**

O presidente iniciou a visita **a** quatro **regiões** devastadas.

---

[2] O fato de ser empregado o termo *de sua infância* significa que ele foi determinado na sentença. Isso faz ocorrer o acento grave.

Veja que, nessa sentença, não houve emprego do acento grave, porque não houve o artigo. Isso quer dizer que o substantivo foi empregado genericamente, ou seja, há mais de quatro regiões devastadas. Haveria o acento grave caso o artigo fosse empregado. Analise:

O presidente iniciou a visita às <u>quatro</u> **regiões** devastadas.

Nessa frase, fica claro que há apenas quatro regiões devastadas, razão pela qual se emprega o artigo e, por consequência, o acento grave.

Pense sempre da seguinte maneira:

"A" no singular + palavra no plural = crase nem a pau!

18.3. CASOS OBRIGATÓRIOS (DEVE-SE EMPREGAR O ACENTO GRAVE)

Os casos que se seguem são casos obrigatórios de colocação do acento grave indicativo de crase. Isso quer dizer que é preciso colocar o acento nestas construções. Fique de olho aberto para as justificativas para a colocação do acento.

1. **Locução adverbial feminina:** à vista, à noite, à esquerda, à direta, à vontade, às pressas, às vezes.

2. **Expressão (masculina ou feminina) com o sentido de "à moda de" ou "ao estilo de":** *gol à Pelé, cabelos à Sansão, poema à Bilac, conto à Machado.*

   Preste bastante atenção nisto: não se emprega o acento grave em expressões como *bife a cavalo, frango a passarinho,* pois são locuções cujo núcleo é masculino e não assinalam ideia de "à moda de" ou "ao estilo de".

3. **Locução prepositiva:** à vista de, à beira de, à mercê de, à altura de, à espreita de.

4. **Locução conjuntiva proporcional:** à medida que, à proporção que.

5. **Para evitar ambiguidade:** nesse caso, o acento grave será colocado sobre o termo que sofrer/receber a ação. Isso é um caso de objeto direto preposicionado:

> Ama a mãe à filha. (Nessa frase, a mãe ama a filha.)
> Ama à mãe a filha. (Nessa frase, a filha ama a mãe.)

6. **Diante de _madame, senhora_ e _senhorita_:**

> Enviaremos uma carta à **senhorita**.

7. **Diante da palavra _distância_ (quando estiver determinada):**

> O acidente se deu à distância **de 100 metros**.

> ## ATENÇÃO
>
> Em _Educação a distância_, não se emprega acento grave, pois não há determinação do termo em questão.

18.4. CASOS FACULTATIVOS (PODE-SE EMPREGAR FACULTATIVAMENTE O ACENTO GRAVE)

1. **Após a preposição[3] _até_:**

> Caminharemos até a sala do diretor.
> Caminharemos **até** à sala do diretor.

2. **Diante de pronome possessivo feminino:**

> Ninguém fará menção a sua citação.
> Ninguém fará menção à sua citação.

---

[3] Evidentemente, desde que haja um verbo que "chame" uma preposição _a_ na sentença. Nesse caso, o que se faz é a introdução de uma preposição a mais na expressão, pois o artigo já está empregado.

ATENÇÃO

Se essa expressão for empregada no plural, o acento grave deve ser obrigatório, tendo em vista que o artigo será empregado. Veja:

Ninguém fará menção às suas causas.

3. **Diante de substantivo próprio feminino:**

   Houve uma homenagem a Cecília.
   Houve uma homenagem à Cecília.

ATENÇÃO

Não se emprega acento grave com nomes históricos ou sagrados. Veja exemplos:

Dedicaram uma novena a Maria, mãe de Jesus.
O professor fez referência a Joana d'Arc.

4. **Diante da palavra *Dona*, quando acompanhando substantivos próprios:**

   Enviamos a correspondência a Dona Nádia.
   Enviamos a correspondência **à Dona Nádia**.

5. **De acordo com algumas gramáticas, o acento grave é facultativo diante dos topônimos *Europa, Ásia, África, França, Inglaterra, Espanha, Holanda* e *Escócia*:**

   Durante a aula, houve uma menção a Ásia.

Paralelismo sintático

Tome cuidado com algumas questões de concurso que cobram o acento grave em uma análise de paralelismo sintático. Veja a sentença a seguir:

Ele se referia a saúde, educação, turismo e esporte.

Nessa frase, o que ocorre é a ausência de artigo diante de todos os elementos da enumeração *saúde, educação, turismo e esporte*. Ou seja, é uma estrutura que adotou o princípio do paralelismo sintático (manter as estruturas sintáticas de modo semelhante). Já, se optássemos por inserir um acento grave diante do primeiro elemento à saúde, seria necessário inserir artigos antes de todos os elementos, o que resultaria em: à saúde, à educação, ao turismo e ao *esporte*. Se a questão trouxesse apenas o primeiro item com acento grave (à saúde, educação, turismo e esporte), a frase estaria errada (isso é o que mais acontece).

Sentenças invertidas

É muito comum que as bancas tragam sentenças invertidas, em que no início da sentença ocorrerá o acento grave indicativo de crase. Veja um exemplo:

Às pessoas de bem, o mundo deve dar valor.

O termo às pessoas de bem é objeto indireto do verbo *dar*, portanto é introduzido pela preposição *a*. Como o artigo também foi empregado (*as*), o acento grave é obrigatório. Não confunda esse exemplo com este:

Às pessoas de bem devem buscar um mundo melhor.

Nessa frase, o termo *As pessoas de bem* exerce a função de sujeito do verbo que compõe a oração, por isso, não pode receber o acento grave (não pode haver sujeito introduzido por preposição).

18.5. PARA MEMORIZAR ESSAS REGRAS

Estas são frases que podem ajudar a memorizar algumas regras. Quero que não fique apenas nestas frases, busque sacar todas as regras.

1. Diante de pronome, crase passa fome.
2. Diante de masculino, crase é pepino.
3. Diante de ação, crase é marcação.
4. Vou à, volto da = crase há; vou a, volto de = crase pra quê?
5. "A" no singular + palavra no plural = crase nem a pau.
6. Com pronome de tratamento = crase é um tormento.
7. Adverbial, feminina e locução = manda crase, meu irmão.
8. A + aquele = crase nele.
9. Palavras repetidas = crases proibidas.
10. Palavra determinada = crase liberada.
11. Se for "à moda de" = crase vai vencer!
12. Diante de pronome pessoal = crase faz mal!
13. Com hora exata = crase é mamata!

14. Trocando "a" por "ao" = crase nada mal!

15. Trocando "a" por "o" = crase se lascou!

Essas regras ajudam, contudo não resolvem todo o problema! Não seja preguiçoso e estude todos os casos particularmente.

18.6. REGRA DO BOI

Este é um pequeno macete para tentar facilitar algumas análises relacionadas ao emprego do acento grave. Veja como é o procedimento:

1. Identifique o *a* a ser analisado.
2. Retire o termo posterior ao *a* analisado.
3. Em seu lugar, insira a palavra *boi*.
4. Faça os ajustes e leia a frase normalmente.

Pense no par de frases:

> Trocando *a* por *ao* = crase nada mal!
> Trocando *a* por *o* = crase se lascou!

Vamos a um exemplo:

1. João vivia em meio **a** natureza.

» Trocamos "natureza" por "boi".
» Dizemos "vivia em meio **ao** boi".
» Trocando "a" por "ao" = crase nada mal!
» Logo, o correto é escrever: *João vivia em meio à natureza.*

2. É preciso fomentar **a** revolução.

» Trocamos "revolução" por "boi".
» Dizemos "fomentar o boi".
» Trocando "a" por "o" = crase se lascou!
» Logo, o correto é escrever: É preciso fomentar a revolução.

Essa é a parte da teoria que você precisa saber. Agora, o necessário é moer esses exercícios até saber que aprendeu tudo sobre essa matéria.

Força, guerreiro(a)!

18.7. EXERCÍCIOS

1. (2013 – CESPE – SEGER-ES – Administração) Assinale a opção em que foram atendidas as regras de emprego ou de omissão do sinal indicativo de crase.

   a) Devido a rachadura abaixo de uma das janelas, à frente da escola havia sido totalmente restaurada.
   b) Naquela escola, o professor experimentou a incrível sensação de transmitir conhecimento útil à pessoas em formação.
   c) A escolha de ser professor é comparável a ação de colocar a cabeça dentro da boca de um leão.
   d) Com relação a constante necessidade de atualização, o professor manifestou seu desagrado ao diretor da escola.
   e) Perguntaram àquela professora se ela iria mesmo colocar a cabeça dentro da boca de um leão.

2. (2014 – FCC – TRT19 – Oficial de Justiça) Sentava-se mais ou menos ...... distância de cinco metros do professor, sem grande interesse. Estudava de manhã, e ...... tardes passava perambulando de uma praça ...... outra, lendo algum livro, percebendo, vez ou outra, o comportamento dos outros, entregue somente ...... discrição de si mesmo.

   Preenchem corretamente as lacunas da frase acima, na ordem dada:

   a) a – às – à – a.
   b) à – as – a – à.
   c) a – as – à – a.
   d) à – às – a – à.
   e) a – às – a – a.

3. (2013 – VUNESP – TJ-SP – Médico Judiciário) Assinale a alternativa em que o acento indicativo de crase está empregado corretamente.

   a) O medo pode levar à alteração do sistema imunológico.
   b) O efeito placebo e o efeito nocebo remetem à um mesmo fenômeno.
   c) O paciente pode chegar à resistir ao tratamento se não for bem orientado.
   d) O estresse pode conduzir o corpo à algumas situações inusitadas.
   e) O médico deve evitar expor o paciente à qualquer situação de desconforto.

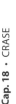

4. (2013 – VUNESP – TJ-SP – Auxiliar de Saúde Judiciário) Em – Abarroto o carrinho justamente de todos os petiscos que havia jurado nunca mais **levar** à boca! – o verbo levar rege a preposição **a**, o que exige, dependendo da construção da frase, o emprego do sinal indicativo de crase.

Tendo por base essas informações, assinale a alternativa correta quanto à crase.

a) A depressão levou-o à passar dias sem sair de casa.

b) Levarei à você todas as decisões que o grupo de acionistas tomar.

c) O gosto por viagens levou-a à alguns sites especializados no assunto.

d) Estes são clientes da empresa que o dono costuma levar à fazenda nos finais de semana.

e) Ela levou o amigo à uma das praias mais bonitas do litoral norte.

5. (2014 – VUNESP – FUNDUNESP – Técnico Administrativo) Assinale a alternativa que completa o enunciado a seguir, na qual o acento indicativo de crase está corretamente empregado, conforme a norma-padrão da língua.

A polêmica em torno das teorias sobre a evolução nos leva

a) à necessidade de se fazerem novas pesquisas sobre o tema.

b) à novas possibilidades no campo das pesquisas sobre o tema.

c) à repensar a condução das pesquisas biológicas sobre o tema.

d) à uma nova maneira de se conceber o que se sabia sobre o tema.

e) à outro patamar na aplicação dos estudos científicos sobre o tema.

18.8. GABARITO

1 – e

2 – b

3 – a

4 – d

5 – a

19 Pontuação

Na minha opinião, o assunto mais importante dentro de uma gramática é o de pontuação. Infelizmente, não é possível tentar estudar este capítulo sozinho, sem algum amparo dos anteriores. Por que, professor? Porque – para aprender a pontuar – precisamos aprender a identificar qual é a nossa "intenção sintática", ou seja, quais elementos pretendemos dividir com a pontuação.

Além disso, é necessário dizer que quase todas as provas exigem que o candidato tenha domínio dos conceitos fundamentais sobre pontuação. Evidentemente, é por tal razão que eu deixo como um dos últimos elementos da gramática normativa esse conteúdo.

A pontuação é feita por meio de sinais que indicam as pausas e as melodias da fala. Vejamos quais são os sinais de pontuação e quais são os mais relevantes para o nosso estudo!

São os sinais de pontuação:

- Vírgula (,)
- Ponto final (.)
- Ponto e vírgula (;)
- Dois-pontos (:)
- Aspas (" ")
- Travessão (–)
- Parênteses ( )
- Reticências (...)
- Exclamação (!)
- Interrogação (?)
- Colchetes ([])
- Apóstrofo (')
- Asterisco (*)

19.1. VÍRGULA – INDICA UMA PEQUENA PAUSA NA SENTENÇA

De longe, o sinal de pontuação mais importante para as avaliações é a vírgula. Sabemos que ela indica uma pequena pausa na frase, mas é preciso dizer – enfaticamente – que nem toda pausa deve ser marcada em um texto. As relações necessárias (a exemplos de sujeito e verbo ou de verbo e complemento) não devem ser marcadas, ainda que haja intenção de assinalar uma pausa.

REGRA DE OURO

Este princípio deve ser levado em consideração durante a resolução das questões sobre o emprego – correto ou incorreto – da vírgula.

Não se emprega vírgula entre:

- Sujeito e verbo.
- Verbo e objeto (na ordem direta da sentença).
- Núcleos nominais e complementos nominais (na ordem direta da sentença).
- Núcleos nominais e adjuntos adnominais (na ordem direta da sentença).
- Verbos de ligação e predicativos (na ordem direta da sentença).

Professor, uma vez eu ouvi falar que seria possível colocar uma vírgula entre o sujeito e o verbo para conferir maior clareza à frase. É verdade? Bem, vamos ao caso: há alguns estudiosos que consideram ser essa vírgula uma tal de "vírgula estilística". Eu não abono tal visão. O fundamento para a minha postura é a gigantesca quantidade de questões em que se condena o uso de vírgula entre sujeito e verbo. De qualquer maneira, lembre-se de que jamais podemos divorciar o sujeito de seu verbo!

Para facilitar a memorização dos casos de emprego da vírgula, lembre-se de que:

A vírgula é DEEEIS, porque ela:

    Desloca

    Enumera

    Explica

    Enfatiza

    Isola

    Separa

Termos de uma sentença.

Considerações sobre o emprego da vírgula

Poderemos empregar a vírgula para:

1. Separar termos que possuem mesma função sintática no período. Essa regra também pode ser identificada como vírgula para separar termos de uma enumeração ou como vírgula para separar termos coordenados[1]:

> **João, Mariano, César e Pedro** farão a prova. (Os termos separados são núcleos do sujeito, logo possuem a mesma função.)
> Li **Goethe, Nietzsche, Montesquieu, Rousseau e Merleau-Ponty**. (Os termos separados são núcleos do objeto direto.)

2. Isolar o vocativo:

> Força, **guerreiro**!
> Eu preciso falar com você, **Natália**.

3. Isolar o aposto explicativo:

> José de Alencar, **o autor de "Lucíola"**, foi um romancista brasileiro.
> **Elemento fundamental à vida**, a água não está sendo preservada.

4. Para indicar mobilidade sintática. Vamos explorar esse assunto mais aprofundadamente, pois é motivo de eternas divergências entre gramáticos e professores. Não há unanimidade também na cobrança desses assuntos. O que faremos aqui é resumir o que se encontra em grande parte do material que se analisa.

- Algumas conjunções ou locuções conjuntivas de natureza coordenativa podem ser deslocadas com a devida demarcação por vírgulas:

> Josefina está doente; não poderá vir ao nosso encontro, <u>pois</u>.
> Eu gostaria de falar com você; não gostaria de vê-la triste, <u>todavia</u>.

- O predicativo do sujeito, quando anteposto, deve ser marcado por vírgula:

> **Temeroso**, Amadeu não ficou no salão. (Predicativo do sujeito deslocado.)
> **Empolgada**, Ana Maria comprou sua casa nova. (Predicativo deslocado.)

---

[1] Uma consideração importante: a banca FUNDATEC chama esse caso de "vírgula para separar termos justapostos". Isso não encontra respaldo em grande parte das gramáticas normativas, mas é costume da banca.

- Ainda que em posição original (no interior do predicado), para evitar ambiguidade, deve-se empregar uma vírgula para separar o predicativo:

    Sirlene entrou em sua academia, **animada**.

    Caso não houvesse o emprego da vírgula na sentença, surgiria uma ambiguidade em relação a quem receberia a classificação *animada*. Sem a vírgula, o termo poderia ser interpretado como adjunto adnominal de *academia* ou como predicativo do sujeito de *Sirlene*. Professor, mas se o cidadão quisesse dizer que a academia era animada? Como fazer? Fácil! Bastaria antepor o adjetivo *animada* em relação ao substantivo *academia*:

    Sirlene entrou em sua **animada** academia.

- Os complementos verbais antepostos ao verbo serão facultativamente separados por uma vírgula:

    Minha vida, Maricota controlava.
    Minha vida Maricota controlava.
    De você, não duvido.
    De você não duvido.

- Caso o complemento verbal seja de base oracional ou retomado pleonasticamente, convém empregar a vírgula:

    A casa, eu **a** comprei sem titubear.
    Que Demócrito não risse, eu **o** provo.

- Para separar termos de natureza adverbial, as regras são ainda mais específicas. Vejamos:

    » Caso haja mobilidade sintática (deslocamento) de um adjunto adverbial de pequeno corpo (o que corresponde a até três palavras): a vírgula será facultativa, independentemente do sentido do adjunto adverbial.

        Na semana anterior, ele foi convocado a depor.
        Na semana anterior ele foi convocado a depor.
        Agora, você dirá a verdade!
        Agora você dirá a verdade!

    » Caso haja mobilidade sintática de um adjunto adverbial de corpo extenso (o equivalente a mais de três palavras): a vírgula será obrigatória:

        No momento mais importante de suas vidas, vocês compreenderão a importância da espiritualidade.
        Depois de toda aquela terrível discussão, decidimos poupar sua vida.

» Caso haja mobilidade sintática de uma oração adverbial, a vírgula será obrigatória:

> **Se houver tempo**, falarei com o diretor.
> **Já que Hélio perdeu o prazo**, não poderá realizar o exame.
> **Por amar**, ele cometeu crimes.

5. Para separar expressões retificativas, exemplificativas e conectivos de natureza adversativa:

> O governador já ativou os planos alternativos, isto é, deixou claro que não está do lado do povo.
>
> A situação mais complexa repousa sobre a subjetividade, ou seja, sobre a capacidade de expor o que se sente interiormente.
> Havia graves problemas, mas ninguém ligava.
> Benedict esteve aqui, todavia já saiu.

6. Para separar os nomes de locais e datas:

> Cascavel, 10 de março de 2023.
> Brasília, 23 de janeiro de 2020.

7. Para isolar orações adjetivas explicativas:

> O Brasil, **que busca uma equidade social**, ainda sofre com a desigualdade.
> Ninguém havia falado a respeito do ministro, cuja reputação não era muito boa.

ATENÇÃO

Atente para o fato de que a banca pode exigir a retirada de uma vírgula. Isso prejudicaria a correção gramatical, uma vez que haveria outra entre sujeito e verbo. Se a banca solicitar a retirada das duas, haverá mudança de sentido, mas não incorreção gramatical.

Dica importante: a vírgula não serve para isolar uma oração adjetiva restritiva. É importante que você se lembre de que as restritivas não costumam vir isoladas de seus referentes frasais.

8. Para separar termos enumerativos:

> O palestrante falou sobre fome, tristeza, desemprego e depressão.
> Observação: veja que essa é a mesma regra que fala sobre separar termos de mesma função. Algumas bancas apenas mudam a descrição da regra.

9. Para omitir um termo (elipse verbal/zeugma):

Pedro estudava pela manhã; Mariana, à tarde.

Observação: a vírgula foi empregada para substituir o verbo *estudar*. Essa vírgula é chamada de **vírgula vicária**. Veja mais um exemplo.

Caio e Tício são irmãos. Caio gosta muito de quadrinhos; Tício, de cinema.

Observação: perceba que houve a omissão do verbo *gostar* na sentença. Essa omissão é o que se entende por "elipse verbal".

10. Para separar algumas orações coordenadas:

Júlio usou suas estratégias, **mas não venceu o desafio.**

Penso, logo existo!

Acorde, porque está na hora de estudar!

Essencialmente, é conveniente separar as orações adversativas, as conclusivas e as explicativas por uma vírgula.

11. Para separar oração modal reduzida de gerúndio no período:

O país saiu da crise em que estava, **modificando sua estratégia de desenvolvimento econômico**.

Encontraremos a solução para todas as questões da existência, **olhando para o interior de nossos corações**.

19.2. SEÇÃO ESPECIAL: É POSSÍVEL EMPREGAR A VÍRGULA COM A CONJUNÇÃO *E*?

Vamos iniciar esta seção desmentindo um velho boato: o de que não é possível empregar a vírgula antes da conjunção *e*. Esse mito talvez tenha surgido pelo fato de que alguns professores acharam mais simples dizer que o emprego era proibitivo, em vez de explicitar seus princípios de aplicação. É preciso saber que há casos em que a vírgula será bem empregada. Como os seguintes:

1. Para separar orações coordenadas com sujeitos distintos:

Minha professora entrou na sala, e os colegas começaram a rir.

Eu sei todas as respostas, e você pode se beneficiar disso.

2. Polissíndeto (repetição proposital de conjunções):

Luta, e luta, e luta, e luta, e luta: é um filho da pátria.

Ela fala, e fala, e fala, e fala, e fala sem parar!

3. Conectivo *e* com o valor semântico de *mas*:

> Os alunos não estudaram, e passaram na prova.
> Meu primo não disse uma palavra, e apareceu no churrasco.

4. Para enfatizar o elemento posterior:

> A menina lhe deu um fora, e ainda o ofendeu.
> Convidaremos Cida, João, Pedro, Maria, e Genalda para o casamento.

COMO ISSO CAI NA PROVA?

➤ (2013 – CESPE – PC-BA – Investigador de Polícia) O respeito às diferentes manifestações culturais é fundamental, ainda mais em um país como o Brasil, que apresenta tradições e costumes muito variados em todo o seu território. Essa diversidade é valorizada e preservada por ações da Secretaria da Identidade e da Diversidade Cultural (SID), criada em 2003 e ligada ao Ministério da Cultura.

A retirada da vírgula após "Brasil" manteria a correção gramatical e os sentidos do texto, visto que, nesse caso, o emprego desse sinal de pontuação é facultativo.

( ) Certo ( ) Errado

Resposta: errado.
Comentário: a vírgula que sucede a palavra *Brasil* serve para introduzir uma oração subordinada adjetiva explicativa. Sua retirada transforma a sentença em uma oração subordinada adjetiva restritiva, além da função sintática, o sentido também será alterado.

➤ (2014 – ESAF – MTur) Assinale a opção que justifica corretamente o emprego de vírgulas no trecho abaixo.

É neste admirável e desconcertante mundo novo que se encontram os desafios da modernidade, a mudança de paradigmas culturais, a substituição de atividades profissionais, as transformações em diversas áreas do conhecimento e os contrastes cada vez mais acentuados entre as gerações de seres humanos.

(Adaptado de Zero Hora (RS), 31/12/2013)

As vírgulas

a) isolam elementos de mesma função sintática componentes de uma enumeração.

b) separam termos que funcionam como apostos.

c) isolam adjuntos adverbiais deslocados de sua posição tradicional.

d) separam orações coordenadas assindéticas.

e) isolam orações intercaladas na oração principal.

Resposta: a.

Comentário: as vírgulas da sentença separam uma enumeração que compõe o sujeito composto do verbo *encontrar*, que está na voz passiva. Todos eles fazem parte de uma enumeração, componente do sujeito.

Após estudar a vírgula, já é possível passar ao estudo dos demais sinais principalmente cobrados nas provas de concurso. Além disso, é preciso que você entenda que há muita controvérsia no estudo relativo ao emprego das vírgulas (da pontuação, em geral, na verdade). O segredo é ficar atento ao que as bancas examinadoras costumam cobrar!

19.3. PONTO FINAL

O ponto final sinaliza uma pausa total na sentença. Empregamos com as seguintes finalidades:

1. Para indicar o fim do período:

O jogo acabou.
Não haverá possibilidade de reestabelecer a conexão entre as partes.

2. Em abreviaturas:

Sr., a. C., Ltda., num., adj., obs.

ATENÇÃO

O ponto final pode ser empregado metaforicamente em algumas construções. Certa feita, houve uma campanha contra o uso de drogas, em que se via a palavra *crack* escrita em letras brancas sobre um fundo preto. Após a palavra, apenas um ponto final. A mensagem sugeria que o *crack* seria o ponto final na vida do usuário.

19.4. PONTO E VÍRGULA

O ponto e vírgula sinaliza uma pausa maior do que uma vírgula e menor do que um ponto.

Podemos empregar esse sinal para:

1. Separar itens que aparecem enumerados:

Uma boa dissertação apresenta:

- » coesão;
- » coerência;
- » progressão lógica;
- » riqueza lexical;
- » concisão;
- » objetividade; e
- » aprofundamento.

2. Separar um período que já se encontra dividido por vírgulas:

Queria ter o marido novamente; mudar não queria, porém.
Não trabalhava muito; queria enriquecer, no entanto.

Essa é uma regra que deve ser compreendida da seguinte maneira: empregamos diferentes sinais de pontuação para sinalizar diferentes separações. O ponto e vírgula está separando orações coordenadas sindéticas adversativas, ao passo que a vírgula está demarcando mobilidade sintática da locução conjuntiva no interior da sentença.

3. Separar partes do texto que se equilibram em importância:

O Capitalismo é a exploração do homem pelo homem; o Socialismo é exatamente o contrário.

19.5. DOIS-PONTOS

Os dois-pontos devem ser empregados com vistas a sinalizar algum tipo de anúncio que o falante empreende na sentença.

Podem ser empregados:

1. Para introduzir **discurso direto** (também pode ser entendido como fala de personagem):

Senhor Barriga exclamou:
– Tinha que ser o Chaves!

2. Em citações diretas no interior do texto (ou "ilhas textuais"):

De acordo com Platão: "A Democracia conduz à oligarquia".

O presidente do clube disse ao repórter: "não fará falta alguma aquela medalha".

3. Introduzir uma enumeração:

Quero apenas duas coisas: que o aluno entenda essa matéria e que ele passe no concurso.

4. Introduzir sentença comprobatória à anterior:

Caos e revolta na cidade: **cobrança de impostos abusiva faz o povo se rebelar**.

19.6. ASPAS

As aspas (que podem ser duplas "" ou simples '') são empregadas para indicar algum tipo de destaque na sentença.

São usadas para:

1. Indicar citação literal:

"A mente do homem é como uma távola rasa" – disse o filósofo.

A frase daquele homem mudou a minha vida – "A vingança nunca é plena, mata a alma e a envenena!".

2. Demarcar expressões estrangeiras[2], neologismos e gírias:

"Peace" foi o que escreveram na faixa.

O termo para essa atitude é "crap".

Ficava "desmorrendo" com aquela feitiçaria.

Mariana, "bailarinando", passeava pela sala.

A "treta" foi plantada no interior daquela família.

Hoje eu sei que "a parada" está muito complexa.

3. Indicar o sentido não usual de um termo:

Energia "limpa" custa caro.

Não costumo comprar produtos "verdes".

---

[2] De acordo com o **Manual de Redação da Presidência da República**, é necessário empregar o itálico para designar estrangeirismos, a menos que sejam nomes de instituições estrangeiras (que não podem ser escritas em itálico).

4. Indicar título de obra.

> "Sentimento do Mundo" é uma obra do Modernismo Brasileiro.
>
> "Os Lusíadas" deve ser lido com calma.

5. Indicar ironia:

> Ele é um grande "pensador" da humanidade.
>
> Nossa, como você me dá "importância".

Observação: caso haja o emprego de aspas duplas ("") em uma sentença e se pretenda inserir algum destaque dentro da frase em questão, deve-se empregar o sinal de aspas simples (''). Veja o exemplo:

> O governador deixou claro que "os cidadãos terão mais dificuldades para encontrar os produtos 'verdes' nos mercados da região afetada pela crise".

19.7. RETICÊNCIAS

São usadas para indicar:

1. Supressão de trecho de texto:

> *(...)*
>
> *O amor na humanidade é uma mentira!*
>
> É. E é por isso que na minha lira *(...)*
>
> Essa indicação das reticências entre parênteses significa que há porções textuais além dessas já mencionadas. Esse mecanismo também pode ser empregado sem os parênteses.

2. Interrupção de fala (assalto de turno):

> *– Então, ele entrou na sala e...*
>
> *– Oi, galera!*

Nota-se que houve a "quebra" no fluxo da fala da primeira oração, ou seja, uma interrupção na sentença.

3. pretensão de continuar a sentença:

> *– Eu até acho você aceitável, mas...*

Nota-se que a intenção do falante é dar a entender a continuidade da sentença, mas sem a explicitar. O mecanismo em questão pretende atingir o nível de inferências da compreensão do autor.

19.8. PARÊNTESES

São usados quando se pretende explicitar o conteúdo de algo que fora anteriormente mencionado.

Não posso mais fazer a inscrição **(o prazo expirou)**.

Os parênteses podem ser empregados para isolar um aposto explicativo ou uma oração subordinada adjetiva explicativa do mesmo modo como as vírgulas podem fazê-lo. Trata-se de um tipo regular de questionamento nas provas de Língua Portuguesa.

Rigoberto haveria de encontrar Jacinto **(o dono da venda)** no salão oval às duas e meia da tarde.

19.9. TRAVESSÃO[3]

1. Indica a fala de um personagem no discurso direto:

Cíntia disse:
– Amigo, preciso pedir-lhe algo.

2. Isola um comentário do autor no texto (sentença interferente). Nesse caso, é possível trocar por parênteses. Em alguns casos, por vírgulas:

Aquela pessoa – **eu já havia falado isso** – acabou de mostrar que tem péssimo caráter.
Não sei como responder – **pare com isso, Alfredo!** – a essa questão complexa.

3. Isola um aposto (explicativo ou oracional) na sentença:

Minha irmã – **a dona da loja** – ligou para você.
O nosso maior problema – **que o país mergulhou na crise** – já está mapeado.

4. Reforçar discursivamente a parte final de um enunciado:

Para passar no concurso você deve estudar muito – **muito mesmo**!
Elvira passou por uma grande dificuldade em sua vida – **um inferno!**

---

[3] O travessão pode ser empregado na maioria dos casos em que um par de vírgulas estiver isolando um elemento.

19.10. EXCLAMAÇÃO

O ponto de exclamação fundamentalmente indica algum tipo de ênfase que se pretende confiar à sentença. Também é comumente empregado após interjeições:

Ah! Que droga!

Eu serei aprovado neste ano!

19.11. INTERROGAÇÃO

O ponto de interrogação deve ser usado ao final de sentenças de natureza questionadora para demarcar a elevação da tonalidade da leitura:

Quantas pessoas podem fazer essa reclamação?

Qual é o seu nome?

19.12. COLCHETES

Em linhas gerais, o emprego dos colchetes é semelhante ao dos parênteses, porém o uso costuma ser restrito a escritos de natureza científica, didática ou de notações literárias.

1. Para indicar a etimologia da palavra em alguns dicionários:

Cozinha

[F.: Do lat. tard. coquina, pelo lat. vulg. *cocina. Hom./Par.: cozinha (fl. de cozinhar)] Compartimento de casa, restaurante, navio etc., em que se preparam as refeições, e para isso equipado (com fogão, pia, armários, petrechos diversos etc.)

2. Para indicar supressão de elementos no texto:

Durante a reunião que apurou quais eram as principais questões a respeito do curso, Elis não pode deixar de [...] para que pudesse ter a palavra.

3. Para indicar que o verso do poema ainda não acabou:

Pneumotórax

(Manuel Bandeira)

Febre, hemoptise, dispneia e suores noturnos.

A vida inteira que podia ter sido e que não foi.

Tosse, tosse, tosse.

Mandou chamar o médico:

– Diga trinta e três.

– Trinta e três... trinta e três... trinta e três...

– Respire.

– O senhor tem uma escavação no pulmão esquerdo e o pulmão direito infiltrado.]

– Então, doutor, não é possível tentar o pneumotórax?

– Não. A única coisa a fazer é tocar um tango argentino.

Note que o antepenúltimo verbo não coube na diagramação da linha, por isso é necessário empregar o colchete para indicar a extensão da linha.

19.13. ASTERISCO

O asterisco (diminutivo de estrela) é um sinal que indica uma notação textual para ser explicada posteriormente ou que indica a omissão de um substantivo. Vejamos os usos:

1. Remissão ou nota explicativa intratextual:

As inferências abdutivas* são responsáveis pela formulação de grande parte das teorias científicas.

* Uma inferência abdutiva é uma conclusão hipotética, fundamentada em premissas específicas.

2. Omissão de um substantivo próprio:

Nunca mais vamos falar do senhor V* nesta casa.

Essa revista *** não vale um tostão!

19.14. APÓSTROFO

Trata-se de um sinal de pontuação que tem por função indicar a supressão de letras em uma palavra. Isso pode acontecer para manter o metro em um poema ou representar falares informais.

Esp'rança/minh'alma/Vozes D'África

Em palavras compostas, também é possível utilizar o apóstrofo:

Ouro Preto d'Oeste/copo d'água/estrela d'alva/caixa d'água

19.15. EXERCÍCIOS

1. (2018 – CESGRANRIO – Banco do Brasil – Escriturário) De acordo com a norma-padrão da língua portuguesa, a pontuação está corretamente empregada em:

   a) O conjunto de preocupações e ações efetivas, quando atendem, de forma voluntária, aos funcionários e à comunidade em geral, pode ser definido como responsabilidade social.

   b) As empresas que optam por encampar a prática da responsabilidade social, beneficiam-se de conseguir uma melhor imagem no mercado.

   c) A noção de responsabilidade social foi muito utilizada em campanhas publicitárias: por isso, as empresas precisam relacionar-se melhor, com a sociedade.

   d) A responsabilidade social explora um leque abrangente de beneficiários, envolvendo assim: a qualidade de vida o bem-estar dos trabalhadores, a redução de impactos negativos, no meio ambiente.

   e) Alguns críticos da responsabilidade social defendem a ideia de que: o objetivo das empresas é o lucro e a geração de empregos não a preocupação com a sociedade como um todo.

2. (2018 – MPE-MS – MPE-MS – Promotor de Justiça Substituto) Assinale a alternativa em que **não há erro** de pontuação:

   a) O homem sempre contou histórias antes mesmo de poder escrevê-las, porém, o confronto entre a cultura oral e a cultura escrita nunca deixou de existir. Devido à visão preconceituosa da sociedade "letrada", tanto que à época da colonização, toda a produção cultural dos povos ameríndios e, depois, a dos africanos, foram desprezadas.

   b) O homem, sempre contou histórias. Antes mesmo de poder escrevê-las. Porém, o confronto entre a cultura oral e a cultura escrita, nunca deixou de existir devido à visão preconceituosa da sociedade letrada, tanto que, à época da colonização toda a produção cultural, dos povos ameríndios e depois a dos africanos, foram desprezadas.

   c) Judith Buttler afirma que tornar-se um sujeito feminino ou masculino não é algo que acontece em um só golpe; antes, implica uma construção que nunca se completa efetivamente.

   d) Judith Buttler afirma, que tornar-se um sujeito feminino ou masculino, não é algo que acontece em um só golpe. Antes implica uma construção que, nunca se completa efetivamente.

   e) Judith Buttler afirma que, tornar-se um sujeito feminino ou masculino, não é algo que acontece em um só golpe, antes implica uma construção que nunca se completa, efetivamente.

3. (2018 – UFMG – UFMG – Auxiliar em Administração) Leia este trecho:

Em uma caminhada de uns dez minutos que fiz no litoral de Santa Catarina [...] encontrei garrafas pet, latinhas de cerveja e de energéticos, canudinhos, plásticos de picolé.

As vírgulas foram empregadas para

a) separar termos de uma enumeração.

b) isolar palavras e expressões conclusivas.

c) separar orações coordenadas sindéticas.

d) indicar elipse, omissão de um termo.

4. (2018 – UFMG – UFMG – Analista de Tecnologia da Informação) Assinale a alternativa em que a vírgula foi usada para separar elementos que exercem a mesma função sintática no mesmo período.

a) Lá fora, a chuva cai e o mar se agita, trazendo má sorte aos pescadores.

b) Que ideias tétricas, minha senhora! Que horror, minha nobre advogada!

c) O seu rosto, o seu sorriso, a sua presença e a sua alegria iluminam o dia.

d) Viaje para onde quiser, continue, porém, morando com seus pais idosos.

5. (2018 – IBADE – SEDURB-PB – Agente de Controle Urbano) No trecho: "Frequentemente vejo – no trabalho, na faculdade, na rua – pessoas jogando embalagens descartáveis com a maior naturalidade.", os travessões poderiam ser substituídos por:

a) vírgulas.

b) pontos finais.

c) aspas.

d) dois-pontos.

e) pontos de interrogação.

19.16. GABARITO

1 – a

2 – c

3 – a

4 – c

5 – a

20 Estrutura e formação de palavras

20.1. ESTRUTURA DAS PALAVRAS

Para compreender a formação dos elementos vocabulares presentes na Língua Portuguesa, deve-se observar, nas palavras, a presença de algumas estruturas como raiz, desinências e afixos. Como se trata de um conteúdo extremamente analítico, farei o possível para simplificar o trabalho. Na verdade, você até já estudou um pouco disso enquanto falámos sobre a primeira parte da Morfologia.

Vamos aos elementos fundamentais da análise morfológica:

20.1.1. Raiz ou radical

Morfema[1] lexical: parte que guarda o sentido da palavra.

Pedreiro

Pedrada

Em**pedr**ado

Pedregulho.

Nas questões de prova, é comum que o examinador exija a identificação das raízes de uma palavra. Como as questões costumam ser cíclicas, você não encontrará muita dificuldade para identificar as raízes.

A seguir, colocarei uma lista de palavras que alguns autores podem chamar de raízes de origem grega ou latina. Você verá que – dentre as listas que aqui estarão – algumas palavras estarão repetidas. Isso é proposital, pois – como eu disse – os autores se confundem nesse assunto. Depois que você vir todas as listas, mostrarei uma maneira simples de diferenciar uma raiz e um afixo.

---

[1]   Lembre-se de que *morfema* é a menor unidade significativa de uma palavra.

Radicais ditos de origem latina

Radicais	Significados	Exemplos
aristo-	melhor	aristocracia
arqueo-	antigo	arqueologia, arqueólogo
antos-	flor	antologia, crisântemo, perianto
atmo-	ar	atmosfera
auto-	mesmo, próprio	autoajuda, autômato
baro-	peso, pressão	barômetro, barítono
biblio-	livro	bibliófilo, biblioteca
bio-	vida	biologia
caco-	mau	cacofonia, cacoete
cali-	belo	caligrafia, calígrafo
carpo-	fruto	pericarpo
céfalo-	cabeça	cefalópodos, cefaleia, acéfalo
cito-	célula	citoplasma, citologia
copro-	fezes	coprologia, coprofagia
cosmo-	mundo	microcosmo, cosmonauta
crono-	tempo	cronômetro, diacrônico
dico-	em duas partes	dicotomia, dicogamia
eno-	vinho	enologia, enólogo
entero-	intestino	enterite, disenteria
etno-	povo	étnico, etnia, etnografia
filo-, filia-	amigo, amizade	filósofo, filantropia
fono-	som, voz	fonética, disfonia
gastro-	estômago	gastrite, gastronomia
hemo-	sangue	hemorragia, hemodiálise
hidro-	água	hidravião, hidratação
higro-	úmido	higrófito, higrômetro
hipo-	cavalo	hipódromo, hipopótamo
-ambulo	que anda	noctâmbulo, sonâmbulo
-cida	que mata	fratricida, inseticida
-cola	que habita	arborícola, silvícola
-cultura	que cultiva	triticultura, vinicultura
-evo	idade	longeva, longevidade
-fero	que contém ou produz	mamífero, aurífero

Radicais	Significados	Exemplos
-fico	que faz ou produz	benéfico, maléfico
-forme	que tem a forma	cordiforme, uniforme
-fugo	que foge	vermífugo, centrífugo
-grado	grau, passo	centígrado
-luquo	que fala	ventríloquo
-paro	que produz	ovíparo, vivíparo
-pede	pé	velocípede, bípede, quadrúpede
-sono	que soa	uníssono
-vago	que vaga	noctívago
-voro	que come	carnívoro, herbívoro, onívoro

Radicais ditos de origem grega

Radicais	Significados	Exemplos
acro-	alto	acrópole
aero-	ar	aeródromo
-agogo	que conduz	pedagogo
biblio-	livro	bibliófilo
bio-	vida	biografia
cardio-	coração	cardiologia
deca-	dez	decâmetro
-delo	visível	psicodélico
enea-	nove	eneassílabo
entero-	intestino	entérico
fito-	planta	fitoide, fitoterapia
fisis-	natureza	fisiológico
gero-	velho	geriatria
gimno-	nu	gimnofobia, gimnosperma
hialo-	vidro	hialino
hiero-	sagrado	hieróglifo
holo-	todo	holofilético
-latria	adoração	idolatria
leuco-	branco	leucócito
melano-	negro	melanina, melanoma
mero-	parte	isômero

Radicais	Significados	Exemplos
nefro-	rim	nefrite, nefrologia
neo-	novo	neolatino
onico-	unha	onicofagia
oniro-	sonho	onírico
penta-	cinco	pentágono
pepsis-	digestão	dispepsia
quilo-	mil	quilômetro
quiro-	mão	quiromante
rino-	nariz	rinite
rizo-	raiz	rizotônico
-scopia	ato de ver	datiloscopia
selene-	lua	selenita
tafo-	túmulo	epitáfio
xeno-	estrangeiro	xenófobo
xero-	seco	xerográfico
xilo-	madeira	xilogravura
-zime	fermento	enzima
zoo-	animal	zoológico

Pronto. Agora você já tem bastantes palavras novas em seu vocabulário. Pode saber que uma delas estará nas questões sobre formação de palavras. Sigamos adiante!

20.1.2. Desinências

Elementos responsáveis por indicar a flexão dos termos.

a) **Nominais:** indicam a flexão nominal.

- » Gênero: Jogador/Jogador*a* – Aluno/Alun*a*.
- » Número: Aluno/Aluno*s* – Jacaré/Jacaré**s**

Só é concebível falar em desinência de gênero e número para palavras que admitem tais flexões. Em palavras que não admitem flexão de gênero ou de número (o exemplo de *mesa* ou *lápis*), não será possível identificar esses constituintes.

Elementos designativos de grau não são desinências, são afixos.

b) **Verbais**[2]: indicam a flexão dos verbos.

» Modo-tempo: Cantá**va**mos/Vendê**ra**mos (revelando o modo indicativo e o pretérito imperfeito).

» Número-pessoa: Fize**mos**/Compra**stes** (revelando que se trata da primeira pessoa do plural).

20.1.3. Afixos

Conectam-se às raízes dos termos, com a finalidade.

• Prefixos: colocados antes da raiz, para alterar o sentido da palavra.

Infeliz, **des**fazer, **re**tocar.

• Sufixos: colocados após a raiz para alterar o sentido ou – em algumas vezes – a classe da palavra.

Feliz**mente**, capac**idade**, igual**dade.**

Para que você possa ampliar o vocabulário, apresentarei uma lista de prefixos gregos e latinos, algo que – eventualmente – costuma ser cobrado em provas.

Prefixos de origem latina

Prefixos	Significados	Exemplos
a-, ab-, abs-	desafetamento, ruim	abstenção, abdicar
ambi-	ambiguidade, duplicidade	ambivalente, ambíguo
bene-, bem-	excelência, bem	beneficente, benfeitor
ante-	anterioridade	anteontem, antepassado
aquém-	longe do desejado, insuficiente, fraco	aquém-fronteiras
bis-, bi-	repetição	bicampeão, bisavô
cis-	posição aquém de	cisandino, cisalpino, cisplatino
dis-	separação, negação	dissidência, disforme
e-, em-, en-	introdução, sobreposição	engarrafar, empilhar
extra-	posição exterior, excesso	extraconjugal, extravagância
intra-,	posição interior	intrapulmonar, intravenoso
i-, im-, in-	negação, mudança	ilegal, imberbe, incinerar, indivisível, impossível, inimaginável

---

[2] Já estudamos todos esses elementos.

Prefixos	Significados	Exemplos
justa-	posição ao lado	justalinear, justaposição
per-	movimento através de	perpassar, pernoite
pós-	ação posterior, em seguida	pós-datar, póstumo
pre-	anterioridade, superioridade	pré-natal, predomínio
pro-	antes, em frente, intensidade	projetar, progresso, prolongar
preter-, pro-	além de, mais para frente	prosseguir, preterdoloso
re-	repetição, para trás	recomeço, regredir
retro-	movimento mais para trás	retrospectivo, retroviral
semi-	metade, quase	semicírculo, semi-informado
trans-	posição além de	transamazônica, transatlântico, translineação
tri-	três	tricolor
vis-, vice-	substituição	visconde, vice-reitor

Prefixos de origem grega

Prefixos	Significados	Exemplos
acro-	alto	acrobata, acrofobia
aero-	ar	aerodinâmica, aerografia
agro-	campo	agrônomo, agricultura
antropo-	homem	antropofagia, filantropo
homo-	igual	homogêneo, homógrafo
idio-	próprio	idioma, idioleto
macro-, megalo-	grande, longo	macronúcleo, megalópole, megalomania, macronutriente
metra-	mãe, útero	metralgia
meso-	meio	mesóclise, mesoderme
micro-	pequeno	micróbio, microscópio
mono-	um	monarquia, monossílabo
necro-	morto	necrópole, necrofilia, necrópsia
nefro-	rim	nefrite, nefrologia
odonto-	dente	odontalgia, periodontista, odontologia
oftalmo-	olho	oftalmologia, oftalmoscópio
onto-	ser, indivíduo	ontologia
orto-	correto	ortópteros, ortodoxo, ortodontia
pneumo-	pulmão	pneumonia, pneumocócica

Essencialmente, a diferença fundamental entre uma raiz e um prefixo é o fato de que a raiz possui sentido definido e pode ser empregada sem a combinação com outro elemento, ao passo que o prefixo não possui tal qualidade. Os prefixos componentes dessas listas apresentadas são – usualmente – preposições ou advérbios provenientes do grego ou do latim. Pela minha experiência, é pouco provável que o foco dos questionamentos que você responderá repouse sobre a distinção entre um prefixo e um falso prefixo. De todo modo, essa lição já resolve confortavelmente a situação.

Para exemplificar melhor, pense na palavra *acrofobia*. Acro- é indicado ora como prefixo, ora como radical. Os melhores dicionários não se comprometem e registram como um "elemento de composição". Segundo essa lógica, deve-se pensar que é melhor o tratar como uma raiz.

Também é importante ficar atento aos termos de ligação. São eles:

20.1.4. Vogal de ligação

Serve para ligar duas partes de uma palavra com a finalidade de facilitar a pronúncia.

Gas**ô**metro/Bar**ô**metro/Cafe**i**cultura/Carnívoro

Entenderemos que *o* é a vogal de ligação que conecta *gás* a *metro*, pois a pronúncia seria prejudicada caso não se empregasse tal vogal. Assim como o *i* nos dois exemplos anteriores.

20.1.5. Consoante de ligação

Possui a mesma finalidade de uma vogal de ligação, mas se trata de um fonema consonantal.

Gira**s**sol/Cafe**t**eira/Pau**l**ada/Cha**l**eira

Entendemos que *s*, *t*, e *l* são consoantes empregadas para facilitar a pronúncia na formação desses vocábulos do exemplo.

20.1.6. Vogais temáticas

A vogal temática é o elemento que se une à raiz de uma palavra com para formar o TEMA, que se trata da palavra em sua forma encerrada mais primitiva, sem afixos ou desinências.

Há dois tipos de vogal temática:

a) As vogais temáticas verbais: A, E, I – que surgem na conjugação:

CANT**A**R   VEND**E**R   PART**I**R

b) As vogais temáticas nominais: A, E, O – que encerram o vocábulo primitivo ou se ligam às desinências de plural:

MES**A**S CHEF**E**S CARR**O**S

> ## ATENÇÃO
>
> Não confunda a vogal temática com a desinência de gênero! Os substantivos invariáveis em "gênero" não poderão indicar essa flexão, logo teremos vogal temática nominal e não desinência de gênero.

20.2. PROCESSOS DE FORMAÇÃO DE PALAVRAS

Há dois processos mais fortes (presentes) na formação de palavras em Língua Portuguesa: a **composição** e a **derivação**. Vejamos suas principais características.

20.2.1. Composição

É muito mais uma criação de vocábulo. Pode ocorrer por:

- Justaposição (sem perda de elementos):

   Guarda-chuva, girassol, arranha-céu, passatempo, guarda-noturno, flor-de-lis

Note que não perdemos nem sequer um fonema na composição por justaposição. Praticamente se trata de colocar uma palavra ao lado de outra.

- Aglutinação (com perda de elementos): veja os exemplos a seguir e analise como foram formados:

   Embora (em + boa + hora)
   Fidalgo (filho de algo)
   Aguardente (agua + ardente)
   Planalto (plano + alto)
   Boquiaberto (boca + aberto)
   Vinagre (vinho + acre)

Note que – em todas essas composições – houve perda de elementos para a formação da palavra.

- Hibridismo[3]: consiste na união de radicais oriundos de línguas distintas:

    Alcoômetro – Álcool (árabe) + metro (grego)
    Autoclave – Auto (grego) + clave (latim)
    Burocracia – Buro (francês) + cracia (grego)
    Endovenoso – Endo (grego) + venoso (latim)
    Monocultura – Mono (grego) + Cultura (latim)
    Psicomotor – Psico (grego) + motor (latim)
    Sociologia – Socio (latim) + -logia (grego)

20.2.2. Derivação

É muito mais uma transformação no vocábulo, não se trata necessariamente da criação de uma palavra nova. Ela pode ocorrer das seguintes maneiras:

- **Pelo acréscimo de um prefixo (antes da raiz da palavra).** Chamaremos de derivação PREFIXAL:

    Reforma, **anfi**teatro, **des**fazer, **re**escrever, **a**teu, **in**feliz

- **Pelo acréscimo de um sufixo (após a raiz da palavra).** Chamaremos de derivação SUFIXAL:

    Formal**mente**, fazi**mento**, feliz**mente**, mo**cidade**, teísmo

Você deve ter percebido que a derivação prefixal – quando ocorre – modifica o sentido da palavra, mas não costuma alterar sua classe. Já, a derivação sufixal costuma alterar a classe a que a palavra pertence.

- **Pelo acréscimo de um sufixo e de um prefixo ao mesmo tempo**[4] **(com possibilidade de remoção).** Chamaremos de derivação prefixal e sufixal:

    Infeliz**mente**, **a**teísmo, **des**ordena**mento**

---

[3] É forçoso admitir que – em linhas gerais – o hibridismo é uma espécie de composição.
[4] Nota importante: é possível uma palavra receber mais de um sufixo ao mesmo tempo. Veja o caso de *ateisticamente*. A raiz "teo" [*theos*] está acompanhada do prefixo *a* e de dois sufixos: ístico (o sufixo adjetival) e *mente* o adverbial.

- **Pelo acréscimo simultâneo e irremovível de prefixo e sufixo.** É o que se convencionou chamar de PARASSÍNTESE ou DERIVAÇÃO PARASSINTÉTICA:

    Avermelh**ado**, **a**noit**ecer**, **e**mud**ecer**, **a**manh**ecer**

Os derivados terminados em -ecer formam verbos de natureza incoativa (que determinam o início de algo).

- **Pela regressão de uma forma verbal.** É o que chamaremos de derivação regressiva ou deverbal: advinda de um verbo. Essa derivação usualmente dá origem a substantivos abstratos:

    Abalo (proveniente do verbo *abalar*)
    Agito (proveniente do verbo *agitar*)
    Luta (proveniente do verbo *lutar*)
    Fuga (proveniente do verbo fugir)

- **Pelo processo de alteração da classe gramatical.** Convencionalmente chamada de conversão ou **"derivação imprópria".** Vale mencionar que "imprópria" não quer dizer que está incorreta, apenas que é formada pela atribuição de características que não são próprias ao vocábulo original:

    O **jantar** (*Jantar* é um verbo, mas aqui foi transformado em substantivo.)
    Um **não** (*Não* é um advérbio, mas foi transformado em substantivo.)
    O seu **sim** (*Sim* é um advérbio, mas foi transformado em substantivo.)
    O **pobre** (*Pobre* é um adjetivo, mas foi transformado em substantivo.)
    Marcelo fala **bonito** para a amiga. (*Bonito* é um adjetivo, mas foi empregado como um advérbio na sentença.)

20.2.3. Estrangeirismo

Pode-se entender como um tipo de empréstimo linguístico. Ele pode ocorrer de duas maneiras:

- Com aportuguesamento: abajur (do francês *abat-jour*), algodão (do árabe *al-qutun*), lanche (do inglês *lunch*) etc.

- Sem aportuguesamento: networking, software, pizza, show, shopping etc.

20.2.4. Acrônimo ou sigla

- Silabáveis (acrônimos): podem ser separados em sílabas. São formados pela união das sílabas iniciais dos vocábulos:

    Infraero (Infraestrutura Aeroportuária), **Petrobras** (Petróleo Brasileiro)

- Não silabáveis (siglas): não podem ser separados em sílabas. São formados pela união das letras iniciais dos vocábulos:

    FMI, MST, SPC, PT, INSS, MPU

Não se deve empregar ponto na formação das siglas. Também é válido lembrar que os acrônimos não podem ser acentuados graficamente.

Quando for empregar uma sigla em um texto qualquer, lembre-se de identificar o seu significado para que não fique algo incoerente para o leitor. A prática sugere que se coloque primeiramente o significado da sigla por extenso e, logo depois, a sigla entre parênteses. A partir dessa notação, pode-se empregar apenas a sigla ao longo do texto. Da seguinte maneira:

> De acordo com um relatório do **Instituto Brasileiro de Geografia e Estatística (IBGE)**, a taxa de pessoas está diminuindo.

20.2.5. Onomatopeia ou reduplicação

- <u>Onomatopeia</u>: é a tentativa de representar por escrito um som da natureza:

    Pow, paf, tum, psiu, argh

- <u>Reduplicação</u>: repetição de palavra com fim onomatopaico:

    Reco-reco, tique-taque, pingue-pongue

20.2.6. Redução ou abreviação

É a eliminação do segmento de alguma palavra:

> Fone (redução de **telefone**)
> Cinema (redução de **cinematógrafo**)

Pneu (redução de **pneumático**)

Otorrino (redução de **otorrinolaringologista**)

Eu sei que você deve estar pensando algo como: meu Deus! Quanta regra! Bem, vamos lá: em primeiro lugar, isso que você leu não são regras, são procedimentos. Esses procedimentos surgem porque os FALANTES usam a língua da maneira que acham melhor. Todo mundo gosta de procurar um culpado pela quantidade de informações que precisa aprender em Língua Portuguesa. Nós – os falantes – somos os culpados.

Agora, pensando de forma prática – fique sabendo que as questões sobre formação de palavras tendem a ser simples –, basta que o aluno compreenda os princípios mais simples de formação dos vocábulos. Tudo vai dar certo! Eu garanto! Vamos aos exercícios agora!

20.3. EXERCÍCIOS

1. (2018 – FGV – BANESTES – Técnico Bancário) Um ex-governador do estado do Amazonas disse o seguinte: "Defenda a ecologia, mas não encha o saco". (Gilberto Mestrinho)

   O vocábulo sublinhado, composto do radical -logia ("estudo"), se refere aos estudos de defesa do meio ambiente; o vocábulo abaixo, com esse mesmo radical, que tem seu significado corretamente indicado é:

   a) Antropologia: estudo do homem como representante do sexo masculino.
   b) Etimologia: estudo das raças humanas.
   c) Meteorologia: estudo dos impactos de meteoros sobre a Terra.
   d) Ginecologia: estudo das doenças privativas das mulheres.
   e) Fisiologia: estudo das forças atuantes na natureza.

2. (2017 – AMAUC – FCEP – Técnico Artístico) Assinale a alternativa na qual as palavras apresentadas são compostas respectivamente, na ordem apresentada, pelo processo de: prefixação, sufixação e justaposição:

   a) reler/felizmente/arco-íris.
   b) impermeável/beija-flor/vinagre.
   c) cachorro-quente/desleal/planalto.
   d) cavalo-marinho/ferreiro/couve-flor.
   e) aguardente/arco-íris/reler.

3. (2017 – FGV – ALERJ – Especialista Legislativo) Duas palavras que NÃO pertencem à mesma família por não possuírem o mesmo radical são:

a) hemácia/anemia.

b) decapitar/capital.

c) cátedra/catedral.

d) animismo/desanimado.

e) depredar/pedra.

4. (2018 – DEPSEC – UNIFAP – Assistente em Administração) Assinale a alternativa INCORRETA quanto à classificação do processo de formação das palavras:

a) Impaciente e desfazer (derivação prefixal).

b) Folhetim e realidade (derivação sufixal).

c) Infelizmente e integralmente (derivação prefixal e sufixal).

d) Boteco e choro (derivação regressiva).

e) Imortal e prever (derivação prefixal).

5. (2018 – FUNDEP – INB – Analista de Comunicação) Assinale a alternativa em que as palavras dos pares a seguir são formadas pelo mesmo processo de formação de palavras.

a) Desaparecer/desabamento.

b) Desmatar/entristecer.

c) Equidade/felicidade.

d) Abalo/badalado.

20.4. GABARITO

1 – d

2 – a

3 – e

4 – c

5 – b

Acentuação Gráfica

Trata-se de uma matéria simples (a mais simples que você vai estudar), porém não pode ser negligenciada. Como cada prova costuma cobrar apenas uma questão, o melhor é que você decore todas as regras, a fim de facilitar a compreensão dos casos de acentuação. As questões costumam pedir comparação de regras, portanto é preciso exercitar bem a memória e a capacidade de análise estrutural das palavras.

Antes de passar às regras, convém saber as condições para que uma palavra seja acentuada.

21.1. ANTECEDENTES DA ACENTUAÇÃO GRÁFICA

Existem algumas condições para que você possa acentuar (ou não) uma palavra.

1 – Prosódia (distribuição dos padrões de tonicidade da língua). A prosódia indica qual é a sílaba tônica[1] da palavra. A depender de sua posição, podemos classificar as palavras como:

- Oxítonas (última sílaba tônica): fu**bá**, sa**ci**.
- Paroxítonas (penúltima sílaba tônica): **ca**sa, **pró**prio.
- Proparoxítonas (antepenúltima sílaba tônica): **má**gica, **té**trico.

2 – Encontros vocálicos. É preciso saber quais são os encontros vocálicos, a fim de que seja possível reconhecer algumas regras de acentuação associadas a essa disposição das letras.

- Hiato (encontro vocálico que se separa na pronúncia): sa**ú**de / ego**í**sta
- Ditongo (encontro vocálico que não se separa, com 2 termos): c**éu** / p**ai**
- Tritongo (encontro vocálico que não se separa, com 3 termos): Parag**uai** / Sa**guão**

A título de maior esclarecimento: há três vogais (a, e, o) e duas semivogais (i, u) na Língua Portuguesa. A depender da palavra, "e" e "o" podem se comportar como semivogais (quando soarem como "u" e "i").

---

[1] Sílaba tônica é aquela pronunciada com maior inflexão de voz, ou seja, com mais "força" na palavra.

Há uma breve classificação dos ditongos que pode ser mencionada:

a) Crescente (em que há uma semivogal + uma vogal): Á**gua**, ausên**cia**, consciên**cia**.

b) Decrescente (em que há uma vogal + uma semivogal): C**ai**xa, l**ei**, p**ai**.

c) Oral (som que ressoa na cavidade bucal): Fal**ei**, brinc**ai**s.

d) Nasal (som que ressoa na cavidade nasal): M**ãe**, p**ão**.

E o falso hiato? Já ouviu falar a respeito?

Então, há um fenômeno na língua que consiste na pronúncia de "dois ditongos" na separação silábica. Chamamos a isso de falso hiato. Veja o exemplo:

– Praia: usualmente as pessoas separam assim: prai-a, mas pronunciam assim: "prái-iá"[2]. O mesmo acontece com palavras como: maio, sereia, Mauá etc.

21.2. REGRAS DE ACENTUAÇÃO GRÁFICA

Vamos estudar as regras propriamente ditas. Atente para os casos e busque memorizá-los.

1 – <u>Proparoxítonas</u>: todas são acentuadas.

Ex.: **Sá**dico, ama**zô**nico, hi**pó**crita, **mé**dico.

2 – <u>Paroxítonas</u>: há uma divisão para estudar essas regras.

a) Não são acentuadas as terminadas em:

✓ A(S): **fa**da, **ca**sas.

✓ E(S): **ple**be, **ru**des.

✓ O(S): **car**ro, ci**gar**ros.

✓ M / ENS: mi**ra**gem / **hi**fens.

✓ Prefixos terminados em "i" ou "r": **se**mi / **su**per

b) São acentuadas as terminadas em:

✓ R: ca**rá**ter.

✓ N: **hí**fen.

✓ L: la**vá**vel.

✓ X: **tó**rax.

---

[2] Estou usando esse formato de escrita apenas para você sacar a pronúncia, não é necessário usar o Alfabeto Fonético Internacional agora.

- ✓ I(S): **lá**pis.
- ✓ Ã(S): **í**mã.
- ✓ US: **ô**nus.
- ✓ UM (UNS): **ál**bum.
- ✓ OM (ON, ONS): i**ân**dom, **pró**tons.
- ✓ PS: **bí**ceps.
- ✓ DITONGO: **fá**ceis.

3 – <u>Oxítonas</u>: são acentuadas as terminadas em:

- ✓ A(S): se**rá** / mara**já**
- ✓ E(S): fi**lé** / so**pé**
- ✓ O(S): domi**nó** / Caia**pó**
- ✓ EM / ENS: a**mém** / para**béns**.

4 – <u>Monossílabos</u>[3] <u>tônicos</u>: são acentuados os terminados em:

- ✓ A(S): lá, má, dá, já.
- ✓ E(S): pé, vê, ré, Zé.
- ✓ O(S): dó, pó, só.

5 – <u>Acentuação de Hiatos</u>: "I" e "U" sozinhos ou seguidos de S:

- ✓ Carna**ú**ba / Sa**í**da / Ego**í**sta / Bala**ú**stre

Observação: não são acentuados nos seguintes casos:

- Quando seguidos de NH: ra**i**nha, ba**i**nha, ta**i**nha.
- Paroxítonos antecedidos de ditongo: fei**u**ra / Bocai**u**va.
- i / u duplicados: xi**i**ta / vadi**i**ce / **uu**çango.

Observação 2: i**í**diche / fri**í**ssimo. Esses termos possuem acento porque são proparoxítonos.

6 – <u>Ditongos abertos</u>: éu, éi, ói.

As palavras que contêm esses ditongos abertos serão acentuadas quando eles forem:

- a) Monossilábicos: v**éu**, r**ói**, d**ói**, r**éis**.
- b) Oxítonos: cara**cóis**, pin**céis**, tro**féus**.

---

3   Monossílabo é a palavra que contém apenas uma sílaba.

7 – Formas Verbais com Hífen:

Quando for necessário acentuar palavras que contiverem formas verbais hifenizadas, deve-se tratar cada forma como se fosse uma palavra distinta. Isso quer dizer que é preciso analisar cada parte da palavra distintamente.

> Ex.: Contar-lhe. (Oxítona terminada em "r" e monossílabo átono)
>
> Ex.: Sabê-la. (Oxítona terminada em "e" e monossílabo átono)
>
> Ex.: Convidá-la-íamos. (Oxítona terminada em "a" e proparoxítona)

8 – Verbos "Ter" e "Vir"

Há regras importantes para essas formas. Por isso, é necessário ter cuidado para não se confundir na composição das sentenças.

- Se esses verbos forem empregados na terceira pessoa do singular (Presente do Indicativo): não haverá acento.

> Ex.: O homem **tem** coragem.
>
> Ex.: O homem **vem** para a festa.

- Se empregados na terceira pessoa do plural (Presente do Indicativo): devem receber o acento circunflexo.

> Ex.: Os homens **têm** coragem.
>
> Ex.: Os homens **vêm** para a festa.

9 – Verbos derivados de "Ter" e "Vir"

Alguns verbos derivados das formas anteriores possuem uma regra que se assemelha àquela dos seus primitivos. Existem, porém, algumas distinções. Vejamos:

- Se empregados na terceira pessoa do singular (Presente do Indicativo): haverá o acento agudo.

> Ex.: João **mantém** a firmeza.
>
> Ex.: O frasco **contém** perfume.

- Se empregados na terceira pessoa do plural (Presente do Indicativo): serão empregados com acento circunflexo.

> Ex.: Os homens **mantêm** a firmeza.
>
> Ex.: Os frascos **contêm** perfume.

Fique de olho aberto: algumas bancas apostam no emprego dessas formas para elaborar questões. O que mais ocorre é a reescrita de uma sentença na qual uma palavra é passada para o plural e gera a necessidade de inserção de um acento. Você não pode "dar mole" na hora de responder a esse tipo de questão.

10 – Acentos diferenciais

Acentos diferenciais são empregados para distinguir algumas classes de palavras. Após a instauração do **Novo Acordo Ortográfico**, alguns acentos deixaram de ser empregados.

Permanecem:

- Pôr (verbo) / Por (preposição)

    Ex.: Ele não pode **pôr** as mãos neste documento.
    Ex.: Ninguém havia passado **por** aqui antes.

- Pôde (pretérito perfeito) / Pode (presente)

    Ex.: Josias não **pôde** falar o que sentida.
    Ex.: Atualmente, Josias também não **pode** falar.

- Fôrma (substantivo – recipiente) / Forma (verbo "formar" / substantivo – formato)[4]

    Ex.: Marina quebrou a **fôrma** em que havia colocado o bolo.
    Ex.: Esse conceito **forma** o material suplementar.
    Ex.: Aquela **forma** era desconhecida por nós.

Desaparecem[5]:

- Pára (verbo) - Para
- Pêra (substantivo) - Pera
- Pólo (substantivo) - Polo
- Pêlo (substantivo) - Pelo

Vejamos como se escrevia:

- ✓ O indivíduo não **pára** de gritar.
- ✓ Comemos uma **pêra** deliciosa.

---

[4]   Esse é um caso facultativo.

[5]   Os acentos não são mais utilizados, mas as palavras ainda existem.

- ✓ Sérgio viajou para o **Pólo** Norte.
- ✓ Depois do acidente, não cresceu mais **pêlo** aqui.

Agora, o correto é:

- ✓ O indivíduo não para de gritar.
- ✓ Comemos uma pera deliciosa.
- ✓ Sérgio viajou para o Polo Norte.
- ✓ Depois do acidente, não cresceu mais pelo aqui.

21.3. ACENTUAÇÃO NO NOVO ACORDO ORTOGRÁFICO

Muita besteira se disse a respeito do Acordo Ortográfico: que era uma proposta elitista, que era segregadora e blá, blá, blá. A verdade é que – na acentuação gráfica – todas as alterações serviram para corrigir erros que estava pendentes na Língua Portuguesa. Muitos concursos aceitam as duas formas de escrita, portanto busque aprender o que foi alterado, pois – a partir de 2016 – apenas a forma mais recente será aceita.

Com relação à acentuação, eis as principais mudanças do Novo Acordo Ortográfico:

a) Ditongos abertos paroxítonos não são mais acentuados.
   - ✓ Ideia, boia, jiboia, assembleia, joia, heroico, paranoico.

b) EE / OO – paroxítonos (não são mais acentuados)
   - ✓ Veem, leem, creem.
   - ✓ Voo, enjoo, perdoo.

c) Não há mais trema em palavras da língua portuguesa.
   - ✓ Linguiça, tranquilo.

COMO ISSO CAI NA PROVA?

➤ As questões de acentuações são as mais simples, não há segredo para resolver esse tipo de questão.

(CESPE) A mesma regra de acentuação gráfica se aplica aos vocábulos "Brasília", "cenário" e "próprio"

( ) Certo   ( ) Errado

> **Resposta: certo.**
>
> **Comentário:** ao separar as três palavras, constata-se que são três paroxítonas terminadas em ditongo. Veja: Bra-**sí**-lia, ce-**ná**-rio e **pró**-prio.

Agora, é preciso praticar tudo aquilo que você aprendeu! Respire fundo e massacre esses exercícios.

21.4. EXERCÍCIOS

1. CEBRASPE (CESPE) – Auditor Federal de Controle Externo (TCU)/Controle Externo/2005

Os vocábulos "prejuízo" e **atraí** acentuam-se atendendo à mesma regra.

( ) Certo   ( ) Errado

2. ESAF – ATRFB/SRFB/2000

Considere o trecho abaixo, transcrito com erros, para responder à questão.

"As versões anteriores sobre a existência, no Novo Mundo, de alguma nação de mulheres adversas ao jugo varonil, deviam predispor os aventureiros europeus a acolher, colorindo-as e enriquecendo-as, segundo lhes pediam a imaginação, certas notícias sobre tribos indígenas onde as esposas porfiavam com os maridos na faina guerreira. Foi às beiradas daquele rio-mar, porém, e quando pela primeira vez na história um bando de espanhóis o cursou em sua maior extensão até chegar àembocadura, que elas vieram a ganhar corpo. Tendo saido de Quito em 1541, rumo ao imaginário País da Canela, Francisco de Orellana e seus companheiros, foram avisados de que, águas abaixo, no grande rio, se achavam amazonas, e que apartadas dele e metida terra adentro estavam as dependências do chefe Ica, abundantíssimas em metal amarelo. Esse último senhorio nunca o viram e nem ouviram falar os expedicionários. Das amazonas, no entanto, voltaram a ter notícia, quando, mais adiante, lhes advertiram-nos outros índios do perigo a que se expunham de alcançá-las, por serem poucos e elas muitas."

(Sérgio Buarque de Holanda)

Ocorre erro de acentuação gráfica no trecho:

a) "adversas ao jugo varonil, deviam predispor os"

b) "nem ouviram falar os expedicionários. Das"

c) "maridos na faina guerreira. Foi às beiradas"

d) "cursou em sua maior extensão até chegar à"

e) "Tendo saido de Quito em 1541, rumo ao"

3. CEBRASPE (CESPE) – Auditor Federal de Controle Externo (TCU)/Controle Externo/2005

Em "contribuíram", o emprego do acento gráfico justifica-se pela presença de ditongo em sílaba tônica.

( ) Certo   ( ) Errado

4. CEBRASPE (CESPE) – Auditor Federal de Controle Externo (TCU)/Controle Externo/2005

No terceiro parágrafo, as palavras "Políticas", "âmbito", "década" e "cônjuges" recebem acento gráfico com base em diferentes regras gramaticais.

( ) Certo   ( ) Errado

5. CEBRASPE (CESPE) – Auditor Federal de Controle Externo (TCU)/Controle Externo/2005

A mesma regra de acentuação gráfica justifica o emprego de acento gráfico nas palavras "construída" e "possíveis".

( ) Certo   ( ) Errado

6. CEBRASPE (CESPE) – Auditor Federal de Controle Externo (TCU)/Controle Externo/2005

Os vocábulos "indivíduo", "diária" e "paciência" recebem acento gráfico com base na mesma regra de acentuação gráfica.

( ) Certo   ( ) Errado

7. CEBRASPE (CESPE) – Auditor Federal de Controle Externo (TCU)/Controle Externo/2005

As palavras "países", "famílias" e "níveis" são acentuadas de acordo com a mesma regra de acentuação gráfica.

( ) Certo   ( ) Errado

8. CEBRASPE (CESPE) – Auditor Federal de Controle Externo (TCU)/Controle Externo/2005

O emprego do acento nas palavras "ciência" e "transitório" justifica-se com base na mesma regra de acentuação.

( ) Certo   ( ) Errado

9. CEBRASPE (CESPE) – Auditor Federal de Controle Externo (TCU)/Controle Externo/2005

Os vocábulos "assistência", "potável" e "elétrica" são acentuados de acordo com a mesma regra de acentuação gráfica.

( ) Certo   ( ) Errado

10. CEBRASPE (CESPE) – Auditor Federal de Controle Externo (TCU)/Controle Externo/2005

O emprego do acento gráfico nas palavras "fenômeno" e "próximo" atende à mesma regra de acentuação gráfica.

( ) Certo   ( ) Errado

11. CEBRASPE (CESPE) – Auditor Federal de Controle Externo (TCU)/Controle Externo/2005

O emprego de acento nos vocábulos "amazônicas", "altíssimas" e "pássaros" atende à mesma regra de acentuação gráfica.

( ) Certo   ( ) Errado

12. CEBRASPE (CESPE) – Auditor Federal de Controle Externo (TCU)/Controle Externo/2005

A palavra "prejuízos" recebe acento gráfico porque todas as proparoxítonas devem ser acentuadas.

( ) Certo   ( ) Errado

13. CEBRASPE (CESPE) – Auditor Federal de Controle Externo (TCU)/Controle Externo/2005

O emprego do acento gráfico nos vocábulos "índice" e "período" justifica-se com base na mesma regra de acentuação gráfica.

( ) Certo   ( ) Errado

14. CEBRASPE (CESPE) – Auditor Federal de Controle Externo (TCU)/Controle Externo/2005

O emprego do acento gráfico na palavra "atrás" justifica-se com base na mesma regra que justifica o emprego do acento gráfico em "fiéis".

( ) Certo   ( ) Errado

15. CEBRASPE (CESPE) – Auditor Federal de Controle Externo (TCU)/Controle Externo/2005

A mesma regra de acentuação gráfica se aplica aos vocábulos "homogênea", "médio" e "bromélias".

( ) Certo ( ) Errado

21.5. GABARITO

1 – Certo

2 – E

3 – Errado

4 – Certo

5 – Errado

6 – Certo

7 – Errado

8 – Certo

9 – Errado

10 – Certo

11 – Certo

12 – Errado

13 – Certo

14 – Errado

15 – Certo

22 Ortografia

A ortografia é a parte da Gramática que estuda a escrita correta das palavras. O próprio nome da disciplina já designa tal função. É oriunda das palavras gregas *ortho*, que significa *correto*, e *grafos,* que significa *escrita*. Neste capítulo, vamos estudar alguns aspectos da correta grafia das palavras: o emprego de algumas letras que apresentam dificuldade para os falantes do Português.

Nós vamos nos pautar pela ortografia com base no último acordo ortográfico assinado pelos países lusófonos (que têm o Português como língua oficial). Essa é a parte mais detalhista de nossa língua, mas – como eu estou fazendo desde o início deste livro – não vou ficar enchendo você com uma série infinda de regras para perturbar sua mente. Farei o possível para reduzir as dificuldades e deixar o conteúdo muito mais leve! Vamos para a batalha!

22.1. O ALFABETO

O alfabeto é atualmente formado por 26 letras.

Forma Maiúscula												
A	B	C	D	E	F	G	H	I	J	K	L	M
N	O	P	Q	R	S	T	U	V	W	X	Y	Z

Forma Minúscula												
a	b	c	d	e	f	g	h	i	j	k	l	m
n	o	p	q	r	s	t	u	v	w	x	y	z

As letras K, W e Y foram inseridas no alfabeto devido a uma grande quantidade de palavras que são grafadas com tais letras e não podem mais figurar como termos exóticos em relação ao português. Eis alguns exemplos de seu emprego:

a) Em abreviaturas e em símbolos de uso internacional:

Kg – quilograma/w – watt

b) Em palavras estrangeiras de uso internacional, nomes próprios estrangeiros e seus derivados.

Kremlin, Kepler, Darwin, Byron, byroniano

22.2. O EMPREGO DE E E I

Existe uma curiosidade a respeito do emprego dessas letras nas palavras que escrevemos: o fato de o *e*, no final da palavra, ser pronunciado como uma semivogal faz com que muitos falantes sintam aquela vontade de grafar a palavra com *i*. Bem, veremos quais são os principais aspectos do emprego dessas letras.

1. Escreveremos com E:
   a) Palavras formadas com o prefixo **ante-** (que significa **antes**, **anterior**):

   > Antebraço, antevéspera, antecipar, antediluviano

   b) A sílaba final de formas conjugadas dos verbos terminados em -OAR e -UAR (quando estiverem no subjuntivo):

   > Abenço**e** (abenç**oar**)
   > Continu**e** (continu**ar**)
   > Pontu**e** (pont**uar**)

Fique de olho, pois muita gente costuma empregar a letra I nesses casos. Isso não é possível.

   c) Algumas palavras, em razão de sua origem:

   > arrepiar, cadeado, creolina, desperdiçar, desperdício, destilar, disenteria, empecilho, indígena, irrequieto, mexerico, mimeógrafo, orquídea, quase, sequer, seringa, umedecer

2. Escreveremos com I:
   a) Palavras formadas com o prefixo **anti-** (que significa **contra**):

   > Antiaéreo, anticristo, antitetânico, anti-inflamatório.

   b) A sílaba final de formas conjugadas dos verbos terminados em -**AIR**, -**OER** e -**UIR**:

   > Ca**i** (ca**ir**)
   > Sa**i** (sa**ir**)
   > Diminu**i** (dimin**uir**)
   > Dó**i** (d**oer**)
   > Mó**i** (m**oer**)
   > Ró**i** (r**oer**)

   c) Os ditongos **AI, OI, UI**:

   > **Pai**, **foi**, herói, infl**ui**

d) As seguintes palavras, em razão de sua origem:

> aborígine, chefiar, crânio, criar, digladiar, displicência, escárnio, implicante, impertinente, impedimento, inigualável, lampião, pátio, penicilina, privilégio, requisito

Vejamos alguns casos em que o emprego das letras "e" e "i" pode causar uma alteração semântica:

Escrevendo com "e"	Escrevendo com "i"
Área – extensão de terra	Ária – peça musical
Delatar – denunciar alguém	Dilatar – aumentar algo
Descrição – ação de descrever	Discrição – qualidade de quem é discreto
Descriminar – absolver	Discriminar – separar, estabelecer diferença
Emergir – vir à tona	Imergir – mergulhar
Emigrar – sair do país ou do local de origem	Imigrar – entrar em um país estrangeiro
Eminente – importante, elevado	Iminente – que está por vir

Obs.: o Novo Acordo Ortográfico explica que, agora, escreve-se com "i" antes de sílaba tônica. Veja alguns exemplos:

> acriano (admite-se, também, acreano)
> rosiano (de Guimarães Rosa)
> camoniano, nietzschiano (de Nietzsche)

22.3. O EMPREGO DA LETRA H

A letra H demanda um pouco de atenção. Apesar de não possuir verdadeiramente sonoridade, utilizamos, ainda, por convenção histórica. Seu emprego, basicamente, está relacionado às seguintes regras:

a) No início de algumas palavras, por sua origem:

> Horizonte, hodierno, haver, Helena, helênico, Havana

b) No fim de algumas interjeições:

> Ah! Oh! Ih! Uh!

c) No interior de palavras compostas que preservam o hífen, nas quais o segundo elemento se liga ao primeiro:

> super-homem, pré-história, sobre-humano

d) Nos dígrafos NH, LH e CH:

rainha, falha, chave, chaleira, nhoque, calha, malha

22.4. O EMPREGO DE O E U

Vejamos como empregar essas letras, a fim de que não mais possamos errar.

1. Apenas por exceção, palavras em Português com sílabas finais átonas (fracas) terminam por **us**; o comum é que se escreva com **o** ou **os**. Veja os exemplos:

carro, aluno, abandono, abono, chimango suborno

Exemplos das exceções a que aludi:

bônus, vírus, ônibus

2. Em palavras proparoxítonas ou paroxítonas com terminação em ditongo, são comuns as terminações -**UA, -ULA, -ULO**:

Táb**ua**, fáb**ula**, cráp**ula**, coág**ulo**

As terminações –**AO, -OLA, -OLO** só aparecem em algumas palavras:

mág**oa**, név**oa**, nód**oa**, agríc**ola**[1], viníc**ola**, varí**ola**

3. Fique de olho na grafia destes termos:
a) Com a letra **O**:

abolir, boate, botequim, bússola, costume, engolir, goela, moela, moleque, mosquito

b) Com a letra **U**:

bulício, buliçoso, bulir, camundongo, curtume, cutucar, jabuti, jabuticaba, rebuliço, urtiga, urticante

22.5. O EMPREGO DE G E J

Essas letras, por apresentarem o mesmo som eventualmente, costumam causar problemas de ortografia. Vamos tentar facilitar o trabalho: a letra G só apresenta o som de J diante das letras E e I:

gesso, gelo, agitar, agitador, agir, gíria

---

[1] Em razão da construção íncola (quem vive, habitante), por isso, silvícola, terrícola etc.

1. **Escreveremos com G:**
   a) Palavras terminadas em -**AGEM, -IGEM, -UGEM**:

      Garagem, vertigem, rabugem, ferrugem, fuligem etc.

      Exceções: pajem, lambujem (doce ou gorjeta), lajem (pedra da sepultura).

   b) As palavras terminadas em –**ÁGIO, ÉGIO, ÍGIO, ÓGIO, ÚGIO**:

      Contágio, régio, prodígio, relógio, refúgio

   c) As palavras derivadas de outras que já possuem a letra G:

      viagem – viageiro
      ferrugem – ferrugento
      vertigem – vertiginoso
      regime – regimental
      selvagem – selvageria
      regional – regionalismo

   d) Em geral, após a letra R:

      Aspergir, divergir, submergir, imergir

   e) As palavras:

      - De origem latina: *agir, gente, proteger, surgir, gengiva, gesto* etc.
      - De origem árabe: álgebra, *algema, ginete, girafa, giz* etc.
      - De origem francesa: *estrangeiro, agiotagem, geleia, sargento* etc.
      - De origem italiana: *gelosia,* ágio etc.
      - Do castelhano: *gitano.*
      - Do inglês: *gim.*

2. **Escreveremos com J:**
   1. Os verbos terminados em –**JAR** ou –**JEAR** e suas formas conjugadas:

      Gorjear: gorjeia (lembre-se das "aves"), gorjeiam, gorjearão
      Viajar: viajei, viaje, viajemos, viajante

Obs.: cuidado para não confundir os termos *viagem* (substantivo) com *viagem* (verbo "viajar"). Vejamos o emprego:

   Ele fez uma bela **viagem**.
   Tomara que eles **viajem** amanhã.

2. Palavras derivadas de outras terminadas em –JA:

Granja: granjeiro, granjear
Loja: lojista, lojinha
Laranja: laranjal, laranjeira
Lisonja: lisonjeiro, lisonjeador
Sarja: sarjeta

3. Palavras cognatas (raiz em comum) ou derivadas de outras que possuem o J:

Laje: lajense, lajedo
Nojo: nojento, nojeira
Jeito: jeitoso, ajeitar, desajeitado

4. Palavras: *conjetura, ejetar, injeção, interjeição, objeção, objeto, objetivo, projeção, projeto, rejeição, sujeitar, sujeito, trajeto, trajetória, trejeito.*

5. Palavras de origem ameríndia (geralmente tupi-guarani) ou africana: *canjerê, canjica, jenipapo, jequitibá, jerimum, jia, jiboia, jiló, jirau, Moji, pajé, pajéu.*

6. Palavras: *berinjela, cafajeste, jeca, jegue, Jeremias, jerico, jérsei, majestade, manjedoura, ojeriza, pegajento, rijeza, sujeira, traje, ultraje, varejista.*

22.6. ORIENTAÇÕES SOBRE A GRAFIA DO FONEMA /S/

Podemos representar o fonema /s/ por:

a) S: ânsia, cansar, diversão, farsa.
b) SS: *acesso, assar, carrossel, discussão.*
c) C, Ç: *acetinado, cimento, açoite, açúcar.*
d) SC, SÇ: *acréscimo, adolescente, ascensão, consciência, nasço, desça.*
e) X: *aproximar, auxiliar, auxílio, sintaxe.*
f) XC: *exceção, exceder, excelência, excepcional.*

Como se grafa, então?

1. Escreveremos com S:

a) A correlação nd – ns:

Preten**d**er – preten**s**ão, preten**s**o
Expan**d**ir – expan**s**ão, expan**s**ivo

b) A correlação rg – rs:

Aspe**rg**ir – aspe**rs**ão
Ime**rg**ir – ime**rs**ão
Eme**rg**ir – eme**rs**ão

c) A correlação rt – rs

Dive**rt**ir – dive**rs**ão
Inve**rt**er – inve**rs**ão

d) O sufixo –ense

Parana**ense**, ear**ense**, londrin**ense**

2. Escreveremos com SS:

a) A correlação ced – cess:

Ceder – **cess**ão
Inter**ced**er – inter**cess**ão
Retro**ced**er – retro**cess**o

b) A correlação gred – gress

A**gred**ir – a**gress**ão, a**gress**ivo
Pro**gred**ir – pro**gress**ão, pro**gress**o

c) A correlação prim – press

Im**prim**ir – im**press**ão, im**press**o
O**prim**ir – o**press**ão, o**press**or
Re**prim**ir – re**press**ão, re**press**ivo

d) A correlação meter – miss

Sub**meter** – sub**miss**ão
Intro**meter** – intro**miss**ão

3. Escreveremos com C ou com Ç:

a) Palavras de origem tupi ou africana:

Açaí, araçá, Iguaçu, Juçara, muçurana, Paraguaçu, caçula, cacimba

O "ç" só será usado antes das vogais a, o, u.

b) Com os sufixos:

-aça: barcaça
-ação: armação
-çar: aguçar
-ecer: esmaecer
-iça: carniça
-nça: criança
-uça: dentuça

c) Palavras derivadas de verbos terminados em -ter (não confundir com a regra do -meter / s):

Abster – abstenção
Reter – retenção
Deter – detenção

d) Depois de ditongos:

F**ei**ção, l**ou**ça, tra**i**ção

e) Palavras de origem árabe:

Açúcar, açucena, cetim, muçulmano

22.7. EMPREGO DO SC

Escreveremos com **sc** palavras que são termos emprestados do latim:

Adolescência, ascendente, consciente, crescer, descer, fascinar, fescenino

22.8. GRAFIA DA LETRA S COM SOM DE S[2]

Escreveremos com S:

1. Terminações –ês, -esa, -isa, que indicam nacionalidade, título ou origem:

Japonês, japonesa
Marquês, marquesa
Camponês, camponesa

---

[2] O **S** tem som de /z/ quando estiver entre duas vogais.

2. Após ditongos.

   Causa, coisa, lousa, Sousa

3. As formas dos verbos **pôr** e **querer** e de seus compostos:

   Eu pus, nós pusemos, pusésseis
   Eu quis, nós quisemos, quisésseis

4. As terminações -oso e -osa, que indicam qualidade:

   Gostoso, garboso, fervorosa, talentosa

5. O prefixo trans-:

   Transe, transação, transoceânico

6. Em diminutivos cujo radical termine em "s":

   Rosa – rosinha
   Teresa – Teresinha
   Lápis – lapisinho

7. A correlação d – s:

   Aludir – alusão, alusivo
   Decidir – decisão, decisivo
   Defender – defesa, defensivo

8. Verbos derivados de palavras cujo radical termina em "s":

   Análise – analisar
   Presa – apresar
   Êxtase – extasiar
   Português – aportuguesar

9. Os substantivos com os sufixos gregos -ese, -isa, -ose:

   Catequese, diocese, poetisa, virose (Obs.: "catequizar" com "z".)

10. Os nomes próprios:

    Baltasar, Heloísa, Isabel, Isaura, Luísa, Sousa, Teresa

11. As palavras: *análise, cortesia, hesitar, reses, vaselina, avisar, defesa, obséquio, revés, vigésimo, besouro, fusível, pesquisa, tesoura, colisão, heresia, querosene, vasilha.*

22.9. EMPREGO DA LETRA Z

Escreveremos com Z:

1. As terminações -ez, -eza, de substantivos abstratos derivados de adjetivos:

    Belo – beleza
    Rico – riqueza
    Altivo – altivez
    Sensato – sensatez

2. Os verbos formados com o sufixo –izar e palavras cognatas:

    Balizar, inicializar, civilizar

3. As palavras derivadas em:

    -zal: cafezal, abacaxizal
    -zeiro: cajazeiro, açaizeiro
    -zito: avezita
    -zinho: cãozinho, pãozinho, pezinho

4. Os derivados de palavras cujo radical termina em Z:

    Cruzeiro (cruz)
    Luzeiro (luz)
    Esvaziar (vazio)

5. As palavras: *azar, aprazível, baliza, buzina, bazar, cicatriz, ojeriza, prezar, proeza, vazamento, vizinho, xadrez, xerez.*

22.10. EMPREGO DO X E DO CH

A letra X pode representar os seguintes fonemas:

a) /ch/: *xarope.*
b) /ks/: sexo, *tóxico.*
c) /z/: *exame.*
d) /ss/: *máximo.*
e) /s/: *sexto.*

1. Escreveremos com x:

    a) Em geral, após um ditongo:

        Caixa, peixe, ameixa, rouxinol, caixeiro (Exceções: recauchutar e guache.)

b) Geralmente, depois de sílaba iniciada por **en-**:

Enxada, enxerido, enxugar, enxurrada

Obs.: *encher* (e seus derivados); palavras que iniciam por "ch" e recebem o prefixo **en-**: *encharcar, enchumaçar, enchiqueirar, enchumbar. Enchova* também é uma exceção.

c) Em palavras de origem indígena ou africana:

Abacaxi, xavante, xará, orixá, xinxim

d) Após a sílaba **me** no início da palavra:

Mexerica, mexerico, mexer, mexida. (Exceção: mecha de cabelo)

e) Nas palavras: *bexiga, bruxa, coaxar, faxina, graxa, lagartixa, lixa, praxe, vexame, xícara, xale, xingar, xampu.*

2. **Escreveremos com ch:**

   1. As seguintes palavras, em razão de sua origem: *chave, cheirar, chuva, chapéu, chalé, charlatão, salsicha, espadachim, chope, sanduíche, chuchu, cochilo, fachada, flecha, mecha, mochila, pechincha.*

Atente para a divergência de sentido com os seguintes elementos:

Bucho – estômago	Buxo – arbusto
Cheque – ordem de pagamento	Xeque – lance do jogo de xadrez
Tacha – prego	Taxa – imposto

22.11. EMPREGO DO HÍFEN

Agora vamos entrar em uma seara muito interessante e que costuma dar um nó na cabeça da galera: o emprego do hífen. Para você ter uma ideia do tamanho da "salada", muitos gramáticos sofrem quando precisam explicar se o bendito hífen pode ou não ser empregado.

Na separação silábica, convencionalmente, empregamos o hífen:

fa-le-ci-do
co-mi-da
al-te-ra-do

Para conectar pronomes oblíquos a verbos ou à palavra *eis*:

contraí-lo
condená-la

Ei-lo na sala de estar.

Orgulhar-vos-ei.

Revele-se-lhe o problema.

Em algumas formações consagradas, o hífen permanece:

água-de-colônia

arco-da-velha

cor-de-rosa

mais-que-perfeito

pé-de-meia

ao deus-dará

à queima-roupa

Em substantivos compostos, que não perderam a noção de composição. Isso quer dizer – substantivos que preservam suas características de fonética e acentuação gráfica como unidades autônomas que se unem para formar um novo vocábulo:

arco-íris

médico-cirúrgico

amor-perfeito

norte-africano

decreto-lei

conta-gotas

Em elementos compostos, cujo primeiro termo seja um numeral:

segunda-feira

primeira-dama

primeiro-tenente

primeiro-ministro

Em elementos compostos, cuja formação se dá pela repetição de termos de mesma classe:

corre-corre (verbo + verbo)

reco-reco (verbo + verbo)

greco-romano (adjetivo + adjetivo)

sino-brasileiro (adjetivo + adjetivo)

Em topônimos (nome de lugar) compostos, iniciados pelos termos *grão* ou *grã*, iniciados por forma verbal ou cujos elementos estejam ligados por artigos:

Grã-Bretanha
Grão-Pará
Passa-Quatro
Quebra-Costas
Trás-os-Montes
Entre-os-Rios

Os demais topônimos compostos – à exceção de *Guiné-Bissau* – escrevem-se sem hífen: *América do Sul, Estados Unidos, Belo Horizonte, Minas Gerais.*

Em palavras compostas que designam espécies botânicas ou zoológicas:

erva-doce
ervilha-de-cheiro
couve-flor
cobra-d'água
bem-te-vi

Em formas compostas com os elementos *além*, *aquém*, *recém* e *sem*.

além-mar
aquém-mar
recém-casado
recém-nascido
sem-vergonha

Em compostos formados por prefixos cuja última letra seja igual à primeira letra da palavra seguinte:

anti-inflamatório
micro-ondas
inter-regional
tele-entrega

O Acordo Ortográfico mais recente positiva que:

Emprega-se o hífen para ligar duas ou mais palavras que ocasionalmente se combinam, formando, não propriamente vocábulos, mas encadeamentos vocabulares (tipo: a divisa Liberdade-Igualdade-Fraternidade, a ponte Rio-Niterói,

*o percurso Lisboa-Coimbra-Porto, a ligação Angola-Moçambique, e bem assim
nas combinações históricas ou ocasionais de topônimos (tipo: Áustria-Hungria,
Alsácia-Lorena, Angola-Brasil, Tóquio-Rio de Janeiro, etc.).*
(BASE XV: DO HÍFEN EM COMPOSTOS, LOCUÇÕES E ENCADEAMEN-
TOS VOCABULARES.)

Se os substantivos forem formados por sufixação, em que o vocábulo seja terminado por sufixos de origem tupi-guarani que representam formas adjetivas, tais
como -açu, -guaçu e -mirim, se o primeiro elemento acabar em vogal acentuada
graficamente, ou por tônica nasal:

Capim-açu

Sabiá-guaçu

Cajá-mirim

Arumã-mirim

Para quem não sabe, -açu significa *grande*; ao passo que -mirim significa *pequeno*.

Se o composto for formado pelo elemento "mal" seguido por palavra iniciada
com vogal, H ou L:

Mal-estar

Mal-acabado

Mal-humorado

Mal-lavado

Mal-encaminhado

A lista a seguir designa casos de hífen com diversos prefixos/falsos prefixos:

Haverá hífen com os prefixos	Sempre que a palavra seguinte começar por
ante-, anti-, contra-, entre-, extra-, infra-, intra-, sobre-, supra-, ultra-	• H ante-histórico, anti-higiênico, anti-herói, contra-hospitalar, entre-hostil, extra-humano, infra-hepático, sobre-humano, supra-hepático, ultra-hiperbólico. • VOGAL IGUAL À QUE ENCERRA O PREFIXO anti-inflamatório, contra-ataque, infra-axilar, sobre-estimar, supra-auricular, ultra-aquecido.

Haverá hífen com os prefixos	Sempre que a palavra seguinte começar por
hiper-, inter-, super-	• H hiper-hidrose inter-humano super-homem • R hiper-raivoso inter-racial super-resistente
sub-	• B sub-bloco sub-bacia sub-bosque • H sub-hepático sub-humano • R sub-região sub-raça **Nota:** as formas escritas sem hífen e sem "h", como por exemplo *subumano* e *subepático* também são aceitas.
ab-, ad-, ob-, sob-	• B ab-rogar ab-reação • R ob-repção ob-rogar • D (Apenas com o prefixo "Ad") ad-digitalizar
ex- (no sentido de estado anterior), sota-, soto-, vice-, vizo-	• Antes de qualquer palavra ex-prefeito soto-bosque soto-almirante sota-capitânia vice-presidente vizo-real

Haverá hífen com os prefixos	Sempre que a palavra seguinte começar por
pós-, pré-, pró- (tônicos e com significados próprios)	• Antes de qualquer palavra 　pós-graduação 　pré-escola 　pró-ocidental **Nota:** se os prefixos não forem autônomos, não haverá hífen: 　predeterminação 　pressuposição 　posposição
circum-, pan-	• H 　pan-helênico 　pan-harmônico • M 　circum-meridional 　circum-murado • N 　circum-navegação • VOGAL 　pan-americano 　circum-ambiente
Pseudoprefixos (diferem-se dos prefixos por apresentarem elevado grau de independência e possuírem uma significação mais ou menos delimitada, presente à consciência dos falantes.) aero-, agro-, arqui-, auto-, bio-, eletro-, geo-, hidro-, macro-, maxi-, mega, micro-, mini-, multi-, neo-, pluri-, proto-, pseudo-, retro-, semi-, tele-	• H 　neo-histórico 　semi-hospitalar 　pseudo-hidrante • VOGAL IGUAL À QUE TERMINA O PREFIXO 　micro-ônibus 　tele-entrega 　semi-individual

1. Não se emprega o hífen em vocábulos iniciados pelo prefixo **co-**. O prefixo vai se combinar com o segundo elemento, ainda que inicie por O ou H. Neste último caso, elimina-se o H. Se o vocábulo seguinte iniciar por R ou S, duplicam-se tais letras.

coabitar, coadministrar, coautor, coexistência, cooptar, coerdeiro corresponsável, cosseno

2. Com os prefixos **pre-** e **re-** não será empregado o hífen, ainda que diante de palavras começadas por E.

preeminente, preexistência, reescrever, reedição

3. Nas palavras em que o prefixo ou pseudoprefixo terminar em **vogal** e o segundo elemento começar por R ou S, será necessário duplicar essas consoantes e não empregar o hífen:

antirreligioso, antissemita, arquirrival, autorretrato, contrarregra, contrassenso, extrassensorial, infrassom, eletrossiderurgia, neorrealismo, neossimbolismo

4. Nas palavras em que o prefixo ou pseudoprefixo finalizar em **vogal** e o segundo elemento começar por **vogal distinta**, não se utilizará o hífen:

antiaéreo, antiaborto, antiabolicionista, autoajuda, autoestrada, autoelogio, autoeducação, agroindustrial, contraindicação, infraestrutura, intraocular, plurianual, pseudoartista, semiembriagado, ultraelevado

5. Não será empregado o hífen nas formações com os prefixos **des-** e **in-**, em que o segundo elemento tiver perdido o H inicial:

desarmonia, desumano, desumidificar, inábil, inumano

6. Não será empregado o hífen com a palavra não, quando esta tiver função prefixal:

não violência, não agressão, não comparecimento, não reincidência, não formação, não interrupção

7. O hífen não será empregado em palavras que possuem os elementos "bi", "tri", "tetra", "penta" etc.:

bimestre, bicampeão, bimensal, bimestral, bienal, birrelativo, bidimensional, tridimensional, trimestral, triênio, tetracampeão, tetraedro, tetraplégico, pentacampeão, pentágono

Fique ligado:

Hidro – quando empregado na composição de palavras – pode apresentar duas formas de grafia:

hidroelétrico	–	hidrelétrico
hidroavião	–	hidravião

22.12. USO DOS PORQUÊS

Para encerrar, vamos falar sobre um assunto interessante: o uso dos porquês! Tenho certeza de que você já viu uma série de dicas sobre como utilizar tais termos.

Um é o da resposta, outro é o da pergunta e blá, blá, blá! Deixe de frescura! Você precisa aprender como analisar esses elementos morfologicamente! Assim você garante que vai acertar as questões. Vamos à teoria:

1. **PORQUÊ (assim juntinho e com acento):** esse cara é um substantivo, ou seja, antes dele você vai encontrar numerais, artigos, pronomes ou qualquer tipo de determinante. Veja um exemplo:

   Meu **porquê** não é segredo.

   Há quatro **porquês** na língua.

   Ela saiu, e não sei o **porquê**.

   Porquês falsos ela disse para se defender das acusações.

2. **POR QUÊ (separado e com acento):** nesse caso, temos uma preposição (*por*) e um substantivo (*quê*). Usualmente, você há de encontrá-lo quando ele estiver escorado em um sinal de pontuação. Aliás, mesmo que a preposição não seja *por*, o acento no *quê* ainda vai rolar.

   Você veio por quê?

   Ele está rindo de quê?

   Você falou isso para quê?

3. **POR QUE (separado e sem acento):** podemos ter dois casos. Em um, a classificação será de PREPOSIÇÃO + PRONOME RELATIVO. Em outro, a classificação será de LOCUÇÃO ADVERBIAL DE INTERROGAÇÃO (essencialmente falando, essa locução se forma com uma preposição que acompanha um pronome interrogativo).

Vejamos:

Caso 1: preposição + pronome relativo

   As aventuras **por** que **passei** foram loucas.

   Eis o motivo **por** que **luto**.

Perceba que a preposição está associada ao verbo e que a palavra *que* está associada à retomada do substantivo antecedente.

Caso 2: locução adverbial interrogativa

   Por que você estuda?

   Por que o país não avançou?

   Você sabe **por que** Jonas não veio à festa?

   Eleonora disse **por que** não pôde fazer a tarefa.

4. **PORQUE (junto e sem acento):** aqui temos três casos, essencialmente. A classificação pode ser:
   - Conjunção coordenativa explicativa (com o sentido de *pois*):

       Apague a luz, **porque** quero dormir.
       Deve ter chovido, **porque** o chão está molhado.

   - Conjunção subordinativa adverbial causal (com o sentido de *já que*):

       André passou **porque** havia estudado muito.
       O filme é bom **porque** apresenta uma análise do tipo humano profundamente.

   - Conjunção subordinativa adverbial final (com o sentido de *para que*):

       Estude **porque** possa mudar de vida.
       Espero que você batalhe **porque** possa mudar de vida.

Você realmente pensou que fosse difícil trabalhar com esses porquês, não é mesmo? Na verdade, é muito simples! Basta ficar de olho na classe gramatical a que o elemento pertence. Com a prática isso fica muito intuitivo!

22.13. EXERCÍCIOS

1. (2018 – UFMG – UFMG – Auxiliar em Administração) Assinale a alternativa em que o termo em negrito está grafado corretamente.

   a) **Porque** algumas pessoas jogam lixo na praia?
   b) O gari foi advertido ontem sem saber **porque**.
   c) Aos nossos **porques**, o gari não deu atenção.
   d) Os garis não sabiam **por que** foram advertidos.

2. (2018 – UFMG – UFMG – Analista de Tecnologia da Informação) As palavras estão escritas conforme o Novo Acordo Ortográfico, EXCETO

   a) Semianalfabeto, macroestrutura, malcriado, para-lamas.
   b) Coerdeiro, herói, paraquedas, pontapé, autoescola.
   c) Antessala, ultramoderno, antirracismo, autossustentável.
   d) Semi-deus, idéia, ultra-som, auto-estima, heróico.

3. (2018 – FUMARC – CEMIG-MG – Técnico de Gestão Administrativa) As palavras estão grafadas corretamente, EXCETO em:

a) obsessão – privilégio.

b) expectativa – hesitar.

c) mendigo – pretensioso.

d) impecilho – tijela.

4. (2018 – FCC – SEGEP-MA – Auxiliar de Fiscalização Agropecuária) A frase escrita em conformidade com a norma-padrão da língua é:

a) É aconselhavel obiter o máximo de informação possível na hora de contratar TV por assinatura.

b) Analises mostram que produtos de pirataria de sinal de TV não dura muito.

c) TV por assinatura é algo muito comum hoje em dia, mas esse serviço não é nada barato.

d) Se você opitar por um sinal de TV pirateado, saiba que você poderá ser prezo.

e) Muitas pessoas possuim sinal de TV pirateado hoje em dia, em todo o Brazil.

5. (2018 – Orhion Consultoria – Prefeitura de Jaguariúna-SP – Procurador Jurídico) Assinale a alternativa na qual o hífen foi utilizado de forma INCORRETA.

a) O médico prescreveu um anti-inflamatório.

b) Ele se sente um semi-deus quando o assunto é futebol.

c) Vamos ao shopping de micro-ônibus.

d) Não coma sem lavar as mãos, é anti-higiênico.

22.14. GABARITO

1 – d

2 – d

3 – d

4 – c

5 – b

23 Homônimos e parônimos

Vez ou outra, estamos escrevendo ou falando alguma palavra e, repentinamente, surgem algumas dúvidas. Isso ocorre talvez pela semelhança ou mesmo pela igualdade de pronúncia ou de grafia entre esses termos. Chamamos esses casos de *homonímia* ou *paronímia*.

A *homonímia* é o nome que se dá para os casos em que palavras de sentidos diferentes possuem a mesma grafia (os homônimos homógrafos) ou a mesma pronúncia (os homônimos homófonos).

Os homógrafos podem coincidir ou não na pronúncia, como nos exemplos: *banco* (assento) e *banco* (instituição), *manga* (fruta) e *manga* (de camisa), em que temos pronúncia idêntica; e *molho* (coletivo de chaves "molho") e *molho* (líquido em que se servem iguarias).

Os parônimos estão relacionados à semelhança entre algumas palavras, tal que, usualmente, geram dificuldade de grafia ou compreensão. Um exemplo disso são os pares *descrição* (ato de descrever) e *discrição* (qualidade do que é discreto), *retificar* (corrigir) e *ratificar* (confirmar).

Esse não é assunto dos mais incidentes em prova. Alguns certames, no entanto, ainda insistem em cobrar!

23.1. LISTA DE HOMÔNIMOS E PARÔNIMOS

Veja a lista que se segue, a fim de ampliar seu vocabulário e dirimir possíveis dúvidas.

Absolver: inocentar, relevar da culpa imputada:
O juiz absolveu o homem.
Absorver: embeber em si, esgotar:
A terra absorveu a chuva que caía.

Acender: atear (fogo), inflamar:
Acenderam o fogo na floresta.
Ascender: subir, elevar-se:
Seu espírito ascendeu ao céu.

Acento: sinal gráfico; inflexão vocal:

Essa palavra não tem acendo.

Assento: banco, cadeira:

Não consegui encontrar o meu assento.

Acerca de: sobre, a respeito de:

Conversaremos acerca disso na reunião.

A cerca de: a uma distância aproximada de:

O prédio fica a cerca de dez metros daqui.

Há cerca de: faz aproximadamente (tanto tempo):

Isso foi feito há cerca de dez anos.

Acidente: acontecimento casual; desastre:

Houve um acidente na rodovia.

Incidente: episódio; que incide, que ocorre:

Esse isso é bastante incidente aqui.

Afim: que apresenta afinidade, semelhança, relação (de parentesco):

Esses são assuntos afins.

A fim de: para, com a finalidade de, com o fito de:

Ele fez o resumo, a fim de que conseguisse entender o assunto.

Alto: de grande extensão vertical; elevado, grande:

Esse cara é muito alto.

Auto: ato público, registro escrito de um ato, peça processual:

O evento está registrado nos autos.

Aleatório: casual, fortuito, acidental:

Essa foi uma escolha aleatória.

Alheatório: que alheia, alienante, que desvia ou perturba:

Essa palestra é totalmente alheatória.

Amoral: desprovido de moral, sem senso de moral:

Li um texto completamente amoral.

Imoral: contrário à moral, aos bons costumes, devasso, indecente:

Aquela cena que vi era muito imoral.

Ante (preposição)**:** diante de, perante:

Ante sua imagem, fiquei estarrecido.

Ante- (*prefixo*): expressa anterioridade:
antecessor, antediluviano
Anti- (*prefixo*): expressa contrariedade; contra:
antiético, antiaéreo

Ao encontro de: para junto de; favorável a:
Maria foi ao encontro de seus amigos.
De encontro a: contra; em prejuízo de:
Esse conceito vai de encontro às minhas convicções.

Ao invés de: ao contrário de:
Ao invés de subir, desceu.
Em vez de: em lugar de:
Em vez de falar com o amigo, falou com o chefe.

A par: informado, ao corrente, ciente:
Os alunos já estão a par do que se pretende falar.
Ao par: de acordo com a convenção legal:
Fez a troca de mil dólares ao par.

Aparte: interrupção, comentário à margem:
Houve um aparte na fala do ministro.
À parte: em separado, isoladamente, de lado:
Esse item será visto à parte.

Apreçar: avaliar, pôr preço:
Eu não sei se já apreçamos a casa.
Apressar: dar pressa a, acelerar:
Necessitamos de apressar a obra.

Área: superfície delimitada, região:
Faremos a piscina nessa área.
Ária: canto, melodia:
Gosto muito de uma ária de Turandot.

Aresto: acórdão, caso jurídico julgado:
Neste caso, o aresto é irrecorrível.
Arresto: apreensão judicial, embargo:
Os bens do traficante preso foram todos arrestados.

Arrochar: apertar com arrocho, apertar muito:
Será preciso arrochar a produção.
Arroxar: ou **arroxear**, **roxear:** tornar roxo:
Arroxou o olho após a pancada.

Ás: exímio em sua atividade; carta do baralho:
Pescou uma carta e retirou um ás.
Az (pouco usado)**:** esquadrão, ala do exército:
Vimos os azes que passavam na marcha.

Atuar: agir, pôr em ação; pressionar:
Leno atuou como vilão naquele teatro.
Autuar: lavrar um auto; processar:
O homem fora autuado anteriormente.

Auferir: obter, receber:
Vi que pudemos auferir lucros referentes à empreitada.
Aferir: avaliar, cotejar, medir, conferir:
Tivemos de aferir os resultados da prova.

Avocar: atribuir-se, chamar:
Júlio avocou a responsabilidade para si.
Evocar: lembrar, invocar:
Evocou a memória do ditador em seu discurso.
Invocar: pedir (a ajuda de); chamar; proferir:
Invocou um exército para ajudá-lo.

Caçar: perseguir, procurar, apanhar (geralmente animais):
Aquele homem foi caçado na floresta.
Cassar: tornar nulo ou sem efeito, suspender, invalidar:
O político teve seus direitos cassados.

Cavaleiro: que anda a cavalo, cavalariano:
O cavaleiro salvou sua donzela.
Cavalheiro: indivíduo distinto, gentil, nobre:
Aquele homem é um cavalheiro.

Censo: alistamento, recenseamento, contagem:
Realizou-se o censo da população.
Senso: entendimento, juízo, tino:
Aquela mulher não tem senso de ridículo.

Cerrar: fechar, encerrar, unir, juntar:

Cerrou os olhos e se foi.

Serrar: cortar com serra, separar, dividir:

Serraram a porta para tirar as vítimas do acidente.

Cessão: ato de ceder:

Solicitaram a cessão da quadra de futebol.

Seção: setor, subdivisão de um todo, repartição, divisão:

Jurandir trabalha na seção de frios.

Sessão: espaço de tempo que dura uma reunião, um congresso; reunião; espaço de tempo durante o qual se realiza uma tarefa:

Amanhã não haverá sessão legislativa.

Chá: planta, infusão.

Não gosto de chá de framboesa.

Xá: antigo soberano persa:

O Xá convocou o exército persa.

Mau: adjetivo. O antônimo de "bom":

Ele possui esse **mau** hábito de falar besteira.

Mal: advérbio. O antônimo de "bem":

Ele não fala muito bem o inglês.

Mas: conjunção. Sentido de oposição, sinônimo de "porém":

Ele não estudou, mas passou no concurso.

Mais: advérbio de intensidade:

Fale mais sobre esse assunto.

Cheque: ordem de pagamento à vista:

Pagaram o combustível com cheque.

Xeque: dirigente árabe; lance de xadrez:

Após a jogada, o rei ficou em xeque.

Doravante, segue a lista extraída do **Manual de Redação da Presidência da República** sobre o emprego desses elementos.

Cível: relativo à jurisdição dos tribunais civis.

Civil: relativo ao cidadão; cortês, polido (daí *civilidade*); não militar nem, eclesiástico.

Colidir: trombar, chocar; contrariar: *A nova proposta colide frontalmente com o entendimento havido.*

Coligir: colecionar, reunir, juntar: *As leis foram coligidas pelo Ministério da Justiça.*

Comprimento: medida, tamanho, extensão, altura.

Cumprimento: ato de cumprir, execução completa; saudação.

Concelho: circunscrição administrativa ou município (em Portugal).

Conselho: aviso, parecer, órgão colegiado.

Concerto: acerto, combinação, composição, harmonização (*compare: concertar*): *O concerto das nações... O concerto de Guarnieri...*

Conserto: reparo, remendo, restauração (*compare: consertar*): *Certos problemas crônicos aparentemente não têm conserto.*

Conje(c)tura: suspeita, hipótese, opinião.

Conjuntura: acontecimento, situação, ocasião, circunstância.

Contravenção: transgressão ou infração a normas estabelecidas.

Contraversão: versão contrária, inversão.

Coser: costurar, ligar, unir.

Cozer: cozinhar, preparar.

Costear: navegar junto à costa, contornar: *A fragata costeou inúmeras praias do litoral baiano antes de partir para alto-mar.*

Custear: pagar o custo de, prover, subsidiar: *Qual a empresa disposta a custear tal projeto?*

Custar: valer, necessitar, ser penoso: *Quanto custa o projeto? Custa-me crer que funcionará.*

Deferir: consentir, atender, despachar favoravelmente, conceder.

Diferir: ser diferente, discordar; adiar, retardar, dilatar.

Degradar: deteriorar, desgastar, diminuir, rebaixar.

Degredar: impor pena de degredo, desterrar, banir.

Delatar (delação): denunciar, revelar crime ou delito, acusar: *Os traficantes foram delatados por membro de quadrilha rival.*

Dilatar (dilação): alargar, estender; adiar, diferir: *A dilação do prazo de entrega das declarações depende de decisão do Diretor da Receita Federal.*

Derrogar: revogar parcialmente (uma lei), anular.

Derrocar: destruir, arrasar, desmoronar.

Descrição: ato de descrever, representação, definição.

Discrição: discernimento, reserva, prudência, recato.

Descriminar: absolver de crime, tirar a culpa de.

Discriminar: diferençar, separar, discernir.

Despensa: local em que se guardam mantimentos, depósito de provisões.

Dispensa: licença ou permissão para deixar de fazer algo a que se estava obrigado; demissão.

Despercebido: que não se notou, para o que não se atentou: *Apesar de sua importância, o projeto passou despercebido.*

Desapercebido: desprevenido, desacautelado: *Embarcou para a missão na Amazônia totalmente desapercebido dos desafios que lhe aguardavam.*

Dessecar: secar bem, enxugar, tornar seco.

Dissecar: analisar minuciosamente, dividir anatomicamente.

Destratar: insultar, maltratar com palavras.

Distratar: desfazer um trato, anular.

Distensão: ato ou efeito de distender, torção violenta dos ligamentos de uma articulação.

Distinção: elegância, nobreza, boa educação: *Todos devem portar-se com distinção.*

Dissensão: desavença, diferença de opiniões ou interesses: *A dissensão sobre a matéria impossibilitou o acordo.*

Elidir: suprimir, eliminar.

Ilidir: contestar, refutar, desmentir.

Emenda: correção de falta ou defeito, regeneração, remendo: ao torná-lo mais claro e objetivo, a emenda melhorou o projeto.

Ementa: apontamento, súmula de decisão judicial ou do objeto de uma lei: *Procuro uma lei cuja ementa é "dispõe sobre a propriedade industrial".*

Emergir: vir à tona, manifestar-se.

Imergir: mergulhar, afundar submergir, entrar.

Emigrar: deixar o país para residir em outro.

Imigrar: entrar em país estrangeiro para nele viver.

Eminente (eminência): alto, elevado, sublime.

Iminente (iminência): que está prestes a acontecer, pendente, próximo.

Emitir (emissão): produzir, expedir, publicar.

Imitir (imissão): fazer entrar, introduzir, investir.

Empoçar: reter em poço ou poça, formar poça.

Empossar: dar posse a, tomar posse, apoderar-se.

Encrostar: criar crosta.

Incrustar: cobrir de crosta, adornar, revestir, prender-se, arraigar-se.

Entender: compreender, perceber, deduzir.

Intender: (pouco usado): exercer vigilância, superintender.

Enumerar: numerar, enunciar, narrar, arrolar.

Inúmero: inumerável, sem conta, sem número.

Espectador: aquele que assiste qualquer ato ou espetáculo, testemunha.

Expectador: que tem expectativa, que espera.

Esperto: inteligente, vivo, ativo.

Experto: perito, especialista.

Espiar: espreitar, observar secretamente, olhar.

Expiar: cumprir pena, pagar, purgar.

Estada: ato de estar, permanência: *Nossa estada em São Paulo foi muito agradável.*

Estadia: prazo para carga e descarga de navio ancorado em porto: *O "Rio de Janeiro" foi autorizado a uma estadia de três dias.*

Estância: lugar onde se está, morada, recinto.

Instância: solicitação, pedido, rogo; foro, jurisdição, juízo.

Estrato: cada camada das rochas estratificadas.

Extrato: coisa que se extraiu de outra; pagamento, resumo, cópia; perfume.

Flagrante: ardente, acalorado; diz-se do ato que a pessoa é surpreendida a praticar (flagrante delito).

Fragrante: que tem fragrância ou perfume; cheiroso.

Florescente: que floresce, próspero, viçoso.
Fluorescente: que tem a propriedade da fluorescência.

Folhar: produzir folhas, ornar com folhagem, revestir lâminas.
Folhear: percorrer as folhas de um livro, compulsar, consultar.

Incerto: não certo, indeterminado, duvidoso, variável.
Inserto: introduzido, incluído, inserido.

Incipiente: iniciante, principiante.
Insipiente: ignorante, insensato.

Incontinente: imoderado, que não se contém, descontrolado.
Incontinenti: imediatamente, sem demora, logo, sem interrupção.

Induzir: causar, sugerir, aconselhar, levar a: *O réu declarou que havia sido induzido a cometer o delito.*
Aduzir: expor, apresentar: *A defesa, então, aduziu novas provas.*

Inflação: ato ou efeito de inflar; emissão exagerada de moeda, aumento persistente de preços.
Infração: ato ou efeito de infringir ou violar uma norma.

Infligir: cominar, aplicar (pena, castigo, repreensão, derrota): *O juiz infligiu pesada pena ao réu.*
Infringir: transgredir, violar, desrespeitar (lei, regulamento, etc.) (cp. *infração*): *A condenação decorreu de ter ele infringido um sem número de artigos do Código Penal.*

Inquerir: apertar (a carga de animais), encilhar.
Inquirir: procurar informações sobre, indagar, investigar, interrogar.

Intercessão: ato de interceder.
Interse(c)ção: ação de se(c)cionar, cortar; ponto em que se encontram duas linhas ou superfícies.

Inter- (prefixo): entre; preposição latina usada em locuções: *inter alia* (entre outros), *inter pares* (entre iguais).
Intra- (prefixo): interior, dentro de.

Judicial: que tem origem no Poder Judiciário ou que perante ele se realiza.
Judiciário: relativo ao direito processual ou à organização da Justiça.

Liberação: ato de liberar, quitação de dívida ou obrigação.

Libertação: ato de libertar ou libertar-se.

Lista: relação, catálogo; variação popular de *listra*.

Listra: risca de cor diferente num tecido (variação popular de *lista*).

Locador: que dá de aluguel, senhorio, arrendador.

Locatário: alugador, inquilino: *O locador reajustou o aluguel sem a concordância do locatário.*

Lustre: brilho, glória, fama; abajur.

Lustro: quinquênio; polimento.

Magistrado: juiz, desembargador, ministro.

Magistral: relativo a mestre (latim: *magister*); perfeito, completo; exemplar.

Mandado: garantia constitucional para proteger direito individual líquido e certo; ato de mandar; ordem escrita expedida por autoridade judicial ou administrativa: *um mandado de segurança, mandado de prisão.*

Mandato: autorização que alguém confere a outrem para praticar atos em seu nome; procuração; delegação: *o mandato de um deputado, senador, do Presidente.*

Mandante: que manda; aquele que outorga um mandato.

Mandatário: aquele que recebe um mandato, executor de mandato, representante, procurador.

Mandatório: obrigatório.

Obcecação: ato ou efeito de obcecar, teimosia, cegueira.

Obsessão: impertinência, perseguição, ideia fixa.

Ordinal: numeral que indica ordem ou série: *primeiro, segundo, milésimo.*

Ordinário: comum, frequente, trivial, vulgar.

Original: com caráter próprio; inicial, primordial.

Originário: que provém de, oriundo; inicial, primitivo.

Paço: palácio real ou imperial; a corte.

Passo: ato de avançar ou recuar um pé para andar; caminho, etapa.

Pleito: questão em juízo, demanda, litígio, discussão: *O pleito por mais escolas na região foi muito bem formulado.*

Preito: sujeição, respeito, homenagem: *Os alunos renderam preito ao antigo reitor.*

Preceder: ir ou estar adiante de, anteceder, adiantar-se.

Proceder: originar-se, derivar, provir; levar a efeito, executar.

Pós- (prefixo): posterior a, que sucede, atrás de, após: *pós-moderno, pós--operatório.*

Pré- (prefixo): anterior a, que precede, à frente de, antes de: *pré-modernista, pré-primário.*

Pró (advérbio): em favor de, em defesa de: *A maioria manifestou-se contra, mas dei meu parecer pró.*

Preeminente: que ocupa lugar elevado, nobre, distinto.

Proeminente: alto, saliente, que se alteia acima do que o circunda.

Preposição: ato de prepor, preferência; palavra invariável que liga constituintes da frase.

Proposição: ato de propor, proposta; máxima, sentença; afirmativa, asserção.

Presar: capturar, agarrar, apresar.

Prezar: respeitar, estimar muito, acatar.

Prescrever: fixar limites, ordenar de modo explícito, determinar; ficar sem efeito, anular-se: *O prazo para entrada do processo prescreveu há dois meses.*

Proscrever: abolir, extinguir, proibir, terminar; desterrar: *O uso de várias substâncias psicotrópicas foi proscrito por recente portaria do Ministro.*

Prever: ver antecipadamente, profetizar; calcular: *A assessoria previu acertadamente o desfecho do caso.*

Prover: providenciar, dotar, abastecer, nomear para cargo: *O chefe do departamento de pessoal proveu os cargos vacantes.*

Provir: originar-se, proceder; resultar: *A dúvida provém (Os erros provêm) da falta de leitura.*

Prolatar: proferir sentença, promulgar.

Protelar: adiar, prorrogar.

Ratificar: validar, confirmar, comprovar.

Retificar: corrigir, emendar, alterar: *A diretoria ratificou a decisão após o texto ter sido retificado em suas passagens ambíguas.*

Recrear: proporcionar recreio, divertir, alegrar.

Recriar: criar de novo.

Reincidir: tornar a incidir, recair, repetir.

Rescindir: dissolver, invalidar, romper, desfazer: *Como ele reincidiu no erro, o contrato de trabalho foi rescindido.*

Remição: ato de remir, resgate, quitação.

Remissão: ato de remitir, intermissão, intervalo; perdão, expiação.

Repressão: ato de reprimir, contenção, impedimento, proibição.

Repreensão: ato de repreender, enérgica admoestação, censura, advertência.

Ruço: grisalho, desbotado.

Russo: referente à Rússia, nascido naquele país; língua falada na Rússia.

Sanção: confirmação, aprovação; pena imposta pela lei ou por contrato para punir sua infração.

Sansão: nome de personagem bíblico; certo tipo de guindaste.

Sedento: que tem sede; sequioso (variação pouco usada: *sedente*).

Cedente: que cede, que dá.

Sobrescritar: endereçar, destinar, dirigir.

Subscritar: assinar, subscrever.

Sortir: variar, combinar, misturar.

Surtir: causar, originar, produzir (efeito).

Subentender: perceber o que não estava claramente exposto; supor.

Subintender: exercer função de subintendente, dirigir.

Subtender: estender por baixo.

Sustar: interromper, suspender; parar, interromper-se (*sustar-se*).

Suster: sustentar, manter; fazer parar, deter.

Tacha: pequeno prego; mancha, defeito, pecha.

Taxa: espécie de tributo, tarifa.

Tachar: censurar, qualificar, acoimar: *tachar alguém (tachá-lo) de subversivo.*

Taxar: fixar a taxa de; regular, regrar: *taxar mercadorias.*

Tapar: fechar, cobrir, abafar.

Tampar: pôr tampa em.

Tenção: intenção, plano (derivado de: *tencionar*); assunto, tema.

Tensão: estado de tenso, rigidez (derivado de: *tensionar*); diferencial elétrico.

Tráfego: trânsito de veículos, percurso, transporte.
Tráfico: negócio ilícito, comércio, negociação.

Trás: atrás, detrás, em seguida, após (cf. em locuções: *de trás, por trás*).
Traz: 3ª pessoa do singular do presente do indicativo do verbo *trazer*.

Vestiário: guarda-roupa; local em que se trocam roupas.
Vestuário: as roupas que se vestem, traje.

Vultoso: de grande vulto, volumoso.
Vultuoso (pouco usado): atacado de vultuosidade (congestão da face).

23.2. EXERCÍCIOS

1. (2018 – FGV – BANESTES – Técnico Bancário) A frase abaixo em que houve troca indevida entre parônimos ou homônimos é:

   a) "A evolução da técnica chegou ao ponto de tornar-nos inermes diante da técnica"/inertes.
   b) "Quem aspira a grandes coisas também deve sofrer muito"/expira.
   c) "Aquele que não deixa nada ao acaso raramente fará coisas de modo errado, mas fará pouquíssimas coisas"/ocaso.
   d) "Fala como sábio a um ignorante e este te dirá que tens pouco bom senso"/censo.
   e) "Ao entrar em um restaurante, todo cliente espera satisfazer desejos de ordem física e emocional. Os cardápios devem vir de encontro a essas necessidades"/ao encontro de.

2. (2017 – INAZ DO PARÁ – CFF – Auxiliar Administrativo) Semanticamente é possível perceber nas palavras grifadas na frase "A mãe conta que a conta da filha foi invadida por hackers", um exemplo de palavras:

   a) Sinônimas.
   b) Antônimas.
   c) Parônimas.
   d) Homônimas.
   e) Polissêmicas.

3. (2017 – FAUGRS – TJ-RS – Técnico Judiciário) Assinale a alternativa correspondente à sentença em que a palavra destacada está corretamente empregada.

a) Dirija-se à cessão de atendimento.

b) Machado de Assis foi um iminente escritor.

c) O meliante foi preso em fragrante delito.

d) Recomenda-se manter discrição em relação a assuntos sigilosos.

e) A intensão do magistrado era tão somente fazer justiça.

4. (2017 – IESES – Prefeitura de São José do Cerrito-SC – Agente Administrativo) Assinale a alternativa em que os parônimos estejam corretamente empregados.

a) Foi-lhe infligida multa por ter infringido a lei.

b) Senão houver atendimento, não terás outra opção se não voltar.

c) Enquanto aja motivos para preocupação, haja com cautela.

d) O mal condutor é aquele que dirige mau.

5. (2017 – MPE-GO – MPE-GO – Secretário Auxiliar) Considerando o significado das palavras abaixo, assinale a alternativa que relaciona corretamente seus sinônimos, atentando-se para a grafia:

NOTÁVEL – IMEDIATO – CONCEDER – CONSERTAR – CONFIRMAR – PRINCIPIANTE

a) iminente – eminente – deferir – ratificar – retificar – incipiente.

b) eminente – iminente – deferir – retificar – ratificar – incipiente.

c) eminente – iminente – deferir – ratificar – retificar – insipiente.

d) iminente – eminente – diferir – retificar – ratificar – incipiente.

e) eminente – iminente – deferir – ratificar – retificar – insipiente.

23.3. GABARITO

1 – e

2 – d

3 – d

4 – a

5 – b

Fonética e Fonologia

Antes de iniciarmos o trabalho, façamos uma breve definição a respeito dessas noções fundamentais.

FONÉTICA: é a parte da linguística que classifica os elementos mínimos da linguagem articulada (fones, sons da fala) em sua realização concreta.

FONOLOGIA: é a parte da linguística que estuda os sistemas de fonemas de uma língua ou de diversas línguas.

As noções dessas duas disciplinas partem da consciência do que é um **fonema** e do que é uma **letra**.

Um **fonema** é a menor unidade sonora em um vocábulo. Para representar fonemas, empregamos barras oblíquas da seguinte maneira: /a/, /e/, /i/, /o/, /u/. Já a **letra** é o sinal gráfico que representa um fonema. O abecedário, na realidade, é o nome dado ao conjunto de letras (também pode ser chamado de alfabeto).

Por isso, vez ou outra, você lê uma palavra com mais letras do que fonemas ou com mais fonemas do que letras. Isso é algo que pode aparecer em algumas questões de concurso. Veja o exemplo abaixo:

Táxi = 4 letras, 5 fonemas.
Hora= 4 letras, 3 fonemas.

É muito importante que você reconheça a diferença entre um dígrafo e um dífono. Um dígrafo é a união de duas letras que representam apenas um fonema (um som). Um dífono é uma letra que representa dois sons.

Os dígrafos podem ser:

a) consonantais separáveis (podem ser separados em sílabas): "*rr*", "*ss*", "*sc*", "*xc*", e "*xs*".

Carroça, assinar, crescer, excetuar, exsudar

b) consonantais inseparáveis (não podem ser separados em sílabas): "*gu*", "*qu*", "*lh*", "*nh*" e "*ch*".

Guerra, queijo, lhama, canhão, chaleira

c) vocálicos: quando "m" ou "n" aparecerem no final de uma sílaba junto a uma vogal, constituindo uma nasalização. Se houver uma letra após o "m" ou o "n", ela não pode ser uma vogal ou um "h", pois – nesse caso – deixaria de haver a nasalização.

Dígrafo	Exemplos
am ou **an**	ta**m**pa, sa**n**ga
em ou **en**	se**m**pre, de**n**tro
im ou **in**	li**m**po, ti**n**to
om ou **on**	ro**m**bo, to**n**teira
um ou **un**	bu**m**bo, su**n**ga

Vamos iniciar a classificação das vogais em uma análise fonológica.

24.1. CLASSIFICAÇÃO DAS VOGAIS

As vogais são produzidas sem interrupção ou obstáculo à corrente de ar que sai dos pulmões. A NGB adotou alguns critérios para a classificação de vogais. Veja quais são:

1. Zona de articulação:

   a) Anteriores: /é/,/ê/, /i/. Exemplos: sopé, beleza, rijo.

   b) Média: /a/. Exemplos: casa, chamo, órfã.

   c) Posteriores: /ó/, /ô/, /u/. Exemplos: cobre, cocô, sagu.

2. Timbre:

   a) Abertas: /á/, /é/, /ó/. Exemplos: cálido, rapé, moda.

   b) Fechadas: /ê/, /ô/, /i/, /u/. Exemplos: beleza, calor, idiota, ragu.

   c) Reduzidas: /a/, /e/, /o/. Exemplos: cadeira, corte, rito.

3. Papel nas cavidades bucal e nasal:

   a) Orais: /a/, /e/, /i/,/o/, /u/. Exemplos: casa, vela, ficar, carro, sagu.

   b) Nasais: /ã/, /e/, /i/, /õ/, /u/. Exemplos: tampo, tempo, tinta, compra, fundo.

4. Intensidade:

   a) Átonas: /a/, /e/, /i/,/o/, /u/. Exemplos: casa, chofre, tijolo, combate, furacão.

   b) Tônicas: /a/, /e/, /i/,/o/, /u/. Exemplos: tato, terra, saída, ponta, fundo.

   c) Subtônicas: /a/, /e/, /i/,/o/, /u/. Exemplos: jacarezinho, somente.

5. Elevação da língua:

   a) Altas: /i/, /u/, /ĩ/, /ũ/
   b) Médias: /é/, /ó/, /ê/, /ô/, /ẽ/, /õ/
   c) Baixas: /a/, /ã/

Uma semivogal é um fonema assilábico (não forma sílaba sozinho) de posição intermediária entre vogais e consoantes. As semivogais originais são /i/ e /u/, entretanto – a depender da palavra – /e/ e /o/ podem fazer o papel de semivogal.

24.2. OS ENCONTROS VOCÁLICOS

Os encontros vocálicos são o hiato, o ditongo e o tritongo. Veja quais são suas características distintivas.

1. **Hiato:** trata-se de um encontro de duas vogais pronunciadas em dois impulsos distintos, para formar sílabas diferentes. Veja os exemplos:

   Piano: pi-a-no
   Saúde: sa-ú-de
   Egoísta: e-go-ís-ta

ATENÇÃO 1

Ao contrário do que muitas pessoas pensam, o hiato não é uma letra sozinha na separação. Deve-se entender que se trata de um encontro vocálico que se separa na pronúncia.

ATENÇÃO 2

Aqui e acolá (diga-se de passagem até na NGB), há quem assuma que os encontros -ia, -ie, -io, -ua, -eu, -uo, finais, átonos, seguidos ou não de "s", classificam-se ora como ditongos ora como hiatos. O principal exemplo dado a tais casos é o da palavra *história*, que poderia ser pronunciada como hi-tó-ria e como his-tó-ri-a. Eu não endosso tal ponto de vista. Convém explicar qual procedimento é adotado nessa situação. Existem dois fenômenos que ocorrem na Língua Portuguesa, por coloquialidade ou por necessidade métrica em poemas, a saber: diérese e sinérese. Seguem suas definições.

- **Diérese:** passagem de ditongo a hiato: sau-da-de por sa-u-da-de.

- **Sinérese:** passagem de um hiato, no interior da palavra, a ditongo: ma-goa-do por ma-go-a-do.

Ou seja, esses procedimentos são próprios do registro coloquial, desse modo, a menos que sejam cobrados num critério de exceção, não devem ser tomados como itens de grande relevância. Isso quer dizer: continue dizendo que a palavra "história" tem acento por ser uma paroxítona terminada em ditongo, no português falado no Brasil.

2. **Ditongo:** trata-se do encontro de uma vogal com uma semivogal ou de uma semivogal com uma vogal em uma sílaba e em uma única emissão vocálica. Podemos classificar os ditongos da seguinte maneira:

a) Orais: emitidos completamente através da cavidade bucal: n**oi**te, tes**ou**ro, chap**éu**, sít**io**.

b) Nasais: emitidos através das fossas nasais: comp**õe**, m**ui**to, m**ão**, ont**em**[1].

Veja quais são os **ditongos orais decrescentes**:

Ditongo	Exemplificação	Ditongo	Exemplificação
[ay]	p**ai**	*[iw]*	v**iu**
[aw]	m**au**	*[óy]*	n**oi**te
[êy]	s**ei**	*[óy]*	her**ói**
[éy]	pap**éis**	*[ôw]*	v**ou**
[êw]	s**eu**	*[uy]*	az**uis**
[éw]	c**éu**		

Veja quais são os **ditongos nasais decrescentes**:

Pronúncia	Escrita	Exemplificação
[ãy]	ãe, ãi	m**ãe**, c**ãi**bra
[ãw]	ão, am	m**ão**, vej**am**
[ey]	em, en	v**em**, b**en**zinho
[õy]	õe	p**õe**, serm**ões**
[uy]	ui	m**ui**, m**ui**to

---

[1] Você deve ter achado estranho esse destaque nas letras com "m". Isso ocorre porque se está formando um ditongo nasal em razão do emprego da consoante que fundamenta o som nasal. Ou seja, é como se houvesse um "i" escondido na palavra ("onteim").

Não se assinala na escrita a nasalidade do ditongo [y] como na palavra *muito*.

a) Crescentes: a semivogal vem antes da vogal: á**gu**a, gên**io**, **qua**tro, tên**ue**.
b) Decrescentes: vogal vem antes da semivogal: id**ei**a, her**ói**, tamb**ém**, m**ãe**.

3. **Tritongo**: trata-se do encontro vocálico em que há uma vogal entre duas semivogais, pronunciadas numa única emissão de voz. Classificam-se os tritongos da seguinte maneira:

a) Orais: q**uai**s, averig**uou**.
b) Nasais: sag**uão**, enxág**uem**.

Veja os **tritongos orais**:

Tritongo	Exemplificação	Tritongo	Exemplificação
[way]	Parag**uai**	[wiw]	delinq**uiu**
[wêy]	averig**uei**	[wôw]	enxag**uou**

Veja os **tritongos nasais**:

Pronúncia	Escrita	Exemplificação
[wãw]	uão, uam	sag**uão**, enxág**uam**
[wy]	uem	míng**uem**, ág**uem**
[wõy]	uõe	sag**uões**

24.3. OS ENCONTROS CONSONANTAIS

Chamamos o agrupamento de consoantes em uma palavra de **encontro consonantal**. Os mais relevantes são os que não se separam e que apresentam como segunda consoante as formas /r/ ou /l/.

Encontro consonantal	Exemplo		Encontro consonantal	Exemplo	
bl	**bl**oco	a**bl**uir	gl	**gl**utão	a**gl**utinar
br	**br**anco	ru**br**o	gr	**gr**ande	re**gr**a
cl	**cl**aro	te**cl**a	pl	**pl**ano	tri**pl**o
cr	**cr**avo	A**cr**e	pr	**pr**ato	so**pr**o
dr	**dr**agão	vi**dr**o	tl	-	a**tl**as
fl	**fl**or	ru**fl**ar	tr	**tr**ibo	a**tr**ás
fr	**fr**ancês	re**fr**ão	vr	-	pala**vr**a

Os encontros *gn*, *mn*, *pn*, *ps*, *pt*, *tm* não são muito incidentes nas palavras, mas também são dignos de menção:

Digno, Mnemosine, pneu, psicótico, ptialina, tmese

24.4. NOÇÕES DE DIVISÃO SILÁBICA

Nesta pequena seção, eu apresentarei as regras fundamentais de divisão silábica. Não se trata de conteúdo de maior relevância dentro das provas de Língua Portuguesa, bem como não se trata de conteúdo predileto pelos alunos. Assim, farei o possível para sintetizar esses princípios e facilitar a sua vida para aprender rapidamente essa matéria.

O que é uma sílaba?

É um grupo de letras que constitui uma parte da palavra. Há um princípio fundamental na Língua Portuguesa: uma sílaba SEMPRE deverá possuir uma vogal. Não há sílaba constituída exclusivamente por consoante ou por semivogal.

Como classificar uma sílaba?

Uma sílaba pode ser aberta ou fechada. A aberta termina em uma **vogal**. A fechada termina em uma **consoante**.

a) Aberta: ME-NI-NA /CA-SA

b) Fechada: mar/ver/cal

Existe uma classificação quanto ao número de sílabas?

Sim, existe. Ela segue a lógica que vou apresentar:

1. Monossílaba: quando apresenta apenas uma sílaba:

    Mar   –   Vê   –   Mão

2. Dissílaba: quando apresenta duas sílabas:

    Ca-sa –   Lu-a   –   Trin-ta

3. Trissílaba: quando apresenta três sílabas:

    Má-gi-co   –   té-tri-co

4. Polissílaba: quando apresenta mais de três sílabas:

    Em-pre-en-de-dor   –   pe-ri-pa-té-ti-co

Existem regras para realizar a divisão silábica?

Sim, existem regras bem definidas para fazer a separação de uma palavra em sílabas. Vejamos:

1. Não é possível separar os dígrafos: *ch*, *lh* e *nh*:

   Char-co/En-chu-ma-çar
   Pa-lha-res/Car-va-lho
   Ma-nhã/A-pa-nha-do

2. Não é possível separar encontros consonantais que iniciam sílabas:

   A-**cla**-mar
   A-**cla**-rar
   As-la-man-**dra**
   Ca-**tra**-ca

3. Não é possível separar consoante inicial seguida de outra consoante:

   Gnós-ti-co
   Mne-mô-ni-co
   Psi-có-lo-go

4. Não é possível separar letras que são empregadas para representar tritongos:

   Sa-guão
   U-ru-guai
   Pa-ra-guai
   A-guen-ta-mos

5. Devemos separar os dígrafos *rr*, *ss*, *sc*, *sç*, *xc* e *xs*:

   Car-ro
   As-sas-si-no
   A-do-les-cen-te
   Des-ço
   Ex-ce-ção
   Ex-sol-ver

6. Separamos os hiatos nas palavras:

Pi-a-no
E-go-ís-ta
He-ro-í-na

7. Consoantes que pertencem a sílabas diferentes em razão da formação do vocábulo:

Ab-du-ção
Cis-ma-do
As-pec-to
Sub-lo-car

Finalizamos este capítulo, guerreiro(a)! Como não se trata do conteúdo mais incidente nas provas, você terá mais tempo para estudá-lo, se precisar rever alguns detalhes! Como conhece bem o nosso trabalho, agora é hora de resolver alguns exercícios!

24.5. EXERCÍCIOS

1. (2018 – FUMARC – CEMIG-MG – Técnico de Gestão Administrativa) A divisão silábica está correta, EXCETO em:

   a) re.ins.ta.la.ção
   b) pro.po.si.tal.men.te
   c) per.nós.ti.co
   d) exas.pe.ra.da.men.te

2. (2017 – AMAUC – FCEP – Monitor Artístico) Assinale a alternativa na qual o vocábulo compõe-se respectivamente por 7 letras e 8 fonemas:

   a) chocado.
   b) técnica.
   c) exemplo.
   d) táxi.
   e) prefixo.

3. (2017 – Big Advance – Prefeitura de Pradópolis-SP – Professor de Educação Infantil e fundamental) As palavras NOTICIANDO e RESGATAR, possuem juntas quantas letras e quantos fonemas?

a)   19 letras e 19 fonemas.

b)   18 letras e 19 fonemas.

c)   18 letras e 19 fonemas.

d)   18 letras e 18 fonemas.

e)   18 letras e 17 fonemas.

4. (2017 – Big Advance – Prefeitura de Pradópolis-SP – Professor de Educação Infantil e fundamental) As palavras INICIANTE e FERRAMENTA, possuem juntas quantas letras e quantos fonemas?

a)   20 letras e 20 fonemas.

b)   19 letras e 19 fonemas.

c)   19 letras e 18 fonemas.

d)   19 letras e 17 fonemas.

e)   19 letras e 16 fonemas.

5. (2017 – Nosso Rumo – MGS – Artífice) Assinale a alternativa que apresenta a correta ordem alfabética.

a)   apreço/apelo/apagar apóstrofe.

b)   apagar/apelo/apóstrofe/apreço.

c)   apelo/apagar/apóstrofe/apreço.

d)   apóstrofe.

24.6. GABARITO

1 – d

2 – e

3 – e

4 – e

5 – b

25 Estilística: figuras de linguagem

A estilística é o ramo da linguística que estuda a manipulação da língua, inclusive para seu uso estético. Costumeiramente, estudamos as possibilidades de se trabalhar com os sentidos quando o assunto é estilística. As questões costumam oscilar entre a identificação de conotação e denotação e a identificação das figuras de linguagem que podem ser empregadas em um texto.

Em sentido lato, trabalha com os sentidos possíveis das elocuções.

Para você relembrar: sentido **denotativo** é o nome que se dá à pretensão de literalidade, ou seja, a tentativa de indicar o sentido próprio ou referencial das palavras, como no exemplo:

1. Cidão gosta muito de comer chocolate após o almoço.

   Em que percebemos claramente que a palavra *chocolate* se refere ao alimento doce feito com cacau.

O sentido **conotativo** é o nome que se dá à pretensão de figuratividade, ou seja, a tentativa de indicar uma transformação de sentido daquilo que se propõe na elocução, como no exemplo:

2. Cidão levou um **chocolate** na luta contra Roberto.

   Em que percebemos claramente que a palavra *chocolate* se refere ao fato de que Cidão perdeu desastrosamente uma luta.

Eu vou listar algumas das mais importantes figuras de linguagem que podem aparecer nas provas. Saiba que nem sempre é necessário o nome "Estilística" estar no edital para que você tenha que conhecer as figuras em questão. As bancas podem cobrar livremente em razão do quesito "interpretação e compreensão dos sentidos do texto".

25.1. AS FIGURAS DE LINGUAGEM

- São recursos empregados para transformar o conteúdo das mensagens.
- Promovem algum tipo de efeito expressivo dentro da sentença.
- Estão associadas à chamada função poética da linguagem.
- Não ficam restritas à Literatura.

Há uma proposta para dividir as figuras de linguagem entre **figuras de som**, **figuras de pensamento** e **figuras de construção**. Vejamos de maneira simples e direta algumas das mais relevantes.

25.1.1. Figuras de pensamento

Em que se busca explorar o significado dos termos empregados nas sentenças.

1. **Comparação (ou símile):** trata-se da comparação direta entre elementos em uma sentença. É fundamental que se empregue o termo comparativo (como a conjunção).

> Soube que Paulino fala **como** um papagaio.
> Minha prima trabalha **igual** gente grande.

2. **Metáfora:** trata-se de um tipo de comparação subentendida, sem utilizar conjunções comparativas.

> A corrupção é um câncer.
> Meu aluno é fera.
> As lágrimas que verteu foram mágoas passadas.

Em todos esses exemplos, notamos que há um tipo de comparação que se faz de maneira subentendida, sem empregar um elemento comparativo direto – como uma conjunção comparativa.

3. **Metonímia:** trata-se de um tipo de substituição com efeito expressivo. Alguns exemplos de metonímia são:

a) de parte pelo todo:

> Todos os olhos da sala me olhavam. (Os olhos representam as pessoas.)

b) continente pelo conteúdo:

> Bebeu duas garrafas de conhaque. (A garrafa contém o conhaque.)

c) autor pela obra:

> Eu nunca havia lido Tomás Antônio Gonzaga. (Lê-se a obra, não o autor.)

d) efeito pela causa:

> Jacira inalou a morte naquela sala. (A provável "fumaça" que Jacira inalara foi a causa da morte.)

e) matéria pelo objeto:

Onde estão as minhas pratas? (Fala-se sobre os talheres figurativamente.)

f) marca pelo produto:

Eu tive de comprar uma Gilette. (O produto é a lâmina de barbear. Gilette é a marca.)

g) o símbolo pela coisa:

Naquele ano, caiu a Coroa Espanhola. (A representação da monarquia é a coroa.)

4. **Prosopopeia, ou personificação:** trata-se da figura em que se atribuem características humanas a seres não humanos ou características animadas a seres não animados.

O vento vem beijar-me a face. (O vento não beija. Isso é uma capacidade humana.)

E a noite grita em minha mente. (A noite não pode gritar.)

Naquele dia, os crisântemos sorriram para ela. (As flores não sorriem. Isso é uma característica animada.)

5. **Antítese:** consiste na tentativa de aproximar palavras com sentidos contrários, a fim de criar um sentido específico.

"**Nasce** o Sol, e não dura mais que um **dia**,

Depois da Luz se segue a **noite** escura,

Em tristes sombras **morre** a formosura,

Em contínuas **tristezas** a **alegria**."

(Gregório de Matos)

A intenção por meio do emprego dessas palavras com sentido oposto é gerar uma ideia de dualidade, ou seja, de divisão em dois polos opositores.

6. **Sinestesia:** trata-se da construção frasal que busca evidenciar a confusão dos sentidos.

Cheiro doce, palavras duras, olhar frio, voz clara, aroma escuro.

7. **Catacrese:** trata-se de uma metáfora desgastada que, pelo uso corrente, se cristalizou como expressão comum à língua. O sentido é especifico para as

construções em que se nota a catacrese, ou seja, não é comum que uma figura dessa natureza signifique algo diferente aquilo que já se cristalizou.

dente de alho, pé da mesa, boca do estômago, braço do sofá, nariz do avião.

8. **Hipérbole:** figura que consiste na construção de uma expressão exagerada propositalmente, com sentido expressivo.

morrer de fome, chorar um rio de lágrimas, trabalhar até desmaiar etc.

9. **Ironia:** figura em que se diz o contrário daquilo que se pensa.

Se você quiser falar mais alto, o pessoal da sala ainda não ouviu o segredo.
Eu fico admirado com a "inteligência" daquela pessoa.

10. **Paradoxo:** trata-se da figura que apresenta uma construção que contraria a lógica pela tentativa de fundir ideias contraditórias.

Esse cara já nasceu morto. (Se nasceu morto, não nasceu. Aí reside a construção ilógica.)
Dinheiro não é tudo, mas é cem por cento. (Se é cem por cento, logo é tudo! A frase é paradoxal.)
Sei que Maria dorme acordada para sonhar com o futuro. (Dormir é algo que não se faz quando acordado.)

11. **Perífrase, antonomásia ou circunlóquio:** trata-se da figura que busca empregar uma expressão curta a fim de substituir uma expressão mais longa. Empreguei essa definição mais genérica pois a linha de distinção entre elas não é muito clara para todos os teóricos.

Naquela época, ainda exploravam o ouro negro. (Emprega-se a perífrase para substituir "petróleo".)
O "anjo de pernas tortas" foi um dos grandes do futebol brasileiro. (Emprega-se a perífrase para substituir "Garrincha".)
Li pela primeira vez um livro do "bruxo do Cosme Velho". (Emprega-se a perífrase para substituir "Machado de Assis".)

12. **Gradação:** trata-se de uma sequência de palavras em ordem crescente ou decrescente que é empregada para atingir um sentido expressivo.

O bebê, a criança, o jovem, o adulto, o idoso representam todas as fases da vida que ele perdeu.

13. **Apóstrofe:** trata-se de um vocativo empregado na construção com a finalidade de interpelar enfaticamente o destinatário da emissão.

O que será de você, **meu irmão**, no meio dessa imunda guerra?

14. **Eufemismo:** trata-se da figura de linguagem em que se explora a tentativa de atenuar uma expressão que poderia parecer rude ou desagradável.

Depois de muita luta, Amadeu – finalmente – descansou. (Para atenuar a mensagem de que morrera.)

Acho que eu não sou muito arrumado para que ela me note. (Para atenuar a mensagem de que o cidadão é feio.)

15. **Disfemismo:** trata-se da figura que subverte o eufemismo, ou seja, ocorre a tentativa de piorar o sentido de uma expressão de natureza desagradável.

Depois de muita luta, Amadeu foi chupar cana pela raiz. (Para piorar o sentido de que morreu.)

Acho que eu sou o rascunho do mapa do inferno. (Para piorar o sentido de que o cidadão é feio.)

25.1.2. Figuras de som

Em que se busca explorar o som da sentença.

1. **Aliteração:** trata-se da repetição proposital de um fonema consonantal em uma sentença, com a intenção de evocar um sentido expressivo.

O rato roeu a roupa do rei de Roma. (Repetição do "r".)

Tenta tanto tristemente que trai a torcida. (Repetição do "t".)

2. **Assonância:** trata-se da repetição proposital de um fonema vocálico em uma sentença, com a intenção de evocar um sentido expressivo.

Ave alada, altiva, antiga e amorosa. (Repetição do "a".)

Entre eitos e eiras errava. (Repetição do "e".)

3. **Paronomásia:** trata-se da figura em que há a exploração da semelhança sonora de elementos parônimos (com sentidos completamente diferentes, mas com sonoridade aproximada).

O eminente estava iminente naquele lugar.

Carrega o sonho e a sanha no coração.

4. **Onomatopeia:** que transita entre figura de linguagem e processo de formação de palavras, em que se busca imitar os sons da natureza por meio do emprego de vocábulos.

O claque-claque das palmas o incomodava.

Todo aquele vrum dos carros era algo enlouquecedor.

25.1.3. Figuras de construção

Em que se explora a construção da frase, a fim de atingir um sentido expressivo.

1. **Pleonasmo:** é uma repetição de ideias que pode ser classificada de duas formas:

a) Pleonasmo lírico:

Lutaram a luta dos lutadores.

Esse tipo de construção pode vir em um texto como aquilo que se pode chamar de licença poética, ou seja, uma construção proposital a fim de atingir um objetivo específico.

b) Pleonasmo vicioso (deve ser evitado):

subir para cima, descer para baixo, hemorragia de sangue, elo de ligação, goteira no teto

2. **Anáfora:** trata-se da repetição de uma estrutura sintática na composição do texto. É uma figura muito comum em poemas.

Você pensa em coisas boas?

Você pensa em coisas ruins?

Você pensa em dias plenos?

Você pensa em seus dias sem mim?

3. **Anacoluto:** é uma figura que se caracteriza por uma quebra na estrutura sintática da frase. Muito presente na linguagem falada.

Madalena, eu não tenho certeza, mas ela não vem hoje.

Dietas: como seguir sem morrer de fome?

4. **Elipse:** trata-se da omissão de um elemento da frase, o qual é facilmente recuperado pelo leitor no contexto.

Sei que posso vencer os desafios. (A elipse do sujeito foi realizada. Note que não se vê o pronome *eu* na construção da frase.)

– Eu quero comprar o carro.

– Então, compre! (Houve a elipse do objeto direto *o carro*.)

5. **Zeugma:** trata-se da elipse do verbo que já fora mencionado anteriormente na frase.

Saí mais cedo hoje; minha irmã, mais tarde. (Houve a omissão do verbo *sair*, para evitar uma repetição desnecessária.)

Pedro trabalha pela manhã; Mauro, à tarde. (Houve a omissão do verbo *trabalhar*.)

6. **Assíndeto:** trata-se da construção em que se omitem os conectivos na frase, fundamentalmente as conjunções.

Trabalhei, ganhei, perdi, reconstruí, tornei a perder, tornei a trabalhar, tornei a vencer. (Todas as orações são empregadas sem que haja um conectivo entre elas.)

7. **Polissíndeto:** a inversão do assíndeto, trata-se do emprego repetido de um conectivo com a finalidade de atingir um sentido expressivo.

Fala, e grita, e reclama, e anota, e promete, mas nada faz. (Veja a repetição da conjunção *e* com a finalidade de indicar uma ação rotineira.)

8. **Anástrofe:** trata-se de uma inversão na ordem natural das palavras.

Essa aqui é uma bela cidade. (A ordem usual é *cidade bela*.)

Filho meu não vem a este lugar. (A ordem usual é *meu filho*.)

9. **Hipérbato:** trata-se de uma inversão na ordem natural da frase como um todo, não apenas da palavra.

Dos meus problemas, cuido eu. (Antecipou-se o objeto indireto na oração.)

No salão do desespero, entrou – com azeda astúcia – meu triste coração. (Ocorreu a inversão da ordem natural da sentença.)

10. **Sínquise:** inversão sintática tão radical e violenta que promove dificuldade de compreensão da mensagem.

O pobre, da gente, a vida – incessante – combate. (Na ordem direta seria *O pobre combate a vida da gente incessante*.)

11. **Hipálage:** trata-se de uma atribuição confusa de características. Com efeito, ocorre a atribuição da característica que seria evidentemente de um elemento para outro mais próximo.

> Esta calça não entra mais em mim. (Quando – na verdade – é a pessoa que *entra* na calça.)
>
> O charuto pensativo o homem acendeu outra vez. (O homem é pensativo, não o charuto.)

12. **Silepse:** trata-se do recurso de concordância que se faz com a ideia transmitida pela palavra, não com a palavra em si. Veja os casos:
   a) Silepse de gênero: *Vossa Excelência, senhor ministro, está seguro de si hoje.* (Apesar de Vossa Excelência ter – notadamente – um feminino, opta-se pela concordância com o gênero da pessoa, o ministro em questão.)
   b) Silepse de pessoa: *Todos somos brasileiros.* (A concordância é feita com a ideia de *nós,* não de *todos,* que pediria o verbo na terceira pessoa do plural, não na primeira.)
   c) Silepse de número: *O grupo saiu pela floresta e se perderam em poucos instantes.* (A concordância foi realizada com a ideia de que a palavra *grupo* pressupõe a presença de mais de um elemento.)

Sim, há muitíssimas figuras de linguagem! Eu listei as mais prováveis que podem aparecer em uma prova. Sugiro que você tente perceber nos exercícios o padrão de cobrança que costuma se repetir, a fim de não ter que memorizar uma lista tão extensa quanto a que você viu até agora. Perceberá que figuras como metáfora, metonímia, ironia e sinestesia costumam aparecer com mais destaque.

25.2. EXERCÍCIOS

1. (2018 – FGV – COMPESA – Analista de Gestão-Administrador) "O drama dessas crianças tiradas dos braços de seus pais e mães."

   Nesse segmento do texto há um exemplo sublinhado de linguagem figurada denominada
   a) ironia.
   b) eufemismo.
   c) metáfora.
   d) metonímia.
   e) hipérbole.

2. (2018 – VUNESP – PC-SP – Investigador de Polícia) Leia o texto.

Meio-dia

A tarde é uma tartaruga com o casco empoeirado a arrastar-se penosamente, as sombras foram esconder-se debaixo da barriga dos cavalos, tudo parece uma infinita quarentena – mas está marcado exatamente meio-dia nos olhos dos gatos.

(Mario Quintana, *Da preguiça como método de trabalho*)

Na passagem – A tarde é uma tartaruga com o casco empoeirado... –, a figura presente é

a) metáfora, associando-se a tarde à ideia de lentidão da passagem do tempo.

b) a sinestesia, misturando-se sensações para descrever a tarde vagarosa.

c) a catacrese, configurando-se a morosidade da tartaruga como ideia cristalizada.

d) o eufemismo, abrandando-se o sentido da ideia de enfado vivido na tarde.

e) a metonímia, substituindo-se a ideia de vagarosidade por tartaruga.

3. (2018 – DEPSEC – UNIFAP – Assistente em Administração) Genericamente, as figuras de linguagem tornam mais expressivas as mensagens transmitidas por meio da fala ou da escrita. Assinale a alternativa que classifica corretamente as figuras de linguagem, com seus respectivos exemplos:

a) Figuras de pensamento: antítese, hipérbole e prosopopeia.

b) Figuras de palavras: alegoria, metáfora e aliteração.

c) Figuras de construção: anacoluto, zeugma e antítese.

d) Figuras de som: aliteração, perífrase e ironia.

e) Figuras de estilo: catacrese, pleonasmo e paradoxo.

4. (2017 – INAZ DO PARÁ – CFF – Auxiliar Administrativo) A estrutura oracional "A dependência da tecnologia causa efeitos como os da dependência de uma droga pesada." possui uma:

a) silepse.

b) catacrese.

c) comparação.

d) metonímia.

e) metáfora.

5. (2017 – FGV – MPE-BA – Analista Técnico) O texto abaixo de Machado de Assis que exemplifica o processo de paródia é:

a) "Maio é também cantado na nossa poesia como o mês das flores – e aliás todo o ano se pode dizer delas".

b) "Bem-aventurados os que não descem, porque deles é o primeiro beijo das moças".

c) "Lá se iam bailes e festas, lá ia a liberdade e a folga".

d) "Reflexionou muito sem adiantar nada. Ora que sim, ora que não"

e) "A inocência não teria mais puro rosto; a hipocrisia não encontraria mais impassível máscara".

25.3. GABARITO

1 – d

2 – a

3 – a

4 – c

5 – b

Redação de correspondências oficiais

Iniciando o trabalho!

Antes de começar a explicar o conteúdo de Redação Oficial, eu preciso dizer que houve algumas mudanças na normatização de documentações oficiais. Essas mudanças começaram em 2018, com a publicação (no mês de agosto) do Novo Manual de Redação da Presidência da República, que se trata de uma versão mais concisa do antigo manual.

Posteriormente, no início de 2019, a presidência realizou algumas alterações na forma de tratamento dentro das comunicações que são relativas ao Poder Executivo. Isso será explicado em uma seção específica aqui do livro.

Eu optei por deixar a teoria sobre algumas formas documentais ainda presente, porque não há uma padronização sobre a postura das bancas examinadoras no quesito de cobrança dessas alterações. O que tem ocorrido, com efeito, é o fato de a Redação Oficial ter desaparecido de algumas provas. Compreende-se, pelo fato de alguns pontos terem ficado – no mínimo – sinuosos para os estudantes.

Por definição, é possível dizer que **redação oficial** é "a maneira pela qual o Poder Público redige atos normativos e comunicações" (Brasil, 2018). Essa definição ajuda a entender que há uma sistematização para os procedimentos de serviço na Administração Pública.

26.1. ASPECTOS DA CORRESPONDÊNCIA OFICIAL

O propósito primeiro de qualquer comunicação consiste em transmitir uma informação. A depender da relação entre as partes comunicadoras, surgem as distinções entre tipos de comunicação. A comunicação oficial difere das demais pelos critérios fundamentais de formalidade e de rigor na produção dos textos.

Há previsão da natureza comunicativa do expediente oficial no artigo 37 da CF, o qual ensina que "*a administração pública direta, indireta ou fundacional, de qualquer dos Poderes da União, dos Estados, do Distrito Federal e dos Municípios obedecerá aos princípios de legalidade, impessoalidade, moralidade, publicidade e eficiência (...)*". Isso se estende para a comunicação, que deve ter como princípios a impessoalidade e a publicidade de seus atos normativos.

Vale mencionar que, apesar de o texto oficial possuir padrões específicos para sua formatação, a burocracia comunicativa deve ser evitada, ou seja, não existe uma linguagem da redação oficial, não há um "burocratês" para a redação de expediente.

Os elementos da comunicação estão divididos da seguinte maneira:

Emissor ⟩ **Mensagem** ⟩ **Receptor**

Ou seja:

a) alguém que comunique (emissor);

b) algo a ser comunicado (mensagem);

c) alguém que receba essa comunicação (receptor).

No caso da redação oficial, o comunicador é o serviço público (este ou aquele Ministério, Secretaria, Departamento, Divisão, Serviço, Seção); aquilo que é comunicado é sempre algum assunto relativo às atribuições do órgão que expede a comunicação; o receptor ou destinatário dessa comunicação pode ser o público, o conjunto dos cidadãos, ou outro órgão público, do Executivo ou dos outros Poderes da União.

Por meio disso, fica evidente também que as comunicações oficiais são necessariamente uniformes, pois há sempre um único comunicador (o serviço público) e o receptor dessas comunicações ou é o próprio serviço público (no caso de expedientes dirigidos por um órgão a outro) – ou o conjunto dos cidadãos ou instituições, tratados sempre de forma homogênea (o público).

Dentre os documentos que servem de base para entender a documentação oficial, podemos destacar os seguintes:

26.1.1. Documentos norteadores da comunicação oficial

- **Manual de Redação da Presidência da República**.
- **Manual de Redação do Senado Federal**.
- **Manual de Redação da Câmara dos Deputados**.

É necessário levar em consideração a orientação que esses documentos trazem, porque a cobrança nas provas está relacionada às normas que os manuais veiculam.

Deve-se retirar o preconceito com que algumas pessoas tratam esse assunto, pois a matéria é fácil, apesar de exigir um pouco de memorização. A capacidade de analisar regras fundamentais de escrita será essencial para acertar as questões de prova.

Vejamos, a partir de agora, quais são os atributos da redação oficial.

Atributos da redação oficial

A redação oficial deve caracterizar-se por:

- clareza e precisão;
- objetividade;
- concisão;
- coesão e coerência;
- impessoalidade;
- formalidade e padronização; e
- uso da norma padrão da língua portuguesa.

26.1.2. Clareza e precisão

Consiste, basicamente, no modo com a mensagem é transmitida. Não se concebe um texto oficial obscuro ou de difícil entendimento. Para que haja clareza na mensagem, a observação dos itens relativos ao *uso do padrão culto da linguagem* é imprescindível, bem como a **formalidade** e a **padronização** documental, que serão vistas posteriormente.

Na revisão de um expediente, deve-se avaliar, ainda, se ele será de fácil compreensão por seu destinatário.

O MRPR (Manual de Redação da Presidência da República) ainda sugere que sejam adotadas algumas práticas, a fim de se atingir a clareza redacional:

a) utilizar palavras e expressões simples, em seu sentido comum, salvo quando o texto versar sobre assunto técnico, hipótese em que se utilizará nomenclatura própria da área;

b) usar frases curtas, bem estruturadas; apresentar as orações na ordem direta e evitar intercalações excessivas. Em certas ocasiões, para evitar ambiguidade, sugere-se a adoção da ordem inversa da oração;

c) buscar a uniformidade do tempo verbal em todo o texto;

d) não utilizar regionalismos e neologismos;

e) pontuar adequadamente o texto;

f) explicitar o significado da sigla na primeira referência a ela; e

g) utilizar palavras e expressões em outro idioma apenas quando indispensáveis, em razão de serem designações ou expressões de uso já consagrado ou de não terem exata tradução. Nesse caso, grafe-as em itálico.

Note que, nesta versão, os neologismos também foram proibidos na comunicação oficial.

Há, também, o item **precisão**. Vejamos do que se trata:

O atributo da precisão complementa a clareza e caracteriza-se por:

a) articulação da linguagem comum ou técnica para a perfeita compreensão da ideia veiculada no texto;

b) manifestação do pensamento ou da ideia com as mesmas palavras, evitando o emprego de sinonímia com propósito meramente estilístico; e

c) escolha de expressão ou palavra que não confira duplo sentido ao texto.

Tanto a clareza quanto a precisão não são atributos que se atinjam por si mesmos. Isso significa que eles dependem de outros atributos para que possam surgir na documentação oficial.

26.1.3. Objetividade

A objetividade está relacionada com a capacidade de transmitir o conteúdo da mensagem de forma direta, sem rodeios. Para que isso aconteça, o redator deve ter conhecimento prévio do assunto a ser tratado na comunicação, bem como deve saber que é necessário estabelecer uma hierarquia de ideias.

26.1.4. Concisão

Consiste em exprimir o máximo de ideias com o mínimo de palavras, para, desse modo, agilizar a comunicação oficial. Devem ser evitadas redundâncias, explicações desnecessárias e partes que não façam parte da matéria da comunicação.

26.1.5. Coesão e coerência

Um texto bem redigido possui coesão e coerência. A coerência, se relaciona com a capacidade de manter certa lógica e certa progressão dentro do texto, ao passo que a coesão diz respeito ao modo como o texto se conecta para criar uma fluidez durante a leitura. Mecanismos que estabelecem coesão são elipse, referenciação e substituição de elementos textuais.

26.1.6. Impessoalidade

A fim de compreender o que é IMPESSOALIDADE na comunicação oficial, é preciso associar esse conceito ao conceito de impessoalidade que se identifica como um dos princípios da Administração Pública.

Para que o tratamento nas comunicações oficiais seja considerado, de fato, como impessoal, necessita-se, entre outras características:

» da **ausência de impressões individuais de quem comunica**: o que quer dizer que é vetado ao emissor da comunicação introduzir juízos de qualquer natureza a respeito daquilo que está comunicando;

» da **impessoalidade de quem recebe a comunicação**, com duas possibilidades: ela pode ser dirigida a um cidadão, sempre concebido como *público*, ou a outro órgão público. Nos dois casos, temos um destinatário concebido de forma homogênea e impessoal. O que significa que deve ser evitado qualquer tipo de intimidade na comunicação;

» do **caráter impessoal do próprio assunto tratado**: se o universo temático das comunicações oficiais se restringe a questões que dizem respeito ao interesse público, desse modo, não é possível fazer uso da comunicação oficial para finalidade particular.

Note-se que, se na comunicação houver pronomes que indiquem primeira pessoa, não haverá rompimento da noção de impessoalidade, contanto que o propósito da comunicação seja público.

Algumas questões exigem que o candidato analise o tipo de comunicação e a adequação do texto aos princípios da RCO. Nesse momento, é muito importante pensar a respeito do critério de impessoalidade.

26.1.7. Formalidade e padronização

São dois aspectos muito próximos, uma vez que, ao falar de Administração Pública e redação de documentos que lhe são relativos, é preciso entender a necessidade de haver uma padronização na comunicação oficial.

Pensando nisso, o **Manual de Redação da Presidência da República** estabelece uma formatação para cada tipo de correspondência ou documento. Isso quer dizer que há um rito específico para cada tipo de documento, sendo que tal rito envolve desde o formato do documento até os itens dele constantes. A digitação sem erros, o uso de papéis uniformes para o texto definitivo, nas exceções em que se fizer necessária a impressão, e a correta diagramação do texto são fundamentais para a padronização.

26.1.8. Uso da norma padrão da língua portuguesa

O uso da norma padrão está relacionado essencialmente com a correção gramatical do texto. É o que se convencionou chamar de padrão culto de linguagem. Essencialmente, mas não apenas. Existem outras características que devem ser levadas em consideração neste tópico:

- Evitar o uso de uma linguagem restrita a determinados grupos, tais como gírias, regionalismos e jargões técnicos.
- Evitar coloquialismos.

- A linguagem técnica deve ser empregada apenas em situações que a exijam, por isso, deve-se evitar o seu uso indiscriminado.
- Lembrar que não existe "padrão oficial de linguagem".
- Usar o estrangeirismo de forma consciente.
- Observar as regras da gramática formal.
- Empregar um vocabulário comum ao conjunto dos usuários do idioma.
- Evitar preciosismos.

Preste atenção às próximas palavras, extraídas do próprio Manual, são importantíssimas por se tratar de elementos possíveis para novas questões.

Recomendações:

- a língua culta é contra a pobreza de expressão e não contra a sua simplicidade;
- o uso do padrão culto não significa empregar a língua de modo rebuscado ou utilizar;
- figuras de linguagem próprias do estilo literário;
- a consulta ao dicionário e à gramática é imperativa na redação de um bom texto.
- Pode-se concluir que não existe propriamente um padrão oficial de linguagem, o que há
- é o uso da norma padrão nos atos e nas comunicações oficiais. É claro que haverá preferência
- pelo uso de determinadas expressões, ou será obedecida certa tradição no emprego das formas
- sintáticas, mas isso não implica, necessariamente, que se consagre a utilização de uma forma de
- linguagem burocrática. O jargão burocrático, como todo jargão, deve ser evitado, pois terá
- sempre sua compreensão limitada.

26.2. OS VOCATIVOS E PRONOMES DE TRATAMENTO MAIS UTILIZADOS

Com o objetivo de respeitar o princípio da formalidade na redação oficial, o emprego dos pronomes de tratamento deve observado. Estabelecido por secular tradição, o emprego dos pronomes de tratamento está relacionado ao cargo que o indivíduo ocupa. Além disso, é preciso entender que há um vocativo que deve ser empregado com os pronomes de tratamento em alguns expedientes. Preste muita atenção daqui para frente, pois algumas mudanças ocorreram nessa parte (a de pronomes de tratamento). Há diversas controvérsias que podem surgir de uma interpretação incorreta dessas informações.

O Manual de 2018 ensina o emprego dos pronomes de tratamento da seguinte forma:

Autoridade	Endereçamento	Vocativo	Tratamento no corpo do texto	Abreviatura
Presidente da República	A Sua Excelência o Senhor	Excelentíssimo Senhor Presidente da República,	Vossa Excelência	Não se usa
Presidente do Congresso Nacional	A Sua Excelência o Senhor	Excelentíssimo Senhor Presidente do Congresso Nacional,	Vossa Excelência	Não se usa
Presidente do Supremo Tribunal Federal	A Sua Excelência o Senhor	Excelentíssimo Senhor Presidente do Supremo Tribunal Federal,	Vossa Excelência	Não se usa
Vice-Presidente da República	A Sua Excelência o Senhor	Senhor Vice-Presidente da República,	Vossa Excelência	V. Exa.
Ministro de Estado	A Sua Excelência o Senhor	Senhor Ministro,	Vossa Excelência	V. Exa.
Secretário-Executivo de Ministério e demais ocupantes de cargos de natureza especial	A Sua Excelência o Senhor	Senhor Secretário-Executivo,	Vossa Excelência	V. Exa.

Autoridade	Endereçamento	Vocativo	Tratamento no corpo do texto	Abreviatura
Embaixador	A Sua Excelência o Senhor	Senhor Embaixador,	Vossa Excelência	V. Exa.
Oficial-General das Forças Armadas	A Sua Excelência o Senhor	Senhor + Posto,	Vossa Excelência	V. Exa.
Outros postos militares	Ao Senhor	Senhor + Posto,	Vossa Senhoria	V. Sa.
Senador da República	A Sua Excelência o Senhor	Senhor Senador,	Vossa Excelência	V. Exa.
Deputado Federal	A Sua Excelência o Senhor	Senhor Deputado,	Vossa Excelência	V. Exa.
Ministro do Tribunal de Contas da União	A Sua Excelência o Senhor	Senhor Ministro do Tribunal de Contas da União,	Vossa Excelência	V. Exa.
Ministro dos Tribunais Superiores	A Sua Excelência o Senhor	Senhor Ministro,	Vossa Excelência	V. Exa.

Os exemplos apresentados são apenas para ilustrar alguns dos casos. A grande quantidade de normas estabelecendo hipóteses de tratamento por meio do pronome "Vossa Excelência" para categorias específicas tornou inviável elencar todas as hipóteses.

Falemos, agora, sobre as alterações de 2019:

O decreto 9758, de 2019, estabelece novas regras para o tratamento de autoridades da administração pública federal. A fim de que não haja possibilidade de questionamento sobre o texto publicado, reproduzi-lo-ei na íntegra a partir de agora:

Presidência da República
Casa Civil
Subchefia para Assuntos Jurídicos

DECRETO Nº 9.758, DE 11 DE ABRIL DE 2019

<u>Vigência</u>

Dispõe sobre a forma de tratamento e de endereçamento nas comunicações com agentes públicos da administração pública federal.

O PRESIDENTE DA REPÚBLICA, no uso da atribuição que lhe confere o art. 84, **caput** , inciso VI, alínea "a", da Constituição,

DECRETA:

Objeto e âmbito de aplicação

Art. 1º Este Decreto dispõe sobre a forma de tratamento empregada na comunicação, oral ou escrita, com agentes públicos da administração pública federal direta e indireta, e sobre a forma de endereçamento de comunicações escritas a eles dirigidas.

§ 1º O disposto neste Decreto aplica-se às cerimônias das quais o agente público federal participe.

§ 2º Aplica-se o disposto neste Decreto:

I – aos servidores públicos ocupantes de cargo efetivo;

II – aos militares das Forças Armadas ou das forças auxiliares;

III – aos empregados públicos;

IV – ao pessoal temporário;

V – aos empregados, aos conselheiros, aos diretores e aos presidentes de empresas públicas e sociedades de economia mista;

VI – aos empregados terceirizados que exercem atividades diretamente para os entes da administração pública federal;

VII – aos ocupantes de cargos em comissão e de funções de confiança;

VIII – às autoridades públicas de qualquer nível hierárquico, incluídos os Ministros de Estado; e

IX – ao Vice-Presidente e ao Presidente da República.

§ 3º Este Decreto não se aplica:

I – às comunicações entre agentes públicos federais e autoridades estrangeiras ou de organismos internacionais; e

II – às comunicações entre agentes públicos da administração pública federal e agentes públicos do Poder Judiciário, do Poder Legislativo, do Tribunal de Contas, da Defensoria Pública, do Ministério Público ou de outros entes federativos, na hipótese de exigência de tratamento especial pela outra parte, com base em norma aplicável ao órgão, à entidade ou aos ocupantes dos cargos.

Pronome de tratamento adequado

Art. 2º O único pronome de tratamento utilizado na comunicação com agentes públicos federais é "senhor", independentemente do nível hierárquico, da natureza do cargo ou da função ou da ocasião.

Parágrafo único. O pronome de tratamento é flexionado para o feminino e para o plural.

Formas de tratamento vedadas

Art. 3º É vedado na comunicação com agentes públicos federais o uso das formas de tratamento, ainda que abreviadas:

I – Vossa Excelência ou Excelentíssimo;

II – Vossa Senhoria;

III – Vossa Magnificência;

IV – doutor;

V – ilustre ou ilustríssimo;

VI – digno ou digníssimo; e

VII – respeitável.

§ 1º O agente público federal que exigir o uso dos pronomes de tratamento de que trata o **caput** , mediante invocação de normas especiais referentes ao cargo ou carreira, deverá tratar o interlocutor do mesmo modo.

§ 2º É vedado negar a realização de ato administrativo ou admoestar o interlocutor nos autos do expediente caso haja erro na forma de tratamento empregada.

Endereçamento de comunicações

Art. 4º O endereçamento das comunicações dirigidas a agentes públicos federais não conterá pronome de tratamento ou o nome do agente público.

Parágrafo único. Poderão constar o pronome de tratamento, na forma deste Decreto, e o nome do destinatário nas hipóteses de:

I – a mera indicação do cargo ou da função e do setor da administração ser insuficiente para a identificação do destinatário; ou

II – a correspondência ser dirigida à pessoa de agente público específico.

Vigência

Art. 5º Este Decreto entra em vigor em 1º de maio de 2019.

Brasília, 11 de abril de 2019; 198º da Independência e 131º da República.

JAIR MESSIAS BOLSONARO

Marcelo Pacheco dos Guaranys

Comentário importante: muito se disse que não havia mais a forma de tratamento "Vossa Excelência". Isso não representa a verdade. Quero chamar a atenção para o parágrafo 3 do Decreto em questão:

§ 3º Este Decreto **não se aplica**:

I – às comunicações entre agentes públicos federais e autoridades estrangeiras ou de organismos internacionais; e

II – às comunicações entre agentes públicos da administração pública federal e agentes públicos do **Poder Judiciário, do Poder Legislativo, do Tribunal de Contas, da Defensoria Pública, do Ministério Público ou de outros entes federativos**, na hipótese de exigência de tratamento especial pela outra parte, com base em norma aplicável ao órgão, à entidade ou aos ocupantes dos cargos.

Isso já deixa evidente que o tratamento específico ditado pelo documento se restringe ao Poder Executivo.

Fica **dispensado** o emprego do superlativo *ilustríssimo* para as autoridades que recebem o tratamento de *Vossa Senhoria* e para particulares. É suficiente o uso do pronome de tratamento *Senhor*.

Acrescente-se que *doutor* não é forma de tratamento, e sim título acadêmico. Apesar de haver tradição no ramo do Direito, as comunicações oficiais dispensam o seu uso.

Mencionemos, ainda, a forma *Vossa Magnificência*, empregada por força da tradição, em comunicações dirigidas a **reitores de universidade**. Corresponde-lhe o vocativo "**Magnífico Reitor**". Apesar de essas formas ainda existirem, o decreto presidencial impede o seu emprego. O que dificilmente será empregado, em razão de algumas instituições já seguirem um padrão próprio de comunicação.

Para o tratamento cerimonioso eclesiástico

Os pronomes de tratamento para religiosos, de acordo com a hierarquia eclesiástica, são:

» *Vossa Santidade*, em comunicações dirigidas ao **Papa**. O **vocativo** correspondente é "**Santíssimo Padre**".

» *Vossa Eminência* ou *Vossa Eminência Reverendíssima*, em comunicações aos **Cardeais**. Corresponde-lhe o **vocativo**:

• **Eminentíssimo Senhor Cardeal.**

- **Eminentíssimo e Reverendíssimo Senhor Cardeal.**
» **Vossa Excelência Reverendíssima** é usado em comunicações dirigidas a **Arcebispos e Bispos.**
» **Vossa Reverendíssima ou Vossa Senhoria Reverendíssima para Monsenhores, Cônegos e superiores religiosos.**
» **Vossa Reverência é empregado para sacerdotes, clérigos e demais religiosos.**

Concordância dos termos relacionados aos pronomes de tratamento

Lembre-se, sempre, de que a **concordância verbal** na correspondência oficial, independentemente do vocativo adotado, é realizada como se o pronome fosse a palavra *você*. Além disso, o a concordância nominal deve ser feita como gênero da pessoa, não da palavra.

Exemplos:

» Vossa Senhoria está convidado para o evento (Diretor de Repartição).
» Vossa Excelência está convocada para a reunião (Diretora de Comissão).

Os fechos adequados para cada correspondência

O fecho das comunicações oficiais possui, além da finalidade óbvia de arrematar o texto, a de saudar o destinatário. São divididos, para sintetizar, em apenas dois fechos simples:

Para autoridades superiores, inclusive o Presidente da República:

- **Respeitosamente,**

Para autoridades de mesma hierarquia ou de hierarquia inferior:

- **Atenciosamente,**

O fecho da comunicação deve ser formatado da seguinte maneira:

a) alinhamento: alinhado à margem esquerda da página;
b) recuo de parágrafo: 2,5 cm de distância da margem esquerda;
c) espaçamento entre linhas: simples;

d) espaçamento entre parágrafos: de 6 pontos após cada parágrafo; e

e) não deve ser numerado.

> **ATENÇÃO**
>
> Ficam excluídas dessa fórmula as comunicações dirigidas a **autoridades estrangeiras**, que atendem a rito e tradição próprios, devidamente disciplinados no **Manual de Redação do Ministério das Relações Exteriores**.

Identificação do signatário

Excluídas as comunicações assinadas pelo Presidente da República, todas as demais comunicações oficiais devem informar o signatário segundo o padrão:

a) nome: nome da autoridade que as expede, grafado em letras maiúsculas, sem negrito. Não se usa linha acima do nome do signatário;

b) cargo: cargo da autoridade que expede o documento, redigido apenas com as iniciais maiúsculas. As preposições que liguem as palavras do cargo devem ser grafadas em minúsculas; e

c) alinhamento: a identificação do signatário deve ser centralizada na página. Para evitar equívocos, recomenda-se não deixar a assinatura em página isolada do expediente. Transfira para essa página ao menos a última frase anterior ao fecho.

Veja os exemplos de identificação do signatário:

» Exemplo 1:

(espaço para assinatura)

NOME

Ministro da Educação

» Exemplo 2:

(espaço para assinatura)

NOME

Coordenador-Geral de Gestão de Pessoas

Cargos interino e substituto

Na identificação do signatário, depois do nome do cargo, é possível utilizar os termos interino e substituto, conforme situações a seguir: **interino** é aquele nomeado para ocupar transitoriamente cargo público durante a vacância; **substituto** é aquele designado para exercer as atribuições de cargo público vago ou no caso de afastamento e impedimentos legais ou regulamentares do titular. Esses termos devem ser utilizados depois do nome do cargo, sem hífen, sem vírgula e em minúsculo, conforme o exemplo a seguir:

> Diretor-Geral interino
> Secretário-Executivo substituto

Signatárias do sexo feminino

Na identificação do signatário, o cargo ocupado por pessoa do sexo feminino deve ser flexionado no **gênero feminino**. Da seguinte maneira:

> Ministra de Estado Secretária-Executiva interina
> Técnica Administrativa
> Coordenadora Administrativa

É preciso atentar-se para o fato de que há alguns cargos que podem ser escritos com hífen. O MRPR traz uma seção específica sobre como proceder nessas situações.

Grafia de cargos compostos

Escrevem-se com hífen:

a) cargos formados pelo adjetivo "geral": diretor-geral, relator-geral, ouvidor--geral;

b) postos e gradações da diplomacia: primeiro-secretário, segundo-secretário;

c) postos da hierarquia militar: tenente-coronel, capitão-tenente;

ATENÇÃO

Nomes compostos com elemento de ligação preposicionado ficam sem hífen: general de exército, general de brigada, tenente-brigadeiro do ar, capitão de mar e guerra.

d) cargos que denotam hierarquia dentro de uma empresa: diretor-presidente, diretor-adjunto, editor-chefe, editor-assistente, sócio-gerente, diretor--executivo;

e) cargos formados por numerais: primeiro-ministro, primeira-dama;
f) cargos formados com os prefixos "ex" ou "vice": ex-diretor, vice-coordenador.

O novo Acordo Ortográfico tornou facultativo o uso de iniciais maiúsculas em palavras usadas reverencialmente, por exemplo para cargos e títulos (exemplo: o Presidente francês ou o presidente francês). No entanto, em palavras com hífen, após se optar pelo uso da maiúscula ou da minúscula, deve-se manter a escolha para a grafia de todos os elementos hifenizados: pode-se escrever "Vice-Presidente" ou "vice-presidente", mas não "Vice-presidente".

RESUMO

Resumo dos principais pronomes de tratamento:

Vossa Excelência	Poder Executivo; - Ressalvado pelo Decreto 9.758/2019
	Poder Legislativo;
	Poder Judiciário.
Vossa Senhoria	Demais autoridades e particulares
Vossa Magnificência	Reitores de Universidade
Vossa Santidade	Papa
Vossa Eminência ou Vossa Eminência Reverendíssima	Cardeais
Vossa Excelência Reverendíssima	Arcebispo e Bispos
Vossa Reverendíssima ou Vossa Senhoria Reverendíssima	Monsenhores, Cônegos e superiores religiosos
Vossa Reverência	Sacerdotes, clérigos e demais religiosos

Resumo para os fechos:

A dica é a seguinte:
- Se o cara for **superior**, é preciso ter **respeito**!
- Se o cara for **igual** ou **inferior**, você quase não dá **atenção**!

Vocativo

O vocativo é uma invocação ao destinatário. Nas comunicações oficiais, o vocativo será sempre seguido de vírgula. Em comunicações dirigidas aos Chefes de Poder, utiliza-se a expressão Excelentíssimo Senhor ou Excelentíssima Senhora e o cargo respectivo, seguidos de vírgula. Conforme o seguinte exemplo:

Excelentíssimo Senhor Presidente da República[1],

Excelentíssimo Senhor Presidente do Congresso Nacional,

Excelentíssimo Senhor Presidente do Supremo Tribunal Federal,

As demais autoridades, mesmo aquelas tratadas por Vossa Excelência, receberão o vocativo Senhor ou Senhora seguido do cargo respectivo.

Senhora Senadora,

Senhor Juiz,

Senhora Ministra,

Na hipótese de comunicação com particular, pode-se utilizar o vocativo Senhor ou Senhora e a forma utilizada pela instituição para referir-se ao interlocutor: beneficiário, usuário, contribuinte, eleitor etc.

Senhora Beneficiária,

Senhor Contribuinte,

Ainda, quando o destinatário for um particular, no vocativo, pode-se utilizar Senhor ou Senhora seguido do nome do particular ou pode-se utilizar o vocativo "Prezado Senhor" ou "Prezada Senhora".

Senhora [Nome],

Prezado Senhor,

Numeração das páginas

A numeração das páginas é obrigatória apenas a partir da segunda página da comunicação. Ela deve ser centralizada na página e obedecer à seguinte formatação:

a) posição: no rodapé do documento, ou acima da área de 2 cm da margem inferior; e

b) fonte: Calibri ou Carlito.

26.3. O PADRÃO OFÍCIO

O padrão ofício é uma estratégia de diagramação documental usada para que seja possível estabelecer uma organização. Em outras versões do Manual de Redação da Presidência da República, o padrão ofício era empregado como base para a diagramação de três documentos distintos: aviso, ofício e memorando. Ocorre que, após a

---

[1] Lembre-se da disposição geral do Decreto 9.758/2019.

atualização do manual, memorando e aviso deixaram de existir. O que se segue é uma série de instruções sobre os elementos constitutivos do padrão ofício.

As normas que se seguem foram retiradas do **Manual de Redação da Presidência da República, em sua versão mais recente.**

Partes essenciais dos documentos do padrão ofício

1 – Cabeçalho

O cabeçalho é utilizado apenas na primeira página do documento, centralizado na área determinada pela formatação. No cabeçalho deverão constar os seguintes elementos:

a) **brasão de Armas da República**: no topo da página. Não há necessidade de ser aplicado em cores. O uso de marca da instituição deve ser evitado na correspondência oficial para não se sobrepor ao Brasão de Armas da República;

b) **nome do órgão principal**;

c) **nomes dos órgãos secundários, quando necessários, da maior para a menor hierarquia**; e

d) **espaçamento:** entrelinhas simples (1,0).

Os dados do órgão, tais como endereço, telefone, endereço de correspondência eletrônica, sítio eletrônico oficial da instituição, podem ser informados no rodapé do documento, centralizados.

2 – Identificação do expediente

Os documentos oficiais devem ser identificados da seguinte maneira:

a) **nome do documento:** tipo de expediente por extenso, com todas as letras maiúsculas;

b) **indicação de numeração**: abreviatura da palavra "número", padronizada como Nº;

c) **informações do documento**: número, ano (com quatro dígitos) e siglas usuais do setor que expede o documento, da menor para a maior hierarquia, separados por barra (/); e

d) **alinhamento**: à margem esquerda da página.

> OFÍCIO Nº 652/2018/SAA/SE/MT

3 – Local e data do expediente

Na grafia de datas em um documento, o conteúdo deve constar da seguinte forma:

a) **composição**: local e data do documento;
b) **informação de local**: nome da cidade onde foi expedido o documento, seguido de vírgula. Não se deve utilizar a sigla da unidade da federação depois do nome da cidade;
c) **dia do mês**: em numeração ordinal se for o primeiro dia do mês e em numeração cardinal para os demais dias do mês. Não se deve utilizar zero à esquerda do número que indica o dia do mês;
d) **nome do mês**: deve ser escrito com inicial minúscula;
e) **pontuação**: coloca-se ponto-final depois da data; e
f) **alinhamento**: o texto da data deve ser alinhado à margem direita da página.

> Brasília, 2 de fevereiro de 2018.

4 - Endereçamento

O endereçamento é a parte do documento que informa quem receberá o expediente. Nele deverão constar os seguintes elementos:

a) **vocativo**: na forma de tratamento adequada para quem receberá o expediente (ver subitem "4.1 Pronomes de tratamento");
b) **nome**: nome do destinatário do expediente;
c) **cargo**: cargo do destinatário do expediente;
d) **endereço**: endereço postal de quem receberá o expediente, dividido em duas linhas: primeira linha: informação de localidade/logradouro do destinatário ou, no caso de ofício ao mesmo órgão, informação do setor; segunda linha: CEP e cidade/unidade da federação, separados por espaço simples. Na separação entre cidade e unidade da federação pode ser substituída a barra pelo ponto ou pelo travessão. No caso de ofício ao mesmo órgão, não é obrigatória a informação do CEP, podendo ficar apenas a informação da cidade/unidade da federação; e
e) **alinhamento**: à margem esquerda da página. O pronome de tratamento no endereçamento das comunicações dirigidas às autoridades tratadas por

Vossa Excelência terá a seguinte forma: "A Sua Excelência o Senhor" ou "A Sua Excelência a Senhora". Quando o tratamento destinado ao receptor for Vossa Senhoria, o endereçamento a ser empregado é "Ao Senhor" ou "À Senhora". Ressalte-se que não se utiliza a expressão "A Sua Senhoria o Senhor" ou "A Sua Senhoria a Senhora".

A Sua Excelência o Senhor	À Senhora	Ao Senhor
[Nome]	[Nome]	[Nome]
Ministro de Estado da Justiça	Diretora de Gestão de Pessoas	Chefe da Seção de Compras
Esplanada dos Ministérios Bloco T	SAUS Q. 3 Lote 5/6 Ed Sede I	Diretoria de Material, Seção
70064-900 Brasília/DF	70070-030 Brasília. DF	Brasília — DF

5 – Assunto

O assunto deve dar uma ideia geral do que trata o documento, de forma sucinta. Ele deve ser grafado da seguinte maneira:

a) **título**: a palavra Assunto deve anteceder a frase que define o conteúdo do documento, seguida de dois-pontos;

b) **descrição do assunto**: a frase que descreve o conteúdo do documento deve ser escrita com inicial maiúscula, não se deve utilizar verbos e sugere-se utilizar de quatro a cinco palavras;

c) **destaque**: todo o texto referente ao assunto, inclusive o título, deve ser destacado em negrito;

d) **pontuação**: coloca-se ponto-final depois do assunto; e

e) **alinhamento**: à margem esquerda da página.

> **Assunto: Encaminhamento do Relatório de Gestão Julho/2018.**
> **Assunto: Aquisição de computadores.**

6 – Texto do documento

O texto do documento oficial deve seguir a seguinte padronização de estrutura:

I – nos casos em que não seja usado para encaminhamento de documentos, o expediente deve conter a seguinte estrutura:

a) introdução: em que é apresentado o objetivo da comunicação. Evite o uso das formas: Tenho a honra de, Tenho o prazer de, Cumpre-me informar que. Prefira empregar a forma direta: Informo, Solicito, Comunico;

b) desenvolvimento: em que o assunto é detalhado; se o texto contiver mais de uma ideia sobre o assunto, elas devem ser tratadas em parágrafos distintos, o que confere maior clareza à exposição; e

c) conclusão: em que é afirmada a posição sobre o assunto.

II – quando forem usados para encaminhamento de documentos, a estrutura é modificada:

a) **introdução**: deve iniciar com referência ao expediente que solicitou o encaminhamento. Se a remessa do documento não tiver sido solicitada, deve iniciar com a informação do motivo da comunicação, que é encaminhar, indicando a seguir os dados completos do documento encaminhado (tipo, data, origem ou signatário e assunto de que se trata) e a razão pela qual está sendo encaminhado; e

b) **desenvolvimento**: se o autor da comunicação desejar fazer algum comentário a respeito do documento que encaminha, poderá acrescentar parágrafos de desenvolvimento. Caso contrário, não há parágrafos de desenvolvimento em expediente usado para encaminhamento de documentos.

> Em resposta ao Ofício nº 12, de 1º de fevereiro de 2018, encaminho cópia do Ofício nº 34, de 3 de abril de 2018, da Coordenação-Geral de Gestão de Pessoas, que trata da requisição do servidor Fulano de Tal.
>
> Encaminho, para exame e pronunciamento, cópia do Ofício nº 12, de 1º de fevereiro de 2018, do Presidente da Confederação Nacional da Indústria, a respeito de projeto de modernização de técnicas agrícolas na região Nordeste.

III – tanto na estrutura I quanto na estrutura II, o texto do documento deve ser formatado da seguinte maneira:

a) **alinhamento**: justificado;
b) **espaçamento entre linhas**: simples;
c) **parágrafos**:
    i. espaçamento entre parágrafos: de 6 pontos após cada parágrafo;
    ii. recuo de parágrafo: 2,5 cm de distância da margem esquerda;
    iii. numeração dos parágrafos: apenas quando o documento tiver três ou mais parágrafos, desde o primeiro parágrafo. Não se numeram o vocativo e o fecho;
d) **fonte**: Calibri ou Carlito;
    i. corpo do texto: tamanho 12 pontos;
    ii. citações recuadas: tamanho 11 pontos; e
    iii. notas de Rodapé: tamanho 10 pontos;
e) **símbolos**: para símbolos não existentes nas fontes indicadas, pode-se utilizar as fontes Symbol e Wingdings;

Os documentos do padrão ofício devem obedecer à seguinte formatação:

a) **tamanho do papel**: A4 (29,7 cm x 21 cm);
b) **margem lateral esquerda**: no mínimo, 3 cm de largura;
c) **margem lateral direita**: 1,5 cm;
d) **margens superior e inferior**: 2 cm;
e) **área de cabeçalho**: na primeira página, 5 cm a partir da margem superior do papel;
f) **área de rodapé**: nos 2 cm da margem inferior do documento;
g) **impressão**: na correspondência oficial, a impressão pode ocorrer em ambas as faces do papel. Nesse caso, as margens esquerda e direita terão as distâncias invertidas nas páginas pares (margem espelho);
h) **cores**: os textos devem ser impressos na cor preta em papel branco, reservando-se, se necessário, a impressão colorida para gráficos e ilustrações;
i) **destaques**: para destaques deve-se utilizar, sem abuso, o negrito. Deve-se evitar destaques com uso de itálico, sublinhado, letras maiúsculas, sombreado, sombra, relevo, bordas ou qualquer outra forma de formatação que afete a sobriedade e a padronização do documento;
j) **palavras estrangeiras**: palavras estrangeiras devem ser grafadas em itálico;
k) **arquivamento**: dentro do possível, todos os documentos elaborados devem ter o arquivo de texto preservado para consulta posterior ou aproveitamento de trechos para casos análogos. Deve ser utilizado, preferencialmente, formato de arquivo que possa ser lido e editado pela maioria dos editores de texto utilizados no serviço público, tais como DOCX, ODT ou RTF.
l) **nome do arquivo**: para facilitar a localização, os nomes dos arquivos devem ser formados da seguinte maneira:

tipo do documento + número do documento + ano do documento (com 4 dígitos) + palavras-chaves do conteúdo

Exemplo:

Ofício 123_2018_relatório produtividade anual

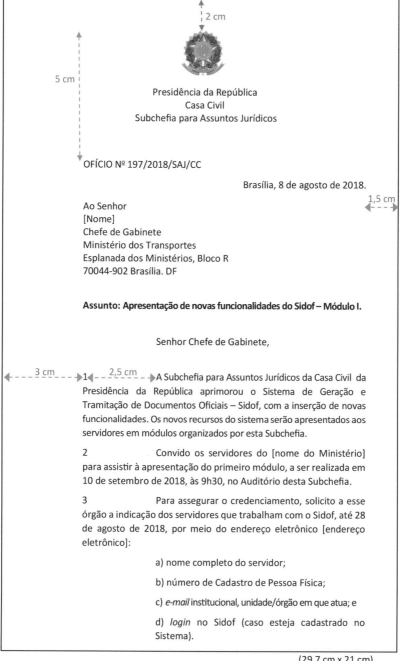

(29,7 cm x 21 cm)

2 cm

4   Caso o servidor ainda não seja cadastrado no Sistema, será necessário o envio de autorização da chefia imediata. O envio das informações solicitadas acima é fundamental para garantir a inscrição do servidor no evento.

Atenciosamente,

(espaço para assinatura)

[NOME DO SIGNATÁRIO]
[Cargo do Signatário]

[Endereço] – Telefone: (xx) xxxx-xxxx
CEP 00000-000 Cidade/UF – http://www.xxxxxxxxxxxxxxxxxx.gov.br

2 cm

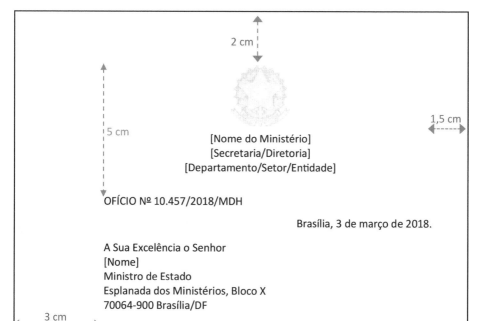

[Nome do Ministério]
[Secretaria/Diretoria]
[Departamento/Setor/Entidade]

OFÍCIO Nº 10.457/2018/MDH

Brasília, 3 de março de 2018.

A Sua Excelência o Senhor
[Nome]
Ministro de Estado
Esplanada dos Ministérios, Bloco X
70064-900 Brasília/DF

Assunto: Debates sobre o Plano Nacional da Pessoa com Deficiência.

Senhor Ministro,

Convido Vossa Excelência a participar do lançamento do Ciclo de Debates sobre a Execução do Plano Nacional da Pessoa com Deficiência, a ser realizado em 15 de março de 2018, às 9 horas, no Auditório da Escola Nacional de Administração Pública (Enap), no Setor de Áreas Isoladas Sul, em Brasília.

O debate inicial faz parte de uma sequência de cinco encontros, com o objetivo de acompanhar o desenvolvimento das diversas ações contidas no referido Plano.

Atenciosamente,

(espaço para assinatura)

[NOME DO SIGNATÁRIO]
[Ministro de Estado]

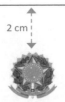

[Nome do órgão]
[Secretaria/Departamento]
[Setor/Entidade]
[Endereço]

OFÍCIO Nº 257/2018/CODOC/CC

Brasília, 3 de março de 2018.

À Senhora
[Nome]
Diretora de Tecnologia da Presidência da República
Palácio do Planalto, Anexo II, Ala B, sala 100
Brasília/DF

Assunto: Criação de sistema.

Senhora Diretora,

Solicito a criação de *software* para mensurar os índices de produtividade no âmbito desta Coordenação-Geral, de modo a disponibilizar informações gerenciais completas para todos os cadastros, tais como dados quantitativos de tempo de entrada e conclusão de tarefas, por usuário, por equipe, por tipo de ato, além de dados quantitativos e gráficos referentes às tarefas atribuídas e concluídas por usuário em determinado período de tempo e outras informações que possibilitem a produção de relatórios gerenciais, conforme especificação completa em anexo.

Respeitosamente,

(espaço para assinatura)

[NOME DO SIGNATÁRIO]
[Cargo do Signatário]

26.4. DESTAQUES

Existem maneiras de criar "pontos de atenção" dentro do texto. Esses recursos sãos os destaques. Vejamos os principais:

Itálico

Por convenção, usa-se o recurso do itálico em

- títulos de livros;
- de periódicos;
- de peças;
- de óperas;
- de música;
- de pintura;
- de escultura;
- nomes de eventos;
- estrangeirismos citados no corpo do texto.

Lembre-se, porém, de que, na grafia de **nome de instituição estrangeira, não se pode usar o itálico**.

Observação: se o texto já estiver todo escrito em itálico, a marcação que destaca as palavras e locuções de outros idiomas que não foram adaptadas ao português pode ser feita por meio de um recurso que se chama "redondo", ou seja, o contrário do itálico, grafar a palavra normalmente sem o recurso em questão.

O itálico é utilizado na grafia de nomes científicos, de animais e vegetais (exemplos: *Canis Familiaris, Zea Mays*). Finalmente, também é possível sua utilização, desde que sem exageros, na escrita de palavras e/ou de expressões às quais se queira enfatizar, recurso tal que pode ser substituído pelas aspas.

Aspas

As duplas (" ") são utilizadas para:

- introduzir citações **diretas** cujos limites não ultrapassem três linhas;
- evidenciar neologismos. Por exemplo: "macaqueação"; "printar";
- ressaltar o sentido de uma palavra quando não habitual, principalmente nos casos de derivação imprópria – Exemplos: Existem alguns "porquês" a respeito da situação;
- evidenciar o valor – irônico ou afetivo de um termo – Exemplos: Esse "probleminha" custou a empresa.

As aspas simples (' ') são utilizadas quando, em qualquer uma das circunstâncias mencionadas, surgem dentro de uma citação que já foi introduzida por aspas.

Negrito

Usado para:

- transcrição de entrevistas;
- indicação de títulos ou subtítulos;
- ênfase em termos do texto.

Maiúsculas

Emprega-se letra maiúscula no início de sentenças, bem como nos títulos de obras de arte ou de natureza técnico-científica. Além desses usos, convencionou-se o emprego nas seguintes circunstâncias:

- substantivos que indicam nomes próprios e de sobrenomes (Pablo Jamilk) de cognomes (Alexandre, o Grande); de alcunhas (o Batata); de pseudônimos (Alberto Caeiro); de nomes dinásticos (os Médici);
- topônimos (Rio Grande do Sul, Itália);
- regiões (Nordeste, Sul);
- nomes de instituições culturais, profissionais e de empresa (Fundação Carlos Chagas, Associação Brasileira de Normas Técnicas);
- nome de divisão e de subdivisão das Forças Armadas (Exército, Polícia Militar);
- nome de período e de episódio histórico (Idade Moderna, Estado Novo);
- nome de festividade ou de comemoração cívica (Natal, Dia dos Pais);
- designação de nação política organizada, de conjunto de poderes ou de unidades da Federação (golpe de Estado, Estado de São Paulo);
- nome de pontos cardeais (Sul, Norte, Leste, Oeste);
- nome de zona geoeconômica e de designações de ordem geográfica ou político-administrativa (Agreste, Zona da Mata, Triângulo Mineiro);
- nome de logradouros e de endereço (Av. Tancredo Neves, Rua Carlos Gomes);
- nome de edifício, de monumento e de estabelecimento público (edifício Coimbra, Estádio do Pacaembu, Aeroporto de Viracopos, Igreja do São Tomé);
- nome de imposto e de taxa (Imposto sobre a Propriedade de Veículos Automotores);
- nome de corpo celeste, quando designativo astronômico ("A Terra gira em torno do Sol");
- nome de documento ao qual se integra um nome próprio (Lei Áurea, Lei Afonso Arinos).

Minúsculas

Além de sempre usada na grafia dos termos que designam as estações do ano, os dias da semana e os meses do ano, a letra minúscula (comumente chamada de caixa-baixa – cb), é também usada na grafia de:

- cargos e títulos nobiliárquicos (rei, dom); dignitários (comendador, cavaleiro); axiônimos correntes (você, senhor); culturais (reitor, bacharel); profissionais (ministro, médico, general, presidente, diretor); eclesiásticos (papa, pastor, freira);
- gentílicos e de nomes étnicos (alemães, paulistas, italianos);
- nome de doutrina e de religiões (catolicismo, protestantismo);
- nome de grupo ou de movimento político e religioso (petistas, evangélicos);
- na palavra *governo* (governo Lula, governo de Minas Gerais);
- nos termos designativos de instituições, quando esses não estão integrados no nome delas – Exemplos: O Conselho Nacional de Segurança tem por objetivo (…), porém, esse conselho não abdica de ...
- nome de acidente geográfico que não seja parte integrante do nome próprio: rio Amazonas, serra do Mar, cabo Norte (mas, Cabo Frio, Rio de Janeiro, Serra do Salitre);
- prefixo – Exemplos: ex-Ministro da Saúde, ex-Presidente do Senado;
- nome de derivado: hegeliano, kantiano;
- pontos cardeais, quando indicam direção ou limite: o norte de São Paulo, o sul do Paraná.

26.5. SIGLAS E ACRÔNIMOS

Sigla é a representação de um nome por meio de suas letras iniciais – Exemplos: IPVA, CEP, INSS. Apesar de obedecer às mesmas regras dispostas para as siglas, os **acrônimos** são distintos em sua formação, ou seja, são palavras constituídas pelas primeiras letras ou sílabas de outras palavras – Exemplo: Telebras, Petrobras, Transpetro.

Regras:

- Costuma-se não se colocar ponto nas siglas.
- São grafadas em caixa-alta as siglas compostas apenas de consoante: FGTS.
- São grafadas em caixa-alta as siglas que, apesar de compostas de consoante e de vogal, são pronunciadas mediante a acentuação das letras: IPTU, IPVA, DOU.
- São grafados em caixa alta e em caixa-baixa os compostos de mais de três letras (vogais e consoantes) que formam palavra, ou seja, os acrônimos: Bacen, Cohab, Petrobras, Embrapa.
- Siglas e acrônimos devem vir precedidos de respectivo significado e de travessão em sua primeira ocorrência no texto (Exemplos: Diário Oficial da União – DOU).

26.6. ENUMERAÇÕES

Tradicionalmente, as enumerações são introduzidas pelo sinal de dois-pontos, seguidas dos elementos enumerados que devem aparecer introduzidos por algum tipo de marcador. O mais comum é o marcador feito com letras minúsculas em ordem alfabética seguidas de parênteses.

Ex.:

a)

b)

c)

Os itens enumerados também podem aparecer em linha: a), b), c).

Os elementos da enumeração são, usualmente, encerrados com ponto e vírgula até o penúltimo item, pois o último elemento deverá ser finalizado por ponto final. Caso o trecho anunciativo termine com um ponto final, os itens que o sucedem serão grafados com a inicial maiúscula, bem como serão finalizados com ponto final.

26.7. GRAFIA DE NUMERAIS

A orientação geral para a grafia de numerais é a de que sejam escritos com algarismos arábicos. Porém, em algumas situações especiais é regra grafá-los, no texto, por extenso. Eis algumas dessas situações:

- **de zero a nove:** três quadras, quatro mil;
- **dezenas redondas:** trinta pessoas, sessenta milhões;
- **centenas redondas:** quatrocentos mil, oitocentos trilhões, duzentas mulheres.

Em todos os casos, porém, só se usam palavras quando não há nada nas ordens ou nas classes inferiores (Exemplos: 10 mil, mas 10.200 e não 10 mil e duzentos).

Acima do milhar, no entanto, dois recursos são possíveis:

- aproximação de número fracionário, como em 33,8 milhões;
- desdobramento dos dois primeiros termos, como em 33 milhões e 789 mil.

Os ordinais são grafados por extenso de **primeiro** a **décimo**, os demais devem ser representados de forma numérica, com algarismos: quarto, sexto, mas 18º, 27º etc.

Tipos de documentos

Variações dos documentos oficiais

Com a atualização do MRPR, a distinção entre aviso, ofício e memorando parou de existir. Agora, o padrão documental mais empregado será o ofício. É preciso notar que há algumas variações na identificação dos documentos oficiais após a publicação da nova normativa. São elas:

a) **[NOME DO EXPEDIENTE] + CIRCULAR**: Quando um órgão envia o mesmo expediente para mais de um órgão receptor. A sigla na epígrafe será apenas do órgão remetente.

b) **[NOME DO EXPEDIENTE] + CONJUNTO**: Quando mais de um órgão envia, conjuntamente, o mesmo expediente para um único órgão receptor. As siglas dos órgãos remetentes constarão na epígrafe.

c) **[NOME DO EXPEDIENTE] + CONJUNTO CIRCULAR:** Quando mais de um órgão envia, conjuntamente, o mesmo expediente para mais de um órgão receptor. As siglas dos órgãos remetentes constarão na epígrafe.

OFÍCIO CIRCULAR Nº 652/2018/MEC
OFÍCIO CONJUNTO Nº 368/2018/SECEX/SAJ
OFÍCIO CONJUNTO CIRCULAR Nº 795/2018/CC/MJ/MRE

> **ATENÇÃO**
>
> Nos expedientes circulares, por haver mais de um receptor, o órgão remetente poderá inserir no rodapé as siglas ou nomes dos órgãos que receberão o expediente.

Além dos ofícios (cuja estrutura fora apresentada anteriormente), é possível identificarmos alguns outros tipos documentais presentes na redação oficial. Atente--se para o fato de que, nesta obra, contemplo mais documentos do que no Manual de Redação da Presidência da República.

26.8. REQUERIMENTO

O requerimento é um tipo de pedido, em que o signatário pede algo que pense ser justo ou legal. Qualquer indivíduo que tenha interesse no serviço público pode se valer de um requerimento, que será dirigido a uma autoridade competente para tomar conhecimento, analisar e solucionar o caso, podendo ser escrito ou datilografado (digitado).

» **Estrutura:**

Apesar de não haver muita normatização a respeito do requerimento (ele não está no MRPR), é possível distinguir alguns elementos fundamentais. Os elementos constitutivos do requerimento são:

a) **Vocativo:** indica a autoridade a quem se dirige a comunicação. Alinhado à esquerda, sem parágrafo, identificando a autoridade e não a pessoa em si.

b) **Texto:** O nome do requerente em maiúsculas, sua qualificação (nacionalidade, estado civil, idade, residência, profissão etc.), o objeto do requerimento com a indicação dos respectivos fundamentos legais e finalidade do que se requer.

Quando o requerimento é dirigido à autoridade do órgão em que o requerente exerce suas atividades, basta, por exemplo, citar nome, cargo, lotação, número de matrícula ou registro funcional. Deve primar pela concisão.

c) **Fecho:** há fórmulas específicas para o fecho do requerimento. Algumas delas são:

> » Pede e aguarda de ferimento – P. e A. D.

> » Termos em que pede deferimento.

> » Espera deferimento – E. D.

> » Aguarda deferimento – A. D.

d) Local e data.

e) Assinatura.

MODELO DE REQUERIMENTO

CÂMARA DOS DEPUTADOS
ÓRGÃO PRINCIPAL
Órgão Secundário

(Vocativo)
(Cargo ou função e nome do destinatário)

.... (nome do requerente, em maiúsculas) .... (demais dados de qualificação), requer ....
....

Nestes termos,
Pede deferimento.

Brasília, ... de .... de 200..

Nome
Cargo ou Função

26.9. ATA

A **ata** é o documento que possui como finalidade o registro de ocorrências, resoluções e decisões de assembleias, reuniões ou sessões realizadas por comissões conselhos, congregações corporações ou outras entidades.

» **Estrutura da ata:**

a) Dia, mês, ano e hora (por extenso).

b) Local da reunião.

c) Pessoas presentes, devidamente qualificadas.

d) Presidente e secretário dos trabalhos.

e) Ordem do dia (discussões, votações, deliberações etc.).

f) Fecho.

ATENÇÃO

1) Não há disposição geral quanto à quantidade de pessoas que deve assinar a ata, no entanto, em algumas circunstâncias ela é apenas assinada pelos membros que presidiram a sessão (presidente e secretário). O mais comum é que todos os participantes da sessão assinem o documento.

2) A ata é documento de valor jurídico. Por isso, deve ser redigida de modo que não sejam possíveis alterações posteriores à assinatura. Os erros são ressalvados, no texto, com a expressão "digo" e, após a redação, com a expressão "em tempo".

3) Não há parágrafos ou alíneas em uma ata. Deve-se redigir tudo em apenas um parágrafo, evitando os espaços em branco.

4) A ata deve apresentar um registro fiel dos fatos ocorridos em uma sessão. Em razão disso, sua linguagem deve primar pela clareza, precisão e concisão.

MODELO DE ATA

CÂMARA DOS DEPUTADOS
ÓRGÃO PRINCIPAL
Órgão Secundário

ATA DA REUNIÃO n. ..... /.....

Aos ..... dias do mês de .... de ...., [ou: às (horas) do dia (data)] no (local) ...., às .... horas, reuniram-se os membros da .... estando presentes: (indicar os presentes à reunião com os respectivos cargos ou funções): .... O (indicar o Presidente da Reunião) .... apresentou ....

Em seguida, o (indicar o responsável)..............................
....

Nada mais havendo a tratar, o (indicar o Presidente da reunião) .... declarou encerrada a reunião e ....

Presidente

Relator

26.10. PARECER

O parecer é o pronunciamento fundamentado, com caráter opinativo, de autoria de comissão ou de relator designado em Plenário, sobre matéria sujeita a seu exame. É constituído das seguintes partes:

a) **Designação:** número do processo respectivo, no alto, no centro do papel (Processo nº). Esse item não está presente em todos os pareceres, necessariamente.

b) **Título:** denominação do ato, seguido de número de ordem (Parecer nº).

c) **Ementa:** resumo do assunto do parecer. Deve ser concisa, escrita a dois espaços do título.

d) **Texto:** que consta de:
   » introdução (histórico);
   » esclarecimentos (análise do fato);
   » conclusão do assunto, clara e objetiva.

e) **Fecho:** que compreende:

» local e/ou denominação do órgão (sigla);

» data;

» assinatura (nome e cargo de quem emite o parecer).

MODELO DE PARECER

PARECER N.º   , DE 200...

DA COMISSÃO DE CONSTITUIÇÃO E JUSTIÇA, SOBRE O PROJETO DE LEI N.º ..., DE 200...

O presente parecer tem por objeto o Projeto de Lei nº......, de 2003, de autoria do ilustre Deputado.............., que objetiva....... .

A proposta em questão esteve em pauta nos dias correspondentes às. ......à.........Sessões Ordinárias (de.....de......a......de.....de 2003), nos termos do item 3, parágrafo único do artigo 148 da XI Consolidação do Regimento Interno da Assembléia Legislativa do Estado de São Paulo, período no qual não recebeu emendas ou substitutivos.

Em continuidade ao processo legislativo, uma vez decorrido o prazo regimental, foi a proposição encaminhada a esta Comissão de Constituição e Justiça, para análise de seus aspectos constitucional, legal e jurídico, nos termos do disposto pelo artigo 31, § 1º do já citado Regimento Interno.

Constata-se que a medida é de natureza legislativa e de iniciativa concorrente, em obediência aos ditames dos artigos 19, 21, inciso III, e 24, "caput", da Constituição Estadual, estando ainda de acordo com o artigo 146, inciso III, do Regimento Interno, estando, desta forma, em condições de ser aprovado no que diz respeito aos aspectos que cumpre a esta Comissão analisar.

Contudo, a fim de adequar a proposição à melhor técnica legislativa, sugere-se a seguinte Emenda

"..

...."

Assim sendo, não havendo óbices, manifestamo-nos favoravelmente à aprovação do Projeto de lei n.º ..., de ...., com a emenda ora apresentada.

É o nosso parecer.

Sala das Comissões, em

Relator

26.11. ATESTADO

Atestado é o documento mediante o qual a autoridade comprova um fato ou uma situação de que tenha conhecimento em razão do cargo que ocupa ou da função que exerce.

• Generalidades

O atestado é simplesmente uma comprovação de fatos ou situações comuns, possíveis de modificações frequentes. Tratando-se de fatos ou situações permanentes e que constam nos arquivos da Administração, o documento apropriado para comprovar sua existência é a certidão. O atestado é mera **declaração a respeito de algo**, ao passo que a certidão é uma transcrição.

- **Partes do atestado**

a) **Título ou epígrafe:** denominação do ato (atestado), centralizada na página.

b) **Texto:** exposição do objeto da atestação. Pode-se declarar, embora não seja obrigatório, a pedido de quem e com que finalidade o documento é emitido.

c) **Local e data:** cidade, dia, mês e ano da emissão do ato, podendo-se, também, citar, preferentemente sob forma de sigla, o nome do órgão onde a autoridade signatária do atestado exerce suas funções.

d) **Assinatura:** nome e cargo ou função da autoridade que atesta.

MODELO DE ATESTADO

ATESTADO

Atesto, para os devidos fins, que Joanes Ferreira extraiu dois dentes no dia de hoje e não pode comparecer ao local de trabalho por estar sob efeito de forte medicação.

Belo Horizonte, 25 de dezembro de 2018.

Ataliba Graúdo
(Odontólogo)

26.12. CERTIDÃO

Certidão é o ato pelo qual se procede à publicidade de algo relativo à atividade cartorária, a fim de que, sobre isso, não haja dúvidas. Possui formato padrão próprio, termos essenciais que lhe dão suas características. Exige linguagem formal, objetiva e concisa.

Termos essenciais de uma certidão:

a) **Afirmação:** CERTIFICO E DOU FÉ QUE,

b) **Identificação do motivo de sua expedição:** A PEDIDO DA PARTE INTE-RESSADA,

c) **Ato a que se refere:** REVENDO OS ASSENTAMENTOS CONSTANTES DESTE CARTÓRIO, NÃO LOGREI ENCONTRAR AÇÃO MOVIDA CONTRA FULANO DE TAL, RG 954458234, NO PERÍODO DE 01/2000 ATÉ A PRESENTE DATA.

d) **Data de sua expedição:** EM 16/05/2018.

e) **Assinatura:** O ESCRIVÃO:

> **ATENÇÃO**
>
> Há diversos modelos de certidão. É fundamental que você compreenda que as questões serão relativas ao fato de a certidão ser associada à atividade do cartorário.

26.13. APOSTILA

Apostila *é* o aditamento (acréscimo de informações) a um ato administrativo anterior, para fins de retificação ou atualização. A apostila tem por objeto a correção de dados constantes em atos administrativos anteriores ou o registro de alterações na vida funcional de um servidor, tais como promoções, lotação em outro setor, majoração de vencimentos, aposentadoria, reversão à atividade etc.

Normalmente, a apostila é feita no verso do documento a que se refere. Pode, no entanto, caso não haja mais espaço para o registro de novas alterações, ser feita em folha separada (com timbre oficial), que se anexará ao documento principal. É lavrada como um termo e publicada em órgão oficial.

Partes:

São, usualmente, as seguintes:

a) Título: denominação do documento (apostila).

b) Texto: desenvolvimento do assunto.

c) Data, às vezes precedida da sigla do órgão.

d) Assinatura: nome e cargo ou função da autoridade.

MODELO DE APOSTILA

APOSTILA

A Diretora da Coordenação de Secretariado Parlamentar do Departamento de Pessoal declara que o servidor José da Silva, nomeado pela Portaria CD-CC-RQ-001/2004, publicada no Suplemento ao Boletim Administrativo de 30 de março de 2004, teve sua situação funcional alterada, de Secretário Parlamentar Requisitado, ponto n. 123, para Secretário Parlamentar sem vínculo efetivo com o serviço público, ponto n. 105.123, a partir de 1º de abril de 2004, em face de decisão contida no Processo n. 25.001/2004.

Brasília, em 26/5/2004.

Maria da Silva
Diretora

26.14. DECLARAÇÃO

A declaração deve ser fornecida por pessoa credenciada ou idônea que nele assume a responsabilidade sobre uma situação ou a ocorrência de um fato. Portanto, é uma comprovação escrita com caráter de documento.

A declaração pode ser manuscrita em papel almaço simples (tamanho ofício) ou digitada/datilografada. Quanto ao aspecto formal, divide-se nas seguintes partes:

a) **Timbre:** impresso como cabeçalho, contendo o nome do órgão ou empresa. Atualmente a maioria das empresas possui um impresso com logotipo. Nas declarações particulares usa-se papel sem timbre.

b) **Título:** deve-se colocá-lo no centro da folha, em caixa-alta.

c) **Texto:** deve-se iniciá-lo a cerca de quatro linhas do título. Dele devem constar:

» Identificação do emissor. Se houver vários emissores, é aconselhável escrever, para facilitar: os abaixo assinados.

- » O verbo *atestar* ou *declarar* deve aparecer no presente do indicativo, terceira pessoa do singular ou do plural.
- » Finalidade do documento – em geral, costuma-se usar o termo "para os devidos fins", mas também se pode especificar: "para fins de trabalho", "para fins escolares", etc.
- » Nome e dados de identificação do interessado. Esse nome pode vir em caixa-alta, para facilitar a visualização.
- » Citação do fato a ser atestado.
- **d) Local e data:** deve-se escrevê-los a cerca de três linhas do texto.
- **e) Assinatura:** assina-se a cerca de três linhas abaixo do local e data.

MODELO DE DECLARAÇÃO

CÂMARA DOS DEPUTADOS
ÓRGÃO PRINCIPAL
Órgão Secundário

DECLARAÇÃO

Declaro, para fins de ....,
que (interessado) ....,
(relação com a Câmara), ...
....
....

Brasília, ... de ....de 200...

Nome
Cargo

26.15. PORTARIA

São atos pelos quais as autoridades competentes determinam providências de caráter administrativo, dão instruções sobre a execução de leis e de serviços, definem situações funcionais e aplicam medidas de ordem disciplinar.

Basicamente, possuem o objetivo de delegar competências, designar membros de comissões, criar grupos-tarefa, aprovar e discriminar despesas, homologar concursos (inscrições, resultados etc.).

Partes (estrutura):

a) **Numeração (classificação):** número do ato e data de expedição.
b) **Título:** denominação completa (em caracteres maiúsculos, preferencialmente) da autoridade que expede o ato.
c) **Fundamentação:** citação da legislação básica em que a autoridade apoia sua decisão, seguida do termo *resolve*. Eventualmente, pode ser substituída por "no uso de suas atribuições".
d) **Texto:** desenvolvimento do assunto.
e) **Assinatura:** nome da autoridade que expede o ato.

MODELO DE PORTARIA

Ministério da Saúde
Gabinete do Ministro
Comissão Intergestores Tripartite

PORTARIA N° 2.048, DE 5 DE NOVEMBRO DE 2002

O Ministro de Estado da Saúde, no uso de suas atribuições legais,

Considerando que a área de Urgência e Emergência constitui-se em um importante componente da assistência à saúde;

Considerando o crescimento da demanda por serviços nesta área nos últimos anos, devido ao aumento do número de acidentes e da violência urbana e a insuficiente estruturação da rede assistencial, que têm contribuído decisivamente para a sobrecarga dos serviços de Urgência e Emergência disponibilizados para o atendimento da população;

Considerando as ações já desenvolvidas pelo Ministério da Saúde que, em parceria com as Secretarias de Saúde dos estados, do Distrito Federal e dos municípios, tem realizado grandes esforços no sentido de implantar um processo de aperfeiçoamento do atendimento às urgências e emergências no País, tanto pela criação de mecanismos para a implantação de Sistemas Estaduais de Referência Hospitalar em Atendimento às Urgências e Emergências como pela realização de investimentos relativos ao custeio e adequação física e de equipamentos dos serviços integrantes destas redes, na área de assistência pré-hospitalar, nas Centrais de Regulação, na capacitação de recursos humanos, na edição de normas específicas para a área e na efetiva organização e estruturação das redes assistenciais na área de urgência e emergência;

Considerando a necessidade de aprofundar o processo de consolidação dos Sistemas Estaduais de Urgência e Emergência, aperfeiçoar as normas já existentes e ampliar o seu escopo e ainda a necessidade de melhor definir uma ampla política nacional para esta área, com a organização de sistemas regionalizados, com referências previamente pactuadas e efetivadas sob regulação médica, com hierarquia resolutiva e responsabilização sanitária, universalidade de acesso, integralidade na atenção e equidade na alocação de recursos e ações do Sistema de acordo com as diretrizes gerais do Sistema Único de Saúde e a Norma Operacional da Assistência à Saúde – NOAS-SUS 01/2002;

Considerando a grande extensão territorial do País, que impõe distâncias significativas entre municípios de pequeno e médio porte e seus respectivos municípios de referência para a atenção hospitalar especializada e de alta complexidade, necessitando, portanto, de serviços intermediários em complexidade, capazes de garantir uma cadeia de reanimação e estabilização para os pacientes graves e uma cadeia de cuidados imediatos e resolutivos para os pacientes agudos não graves;

Considerando a necessidade de ordenar o atendimento às Urgências e Emergências, garantindo acolhimento, primeira atenção qualificada e resolutiva para as pequenas e médias urgências, estabilização e referência adequada dos pacientes graves dentro do Sistema Único de Saúde, por meio do acionamento e intervenção das Centrais de Regulação Médica de Urgências;

Considerando a expansão de serviços públicos e privados de atendimento pré-hospitalar móvel e de transporte inter-hospitalar e a necessidade de integrar estes serviços à lógica dos sistemas de urgência, com regulação médica e presença de equipe de saúde qualificada para as especificidades deste atendimento e a obrigatoriedade da presença do médico nos casos que necessitem suporte avançado à vida, e

Considerando a necessidade de estimular a criação de estruturas capazes de problematizar a realidade dos serviços e estabelecer o nexo entre trabalho e educação, de forma a resgatar o processo de capacitação e educação continuada para o desenvolvimento dos serviços e geração de impacto em saúde dentro de cada nível de atenção e ainda de propor currículos mínimos de capacitação e habilitação para o atendimento às urgências, em face dos inúmeros conteúdos programáticos e cargas horárias existentes no país e que não garantem a qualidade do aprendizado, resolve:

Art. 1º Aprovar, na forma do Anexo desta Portaria, o Regulamento Técnico dos Sistemas Estaduais de Urgência e Emergência.

§ 1º O Regulamento ora aprovado estabelece os princípios e diretrizes dos Sistemas Estaduais de Urgência e Emergência, as normas e critérios de funcionamento, classificação e cadastramento de serviços e envolve temas como a elaboração dos Planos Estaduais de

Atendimento às Urgências e Emergências, Regulação Médica das Urgências e Emergências, atendimento pré-hospitalar, atendimento pré-hospitalar móvel, atendimento hospitalar, transporte inter-hospitalar e ainda a criação de Núcleos de Educação em Urgências e proposição de grades curriculares para capacitação de recursos humanos da área;

§ 2º Este Regulamento é de caráter nacional devendo ser utilizado pelas Secretarias de Saúde dos estados, do Distrito Federal e dos municípios na implantação dos Sistemas Estaduais de Urgência e Emergência, na avaliação, habilitação e cadastramento de serviços em todas as modalidades assistenciais, sendo extensivo ao setor privado que atue na área de urgência e emergência, com ou sem vínculo com a prestação de serviços aos usuários do Sistema Único de Saúde.

Art. 2º Determinar às Secretarias de Saúde dos estados, do Distrito Federal e dos municípios em Gestão Plena do Sistema Municipal de Saúde, de acordo com as respectivas condições de gestão e a divisão de responsabilidades definida na Norma Operacional de Assistência à Saúde – NOAS-SUUS 01/2002, a adoção das providências necessárias à implantação dos Sistemas Estaduais de Urgência e Emergência, à organização das redes assistenciais deles integrantes e à organização/habilitação e cadastramento dos serviços, em todas as modalidades assistenciais, que integrarão estas redes, tudo em conformidade com o estabelecido no Regulamento Técnico aprovado por esta Portaria, bem como a designação, em cada estado, do respectivo Coordenador do Sistema Estadual de Urgência e Emergência.

§ 1º As Secretarias de Saúde dos estados e do Distrito Federal devem estabelecer um planejamento de distribuição regional dos Serviços, em todas as modalidades assistenciais, de maneira a constituir o Plano Estadual de Atendimento às Urgências e Emergências conforme estabelecido no Capítulo I do Regulamento Técnico desta Portaria e adotar as providências necessárias à organização/habilitação e cadastramento dos serviços que integrarão o Sistema Estadual de Urgência e Emergência;

§ 2º A abertura de qualquer Serviço de Atendimento às Urgências e Emergências deverá ser precedida de consulta ao Gestor do SUS, de nível local ou estadual, sobre as normas vigentes, a necessidade de sua criação e a possibilidade de cadastramento do mesmo, sem a qual o SUS não se obriga ao cadastramento.

§ 3º Uma vez concluída a fase de Planejamento/Distribuição de Serviços conforme estabelecido no § 1º, confirmada a necessidade do cadastramento e conduzido o processo de seleção de prestadores de serviço pelo Gestor do SUS, o processo de cadastramento deverá ser formalizado pela Secretaria de Saúde do estado, do Distrito Federal ou do município em Gestão Plena do Sistema Municipal, de acordo com as respectivas condições de gestão e a divisão de responsabilidades estabelecida na Norma Operacional de Assistência à Saúde – NOAS-SUS 01/2002.

§ 4º O Processo de Cadastramento deverá ser instruído com:

a – Documentação comprobatória do cumprimento das exigências estabelecidas no Regulamento Técnico aprovado por esta Portaria.

b – Relatório de Vistoria – a vistoria deverá ser realizada "in loco" pela Secretaria de Saúde responsável pela formalização do Processo de Cadastramento que avaliará as condições de funcionamento do Serviço para fins de cadastramento: área física, recursos humanos, responsabilidade técnica e demais exigências estabelecidas nesta Portaria;

c – Parecer Conclusivo do Gestor – manifestação expressa, firmada pelo Secretário da Saúde, em relação ao cadastramento. No caso de Processo formalizado por Secretaria Municipal de Saúde de município em Gestão Plena do Sistema Municipal de Saúde, deverá constar, além do parecer do gestor local, o parecer do gestor estadual do SUS, que será responsável pela integração do Centro à rede estadual e a definição dos fluxos de referência e contrarreferência dos pacientes.

§ 5º Uma vez emitido o parecer a respeito do cadastramento pelo(s) Gestor(es) do SUS e se o mesmo for favorável, o Processo deverá ser encaminhado da seguinte forma:

a – Serviços de Atendimento Pré-Hospitalar, Pré-Hospitalar Móvel, e Hospitalar de Unidades Gerais de Tipo I ou II – o cadastramento deve ser efetivado pelo próprio gestor do SUS;

b – Unidades de Referência Hospitalar em Atendimento às Urgências e Emergências de Tipo I, II ou III – remeter o processo para análise ao Ministério da Saúde/SAS, que o avaliará e, uma vez aprovado o cadastramento, a Secretaria de Assistência à Saúde tomará as providências necessárias à sua publicação.

Art. 3º Alterar o Artigo 2º da Portaria GM/MS nº 479, de 15 de abril de 1999, que estabelece os critérios para a classificação e inclusão dos hospitais nos Sistemas Estaduais de Referência Hospitalar em Atendimento de Urgências e Emergência, que passa a ter a redação dada pelo contido no Capítulo V do Regulamento Técnico constante do Anexo desta Portaria no que diz respeito às Unidades Hospitalares de Referência em Atendimento às Urgências e Emergências de Tipo I, II e III.

§ 1º Ficam mantidos todos os demais Artigos e parágrafos da Portaria GM/MS nº 479, de 15 de abril de 1999;

§ 2º Ficam convalidados todos os atos que tenham sido praticados até a presente data relacionados com a classificação, cadastramento e inclusão de hospitais nos Sistemas Estaduais de Referência Hospitalar em Atendimento de Urgências e Emergências, com base no estabelecido na Portaria GM/MS nº 479, de 15 de abril de 1999;

§ 3º A partir da publicação da presente Portaria, a classificação, cadastramento e inclusão de novas Unidades Hospitalares de Referência em Atendimento às Urgências e Emergências de Tipo I, II ou III deverá se dar em cumprimento ao estabelecido no Capítulo V do Regulamento Técnico ora aprovado e no Artigo 2º desta Portaria.

Art. 4º Determinar à Secretaria de Assistência à Saúde, dentro de seus respectivos limites de competência, a adoção das providências necessárias à plena aplicação das recomendações contidas no texto ora aprovado.

Art. 5º Estabelecer o prazo de 2 (dois) anos para a adaptação dos serviços de atendimento às urgências e emergências já existentes e em funcionamento, em todas as modalidades assistenciais, às normas e critérios estabelecidos pelo Regulamento Técnico aprovado por esta Portaria.

§ 1º As Secretarias de Saúde dos estados, do Distrito Federal e dos municípios em Gestão Plena do Sistema Municipal, devem, dentro do prazo estabelecido, adotar as providências necessárias para dar pleno cumprimento ao disposto nesta Portaria e classificar, habilitar e cadastrar os serviços de atendimento às urgências e emergências já existentes e em funcionamento;

§ 2º Para a classificação, habilitação e cadastramento de novos serviços de atendimento às urgências e emergências, em qualquer modalidade assistencial, esta Portaria tem efeitos a contar de sua publicação.

Art. 6º Esta Portaria entra em vigor na data de sua publicação, revogando a Portaria GM/MS nº 814, de 01 de junho de 2001.

BARJAS NEGRI

26.16. TELEGRAMA

Definição e finalidade

Com o fito de uniformizar a terminologia e simplificar os procedimentos burocráticos, passa a receber o título de *telegrama* toda comunicação oficial expedida por meio de telegrafia, telex etc.

Por tratar-se de forma de comunicação dispendiosa aos cofres públicos e tecnologicamente superada, deve restringir-se o uso do telegrama apenas àquelas situações que não seja possível o uso de correio eletrônico ou fax e que a urgência justifique sua utilização e, também em razão de seu custo elevado, esta forma de comunicação deve pautar-se pela concisão.

Forma e estrutura

Não há padrão rígido, devendo-se seguir a forma e a estrutura dos formulários disponíveis nas agências dos Correios e em seu sítio na Internet.

26.17. EXPOSIÇÃO DE MOTIVOS

Definição e finalidade

Exposição de motivos é o expediente dirigido ao Presidente da República ou ao Vice-Presidente para:

a) informá-lo de determinado assunto;

b) propor alguma medida; ou

c) submeter a sua consideração projeto de ato normativo.

Em regra, a exposição de motivos é dirigida ao Presidente da República por um Ministro de Estado.

Nos casos em que o assunto tratado envolva mais de um Ministério, a exposição de motivos deverá ser assinada por todos os Ministros envolvidos, sendo, por essa razão, chamada de *interministerial.*

Independentemente de ser uma EM com apenas um autor ou uma EM interministerial, a sequência numérica das exposições de motivos é única. A numeração começa e termina dentro de um mesmo ano civil.

Forma e estrutura

As exposições de motivos devem, obrigatoriamente:

a) **apontar, na introdução:** o problema que demanda a adoção da medida ou do ato normativo proposto; ou informar ao Presidente da República algum assunto;

b) **indicar, no desenvolvimento:** a razão de aquela medida ou de aquele ato normativo ser o ideal para se solucionar o problema e as eventuais alternativas existentes para equacioná-lo; ou fornecer mais detalhes sobre o assunto informado, quando for esse o caso; e

c) **na conclusão:** novamente, propor a medida a ser tomada ou o ato normativo a ser editado para solucionar o problema; ou apresentar as considerações finais no caso de EMs apenas informativas.

As Exposições de Motivos que encaminham proposições normativas devem seguir o prescrito no Decreto nº 9.191, de 1º de novembro de 2017. Em síntese, elas devem ser instruídas com parecer jurídico e parecer de mérito que permitam a adequada avaliação da proposta.

O atendimento dos requisitos do Decreto nº 9.191, de 2017, nas exposições de motivos que proponham a edição de ato normativo, tem como propósito:

a) permitir a adequada reflexão sobre o problema que se busca resolver;

b) ensejar avaliação das diversas causas do problema e dos efeitos que podem ter a adoção da medida ou a edição do ato, em consonância com as questões que devem ser analisadas na elaboração de proposições normativas no âmbito do Poder Executivo;

c) conferir transparência aos atos propostos;

d) resumir os principais aspectos da proposta; e

e) evitar a devolução a proposta de ato normativo para complementação ou reformulação da proposta.

A exposição de motivos é a principal modalidade de comunicação dirigida ao Presidente da República pelos ministros. Além disso, pode, em certos casos, ser encaminhada cópia ao Congresso Nacional ou ao Poder Judiciário.

EXEMPLO DE EXPOSIÇÃO DE MOTIVOS DE CARÁTER INFORMATIVO

Exemplo de exposição de motivos:

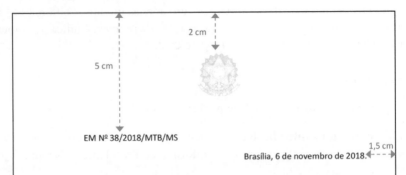

EM Nº 38/2018/MTB/MS

Brasília, 6 de novembro de 2018.

Excelentíssimo Senhor Presidente da República,

1. Submetemos à consideração de Vossa Excelência a proposta de Medida Provisória que tem por objetivo de efetivar as operações de financiamento destinadas a entidades hospitalares filantrópicas e sem fins lucrativos que participem de forma complementar do Sistema único de Saúde (SUS).

2. A Medida Provisória nº 848, de 16 de agosto de 2018, autorizou o Fundo de Garantia do Tempo de Serviço (FGTS) a realizar operações de crédito destinadas às entidades hospitalares filantrópicas e sem fins lucrativos que participem de forma complementar do SUS.

3. No entanto, em discussões no âmbito do Conselho Curador do FGTS foi observada a falta de previsão legal para determinar quem seria o órgão do Poder Executivo federal que deveria regulamentar, acompanhar a execução, subsidiar o Conselho Curador com estudos técnicos necessários ao seu aprimoramento operacional e definir as metas a serem alcançadas nas operações de crédito destinadas às entidades hospitalares filantrópicas e sem fins lucrativos que participem de forma complementar do SUS.

4. Com efeito, a disposição sobre a necessidade de autorização do órgão de educação responsável para o fechamento de escolas do campo, exigindo-se diagnóstico sobre o impacto da ação e manifestação da comunidade escolar, visa a assegurar o acesso da população rural à educação, sem ferir a autonomia dos entes federativos.

2cm

5   O presente Projeto de Lei representa medida importante para institucionalizar instrumentos de gestão voltados para a melhoria da qualidade da educação básica das populações do campo.

6   Essas, Excelentíssimo Senhor Presidente, são as razões que justificam o encaminhamento da presente proposta de ato normativo à consideração de Vossa Excelência.

    Respeitosamente,

    (espaço para assinatura)

    [NOME DO SIGNATÁRIO]
    [Ministro de Estado]

2

2 cm

Sistema de Geração e Tramitação de Documentos Oficiais (Sidof)

O Sistema de Geração e Tramitação de Documentos Oficiais (Sidof) é a ferramenta eletrônica utilizada para a elaboração, a redação, a alteração, o controle, a tramitação, a administração e a gerência das exposições de motivos com as propostas de atos a serem encaminhadas pelos Ministérios à Presidência da República.

Ao se utilizar o Sidof, a assinatura, o nome e o cargo do signatário, apresentados no exemplo do item 6.2.2, são substituídos pela assinatura eletrônica que informa o nome do ministro que assinou a exposição de motivos e do consultor jurídico que assinou o parecer jurídico da Pasta.

A nova versão do MRPR alterou extremamente a formulação das exposições de motivos. Anteriormente, havia uma seção extremamente descritiva a respeito da exposição de motivos de caráter propositivo, a qual foi suprimida.

26.18. MENSAGEM

Definição e finalidade

A Mensagem é o instrumento de comunicação oficial entre os Chefes dos Poderes Públicos, notadamente as mensagens enviadas pelo Chefe do Poder Executivo ao Poder Legislativo para informar sobre fato da administração pública; para expor o plano de governo por ocasião da abertura de sessão legislativa; para submeter ao Congresso Nacional matérias que dependem de deliberação de suas Casas; para apresentar veto; enfim, fazer comunicações do que seja de interesse dos Poderes Públicos e da Nação.

A minuta de mensagem pode ser encaminhada pelos ministérios à Presidência da República, a cujas assessorias caberá a redação final.

As mensagens mais usuais do Poder Executivo ao Congresso Nacional têm as seguintes finalidades:

a) Encaminhamento de proposta de emenda constitucional, de projeto de lei ordinária, de projeto de lei complementar e os que compreendem plano plurianual, diretrizes orçamentárias, orçamentos anuais e créditos adicionais:

Os projetos de lei ordinária ou complementar são enviados em regime normal (Constituição, art. 61) ou de urgência (Constituição, art. 64, §§ 1º a 4º). O projeto pode ser encaminhado sob o regime normal e, mais tarde, ser objeto de nova mensagem, com solicitação de urgência.

Em ambos os casos, a mensagem se dirige aos membros do Congresso Nacional, mas é encaminhada com ofício do Ministro de Estado Chefe da Casa Civil da Presidência da República ao Primeiro-Secretário da Câmara dos Deputados, para que tenha início sua tramitação (Constituição, art. 64, *caput*).

Quanto aos projetos de lei que compreendem plano plurianual, diretrizes orçamentárias, orçamentos anuais e créditos adicionais, as mensagens de encaminhamento dirigem-se aos membros do Congresso Nacional, e os respectivos ofícios são endereçados ao Primeiro-Secretário do Senado Federal. A razão é que o art. 166 da Constituição impõe a deliberação congressual em sessão conjunta, mais precisamente, "na forma do regimento comum". E, à frente da Mesa do Congresso Nacional, está o Presidente do Senado Federal (Constituição, art. 57, § 5o), que comanda as sessões conjuntas.

b) Encaminhamento de medida provisória:

Para dar cumprimento ao disposto no art. 62 da Constituição, o Presidente da República encaminha Mensagem ao Congresso, dirigida a seus Membros, com ofício para o Primeiro-Secretário do Senado Federal, juntando cópia da medida provisória.

c) Indicação de autoridades:

As mensagens que submetem ao Senado Federal a indicação de pessoas para ocuparem determinados cargos (magistrados dos tribunais superiores, ministros do Tribunal de Contas da União, presidentes e diretores do Banco Central, Procurador-Geral da República, chefes de missão diplomática, diretores e conselheiros de agências etc.) têm em vista que a Constituição, incisos III e IV do *caput* do art. 52, atribui àquela Casa do Congresso Nacional competência privativa para aprovar a indicação. O *curriculum vitae* do indicado, assinado, com a informação do número de Cadastro de Pessoa Física, acompanha a mensagem.

d) Pedido de autorização para o Presidente ou o Vice-Presidente da República se ausentarem do país por mais de 15 dias:

Trata-se de exigência constitucional (Constituição, art. 49, *caput*, inciso III e art. 83), e a autorização é da competência privativa do Congresso Nacional. O Presidente da República, tradicionalmente, por cortesia, quando a ausência é por prazo inferior a 15 dias, faz uma comunicação a cada Casa do Congresso, enviando-lhes mensagens idênticas.

e) Encaminhamento de atos de concessão e de renovação de concessão de emissoras de rádio e TV:

A obrigação de submeter tais atos à apreciação do Congresso Nacional consta no inciso XII do *caput* do art. 49 da Constituição. Somente produzirão efeitos legais a outorga ou a renovação da concessão após deliberação do Congresso Nacional (Constituição, art. 223, § 3o). Descabe pedir na mensagem a urgência prevista na Constituição, art. 64, uma vez que o § 1o do art. 223 já define o prazo da tramitação. Além do ato de outorga ou renovação, acompanha a mensagem o correspondente processo administrativo.

f) Encaminhamento das contas referentes ao exercício anterior:

O Presidente da República tem o prazo de 60 dias após a abertura da sessão legislativa para enviar ao Congresso Nacional as contas referentes ao exercício anterior (Constituição, art. 84, *caput*, inciso XXIV), para exame e parecer da Comissão Mista permanente (Constituição, art. 166, § 1o), sob pena de a Câmara dos Deputados realizar a tomada de contas (Constituição, art. 51, *caput*, inciso II) em procedimento disciplinado no art. 215 do seu Regimento Interno.

g) Mensagem de abertura da sessão legislativa:

Deve conter o plano de governo, exposição sobre a situação do País e a solicitação de providências que julgar necessárias (Constituição, art. 84, inciso XI). O portador da mensagem é o Chefe da Casa Civil da Presidência da República. Esta mensagem difere das demais, porque vai encadernada e é distribuída a todos os congressistas em forma de livro.

h) Comunicação de sanção (com restituição de autógrafos):

Esta mensagem é dirigida aos Membros do Congresso Nacional, encaminhada por ofício ao Primeiro-Secretário da Casa onde se originaram os autógrafos. Nela se informa o número que tomou a lei e se restituem dois exemplares dos três autógrafos recebidos, nos quais o Presidente da República terá aposto o despacho de sanção.

i) Comunicação de veto:

Dirigida ao Presidente do Senado Federal (Constituição, art. 66, § 1º), a mensagem informa sobre a decisão de vetar, se o veto é parcial, quais as disposições vetadas, e as razões do veto. Seu texto é publicado na íntegra no Diário Oficial da União, ao contrário das demais mensagens, cuja publicação se restringe à notícia do seu envio ao Poder Legislativo.

j) Outras mensagens remetidas ao Legislativo:

- Apreciação de intervenção federal (Constituição, art. 36, § 2º).
- Encaminhamento de atos internacionais que acarretam encargos ou compromissos gravosos (Constituição, art. 49, *caput*, inciso I);
- Pedido de estabelecimento de alíquotas aplicáveis às operações e prestações interestaduais e de exportação (Constituição, art. 155, § 2º, inciso IV);
- Proposta de fixação de limites globais para o montante da dívida consolidada (Constituição, art. 52, *caput*, inciso VI);
- Pedido de autorização para operações financeiras externas (Constituição, art. 52, *caput*, inciso V);

- Convocação extraordinária do Congresso Nacional (Constituição, art. 57, § 6º);
- Pedido de autorização para exonerar o Procurador-Geral da República (Constituição, art. 52, inciso XI, e art. 128, § 2º);
- Pedido de autorização para declarar guerra e decretar mobilização nacional (Constituição, art. 84, inciso XIX);
- Pedido de autorização ou referendo para celebrar a paz (Constituição, art. 84, inciso XX);
- Justificativa para decretação do estado de defesa ou de sua prorrogação (Constituição, art. 136, § 4º);
- Pedido de autorização para decretar o estado de sítio (Constituição, art. 137);
- Relato das medidas praticadas na vigência do estado de sítio ou de defesa (Constituição, art. 141, parágrafo único);
- Proposta de modificação de projetos de leis que compreendem plano plurianual, diretrizes orçamentárias, orçamentos anuais e créditos adicionais (Constituição, art. 166, § 5º);
- Pedido de autorização para utilizar recursos que ficarem sem despesas correspondentes, em decorrência de veto, emenda ou rejeição do projeto de lei orçamentária anual (Constituição, art. 166, § 8º);
- Pedido de autorização para alienar ou conceder terras públicas com área superior a 2.500 ha (Constituição, art. 188, § 1º).

Forma e estrutura

As mensagens contêm:

a) **brasão:** timbre em relevo branco;

b) **identificação do expediente:** MENSAGEM No, alinhada à margem esquerda, no início do texto;

c) **vocativo:** alinhado à margem esquerda, de acordo com o pronome de tratamento e o cargo do destinatário, com o recuo de parágrafo dado ao texto;

d) **texto:** iniciado a 2 cm do vocativo; e

e) **local e data:** posicionados a 2 cm do final do texto, alinhados à margem direita.

A mensagem, como os demais atos assinados pelo Presidente da República, não traz identificação de seu signatário.

EXEMPLO DE MENSAGEM

Exemplo de mensagem:

26.19. FAX

Definição e finalidade

Atenção: o MRPR não traz mais o fax como um tipo de documento arrolado no manual, entretanto isso não significa que o fax deixou de existir. Por tal razão, eu resolvi preservar essas informações neste livro.

O fax (forma abreviada já consagrada de *fac-símile*) é uma forma de comunicação que está sendo menos usada devido ao desenvolvimento da Internet. É utilizado para a transmissão de mensagens urgentes e para o envio antecipado de documentos, de cujo conhecimento há premência, quando não há condições de envio do documento por meio eletrônico. Quando necessário o original, ele segue posteriormente pela via e na forma de praxe.

Se necessário o arquivamento, deve-se fazê-lo com cópia xerox do fax e não com o próprio fax, cujo papel, em certos modelos, se deteriora rapidamente.

Forma e estrutura

Os documentos enviados por fax mantêm a forma e a estrutura que lhes são inerentes.

É conveniente o envio, juntamente com o documento principal, de *folha de rosto*, i. é., de pequeno formulário com os dados de identificação da mensagem a ser enviada, conforme exemplo a seguir:

[Órgão Expedidor]
[setor do órgão expedidor]
[endereço do órgão expedidor]

Destinatário:_____

Nº do fax de destino:_____ Data:_____/_____/____

Remetente: _____

Tel. p/ contato:_____ Fax/correio eletrônico:_____

Nº de páginas: esta +_____Nº do documento:_____

Observações:_____

_____

26.20. CORREIO ELETRÔNICO

Definição e finalidade[2]

A utilização do *e-mail* para a comunicação tornou-se prática comum, não só em âmbito privado, mas também na administração pública. O termo *e-mail* pode ser empregado com três sentidos. Dependendo do contexto, pode significar gênero textual, endereço eletrônico ou sistema de transmissão de mensagem eletrônica.

Como gênero textual, o *e-mail* pode ser considerado um documento oficial, assim como o ofício. Portanto, deve-se evitar o uso de linguagem incompatível com uma comunicação oficial.

Como endereço eletrônico utilizado pelos servidores públicos, o *e-mail* deve ser oficial, utilizando-se a extensão ".gov.br", por exemplo.

Como sistema de transmissão de mensagens eletrônicas, por seu baixo custo e celeridade, transformou-se na principal forma de envio e recebimento de documentos na administração pública.

Forma e estrutura

Uma das características mais importantes do correio eletrônico é a sua flexibilidade. Apesar disso, a linguagem ainda deve observar os atributos da redação oficial e alguns elementos estruturantes podem receber uma formatação específica. Comentaremos a seguir.

Campo "Assunto"

O assunto deve ser o mais claro e específico possível, relacionado ao conteúdo global da mensagem. Assim, quem irá receber a mensagem identificará rapidamente do que se trata; quem a envia poderá, posteriormente, localizar a mensagem na caixa do correio eletrônico.

Deve-se assegurar que o assunto reflita claramente o conteúdo completo da mensagem para que não pareça, ao receptor, que se trata de mensagem não solicitada/ lixo eletrônico. Em vez de "Reunião", um assunto mais preciso seria "Agendamento de reunião sobre a Reforma da Previdência".

Local e data

São desnecessários no corpo da mensagem, uma vez que o próprio sistema apresenta essa informação.

---

[2] Você irá notar que eu uso o mesmo texto do MRPR. Há uma razão para isso: as bancas examinadoras em provas que cobram Redação Oficial costumam formular suas questões simplesmente copiando o texto do Manual de Redação da Presidência. Para garantir a precisão dos elementos, eu optei por não realizar uma paráfrase.

Saudação inicial/vocativo

O texto dos correios eletrônicos deve ser iniciado por uma saudação. Quando endereçado para outras instituições, para receptores desconhecidos ou para particulares, deve-se utilizar o vocativo conforme os demais documentos oficiais, ou seja, "Senhor" ou "Senhora", seguido do cargo respectivo, ou "Prezado Senhor", "Prezada Senhora".

Fecho

Atenciosamente é o fecho padrão em comunicações oficiais. Com o uso do *e-mail*, popularizou-se o uso de abreviações como "Att.", e de outros fechos, como "Abraços", "Saudações", que, apesar de amplamente usados, não são fechos oficiais e, portanto, não devem ser utilizados em *e-mails* profissionais.

O correio eletrônico, em algumas situações, aceita uma saudação inicial e um fecho menos formais. No entanto, a linguagem do texto dos correios eletrônicos deve ser formal, como a que se usaria em qualquer outro documento oficial.

Bloco de texto da assinatura

Sugere-se que todas as instituições da administração pública adotem um padrão de texto de assinatura. A assinatura do *e-mail* deve conter o nome completo, o cargo, a unidade, o órgão e o telefone do remetente.

Anexos

A possibilidade de anexar documentos, planilhas e imagens de diversos formatos é uma das vantagens do *e-mail*. A mensagem que encaminha algum arquivo deve trazer informações mínimas sobre o conteúdo do anexo.

Antes de enviar um anexo, é preciso avaliar se ele é realmente indispensável e se seria possível colocá-lo no corpo do correio eletrônico.

Deve-se evitar o tamanho excessivo e o reencaminhamento de anexos nas mensagens de resposta.

Os arquivos anexados devem estar em formatos usuais e que apresentem poucos riscos de segurança. Quando se tratar de documento ainda em discussão, os arquivos devem, necessariamente, ser enviados, em formato que possa ser editado.

Recomendações

- Sempre que necessário, deve-se utilizar recurso de confirmação de leitura. Caso não esteja disponível, deve constar da mensagem pedido de confirmação de recebimento;

- Apesar da imensa lista de fontes disponíveis nos computadores, mantêm-se a recomendação de tipo de fonte, tamanho e cor dos documentos oficiais: Calibri ou Carlito, tamanho 12, cor preta;
- Fundo ou papéis de parede eletrônicos não devem ser utilizados, pois não são apropriados para mensagens profissionais, além de sobrecarregar o tamanho da mensagem eletrônica;
- A mensagem do correio eletrônico deve ser revisada com o mesmo cuidado com que se revisam outros documentos oficiais;
- O texto profissional dispensa manifestações emocionais. Por isso, ícones e *emoticons* não devem ser utilizados;
- Os textos das mensagens eletrônicas não podem ser redigidos com abreviações como "vc", "pq", usuais das conversas na internet, ou neologismos, como "naum", "eh", "aki";
- Não se deve utilizar texto em caixa alta para destaques de palavras ou trechos da mensagem pois denota agressividade de parte do emissor da comunicação.
- Evite-se o uso de imagens no corpo do *e-mail*, inclusive das Armas da República Federativa do Brasil e de logotipos do ente público junto ao texto da assinatura.
- Não devem ser remetidas mensagem com tamanho total que possa exceder a capacidade do servidor do destinatário.

Valor documental

Nos termos da Medida Provisória nº 2.200-2, de 24 de agosto de 2001, para que o *e-mail* tenha valor documental, isto é, para que possa ser aceito como documento original, é necessário existir certificação digital que ateste a identidade do remetente, segundo os parâmetros de integridade, autenticidade e validade jurídica da Infraestrutura de Chaves Públicas Brasileira – ICPBrasil.

O destinatário poderá reconhecer como válido o *e-mail* sem certificação digital ou com certificação digital fora ICP-Brasil; contudo, caso haja questionamento, será obrigatório a repetição do ato por meio documento físico assinado ou por meio eletrônico reconhecido pela ICP-Brasil.

Salvo lei específica, não é dado ao ente público impor a aceitação de documento eletrônico que não atenda os parâmetros da ICP-Brasil.

26.21. PALAVRA FINAL SOBRE REDAÇÃO OFICIAL

Após uma série de alterações normativas no MRPR, é pouco provável que as questões de prova abordem as mudanças. O aluno deve estudar a teoria para poder entender quais serão os pontos de cobrança quando esse assunto voltar às provas mais comumente.

26.22. EXERCÍCIOS

1. (2018 – VUNESP – ARSESP – Analista de Suporte à Regulação I) Os documentos do padrão ofício devem obedecer a seguinte diagramação:

   a) O início de cada parágrafo do texto deve ter 2,5 cm de distância da margem esquerda; o campo destinado à margem lateral esquerda terá, no mínimo, 3,0 cm de largura; o campo destinado à margem lateral direita terá 1,5 cm.

   b) O início de cada parágrafo do texto deve ter 3,0 cm de distância da margem esquerda; o campo destinado à margem lateral esquerda terá, no mínimo, 2,0 cm de largura; o campo destinado à margem lateral direita terá 2,5 cm.

   c) O início de cada parágrafo do texto deve ter 2,0 cm de distância da margem esquerda; o campo destinado à margem lateral esquerda terá, no mínimo, 2,0 cm de largura; o campo destinado à margem lateral direita terá 2,0 cm.

   d) O início de cada parágrafo do texto deve ter 3,5 cm de distância da margem esquerda; o campo destinado à margem lateral esquerda terá, no mínimo, 2,5 cm de largura; o campo destinado à margem lateral direita terá 3,0 cm.

   e) O início de cada parágrafo do texto deve ter 1,5 cm de distância da margem esquerda; o campo destinado à margem lateral esquerda terá, no mínimo, 2,5 cm de largura; o campo destinado à margem lateral direita terá 2,0 cm.

2. (2018 – VUNESP – ARSESP – Analista de Suporte à Regulação I) O vocativo a ser empregado em comunicações dirigidas aos Chefes de Poder é:

   a) Eminentíssimo Senhor, seguido do cargo respectivo.
   b) Ilustríssimo Senhor, seguido do cargo respectivo.
   c) Reverendíssimo Senhor, seguido do cargo respectivo.
   d) Excelentíssimo Senhor, seguido do cargo respectivo.
   e) Digníssimo Senhor, seguido do cargo respectivo.

26.23. GABARITO

1 – a
2 – d

27 Interpretação de textos

Sempre que eu converso com algum concurseiro a respeito de Língua Portuguesa, surgem alguns comentários comuns, do tipo: eu até gosto de Português, mas vou muito mal em interpretação de textos. Isso é algo totalmente normal, principalmente porque costumamos fazer algo terrível chamado de "leitura dinâmica", o que poderia ser traduzido da seguinte maneira: procedimento em que você olha as palavras, até as lê, mas não entende o significado do que está lá escrito. Isso quer dizer, você não associa significados.

O fluxo de leitura deve ser tal que permita ao indivíduo perceber o que os agrupamentos de palavras estão informando. Na verdade, que sentido elas carregam, pois a intelecção será dada ao final da leitura. Digo isso porque toda leitura é o resultado de informações que estão no texto mais informações que o leitor já possui a respeito de determinado assunto.

Para interpretar um texto, o indivíduo precisa de muita atenção e de muito treino. Afinal, você não pode esperar que vá ter o domínio de todos os assuntos sem nem sequer ter praticado um pouco. Interpretar pode ser comparado com disparar uma arma: apenas temos chance de acertar o alvo se treinarmos muito e soubermos combinar todos os elementos externos ao disparo: velocidade do ar, direção, distância etc.

Quando o assunto é texto, o primordial é estabelecer uma relação contextual com aquilo que estamos lendo. Montar o contexto significa associar o que está escrito no texto base com o que está disposto nas questões. Lembre-se de que há uma questão montada com a intenção de testar você, ou seja, deve ficar atento para todas as palavras e para todas as possibilidades de mudança de sentido que possa haver nas questões.

É preciso, para entender as questões de interpretação de qualquer banca, buscar o raciocínio que o elaborador da questão emprega na redação da questão. Usualmente, objetiva-se a depreensão dos sentidos do texto. Para tanto, destaque os itens fundamentais (as ideias principais contidas nos parágrafos) para poder refletir sobre tais itens dentro das questões.

Há duas disciplinas que tratam particularmente daquilo que compreendemos como interpretação de texto. Falo de **Semântica** e de **Pragmática.** A primeira se dirige principalmente a uma análise a respeito do significado das palavras, portanto, é mais literal. Já a segunda se dirige a uma análise de um contexto comunicativo que busca perceber as intenções comunicativas em algum tipo de enunciado.

Então, a depender da banca, pode haver mais questões que envolvam a Pragmática. Mesmo assim, convém atentar para o significado particular das palavras.

Questão de interpretação?

Como você sabe que uma questão de interpretação é uma questão de interpretação? É uma mera intuição que surge na hora da prova ou existe uma "pista" a ser seguida para a identificação da natureza da questão?

Respondendo a essa pergunta, digo que há pistas que a identificam como pertencente ao rol de questões para interpretação. Os indícios mais precisos que costumam aparecer nas questões são:

- reconhecimento da intenção do autor;
- ponto de vista defendido;
- argumentação do autor;
- sentido da sentença.

Apesar disso, não são apenas esses os indícios de que uma questão é de interpretação. Dependendo da banca, podemos ter a natureza interpretativa distinta, principalmente porque o critério de interpretação é mais subjetivo que objetivo. Algumas bancas podem restringir o entendimento do texto; outras podem extrapolá-lo.

Mudança de sentido na reescrita das sentenças

Há diversas situações em que é possível modificar o sentido de uma expressão com a mudança da ordem das palavras em uma frase. Os principais elementos nesse tipo nesse tipo de análise são:

- Advérbios
- Adjetivos
- Pronomes indefinidos
- Pronomes possessivos

Tipos de texto – o texto e suas partes

Um texto é um todo. Um todo é constituído de diversas partes. A interpretação é, sobremaneira, uma tentativa de reconhecer as intenções de quem comunica recompondo as partes para uma visão global do todo.

Para podermos interpretar, é necessário termos o conhecimento prévio a respeito dos tipos de texto que, fortuitamente, podemos encontrar em um concurso. Vejamos quais são as distinções fundamentais com relação aos tipos de texto.

Vejamos um exemplo:

> Ao longo do século XVII, a Holanda foi um dos dois motores de um fenômeno que transformaria para sempre a natureza das relações internacionais: a primeira onda da chamada globalização. O outro motor daquela era de florescimento extraordinário das trocas comerciais e culturais era um império do outro lado do planeta – a China. Só na década de 1650, 40 000 homens partiram dos portos holandeses rumo ao Oriente, em busca dos produtos cobiçados que se fabricavam por lá. Mas a derrota em uma guerra contra a França encerrou os dias da Holanda como força dominante no comércio mundial.

Se o século XVI havia sido marcado pelas grandes descobertas, o seguinte testemunhou a consequência maior delas: o estabelecimento de um poderoso cinturão de comércio que ia da Europa à Ásia. "O sonho de chegar à China é o fio imaginário que percorre a história da luta da Europa para fugir do isolamento", diz o escritor canadense Timothy Brook, no livro O chapéu de Vermeer.

Isso determinou mudanças de comportamento e de valores: "Mais gente aprendia novas línguas e se ajustava a costumes desconhecidos". O estímulo a esse movimento era o desejo irreprimível dos ocidentais de consumir as riquezas produzidas no Oriente. A princípio refratários ao comércio com o exterior, os governantes chineses acabaram rendendo-se à evidência de que o comércio significava a injeção de riqueza na economia local (em especial sob a forma de toneladas de prata).

Sob vários aspectos, a China e a Holanda do século XVII eram a tradução de um mesmo espírito de liberdade comercial. **Mas deveu-se só à Holanda a invenção da pioneira engrenagem econômica transnacional. A Companhia das Índias Orientais – a primeira grande companhia de ações do mundo, criada em 1602 – foi a mãe das multinacionais contemporâneas.** Beneficiando-se dos baixos impostos e da flexibilidade administrativa, ela tornou-se a grande potência empresarial do século XVII.

(Adaptado de: Marcelo Marthe. *Veja*, p. 136-137, 29 ago. 2012)

(2013 – FCC – Banco do Brasil – Escriturário) De acordo com o texto,

a) durante os séculos XVI e XVII, os produtos orientais, especialmente aqueles que eram negociados na China, constituíram a base do comércio europeu, em que se destacou a Holanda.

b) a eficiência administrativa de uma empresa comercial criada na Holanda, durante o século XVII, favoreceu o surgimento desse país como um dos polos iniciais do fenômeno da globalização.

c) a atração por produtos exóticos, de origem oriental, determinou a criação de empresas transnacionais que, durante os séculos XVI e XVII, dominaram o comércio entre Europa e Ásia.

d) a China, beneficiada pelo comércio desde o século XVI, rivalizou com a Holanda no predomínio comercial, em razão da grande procura por seus produtos, bastante cobiçados na Europa.

e) apesar do intenso fluxo de comércio com o Oriente no século XVII, as mudanças de valores por influência de costumes diferentes aceleraram o declínio da superioridade comercial holandesa.

Resposta: b.

Comentário: é preciso verificar que a chave para a interpretação dessa questão repousa na identificação da representação do século descrito no texto e a retomada por sinonímia que o texto da questão apresenta.

Itens lexicais de ancoragem:

- 1602 – Século XVII.

- Mas deveu-se só à Holanda a invenção da pioneira engrenagem econômica transnacional. A Companhia das Índias Orientais – a primeira grande companhia de ações do mundo, criada em 1602 – foi a mãe das multinacionais contemporâneas.

27.1. O TEXTO DISSERTATIVO

Nas acepções mais comuns do dicionário, o verbo *dissertar* significa "discorrer ou opinar sobre algum tema". O texto dissertativo apresenta uma ideia básica que começa a ser desdobrada em subitens ou termos menores. Cabe ressaltar que não existe apenas um tipo de dissertação, há mais de uma maneira de o autor escrever um texto dessa natureza.

Conceituar, polemizar, questionar a lógica de algum tema, explicar ou mesmo comentar uma notícia são estratégias dissertativas. Vou dividir esse tipo de texto em dois tipos essencialmente diferentes: o dissertativo-expositivo e o dissertativo-argumentativo.

27.1.1. Padrão dissertativo-expositivo

A característica fundamental do padrão expositivo da dissertação é utilizar a estrutura da prosa não para convencer alguém de alguma coisa, e sim para apresentar uma ideia, apresentar um conceito. O princípio do texto expositivo não é a persuasão, é a informação e, justamente por tal fato, ficou conhecido como informativo. Para garantir uma boa interpretação desse padrão textual, é importante buscar a ideia principal (que deve estar presente na introdução do texto) e, depois, entender quais serão os aspectos que farão o texto progredir.

- **Onde posso encontrar esse tipo de texto?** jornais revistas, sites sobre o mundo de economia e finanças. Diz-se que esse tipo de texto focaliza a função referencial da linguagem.

- **Como costuma ser o tipo de questão relacionada ao texto dissertativo--expositivo?** Geralmente, os elaboradores questionam sobre as informações veiculadas pelo texto. A tendência é que o elaborador inverta as informações contidas no texto.

- **Como resolver mais facilmente?** Toda frase que mencionar o conceito ou a quantidade de alguma coisa deve ser destacada para facilitar a consulta.

➤ TEXTO 1

"O dia 12 de junho é reservado ao combate ao Trabalho Infantil. A data, designada pela Organização Internacional do Trabalho (OIT), em 2002, e endossada pela legislação nacional, Lei n. 11.542, em 2007, visa chamar a atenção das diferentes sociedades para a existência do trabalho infantil, sensibilizando todos os povos para a necessidade do cumprimento das normas internacionais sobre o tema, em especial as Convenções da OIT 188, de 1973, e 182, de 1999, que tratam, respectivamente, da idade mínima para o trabalho e as piores formas de trabalho infantil."

(*Trabalho infantil,* Marcelo Uchôa)

(2011 – FUJB – Fundação Universitária José Bonifácio – Analista do Ministério Público) O texto 1 já permite sua inserção entre os textos de tipo:

a) narrativo.

b) descritivo.

c) dissertativo-expositivo.

d) dissertativo-argumentativo.

e) injuntivo.

Resposta: c.

Comentário: a questão apresenta um texto sem qualquer tipo de tese, cujo foco é informar a razão pela qual o dia 12 de junho foi escolhido para ser o dia de combate do trabalho infantil. Note que não há qualquer tentativa de persuasão, logo, trata-se de um texto de natureza expositiva.

➤ Crescimento da população é "desafio do século", diz consultor da ONU

O crescimento populacional é o "desafio do século" e não está sendo tratado de forma adequada na Rio+20, segundo o consultor do Fundo de População das Nações Unidas, Michael Herrmann.

"O desafio do século é promover bem-estar para uma população grande e em crescimento, ao mesmo tempo em que se assegura o uso sustentável dos recursos naturais" [...] "As questões relacionadas à população estão sendo tratadas de forma adequada nas negociações atuais? Eu acho que não. O assunto é muito sensível e muitos preferem evitá-lo. Mas nós estaremos enganando a nós mesmos se acharmos que é possível falar de desenvolvimento sustentável sem falar sobre quantas pessoas seremos no planeta, onde estaremos vivendo e que estilo de vida teremos", afirmou.

No fim do ano passado, a população mundial atingiu a marca de sete bilhões de pessoas. As projeções indicam que, em 2050, serão 9 bilhões. O crescimento é mais intenso nos países pobres, mas Herrmann defende que os esforços para o enfrentamento do problema precisam ser globais.

"Se todos quiserem ter os padrões de vida do cidadão americano médio, precisaremos ter cinco planetas para dar conta. Isso não é possível. Mas também não é aceitável falar para os países em desenvolvimento 'desculpa, vocês não podem ser ricos, nós não temos recursos suficientes'. É um desafio global, que exige soluções globais e assistência ao desenvolvimento", afirmou.

O consultor disse ainda que o Fundo de População da ONU é contrário a políticas de controle compulsório do crescimento da população. Segundo ele, as políticas mais adequadas são aquelas que permitem às mulheres fazerem escolhas sobre o número de filhos que querem e o momento certo para engravidar. Para isso, diz, é necessário ampliar o acesso à educação e aos serviços de saúde reprodutiva e planejamento familiar. [...]

(MENCHEN, Denise. Crescimento da população é "desafio do século", diz consultor da ONU. **Folha de São Paulo**. São Paulo, 11 jun. 2012. Ambiente. Disponível em: <http://www1.folha.uol.com.br/ambiente.1103277-crescimento-da-populacao-e-desafi o-do--seculo-diz-consultor-da-onu.shtml>. Acesso em: 22 jun. 2012. Adaptado.)

(2012 – CESGRANRIO – TERMOBAHIA – Técnico de Administração e Controle Júnior) No Texto I, Michael Herrmann, consultor do Fundo de População das Nações Unidas, afirma que tratar o crescimento populacional de forma adequada significa:

a) enfrentar o problema de forma localizada e evitar soluções globalizantes.

b) permitir a proliferação dos padrões de vida do cidadão americano e rechaçar a miséria.

c) evitar o enriquecimento dos países emergentes e incentivar a preservação ambiental nos demais.

d) implementar uma política de controle populacional compulsório e garantir acesso à educação e aos serviços de saúde reprodutiva.

e) promover o bem-estar da população e assegurar o uso sustentável dos recursos naturais.

> **Resposta: e.**
>
> Comentário: veja como cada item possui um elemento para eliminação:
>
> a) a solução deve ser globalizante, não localizada.
>
> b) o padrão de vida americano é insustentável, de acordo com o texto, para todas as nações.
>
> c) não se fala a respeito de evitar o enriquecimento dos países emergentes.
>
> d) o controle populacional compulsório não é apontado como algo positivo no texto.
>
> e) essa é uma espécie de resumo do conteúdo do texto. Trata-se da única assertiva sem elementos para eliminação.

27.1.2. Padrão dissertativo-argumentativo

No texto do padrão dissertativo-argumentativo, existe uma opinião sendo defendida e existe uma posição ideológica por detrás de quem escreve o texto. Se analisarmos a divisão dos parágrafos de um texto com características argumentativas, perceberemos que a introdução apresenta sempre uma tese (ou hipótese) que é defendida ao longo dos parágrafos.

Uma vez feito isso, o candidato deve entender qual é a estratégia utilizada pelo produtor do texto para defender seu ponto de vista. Na verdade, agora é o momento de colocar "a mão na massa" para valer, uma vez que aqueles enunciados que iniciam com "infere-se da argumentação do texto", "depreende-se dos argumentos do autor" serão vencidos caso se observem os fatores de interpretação corretos.

Quais são esses fatores, então?

- A conexão entre as ideias do texto (atenção para as conjunções).
- A articulação entre as ideias do texto (atenção para a combinação de argumentos).
- A progressão do texto.

Os recursos argumentativos

Quando o leitor interage com uma fonte textual, deve observar – tratando-se de um texto com o padrão dissertativo-argumentativo – que o autor se vale de recursos argumentativos para construir seu raciocínio dentro do texto. Vejamos alguns recursos importantes:

- <u>Argumento de autoridade</u>: baseado na exposição do pensamento de algum especialista ou alguma autoridade no assunto. Citações, paráfrases e menções ao indivíduo podem ser tomadas ao longo do texto. Tome cuidado para não cair na armadilha: saiba diferenciar se a opinião colocada em foco é a do autor ou se é a do indivíduo que ele cita ao longo do texto.

- Argumento com base em consenso: parte de uma ideia tomada como consensual, o que "carrega" o leitor a entender apenas aquilo que o elaborador mostra. Sentenças do tipo *todo mundo sabe que*, é de conhecimento geral que identificam esse tipo de argumentação.

- Argumento com fundamentação concreta: basear aquilo que se diz em algum tipo de pesquisa ou fato que ocorre com certa frequência.

- Argumento silogístico (com base em um raciocínio lógico): do tipo hipotético – Se ... então.

- Argumento de competência linguística: consiste em adequar o discurso ao panorama linguístico de quem é tido como possível leitor do texto.

- Argumento de exemplificação: utilizar casos ou pequenos relatos para ilustrar a argumentação do texto.

Exemplo de texto argumentativo:

O voto, além de um direito duramente conquistado, **deve ser considerado um dever cívico**[1], sem o exercício do qual aquele direito se descaracteriza ou se perde, afinal liberdade e democracia são fins e não apenas meios. Quem vive numa comunidade política não pode estar desobrigado de opinar sobre os seus rumos. Nada contra a desobediência civil, recurso legítimo para o protesto cidadão que, no caso eleitoral, pode se expressar no voto nulo (cuja tecla deveria constar na máquina de votar). **A questão, no caso, é outra**[2].

Com o voto facultativo, o direito de votar e o de não votar ficam inscritos, em pé de igualdade, no corpo legal[3]. Uma parte do eleitorado deixará voluntariamente de opinar sobre a constituição do poder político. O desinteresse pela política e a descrença no voto serão registrados como mera "escolha", sequer como desobediência civil ou protesto. **A consagração da alienação política como um direito legal interessa aos conservadores, reduz o peso da soberania popular e desconstitui o sufrágio como universal**[4].

Léo Lince. *Em defesa do voto obrigatório*. Disponível em: <www.correiocidadania.com.br/> (com adaptações).

---

[1] Note a clara introdução da tese (ponto de vista do autor) na frase destacada.

[2] Demonstração evidente de que passará ao procedimento de explicação da sua tese.

[3] Indicação da estratégia argumentativa, em que passa a explicar o conteúdo do que se afirma na tese.

[4] Encerramento do raciocínio para concluir a argumentação do parágrafo.

27.2. O TEXTO NARRATIVO

Em uma definição bem simplista, *narrar* significa "sequenciar ações". É um dos gêneros mais utilizados e mais conhecidos pelo ser humano, quer no momento de relatar algum evento para alguém – em um ambiente mais formal –, quer na conversa informal sobre o resumo de um dia de trabalho. O fato é que narramos, e o fazemos de maneira praticamente instintiva. É importante, porém, conhecer quais são seus principais elementos de estruturação.

Os operadores do texto narrativo são:

- **Narrador:** é a voz que conduz a narrativa.
  - » **Narrador-protagonista:** narra o texto em primeira pessoa.
  - » **Narrador-personagem (testemunha):** nesse caso, quem conta a história não participou como protagonista, no máximo como um personagem adjuvante da história.
  - » **Narrador onisciente:** narrador que está distanciado dos eventos e conhece aquilo que se passa na cabeça dos personagens.
- **Personagens:** são aqueles que efetivamente atuam na ordem da narração, ou seja, a trama está atrelada aos comportamentos que eles demonstram ao longo do texto.
- **Tempo:** claramente, é o lapso em que transcorrem as ações narradas. Segundo a classificação tradicional, divide-se o tempo da narrativa em: Cronológico, Psicológico e Da narrativa.
- **Espaço:** é o local físico em que as ações ocorrem.
- **Trama:** é o encadeamento de ações propriamente dito. A trama é composta pelos seguintes elementos:
  1. **Situação inicial:** em que os personagens e o lugar da narrativa são apresentados. Trata-se do contexto para dar início às ações narradas.
  2. **Conflito:** situação que desencadeia os fatos da narrativa.
  3. **Nó:** momento em que a situação do conflito fica mais tensa em razão de uma ou mais ações ocorridas.
  4. **Clímax:** ponto mais alto da narrativa. Trata-se do momento em que o leitor ambiciona saber a resolução dos problemas.
  5. **Desfecho:** resolução das situações narradas, em que se indica o destino de cada personagem da ação.

Talvez você não encontre precisamente todos os elementos em uma narrativa, mas é provável que você ache alguns deles no desenvolvimento das narrações. O fato mais importante é que **não há narração sem personagens**.

Exemplo de um texto narrativo:

O homem nu

Ao acordar, disse para a mulher:

— Escuta, minha filha: hoje é dia de pagar a prestação da televisão, vem aí o sujeito com a conta, na certa. Mas acontece que ontem eu não trouxe dinheiro da cidade, estou a nenhum.

— Explique isso ao homem — ponderou a mulher.

— Não gosto dessas coisas. Dá um ar de vigarice, gosto de cumprir rigorosamente as minhas obrigações. Escuta: quando ele vier a gente fica quieto aqui dentro, não faz barulho, para ele pensar que não tem ninguém. Deixa ele bater até cansar — amanhã eu pago.

Pouco depois, tendo despido o pijama, dirigiu-se ao banheiro para tomar um banho, mas a mulher já se trancara lá dentro. Enquanto esperava, resolveu fazer um café. Pôs a água a ferver e abriu a porta de serviço para apanhar o pão. Como estivesse completamente nu, olhou com cautela para um lado e para outro antes de arriscar-se a dar dois passos até o embrulhinho deixado pelo padeiro sobre o mármore do parapeito. Ainda era muito cedo, não poderia aparecer ninguém. Mal seus dedos, porém, tocavam o pão, a porta atrás de si fechou-se com estrondo, impulsionada pelo vento.

Aterrorizado, precipitou-se até a campainha e, depois de tocá-la, ficou à espera, olhando ansiosamente ao redor. Ouviu lá dentro o ruído da água do chuveiro interromper-se de súbito, mas ninguém veio abrir. Na certa a mulher pensava que já era o sujeito da televisão. Bateu com o nó dos dedos:

— Maria! Abre aí, Maria. Sou eu — chamou, em voz baixa.

Quanto mais batia, mais silêncio fazia lá dentro.

Enquanto isso, ouvia lá embaixo a porta do elevador fechar-se, viu o ponteiro subir lentamente os andares... Desta vez, era o homem da televisão!

Não era. Refugiado no lanço da escada entre os andares, esperou que o elevador passasse, e voltou para a porta de seu apartamento, sempre a segurar nas mãos nervosas o embrulho de pão:

— Maria, por favor! Sou eu!

Desta vez não teve tempo de insistir: ouviu passos na escada, lentos, regulares, vindos lá de baixo... Tomado de pânico, olhou ao redor, fazendo uma pirueta, e assim despido, embrulho na mão, parecia executar um ballet grotesco e mal ensaiado. Os passos na escada se aproximavam, e ele sem onde se esconder. Correu para o elevador, apertou o botão. Foi o tempo de abrir a porta e entrar, e a empregada passava, vagarosa, encetando a subida de mais um lanço de escada. Ele respirou aliviado, enxugando o suor da testa com o embrulho do pão.

Mas eis que a porta interna do elevador se fecha e ele começa a descer.

— Ah, isso é que não! — fez o homem nu, sobressaltado.

E agora? Alguém lá embaixo abriria a porta do elevador e daria com ele ali, em pelo, podia mesmo ser algum vizinho conhecido... Percebeu, desorientado, que estava sendo levado cada vez para mais longe de seu apartamento, começava a viver um verdadeiro pesadelo de Kafka, instaurava-se naquele momento o mais autêntico e desvairado Regime do Terror!

— Isso é que não — repetiu, furioso.

Agarrou-se à porta do elevador e abriu-a com força entre os andares, obrigando-o a parar. Respirou fundo, fechando os olhos, para ter a momentânea ilusão de que sonhava. Depois experimentou apertar o botão do seu andar. Lá embaixo continuavam a chamar o elevador. Antes de mais nada: "Emergência: parar". Muito bem. E agora? Iria subir ou descer? Com cautela desligou a parada de emergência, largou a porta, enquanto insistia em fazer o elevador subir. O elevador subiu.

— Maria! Abre esta porta! — gritava, desta vez esmurrando a porta, já sem nenhuma cautela. Ouviu que outra porta se abria atrás de si.

Voltou-se, acuado, apoiando o traseiro no batente e tentando inutilmente cobrir-se com o embrulho de pão. Era a velha do apartamento vizinho:

— Bom dia, minha senhora — disse ele, confuso. — Imagine que eu...

A velha, estarrecida, atirou os braços para cima, soltou um grito:

— Valha-me Deus! O padeiro está nu!

E correu ao telefone para chamar a radiopatrulha:

— Tem um homem pelado aqui na porta!

Outros vizinhos, ouvindo a gritaria, vieram ver o que se passava:

— É um tarado!

— Olha, que horror!

— Não olha não! Já pra dentro, minha filha!

Maria, a esposa do infeliz, abriu finalmente a porta para ver o que era. Ele entrou como um foguete e vestiu-se precipitadamente, sem nem se lembrar do banho. Poucos minutos depois, restabelecida a calma lá fora, bateram na porta.

— Deve ser a polícia — disse ele, ainda ofegante, indo abrir.

Não era: era o cobrador da televisão.

> (SABINO, Fernando Tavares. *O Homem Nu*. Rio de Janeiro: José Olympio Ed., 1973. p. 65-68.)

Você consegue perceber que há personagens bem definidos ao longo da narração:

- O protagonista (o homem nu)
- A mulher (Maria)
- A vizinha (velha)
- Os demais vizinhos

- A radiopatrulha
- O cobrador da televisão

Nota-se, também, que a narrativa segue um fluxo simples, sem saltos temporais e com uma trama de fácil compreensão. Em uma narração, mais vale identificar a "mensagem" que está por trás da sequência de ações do que delinear todos esses operadores pontualmente. As questões costumam exigir o posicionamento do candidato a respeito da interpretação desses fatos.

27.3. O TEXTO DESCRITIVO

O texto descritivo é o que levanta características para montar algum tipo de panorama. Essas características, mormente, são físicas, entretanto, não é necessário ser sempre desse modo. Podemos dizer que há dois tipos de descrição:

1. **Objetiva:** em que surgem aspectos sensoriais diretos, ou seja, não há uma subjetividade por parte de quem escreve. Veja um exemplo:

nome científico: *Ginkgo biloba L.*

nome popular: nogueira-do-japão

origem: Extremo Oriente

aspecto: as folhas dispõem-se em leque e são semelhantes ao trevo;

a altura da árvore pode chegar a 40 metros; o fruto lembra uma ameixa e contém uma noz que pode ser assada e comida.

Texto empregado em prova da banca Cespe/Cebraspe

2. **Subjetiva:** em que há impressões particulares do autor do texto. Há maior valorização dos sentimentos insurgentes daquilo que se contempla. Veja um exemplo:

> *Logo à entrada paramos diante de uma lápide quadrada, incrustada nas lajes escuras, tão polida e reluzindo com um tão doce brilho de nácar, que parecia a água quieta de um tanque, onde se refletiam as luzes das lâmpadas. Pote puxou--me a manga, lembrou-me que era costume beijar aquele pedaço de rocha, santa entre todas, que outrora, no jardim de José de Arimateia... (A Relíquia – Eça de Queirós).*

Quando o autor usa as figuras retóricas (doce brilho, água quieta, rocha santa), fica clara a subjetividade da descrição que ele emprega, pois essas figuras são utilizadas para demonstrar as impressões pessoais que o autor possui daquilo com que entra em contato.

27.4. O TEXTO INJUNTIVO

O texto injuntivo está direcionado à "instrução" do leitor, ou seja, busca orientar quem está lendo o texto. O tipo mais comum de texto dessa tipologia é o que apresenta instruções, como manuais, bulas de remédio, receitas ou mesmo alguns livros de autoajuda, com uma presença massiva de verbos no modo imperativo.

Veja um exemplo de texto dessa natureza:

Como fazer cola caseira

Ingredientes:

2 xícaras de água filtrada

2 colheres (sopa) de farinha de trigo

1 colher (sopa) de vinagre branco

Modo de Preparo:

Coloque 1 xícara de água para ferver em uma panela. **Dissolva** as duas colheres de farinha de trigo em ½ xícara de água fria. **Deixe** o fogo baixo e, na água quente, **misture** a farinha dissolvida. **Mexa**, com uma espátula de plástico ou de madeira, essa mistura por dez minutos, até que fique consistente e com aspecto de mingau.

Retire a panela do fogo e acrescente vinagre. **Misture** bem até que se torne uma mistura homogênea. Após esse processo, é só deixar esfriar e a cola caseira está pronta para uso.

(Extraído de: www.fortissima.com.br)

27.5. O TEXTO PRESCRITIVO

O texto prescritivo é semelhante ao texto injuntivo, com a distinção de que se volta para uma instrução mais coercitiva. É o que se vê em leis, cláusulas contratuais, normas dispostas em gramáticas ou editais. Veja o exemplo abaixo:

O PRESIDENTE DA REPÚBLICA, usando da atribuição que lhe confere o art. 180 da Constituição, decreta a seguinte Lei:

PARTE GERAL

TÍTULO I
DA APLICAÇÃO DA LEI PENAL
(Redação dada pela Lei nº 7.209, de 11.7.1984)

Anterioridade da Lei

Art. 1º Não há crime sem lei anterior que o defina. Não há pena sem prévia cominação legal. (Redação dada pela Lei nº 7.209, de 11.7.1984)

Lei penal no tempo

Art. 2º Ninguém pode ser punido por fato que lei posterior deixa de considerar crime, cessando em virtude dela a execução e os efeitos penais da sentença condenatória. (Redação dada pela Lei nº 7.209, de 11.7.1984)

Parágrafo único. A lei posterior, que de qualquer modo favorecer o agente, aplica-se aos fatos anteriores, ainda que decididos por sentença condenatória transitada em julgado. (Redação dada pela Lei nº 7.209, de 11.7.1984)

Lei excepcional ou temporária (Incluído pela Lei nº 7.209, de 11.7.1984)

Art. 3º A lei excepcional ou temporária, embora decorrido o período de sua duração ou cessadas as circunstâncias que a determinaram, aplica-se ao fato praticado durante sua vigência. (Redação dada pela Lei nº 7.209, de 1984)

Tempo do crime

Art. 4º - Considera-se praticado o crime no momento da ação ou omissão, ainda que outro seja o momento do resultado.(Redação dada pela Lei nº 7.209, de 1984)

Territorialidade

Art. 5º Aplica-se a lei brasileira, sem prejuízo de convenções, tratados e regras de direito internacional, ao crime cometido no território nacional. (Redação dada pela Lei nº 7.209, de 1984)

§ 1º Para os efeitos penais, consideram-se como extensão do território nacional as embarcações e aeronaves brasileiras, de natureza pública ou a serviço do governo brasileiro onde quer que se encontrem, bem como as aeronaves e as embarcações brasileiras, mercantes ou de propriedade privada, que se achem, respectivamente, no espaço aéreo correspondente ou em alto-mar. (Redação dada pela Lei nº 7.209, de 1984)

§ 2º É também aplicável a lei brasileira aos crimes praticados a bordo de aeronaves ou embarcações estrangeiras de propriedade privada, achando-se aquelas em pouso no território nacional ou em voo no espaço aéreo correspondente, e estas em porto ou mar territorial do Brasil.(Redação dada pela Lei nº 7.209, de 1984)

Lugar do crime (Redação dada pela Lei nº 7.209, de 1984)

Art. 6º Considera-se praticado o crime no lugar em que ocorreu a ação ou omissão, no todo ou em parte, bem como onde se produziu ou deveria produzir-se o resultado. (Redação dada pela Lei nº 7.209, de 1984)

Extraterritorialidade (Redação dada pela Lei nº 7.209, de 1984)

27.6. A CHARGE

A charge é um tipo de texto caracterizado pela mescla entre o conteúdo imagético (não verbal) e o conteúdo verbal (linguístico) presente na comunicação. Uma charge pode ser fundamentalmente argumentativa, dado o conteúdo mormente crítico que se observa em suas expressões. Não que isso seja uma obrigação, mas é certamente uma constante nas charges.

Dentre as características mais importantes de uma charge, eis as que mais se destacam:

1. Sua temporalidade: a charge está sempre presa a um contexto temporal.
2. Sua localidade: a charge está sempre ligada a um contexto local.
3. Sua temática: há sempre um tema principal que está servindo para a reflexão.
4. A visão do chargista: há uma corrente ideológica que o chargista adota para tecer uma crítica em seu texto.

Exemplo:

Comentário

Na charge, há uma crítica aos políticos do país, feita pelas palavras do menino. Note que há uma quebra de expectativa em relação à pergunta da professora, que fala a respeito de Língua Portuguesa.

Comentário

Na charge, há um deslocamento semântico da palavra *sonho*. O menino fala sobre o doce, ao passo que o velhinho deixa claro que faz menção às aspirações (os sonhos) de sua vida.

Comentário

Vemos, nessa charge, o presidente Obama e Raul Castro. Note que Obama aparece em primeiro plano, com o celular na mão (o que representaria o "portador da tecnologia"). Raul Castro aparece atrás de Obama (na figuração de Cuba "atrasada" em relação aos Estados Unidos). Isso é reforçado pela mensagem "a Internet aqui é um pouco lenta pra postar".

27.7. A TIRINHA

Diferentemente da charge, a tirinha não possui necessariamente um prendimento temporal (muito embora as contemporâneas estejam trabalhando mais como charges sequenciais). As tirinhas são pequenas narrativas que misturam linguagem verbal com linguagem não verbal. Usualmente, há questionamentos sobre os efeitos de humor que decorrem das quebras de expectativa do penúltimo para o último quadro da tirinha, portanto, é preciso atentar para essas partes principais da pequena narrativa.

É comum que haja um personagem central nessas tirinhas, o qual costuma ser o protagonista das ações do texto. Veja alguns exemplos:

Comentário

Apesar de parecer que se trata de uma crítica ao país sempre em crise, na verdade é uma crítica às pessoas que insistem em dizer que o país está em crise. Perceba que o emprego das formas "já ouvia dizer" e "continuo a ouvir dizer" deixam claro que não é a Mafalda (a personagem da tirinha) a falar que o país está em crise.

> **Comentário**
>
> A crítica aqui se dirige às pessoas que mais se importam com a popularidade nas redes sociais do que em agir pelo bem do próximo.

27.8. O POEMA

Não, o poema não é uma tipologia em separado. Trata-se de um texto que pode ser narrativo, descritivo, até mesmo dissertativo. O que distingue o poema dos outros textos é a forma de os distribuir e a linguagem que costumam adotar.

Um poema é usualmente escrito em versos. Cada linha do poema é um verso; e, ao conjunto de versos, damos o nome de estrofe. Há poemas com apenas uma estrofe, bem como há estudos sobre formatação dos poemas (número determinado de versos e estrofes, tipos de rimas, ritmo estudado em separado). Na maioria das questões de concurso sobre poemas, o questionamento é feito a respeito da interpretação do que está escrito, não se ultrapassa muito esse limite.

É comum que os candidatos com um pequeno histórico de leitura não consigam interpretar um poema. O mais importante é ter contato cotidianamente com esse tipo de texto até compreender as estruturas de interpretação. Na maior parte das vezes, o título do texto ajuda a interpretar o poema.

Chegou a hora de ler alguns poemas:

O açúcar

O branco açúcar que adoçará meu café
nesta manhã de Ipanema
não foi produzido por mim
nem surgiu dentro do açucareiro por milagre.
Vejo-o puro
e afável ao paladar
como beijo de moça, água
na pele, flor

que se dissolve na boca. Mas este açúcar
não foi feito por mim.

Este açúcar veio
da mercearia da esquina e tampouco o fez o Oliveira, dono da mercearia.
Este açúcar veio
de uma usina de açúcar em Pernambuco
ou no Estado do Rio
e tampouco o fez o dono da usina.

Este açúcar era cana
e veio dos canaviais extensos
que não nascem por acaso
no regaço do vale.

Em lugares distantes, onde não há hospital
nem escola,
homens que não sabem ler e morrem de fome
aos 27 anos
plantaram e colheram a cana
que viraria açúcar.

Em usinas escuras,
homens de vida amarga
e dura
produziram este açúcar
branco e puro
com que adoço meu café esta manhã em Ipanema.
(GULLAR, 1950)

Profundamente

Quando ontem adormeci
Na noite de São João
Havia alegria e rumor
Estrondos de bombas luzes de Bengala
Vozes, cantigas e risos
Ao pé das fogueiras acesas.

No meio da noite despertei
Não ouvi mais vozes nem risos
Apenas balões
Passavam, errantes

Silenciosamente
Apenas de vez em quando
O ruído de um bonde
Cortava o silêncio
Como um túnel.
Onde estavam os que há pouco
Dançavam
Cantavam
E riam
Ao pé das fogueiras acesas?

— Estavam todos dormindo
Estavam todos deitados
Dormindo
Profundamente.

*

Quando eu tinha seis anos
Não pude ver o fim da festa de São João
Porque adormeci

Hoje não ouço mais as vozes daquele tempo
Minha avó
Meu avô
Totônio Rodrigues
Tomásia
Rosa
Onde estão todos eles?

— Estão todos dormindo
Estão todos deitados
Dormindo
Profundamente.
(BANDEIRA, 1980)

Momento num café

Quando o enterro passou
Os homens que se achavam no café
Tiraram o chapéu maquinalmente
Saudavam o morto distraídos
Estavam todos voltados para a vida
Absortos na vida
Confiantes na vida.

Um no entanto se descobriu num gesto largo e demorado
Olhando o esquife longamente
Este sabia que a vida é uma agitação feroz e sem
finalidade

Que a vida é traição
E saudava a matéria que passava
Liberta para sempre da alma extinta.
(BANDEIRA, 2012)

Nel mezzo del camin... (por Olavo Bilac)

"Cheguei. Chegaste. Vinhas fatigada
E triste, e triste e fatigado eu vinha.
Tinhas a alma de sonhos povoada,
E a alma de sonhos povoada eu tinha...

E paramos de súbito na estrada
Da vida: longos anos, presa à minha
A tua mão, a vista deslumbrada
Tive da luz que teu olhar continha.

Hoje, segues de novo... Na partida
Nem o pranto os teus olhos umedece,
Nem te comove a dor da despedida.

E eu, solitário, volto a face, e tremo,
Vendo o teu vulto que desaparece
Na extrema curva do caminho extremo."
(BILAC, 1978)

No meio do caminho

No meio do caminho tinha uma pedra
tinha uma pedra no meio do caminho
tinha uma pedra
no meio do caminho tinha uma pedra.

Nunca me esquecerei desse acontecimento
na vida de minhas retinas tão fatigadas.
Nunca me esquecerei que no meio do caminho
tinha uma pedra
tinha uma pedra no meio do caminho
no meio do caminho tinha uma pedra.
(DRUMMOND, 1930)

Para que se registre: um mesmo texto pode possuir mais de uma tipologia. Caso isso ocorra, será considerado um texto híbrido. Há narrativas com trechos descritivos, assim como dissertações com trechos narrativos etc.

27.9. FUNÇÕES DA LINGUAGEM

Um linguista chamado Roman Jakobson desenvolveu uma teoria que tenta explicar um ato comunicativo. A extensão dessa teoria se relaciona com o assunto sobre funções da linguagem. Eu não vou encher os seus olhos com a descrição da teoria do ato comunicativo, mas é importante – ao menos – saber quem são os elementos desse ato.

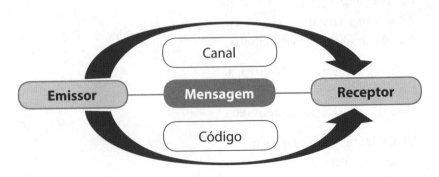

Em que:

- O **emissor** é quem profere a mensagem.
- A **mensagem** é o conteúdo proferido. Aquilo que se pretende divulgar.
- O **receptor** é quem recebe a informação divulgada.
- O **canal** é o meio físico pelo qual ocorre a mensagem.
- O **código** é o sistema simbólico pelo qual se criptografa a mensagem.

Podemos centralizar a linguagem em cada elemento desse ato, a fim de chegar a um resultado diferente e específico.

1. **Função referencial ou denotativa:** centrada no conteúdo proposicional da mensagem especificamente. Ex.: livro de Biologia, artigo científico.
2. **Função poética ou conotativa:** centrada na transformação do conteúdo proposicional da mensagem. Ex.: poema, conto, linguagem oral.
3. **Função emotiva ou expressiva:** centrada no emissor da mensagem no ato comunicativo. Ex.: depoimentos ou testemunhos.
4. **Função apelativa ou conativa:** centrada no receptor da mensagem no ato comunicativo. Ex.: publicidades.
5. **Função fática:** centrada no canal utilizado no ato comunicativo. Ex.: introdução de conversas, atos falhos.
6. **Função metalinguística:** centrada no código utilizado no ato comunicativo. Ex.: livro de gramática, poemas sobre escrever poemas.

Tradução de sentido

Algumas questões (e essas são as mais "ardidas") exigem um trabalho com a tradução do sentido do que está escrito em uma sentença. Para compreender isso, a prática é a única saída. Vejamos como isso funciona:

➤ (TRE-CE – Analista Judiciário – Área Jud. – nov./2002 – Questão adaptada) Considerando-se o contexto, o sentido de uma expressão do texto está corretamente traduzido em:

a) diz respeito ao interesse comum = relaciona-se com a vontade geral.

b) ingênuos seguidores = adeptos mais radicais.

c) é aí que se insere a sua famosa distinção = é aí que se contesta sua célebre equação.

d) visão essencialmente pessimista = perspectiva extremamente ambígua.

e) corrompem-se irremediavelmente = praticam a corrupção sem remorso.

Resposta: a.

Comentário: você precisa encontrar, em cada alternativa, o elemento que indique a associação errada entre as palavras. Em A, todas as palavras são correspondentes; em B, *adeptos* e *radicais* não são sinônimos; em C, *inserir* e *contestar* não são sinônimos; em D, *pessimista* e *ambígua* não são sinônimos; em E, *irremediavelmente* não é sinônimo de *sem remorso*.

➤ (2013 – FCC – TRT 1ª Região (RJ) Analista Judiciário – Execução de Mandados – questão adaptada) Considerando-se o contexto, está clara e corretamente traduzido o sentido deste segmento:

a) permitindo que a prudência nos imobilize = estacando o avanço da cautela.

b) a sabedoria popular também hesita, e se contradiz = a proverbial sabedoria também se furta aos paradoxos.

c) o confiante se vê malogrado = deixa-se frustrar quem não ousa.

d) pés chumbados no chão da cautela temerosa = imobilizado pela prudência receosa.

e) orientação conciliatória = paradigma incontestável.

Resposta: d.

Comentário: em A, *estacar* e *permitir* não são sinônimos; em B, "furtar-se de algo" significa "não fazer" (a frase contradiz a sentença anterior); em C, "o confiante" não é sinônimo de "quem não ousa"; em D, todos os elementos são correspondentes; em E, *incontestável* não é sinônimo de *conciliatório*.

Muito da interpretação de textos está relacionado com a capacidade de reconhecer os assuntos do texto e as estratégias de desenvolvimento de uma base textual. Para que isso seja possível, convém tomar três providências:

- Eliminação dos vícios de leitura: para concentrar-se melhor na leitura.
- Organização: para entender o que se pode extrair da leitura.
- Conhecimento da tradição da banca: para optar pelas respostas que seguem o padrão comum da banca examinadora.

Vícios de leitura

- **Movimento:** consiste em não conseguir estudar, ler, escrever etc. sem ficar arrumando algum subterfúgio para distrair-se. Comer, beber, ouvir música, ficar no sofá, brincar com o cachorro são coisas que devem ser evitadas no momento de estudar.

- **Apoio:** o vício do apoio é péssimo para a leitura, pois diminui a velocidade e a capacidade de aprofundamento do leitor. Usar dedo, régua, papel ou qualquer coisa para "escorar" as linhas significa que você está com sérios problemas de concentração.
- **Garoto da borboleta:** se você possui os vícios anteriores, certamente é um "garoto da borboleta". Isso quer dizer que você se distrai por qualquer coisa e que o mínimo ruído é suficiente para acabar com o seu fluxo de leitura. Já deve ter acontecido: terminou de ler uma página e se perguntou: "que foi mesmo que eu li?". Pois é, você só conseguirá se curar se começar a se dedicar para obter o melhor de uma leitura mais aprofundada.

Organização leitora

- Posto: trata-se da informação que se obtém pela leitura inicial.
- Pressuposto: trata-se da informação acessada por meio do que não está escrito.
- Subentendido: trata-se da conclusão a que se chega ao unir posto e pressuposto.

Veja o exemplo abaixo:

> Cientistas dizem que **pode** haver vida extraterreste em algum lugar do espaço.

Desse trecho, pode-se concluir que a vida extraterrestre não é uma certeza, mas uma possibilidade. Se a banca afirmar que certamente há vida extraterrestre, há um erro evidente na questão.

Dicas de organização de leitura

1. **Ler mais de uma vez o texto:** para ter certeza do tema e de como o autor trabalha com o assunto.
2. **Atentar para a relação entre os parágrafos:** analisar se há conexão entre eles e como ela é feita. Se há explicação, contradição, exemplificação etc.
3. **Entender o comando da questão:** ler com atenção o que se pede para responder adequadamente.
4. **Destacar as palavras de alerta:** palavras como *sempre, nunca, exclusivamente, somente* podem mudar toda a circunstância da questão, portanto elas devem ser destacadas e analisadas.

5. **Limitar a interpretação:** cuidado para não interpretar mais do que o texto permite. Antes de afirmar ou negar algo, deve-se buscar o texto como base.
6. **Buscar o tema central dos textos:** é muito comum que haja questões a respeito do tema do texto. Para captá-lo de maneira mais objetiva, atente para os primeiros parágrafos que estão escritos.
7. **Buscar a ancoragem das inferências:** uma inferência é uma conclusão sobre algo lido ou visto. Para que seja possível inferir algo, deve haver um elemento (âncora) que legitime a interpretação proposta pelo examinador.

Dica final: fique esperto com questões que exigem a tradução do sentido de uma frase em outra, você deve buscar os sinônimos que estão presentes nas sentenças, ou seja, associar os sentidos mais aproximados. Não é para ser o pai dos dicionários, apenas para conseguir identificar relações de sentido e aproximação semântica.

27.10. EXERCÍCIOS

1. (2018 – FUNRIO – AL-RR – Administrador)

TEXTO

Parece haver um abismo de mútua incompreensão entre os médicos e seus pacientes. Essa distância parece aumentar. Apesar da grande maioria dos diagnósticos (70-90%) ser feita com base na história do paciente, a escuta médica é sem dúvida o ponto de maior fragilidade na medicina atual. Os médicos geralmente querem saber apenas dos fatos, interrompendo os pacientes antes da história completa.

O registro técnico, resumido, com linguagem técnica e supostamente neutra, é insuficiente para uma inter-relação que possa auxiliar a criação de narrativas que facilitem a realização de hipóteses diagnósticas e a escolha de intervenções terapêuticas que levem em conta a perspectiva do próprio paciente. No processo de criação de anamneses médicas objetivas, acabamos, muitas vezes, por desumanizar e suprimir delas aspectos que podem ser decisivos para a abordagem diagnóstica e terapêutica, além de dificultarmos a criação de uma narrativa por parte do paciente que dê sentido ao seu processo de adoecimento.

O declínio das doenças infecciosas, o envelhecimento da população e o concomitante aumento da prevalência das doenças crônicas determinam a necessidade de um novo papel do profissional de saúde, em especial do médico, na condução dos conflitos inerentes ao acompanhamento de pessoas com doenças que não têm cura, mas que muitas vezes levam a incapacidades permanentes e de longa duração.

Em relação à incompreensão médico-paciente, uma das dificuldades é, sem dúvida, a barreira de linguagem criada pela terminologia técnica entre os profissionais e os pacientes. A condição clínica do paciente é interpretada e referida a ele em uma linguagem que muitas vezes ele não entende. Na alta hospitalar, menos de 1/3 entendem de que doença eles foram tratados e menos de 1/4 que tipo de terapia receberam.

(Ana Luisa Rocha Mallet. **Literatura e medicina**: uma experiência de ensino. Rio de Janeiro: Livros Ilimitados, 2014, pp. 18-19, adaptado)

Considerando o sentido do adjetivo crônico, torna-se possível definir doenças crônicas como aquelas que

a)   inviabilizam qualquer hipótese diagnóstica.

b)   incapacitam por um período de curta duração.

c)   apresentam manifestações assintomáticas.

d)   caracterizam-se pela longa duração.

2. (2018 – UFPR – UFPR – Contador)

A não menos nobre vírgula

[...] Jacob mandou esta questão: "Sempre aprendi que o advérbio deveria vir entre vírgulas, mesmo que, às vezes, a frase fique truncada.

Quando vi que não colocou os advérbios entre vírgulas, senti que há uma esperança de me libertar dessas verdadeiras amarras dos tempos escolares. Como pontuar, afinal, nesses casos?".

O leitor acertou na mosca quando se referiu a "essas verdadeiras amarras escolares". Tomemos como exemplo o próprio texto do leitor, que na passagem "...mesmo que, às vezes, a frase fique truncada" optou por pôr entre vírgulas a expressão adverbial "às vezes", que vem entre a locução conjuntiva "mesmo que" e "a frase", sujeito da oração introduzida por "mesmo que".

Vamos lá. Teria sido perfeitamente possível deixar "livre" a expressão adverbial "às vezes", ou seja, teria sido possível não empregar as duas vírgulas ("... mesmo que às vezes a frase fique truncada"). É bom que se diga que, com as duas vírgulas, a expressão "às vezes" ganha ênfase, o que não ocorreria se não fossem empregadas as vírgulas.

O que não se pode fazer de jeito nenhum nesses casos é empregar a chamada "vírgula solteira", que é aquela que perde o par no meio do caminho. Tradução: ou se escreve "... mesmo que, às vezes, a frase fique truncada" ou se escreve "... mesmo que às vezes a frase fique truncada". [...]

(Pasquale Cipro Neto, publicado em: <https://www1.folha.uol.com.br/colunas/pasquale/2016/11/1831039-a-nao-menos-nobre-virgula.shtml> . Acesso em 24/03/18. Adaptado)

Com base no texto, assinale a alternativa correta.

a)   O leitor, na escola, aprendeu que os advérbios não devem vir isolados na frase.

b)   O uso de expressões adverbiais entre vírgulas realça seu sentido.

c)   A "vírgula solteira" não deve ser utilizada na Língua Portuguesa.

d) O uso de expressões adverbiais deixa as frases truncadas.

e) Pasquale critica o leitor por cometer o mesmo erro que este aponta em seu texto.

3. (2018 – UFPR – UFPR – Contador)

A revista científica Pediatrics acaba de publicar os resultados de um estudo pioneiro que avaliou o impacto de um programa brasileiro de incentivo à leitura voltado para famílias de baixa renda com crianças pequenas. O estudo foi realizado por pesquisadores do Instituto Alfa e Beto em parceria com a Faculdade de Medicina da Universidade de Nova York (NYU). Editada pela Academia Americana de Pediatria, a Pediatrics é uma das publicações mais importantes do mundo na área do desenvolvimento infantil.

Os resultados surpreenderam os pesquisadores. Além dos ganhos esperados no vocabulário das crianças, o estudo registrou impacto relevante na qualidade do relacionamento dos adultos com as crianças, reduzindo a violência dentro de casa. Foram observados, ainda, impactos significativos no desenvolvimento cognitivo e no QI (quociente de inteligência) das crianças. Realizado entre 2014 e 2015 no município de Boa Vista (RR), o estudo envolveu beneficiários do Programa Bolsa-Família atendidos pelo Programa Família que Acolhe (FQA), uma política de Primeira Infância implementada com a colaboração do Instituto Alfa e Beto.

(http://www.alfaebeto.org.br/blog/estudo-pioneiro-/)

De forma sintética, é correto afirmar que o texto:

a) veicula o impacto positivo no desenvolvimento cognitivo de crianças participantes de um programa de leitura.

b) apresenta os resultados de um estudo sobre crianças brasileiras dirigido e publicado pela revista Pediatrics.

c) descreve um novo instrumento para avaliação de políticas de Primeira Infância, a partir do QI de crianças de baixa renda.

d) divulga o trabalho realizado pelo Instituto Alfa e Beto visando aumentar o número de beneficiários do Bolsa-Família.

e) anuncia a contribuição de um projeto para o aumento de vocabulário erudito em crianças pequenas.

4. (2018 – CONSULPLAN – SEDUC-PA – Professor Classe I – Português)

Como se chama

Se recebo um presente dado com carinho por pessoa de quem não gosto – como se chama o que sinto? Uma pessoa de quem não se gosta mais e que não gosta mais da gente – como se chama essa mágoa e esse rancor? Estar ocupada, e de repente parar por ter sido tomada por uma desocupação beata, milagrosa, sorridente e idiota – como se chama o que se sentiu? O único modo de chamar é perguntar: como se chama? Até hoje só consegui nomear com a própria pergunta. Qual é o nome? e é este o nome.

(LISPECTOR, Clarice. **Para não esquecer**. São Paulo: Círculo do livro, 1988.)

O texto inicia-se com uma conjunção cujo emprego pode resultar em diferentes matizes de sentido de acordo com o contexto em que está inserida. Em referência específica ao contexto apresentado, pode-se afirmar que o efeito de sentido produzido está corretamente expresso em:

a) Apresentam-se dados já conhecidos ou pressupostos.

b) A partir de uma suposição, é apresentado fato possível ou provável.

c) Tendo em vista uma atitude de incerteza, é apresentada uma situação irreversível.

d) O mesmo sentido seria produzido caso a conjunção inicial fosse substituída por "visto que".

5. (2018 – FGV – AL-RO – Advogado)

Texto 1

Dado Preocupante

No primeiro semestre deste ano, 80 mil alunos deixaram de ingressar em faculdades particulares de todo o país, o que representa uma queda de 5% em relação ao mesmo período de 2017. Desde 2015, a fuga de ingressantes é de 20%. Juntos, Rio, Minas e Espírito Santo tiveram redução de 25,7% no número de calouros. O levantamento foi feito pelo Sindicato das Mantenedoras de Ensino Superior (Semesp) com 99 instituições. Desemprego, queda de renda, crise econômica, redução dos programas de financiamento estudantil são as razões apontadas pelo Semesp para a diminuição de matrículas. No Rio, a violência agrava o problema, porque desestimula quem estuda à noite.

O Globo, 24/07/2018 (adaptado)

"No primeiro semestre deste ano, 80 mil alunos deixaram de ingressar em faculdades particulares de todo o país...".

O cálculo de que 80 mil alunos deixaram de se matricular é indicado, no texto 1, a partir de

a) comparação realizada com o mesmo período do ano anterior.

b) análise de dados do ano de 2015 até hoje.

c) dados informativos sobre três estados importantes.

d) levantamento feito pelo Semesp.

e) projeção de cálculos a partir de dados anteriores.

27.11. GABARITO

1 – d

2 – b

3 – a

4 – b

5 – d

28 Redação para concursos públicos

Não. Esta é a primeira palavra deste capítulo do livro. Não, você não irá encontrar um capítulo gigantesco com uma série de dicas daquilo que você não pode fazer em uma redação. Na verdade, eu vou aplicar um pouco da minha metodologia de ensino (da qual você já deve ter ouvido falar – o MÉTODO JAMILK) a fim de poder elucidar o caminho mais curto e mais eficaz para você escrever uma reação. A técnica que vou ensinar neste capítulo se chama *Redação Nota 10*. Ainda que nem todos os textos tenham esse como o elemento de pontuação máxima, o nome já diz bem qual será o resultado desse trabalho. Faremos isso de maneira objetiva, rápida e eficaz.

É praticamente consenso entre os estudantes que a redação costuma ser considerada como o "calcanhar de Aquiles" dos candidatos. Notadamente, escrever um texto se transforma em um enorme desafio quando, para sair do rascunho, o indivíduo começa a pensar que há mais coisas do que a missão de organizar ideias. Isso quer dizer que o primeiro passo a ser dado, no sentido de uma boa escrita de textos, é evitar qualquer tipo de bloqueio. Precisamos quebrar os mitos da redação.

28.1. QUEBRANDO OS MITOS DA REDAÇÃO

Mito número 1: escrever é para quem tem dom

Mentira da grossa! Escrever uma redação é para quem pratica. Não adianta escrever um texto no ensino médio e – depois de dez anos sem praticar – dizer que você nunca teve talento para isso. Se você escrevesse um texto por semana ao longo desses dez anos, quantos livros já teria finalizado?

Mito número 2: preciso ter muitas ideias inovadoras para uma redação

Não pense dessa maneira, pois ninguém possui tantas ideias assim. Escrever uma redação nada mais é do que reunir uma série de informações em um curto espaço de texto. Isso mesmo: 10, 20 ou 30 linhas são consideradas um curto espaço de texto. Você até pode escrever sobre ideias já mencionadas, a única ressalva é que deverá aprofundar um pouco sobre aquilo que escreve.

Mito número 3: preciso encontrar uma solução para os problemas do texto

Calma, isso é missão para aluno de ENEM. Eles precisam apontar uma bendita "proposta de intervenção". Coisa que não precisa acontecer com você. Na realidade, a sua missão é simplesmente escrever um texto curto sobre o assunto que a banca propôs com começo, meio e fim. Só se preocupe em resolver o problema se a banca examinadora pedir essa solução. Do contrário, pode esquecer.

Mito número 4: eu preciso saber o que o corretor quer que eu escreva

A menos que você esteja respondendo a uma questão discursiva com gabarito determinado, o seu texto pode veicular as ideias em que você acredita. Há apenas duas ressalvas aqui: se o texto for mais objetivo, com a indicação de perguntas para você responder, então você deve deixar a resposta clara; se o texto for sobre um assunto polêmico, deixe a sua opinião para lá e defenda o que foi mais fácil de provar no texto.

Mito número 5: preciso de um vocabulário muito apurado para ter uma boa nota

O corretor não está nem aí para o fato de você usar palavras anacrônicas ou latinismos na sua redação. A linguagem deve ser simples e de fácil entendimento, para que fique evidente o assunto do texto que você estiver escrevendo. Jogue o jogo da simplicidade. Nele, você sempre vencerá!

28.2. ORGANIZAÇÃO PARA A ESCRITA

O segundo ponto focal da escrita consiste na organização da preparação de uma redação. Para tanto, é preciso listar alguns conhecimentos fundamentais:

- **Conhecimento das tipologias:** conhecer a tipologia é extremamente importante para garantir que o aluno não vai escrever em um formato de texto diferente daquele que se exige na prova.

- **Conhecimento dos temas:** ninguém escreve sobre aquilo que não conhece, logo, ser um leitor frequente e buscar atualização constante sobre aquilo que a prova discursiva pode cobrar é fundamental para garantir que o desenvolvimento do texto será facilitado.

- **Conhecimentos dos perfis de cobrança:** saber o que esperar de uma banca pode ajudar a antecipar trechos textuais. Com isso, pretendo dizer que as bancas possuem estilos distintos de cobrança – algumas bancas valorizam a gramática, outras não valorizam tanto; algumas exigem argumentação mais consistente, outras não exigem tanto.

- **Conhecimento dos limites:** o aluno não pode querer obter a nota máxima sem muito treino. Reconhecer que estudar é preciso pode ser a chave para o melhor texto de todos.

28.3. ABORDAGEM DAS TIPOLOGIAS

Nesta seção, falarei rapidamente sobre as tipologias textuais que podem aparecer em uma redação de concurso. Você já leu o capítulo sobre interpretação, então eu sei que você sabe quais são as tipologias. Aqui, vou mencionar apenas as que já vi serem cobradas em prova discursiva.

Narrativa

Um texto narrativo é, evidentemente, um texto em que há um sequenciamento de ações, portanto, o princípio de uma narrativa é a ação. Desse modo, entenderemos que o mais comum será encontrar verbos que exprimem noção conjugados no passado.

É preciso haver um elemento que conduz a narrativa, ou seja, uma voz que conta as ações. A essa voz, dá-se o nome de narrador. Além disso, há personagens que povoam a narrativa, executando as ações que motivam a história. Vale lembrar que ainda há mais alguns elementos da narrativa para pontuar:

- Tempo: pode ser cronológico (com marcações precisas), psicológico (sem marcações), da narrativa (com marcações imprecisas).
- Espaço: aberto (em vários lugares), fechado (em apenas um lugar).
- Trama: sequência das ações (apresentação, conflito, nó, clímax, desfecho).

Exemplo de narrativa:

Entrei no gabinete, sentei na cadeira, o dentista botou um guardanapo de papel no meu pescoço. Abri a boca e disse que o meu dente de trás estava doendo muito. Ele olhou com um espelhinho e perguntou como é que eu tinha deixado os meus dentes ficarem naquele estado.

(Rubem Fonseca – O cobrador)

Por incrível que pareça, a banca FUNRIO já pediu para que o candidato escrevesse um texto tão louco, que não era possível saber se se tratava de uma narração ou de uma dissertação. Esse caso aconteceu na prova da PRF de 2009. Veja a proposta que caiu no colo do candidato:

Proposta de redação PRF – 2009

Observe a dedicatória de uma das obras mais intrigantes de Machado de Assis, "Memórias Póstumas de Brás Cubas", que tomado pela irreverência revela ao público as reflexões de seu fictício autor-defunto:

AO VERME QUE PRIMEIRO ROEU AS FRIAS CARNES DO MEU CADÁVER DEDICO COM SAUDOSA LEMBRANÇA ESTAS MEMÓRIAS PÓSTUMAS.

Ensejados pela obra acima, um jornal de grande circulação possibilitará, a uma vítima, fatal ou não, de acidente ocorrido em rodovia, espaço para apresentar à população suas ilações acerca do trabalho realizado pela Polícia Rodoviária Federal que a atendeu em dado momento.

Ocupando posicionamento argumentativo da vítima, redija um texto dissertativo no qual o pensamento abaixo seja contemplado:

RESPEITO ÀS LEIS, VIA DE MÃO ÚNICA!

Imagine o desespero do candidato. Quando a banca diz *apesentar à população suas ilações acerca do trabalho realizado pela Polícia Rodoviária Federal que a atendeu em dado momento*, significa que deverá haver um relato no meio do texto a respeito da ocorrência. Daí para frente, teria de apresentar *ilações* (conclusões com base em algo ocorrido). Em suma, não é possível saber o que a banca queria. Gostaria de conhecer as pessoas que tiraram a nota máxima, pois devem ter apresentado um texto revolucionário.

Descritiva

A descrição objetiva pontuar elementos caracterizadores ou qualificadores de algum referente em um texto.

a) **Objetiva:** é a descrição que indica caracterizações de um referente, ou seja, costuma ser ausente de impressões particulares. O exemplo a seguir é um poema em que há apenas elementos descritivos, sem a demonstração de sentimentos.

O Muro (Alberto de Oliveira)

É um velho paredão, todo gretado,
Roto e negro, a que o tempo uma oferenda
Deixou num cacto em flor ensanguentado
E, num pouco de musgo em cada fenda.

Serve há muito de encerro a uma vivenda;
Protegê-la e guardá-la é seu cuidado;
Talvez consigo esta missão compreenda,
Sempre em seu posto, firme e alevantado.

b) **Subjetiva:** é a descrição que indica qualificações de um referente, ou seja, costuma apresentar inúmeras impressões pessoais e emoções de quem escreve. A descrição a seguir demonstra a subjetividade (as impressões pessoais) do narrador.

Admirei-lhe do primeiro olhar um talhe esbelto e de suprema elegância. O vestido que o moldava era cinzento com orlas de veludo castanho e dava esquisito realce a um desses rostos suaves, puros e diáfanos, que parecem vão desfazer-se ao menor sopro, como os tênues vapores da alvorada. (**Lucíola** – José de Alencar).

Pode-se exigir a porção descritiva em textos de natureza mais objetiva, como estudos de caso e análises de situação hipotética, em que o candidato deve responder de maneira fundamentada aos itens apontados na proposta.

Dissertativa

Texto dissertativo é aquele que se centra em um conceito ou tese e desenvolve uma linha de raciocínio que pode ser argumentativa ou expositiva.

a) **Expositiva:** é a linha de raciocínio que se pauta por explicar um conceito. Isso quer dizer que o texto dissertativo-expositivo não busca persuadir (convencer), mas sim informar. É possível identificar provas que cobram conhecimentos específicos com essa tipologia textual. Quando isso ocorrer, basta que o candidato se limite a responder os itens cobrados na proposta. Não é necessário inserir novos eventos e não é necessário apresentar uma tese.

Exemplo: Proposta de Redação do Concurso de Agente de Polícia Federal 2012 – Banca Cespe

Texto base:

O Departamento de Polícia Civil do Estado de São Paulo vem investigando os crimes cometidos por três pessoas, maiores e capazes, que atuam no roubo de cargas transportadas em operações interestaduais nos estados de São Paulo, Mato Grosso e Mato Grosso do Sul. As empresas transportadoras afetadas pelas ações dos criminosos são totalmente privadas, ou seja, não possuem participação financeira de nenhum ente da Federação, não havendo, portanto, em decorrência desses delitos, prejuízo patrimonial direto à União. Em operação destinada a prender em flagrante os criminosos, apenas um deles foi preso. No momento da prisão, ele ofereceu, ao chefe da equipe policial, cem mil reais para que fosse informalmente libertado. A proposta não foi aceita, e a prisão do criminoso foi efetuada, de acordo com as formalidades legais.

Proposta:

Com base na situação hipotética apresentada acima, redija um texto dissertativo que responda, necessariamente e de maneira fundamentada, aos seguintes questionamentos.

– Havendo necessidade de repressão uniforme dos crimes acima mencionados, poderá o Departamento de Polícia Federal investigar os delitos contra o patrimônio (roubos)?

– Na situação considerada, a proposta feita pelo criminoso ao chefe da equipe policial configurou crime contra a administração pública? Em caso afirmativo, especifique o delito.

Para esse tipo de proposta, há um padrão de texto (que costuma ser divulgado pela banca examinadora), com os elementos que devem constar do texto final do candidato. Quanto mais próximo o seu texto estiver do padrão (pois as respostas são objetivas), maior será a sua nota.

b) Argumentativa: é a linha de raciocínio que busca persuadir o leitor a respeito de alguma tese. No caso do concurseiro, o leitor é o corretor do texto. Logo, é preciso haver argumentos fundamentados e convincentes para defender uma **tese**[1], que deve ser proposta no **início** do texto. É comum que haja textos dessa natureza em provas cuja parte discursiva exige um **posicionamento** acerca de um assunto determinado.

Exemplo:

TRE – São Paulo (Analista Judiciário – Área Judiciária, 2012)

Texto base:

Existem alguns argumentos relevantes contra a adoção do financiamento público exclusivo para as campanhas eleitorais e muitos a favor. Está chegando a hora de decidir a respeito dele. É uma das principais ideias em debate no Congresso e entre especialistas em legislação eleitoral, desde quando as discussões sobre a reforma política se intensificaram a partir do início desta legislatura. Foi já aprovada pela Comissão de Constituição, Justiça e Cidadania do Senado e está no anteprojeto de reforma elaborado pela Comissão Especial da Câmara dos Deputados.

(Marcos Coimbra. **CartaCapital**, 15/10/2011. www.cartacapital.com.br/politica/financiamento-publico-pros-e-contras/)

Proposta:

Considerando o que está transcrito acima, redija um texto dissertativo-argumentativo sobre o seguinte tema:

A arrecadação de recursos nas campanhas eleitorais e as implicações da instituição do financiamento público exclusivo

Em um texto dessa natureza, o primeiro ponto é definir a tese que deverá ser discutida ao longo da redação. Depois disso, os argumentos devem ser anotados a fim de resumir o processo de escrita.

A próxima seção serve para responder a algumas perguntas que todos os alunos costumam fazer quando estão estudando redação. Vamos lá!

---

[1] A tese é o ponto de vista ou a opinião a respeito do assunto.

28.4. GENERALIDADES SOBRE REDAÇÃO

1. Tipo de caneta

A exigência é que a caneta seja sempre preta, esferográfica e confeccionada em material transparente. É o padrão para os concursos e você não terá problemas com isso. Sei que muitos editais permitem a caneta azul, mas eu recomendo severamente que você mantenha o padrão como tinta preta.

2. Letra

Não fique preocupado com o tipo de letra que você usa. As bancas possuem, por critério geral, o princípio da legibilidade. Isso quer dizer que, se for possível ler, você está salvo!

3. Margens do texto

Tente evitar deixar muitos espaços em branco ao fim das linhas, porque é preciso cuidar da apresentação do texto. Busque não ultrapassar as margens e lembre-se de colocar o hífen ao lado da palavra, jamais o coloque abaixo! Eu já peguei redações de candidatos que perderam pontos por colocar o hífen abaixo das palavras.

4. Borrões

Para evitá-los, seque a mão na hora de passar do rascunho para a versão definitiva.

5. Erros

Caso você erre algo na versão definitiva, faça um traço sobre a palavra incorreta e continue escrevendo. Vai perder ponto? Claro! Mas o decréscimo será menor do que se você mantivesse o erro.

Veja o exemplo:

Palavra ~~erada~~ errada.

6. Título do texto

Empregue título no texto somente se a banca pedir. E como ela pede? Há duas maneiras: dentro da proposta, ela insere a expressão *dê um título a seu texto*; ou deixa uma linha em separado para o título na versão definitiva.

7. Translineação

Faça a translineação (passagem de linhas) com cuidado. Se uma palavra for hifenizada e seu hífen cair no fim da linha, é preciso repeti-lo no início da linha próxima. Da seguinte maneira:

Guarda-

-roupas.

Parece estranho, mas é assim mesmo!

8. Pontuação X poluição

Use sempre a pontuação suficiente. Não encha seu texto com intercalações, inversões, citações ou elementos que exijam destaques de pontuação. O texto mais fluido recebe melhor pontuação.

9. Complexidade X simplicidade

Busque usar um vocabulário simples em seu texto. O rebuscamento (preciosismo) não é bem visto pelos corretores, além disso, você pode empregar incorretamente um termo que acha "bonito" por não saber seu correto uso.

10. Ordem sintática e tamanho das sentenças

Prefira escrever sentenças curtas e na ordem direta: facilita a leitura e, consequentemente, a correção.

28.5. COESÃO E COERÊNCIA

Muito já se escreveu a respeito desses dois assuntos. Muito ainda há por ser escrito. O aluno não precisa ser mestre ou doutor em linguística para entender minimamente o que significa dizer que um texto não é coeso ou não é coerente. Eu vou explicar de maneira simples nas próximas linhas o que cada um desses termos significa. Venha comigo!

Coesão

Coesão é a estratégia de conexão das partes internas do texto. Seria a porção microscópica da nossa redação. Garantir que as palavras estejam bem conectadas em uma progressão de compreensão simples é garantir a coesão. O corretor não espera um texto recortado por frases soltas, sem uma conjunção ou um elemento de retomada. Ele espera que você saiba empregar os termos disponíveis na língua a fim de garantir a amarração do parágrafo, estruturalmente falando.

- Como se faz coesão?

A resposta é simples: basicamente, empregando pronomes, conjunções, sinônimos e outros elementos textuais de retomada. Lembre-se de que – em um texto dissertativo para uma prova de concurso – não é conveniente deixar as frases soltas, esperando que o corretor tenha capacidade de conectá-las.

Delineamos dois tipos fundamentais de coesão: a referencial e a sequencial. A coesão referencial se dá com o emprego de elementos que promovem a retomada daquilo que já foi mencionado em alguma parte do texto (a exemplo dos pronomes ou de elementos de sinonímia). A coesão sequencial é aquilo que garante a progressão dos elementos do texto. Ela pode ser feita com o uso de conjunções, preposições, pronomes relativos, pronomes demonstrativos, pronomes pessoais e marcadores de ordenamento simples (em primeiro lugar, em segundo lugar etc.).

Em suma, um texto coeso apresenta a conexão entre os elementos internos e a progressão entre os diversos parágrafos que são apresentados. Isso indica a direção da leitura do texto a quem o está corrigindo.

Coerência

A coerência consiste basicamente na garantia do cabimento das ideias veiculadas no texto. Quando se fala a respeito disso, costuma-se mencionar uma lista de pontos de atenção para a manutenção da coerência. São eles:

- **Relação entre os elementos do texto:** é preciso mostrar que as partes do texto se inter-relacionam, ou seja, não é adequado fazer grandes quebras de sentido – falar de assuntos muitos divergentes em parágrafos próximos. Recomenda-se tentar uma transição suave entre os assuntos do texto. Isso quer dizer que as parte de sua redação não são independentes, você precisa mostrar que há uma espécie de "fio condutor" temático daquilo que está escrevendo.

- **Progressão de ideias:** pense que o seu texto não pode ser circular, ou seja, você não pode falar a respeito do mesmo tópico sem demonstrar as novas faces do mesmo assunto. Lembre-se da ideia de conduzir o leitor para os demais elementos possíveis dentro do assunto abordado.

- **Aprofundamento de conceitos:** algo que faz o candidato perder pontos severamente é a apresentação de um texto "raso". Isso quer dizer que você precisa se esforçar para desenvolver de maneira mais aprofundada os tópicos a respeito dos quais está escrevendo. Dizer que algo é bom, ruim, importante, complexo não basta. É necessário explicar essas razões, de maneira detalhada.

- **Não contradição:** a menos que o texto peça, não tente pontuar os elementos contraditórios de uma temática. Na maior parte dos casos, o candidato esquece de que deve demonstrar anuência em relação a um ponto de vista. Se não ficar claro para o corretor qual é o seu posicionamento, você perderá pontos importantes.

- **Fundamentação de ideias:** toda vez que pensar em introduzir um novo argumento, lembre-se de que ele deve estar fundamentado. É necessário apresentar de onde ele saiu, se alguém pensa desse modo, se há uma "lógica" na estruturação desse pensamento.

- **Consistência e relevância:** para escrever um texto minimamente razoável, é necessário empregar argumentos consistentes (que façam sentido) e relevantes (que causem algum impacto em relação ao tema). Tente fugir dos lugares-comuns dentro da argumentação (aquelas ideias divulgadas à exaustão em redes sociais, sem critério algum).

28.6. COMO ESCREVER UM TEXTO DISSERTATIVO?

A partir deste ponto, eu vou explicar detalhadamente como compor cada parte de um texto dissertativo. Dessa maneira, ficará mais simples compreender o que deve ser feito no momento de praticar a redação em casa ou no momento de fazer a sua prova.

Há três partes das quais você não pode se esquecer:

- Introdução
- Desenvolvimento
- Conclusão

Todo cidadão que já estudou redação alguma vez conhece esses nomes. Eu vou explicar como escrever cada uma dessas partes.

A introdução

Pense que a introdução é o primeiro contato que o corretor terá com o seu texto. Imagine que ele deve sentir "o amor à primeira vista". Como é que se garante isso? Seguindo princípios bem simples:

- A introdução deve apresentar a proposta da redação.
- A introdução deve deixar clara a tese, se o texto for argumentativo.
- A introdução deve ser concisa (breve) e direta.
- Deve-se evitar qualquer tipo de "rodeio" (gastar tempo) na introdução.

Acredito que muita gente tenha dificuldade na composição da introdução de um texto. Por isso, eu vou sugerir algumas estratégias para iniciar o seu texto.

Se o seu texto for dissertativo de natureza expositiva (sem a necessidade de configurar uma tese), com a demonstração de uma situação-problema, você precisará se reportar a ela diretamente. Veja o modelo a seguir:

> *Na situação hipotética apresentada, em que (RECONSTRUIR A SITUAÇÃO APRESENTADA DE MANEIRA RESUMIDA), é possível destacar alguns pontos importantes para a análise. São eles: (especificar cada subitem que será analisado).*
>
> *Analisando o caso apresentado, em que (RECONSTRUIR A SITUAÇÃO APRESENTADA DE MANEIRA RESUMIDA), faz-se necessário discutir alguns pontos críticos da ação ocorrida. Esses pontos são: (especificar cada subitem que será analisado).*

É evidente que você irá retirar os parênteses quando estiver compondo o seu texto. Todos os meus alunos que empregaram esse tipo de introdução e focalizaram o assunto proposto pela banca tiraram ótimas notas.

Se o seu texto for dissertativo de natureza argumentativa (com a necessidade de configurar uma tese), você deverá demonstrá-la na introdução do seu texto.

Veja a primeira sugestão de modelo para você usar:

- Quando se debate a respeito de (TEMA DO TEXTO), é necessário dizer que (TESE QUE SERÁ DEFENDIDA). Diante disso, discutir argumento 1, argumento 2 e argumento 3 pode ser o caminho para ampliar o entendimento da questão.

Aplicando:

Quando se debate a respeito do legado do terrorismo para a sociedade atual, é necessário dizer que a sombra do terror jamais será apagada da história. Diante disso, discutir as origens do terrorismo, seu desenvolvimento mundial e seu atual estado no planeta pode ser o caminho para ampliar o entendimento da questão.

Veja a segunda sugestão de modelo para você usar:

- Falar sobre (TEMA DO TEXTO) não é tarefa das mais fáceis. A esse respeito, contudo, é fundamental destacar que (TESE A SER DEFENDIDA). Logo, a base para reflexão sobre o assunto em pauta repousa sobre (RACIOCÍNIO QUE EMBASA A ARGUMENTAÇÃO).

Aplicando:

Falar sobre crimes virtuais não é tarefa das mais fáceis. A esse respeito, contudo, é fundamental destacar que a sociedade tem se mobilizado para combater esse tipo de atividade. Logo, a base para a reflexão sobre o assunto em pauta repousa sobre a ética nas relações sociais que ocorrem em meio virtual.

Você pode ficar livre para adaptar esses modelos enquanto estiver praticando a sua redação. Só não pode tentar "inventar moda" e inserir erros gramaticais aí. Isso é inadmissível!

Também é possível adotar outras estratégias para iniciar o texto, a exemplo de fazer alusão a um fato que ocorreu em algum momento da história, ou citar a fala de um especialista para abrir a discussão. Apesar de serem estratégias legítimas, nós estamos pensando em economizar o tempo, lembra? Logo, eu não vou encher você com infinitas estratégias, para que você não fique confuso a respeito de qual deverá escolher.

Agora, que eu já expliquei como você pode começar um texto, vou explicar o que você deveria evitar:

- Evite uma introdução que não seja direcionada ao tema do texto.
- Evite generalizações na composição da introdução.
- Evite fazer uma cópia literal do que está escrito na proposta.
- Evite começar o texto com uma expressão pronominal (como "esse tema é" ou "esse assunto"), sem explicar a que se refere.

O desenvolvimento

No momento de iniciar o desenvolvimento da sua redação, é necessário entender qual é a estratégia a ser adotada. Se o texto for de natureza expositiva, você deve se preocupar somente em responder aos itens indicados pela proposta. Se o texto for de natureza argumentativa, você deve ser ater ao desenvolvimento da tese que apresentou na introdução, permitindo que cada parágrafo focalize uma das facetas do problema apresentado.

Não há uma quantidade determinada de parágrafos que você deve escrever no desenvolvimento. A recomendação é que você consiga apresentar uma ideia e discuti--la dentro do mesmo parágrafo. Com isso, pretendo dizer que não é "saudável", para a sua nota, estender o assunto de um parágrafo ao outro. Também não é interessante escrever uma redação com uma infinidade de parágrafos com poucas linhas. Isso deteriora a sua nota!

Também não há uma quantidade de linhas determinadas para você escrever em cada parágrafo, mas é uma questão de lógica você colocar um desenvolvimento mais longo do que a introdução e mais longo do que a conclusão. Eu sempre apresento a sugestão de que você pode adotar o padrão de 5 a 7 linhas por parágrafo.

a) Mecanismos coesivos para empregar no texto

Vou listar aqui alguns elementos que você pode empregar para conectar os parágrafos ou sequenciar as ideias ao longo de um texto. Lembre-se de que você não é obrigado a usá-los, você pode empregar aqueles com que se sentir mais à vontade:

> Inicialmente, posteriormente,
>
> Primeiramente, sequencialmente,
>
> Em primeiro lugar, em segundo lugar, ademais,

É possível empregar essas palavras no início das frases do parágrafo, a fim de facilitar o desenvolvimento da escrita, conforme o modelo a seguir:

> *Em primeiro lugar, é possível discorrer sobre (PRIMEIRO ARGUMENTO A SER DEBATIDO)...*
>
> *Em segundo lugar, faz-se necessário pensar a respeito de (SEGUNDO ARGUMENTO A SER DEBATIDO)...*
>
> *Em terceiro lugar, resta discutir (TERCEIRO ARGUMENTO A SER DEBATIDO)...*

Quando você estiver passando de uma frase a outra, lembre-se de que é necessário conectar essas sentenças, seja com um pronome, seja com uma conjunção. Isso é o que a banca analisará como padrão de coesão. Você deve achar estranho não haver uma lista grandiosa de conjunções ou pronomes estruturados para você empregar. Basta voltar aos capítulos de morfologia para pegar esses elementos – na seção sobre conjunções e pronomes.

Vejamos quais situações sobre o desenvolvimento da redação ainda podem aparecer para você:

b) Caso haja muitos subitens temáticos

Se houver uma quantidade muito grande de subitens temáticos, é recomendável que você os agrupe em parágrafos, de modo que consiga encerrar um grupo em cada parágrafo. Eu vou mostrar um exemplo de tema que quase deixou os candidatos malucos quando caiu.

Concurso PC-GO 2016:

> *João foi indiciado em inquérito policial (IP), e, no curso deste, o juiz competente, de ofício, decretou a prisão temporária do dito indiciado. Para defender seus interesses, João constituiu um advogado que, na primeira oportunidade, requereu ao delegado de polícia responsável acesso a todos os elementos de prova no curso do IP, para permitir a ampla defesa de seu cliente, de modo a se garantir, assim, o devido processo legal.*

> *Acerca da situação hipotética acima apresentada e do IP, redija um texto dissertativo que atenda, de modo fundamentado, às determinações e aos questionamentos seguintes.*

> *1 Apresente o conceito e a finalidade do IP. [valor: 2,00 pontos]*

> *2 Descreva as características do IP. [valor: 4,00 pontos]*

> *3 Comente sobre o valor probatório do IP. [valor: 2,00 pontos]*

> *4 A instauração de IP é indispensável? [valor: 2,00 pontos]*

> *5 Na situação considerada, a prisão temporária de João, nos moldes em que foi decretada – de ofício – foi legal? [valor: 4,00 pontos]*

> *6 Na situação considerada, há fundamento legal para o direito de acesso do defensor de João aos elementos de prova no curso do IP? Em sua resposta, destaque o entendimento do Supremo Tribunal Federal a respeito. [valor: 5,00 pontos]*

Agora, veja qual foi o padrão de resposta que a banca examinadora sugeriu:

> *1 Conceito e finalidade do inquérito policial (IP): é o conjunto de diligências realizadas pela polícia judiciária para a apuração de uma infração penal e de sua autoria, a fim de que o titular da ação penal possa ingressar em juízo. (art. 4.º do CPP: "A polícia judiciária será exercida pelas autoridades policiais no território de suas respectivas circunscrições e terá por fim a apuração das infrações penais e da sua autoria"). O IP é, portanto, procedimento administrativo inquisitório e preparatório que consiste no referido conjunto de diligências. A finalidade do IP é a apuração de fato que configure infração penal e a respectiva autoria para servir de base à ação penal ou às providências cautelares, ou seja, possibilitar que o titular da ação penal possa ingressar em juízo.*

> *2 Características do IP: o IP é procedimento escrito, sigiloso e inquisitivo, marcado pela oficialidade, oficiosidade, autoritariedade e indisponibilidade. Outras características que podem ser apontadas são sua discricionariedade e temporariedade.*

3 Valor probatório do IP: o IP tem conteúdo informativo e valor probatório relativo, haja vista que os elementos de informação não são colhidos sob a égide do contraditório e da ampla defesa. (artigo 155 do CPP: "O juiz formará sua convicção pela livre apreciação da prova produzida em contraditório judicial, não podendo fundamentar sua decisão exclusivamente nos elementos informativos colhidos na investigação, ressalvadas as provas cautelares, não repetíveis e antecipadas").

4 Indispensabilidade do IP: o IP não é uma fase obrigatória da persecução penal, podendo ser dispensado se já houver informações sobre o fato e a autoria, indicando o tempo, o lugar e os elementos de convicção (artigo 12 do CPP: "O inquérito policial acompanhará a denúncia ou queixa, sempre que servir de base a uma ou outra; Art. 27. Qualquer pessoa do povo poderá provocar a iniciativa do Ministério Público, nos casos em que caiba a ação pública, fornecendo-lhe, por escrito, informações sobre o fato e a autoria e indicando o tempo, o lugar e os elementos de convicção; artigo 46, § 1º, do CPP, "Quando o Ministério Público dispensar o inquérito policial, o prazo para o oferecimento da denúncia contar-se-á da data em que tiver recebido as peças de informações ou a representação").

5 Possibilidade de o juiz decretar de ofício a prisão temporária do indiciado: o juiz não pode decretar de ofício a prisão temporária de indiciado, a qual dependerá de representação da autoridade policial ou de requerimento do Ministério Público, conforme dispõe o art. 2.º da Lei n.º 7.960/1989: "A prisão temporária será decretada pelo Juiz, em face da representação da autoridade policial ou de requerimento do Ministério Público, e terá o prazo de 5 (cinco) dias, prorrogável por igual período em caso de extrema e comprovada necessidade."

6 Se o defensor tem direito de acesso a todos os procedimentos e elementos de prova do inquérito, destacando o entendimento do Supremo Tribunal Federal a respeito: o defensor tem direito de acesso aos elementos de prova já documentados e que digam respeito ao exercício do direito de defesa, conforme o próprio entendimento sumulado do Supremo Tribunal Federal. Súmula Vinculante 14 do STF: É direito do defensor, no interesse do representado, ter acesso amplo aos elementos de prova que, já documentados em procedimento investigatório realizado por órgão com competência de polícia judiciária, digam respeito ao exercício do direito de defesa, conforme interpretação do art. 5º, inciso LV, da CF.

ATENÇÃO

1 - No item 2, a Banca Examinadora poderá aceitar outras características do IP não descritas no padrão de resposta, desde que a característica indicada pelo candidato tenha aceitação na doutrina majoritária ou seja reconhecida pelos Tribunais Superiores.

2 - No item 6, as disposições do art. 7o do Estatuto da OAB valerão como argumentação do item, não sendo apenado o candidato que deixá-las de indicar.

Para um texto dessa natureza, o mais inteligente seria abandonar a ideia de uma introdução à parte e partir diretamente para a concretização da resposta na ordem das questões.

Uma estratégia muito interessante de estudo é ler as propostas anteriores e os padrões de resposta, a fim de perceber como as bancas examinadoras estruturam suas redações e antecipar aquilo que poderá escrever em textos próximos.

c) Caso o texto seja argumentativo e não haja subitens temáticos

Isso costuma ser a treva para os candidatos, pois é comum ouvir "eu não conheço o assunto tão bem para poder falar sobre ele". Para resolver esse problema, eu vou apresentar uma sugestão simples:

- Se o texto for argumentativo:
  » Leia o tema.
  » Pergunte-se: o que eu penso sobre isso?
    ▷ A resposta será a sua tese.
  » Pergunte-se: por que eu penso isso? (duas ou três vezes)
    ▷ Cada resposta é um argumento que deve ser trabalhado.
  » Pergunte-se: como eu cheguei a essa resposta? (duas ou três vezes)
    ▷ Cada resposta é a fundamentação do argumento apresentado.

Agora, depois que você anotar todas as respostas, pode distribuir as ideias ao longo do texto, em uma ordem lógica. Pronto! Está estruturado o esqueleto da sua redação.

A conclusão

O encerramento de um texto serve para arrematar o encadeamento que se fez da introdução ao desenvolvimento. Quando empregada em uma redação, a conclusão deve:

- Retomar a introdução do texto.
- Reforçar a posição apresentada na tese do texto.

Lembre-se de que não é necessário – a menos que a proposta exija – resolver os problemas do mundo em sua redação. Basta que você encerre o seu texto de maneira objetiva. Não é interessante você tentar encerrar o texto com chave de ouro, ou com alguma frase impactante. Basta encerrar e pronto!

E – como de praxe – você tem alguns recursos para introduzir a sua conclusão. Veja uma pequena lista:

> Em suma,
> Finalmente,
> Logo,

Desse modo,

Assim,

Então,

Lembre-se de que não se trata de uma obrigação, mas esses elementos facilitam a escrita da conclusão.

28.7. ESQUELETO DE REDAÇÃO

O que eu vou fazer agora costuma deixar os teóricos do texto de cabelo em pé, mas eu me importo mais com a sua aprovação do que com a opinião deles. Por isso, eu vou deixar aqui uma estratégia de desenvolvimento de redação pré-fabricada. Como um tipo de molde. Saiba que – na minha opinião – mais vale você desenvolver a sua própria forma para escrever a respeito de qualquer assunto do que usar um esquema genérico.

Como eu sempre deixo claro: a intenção é permitir que você crie autonomia na composição da sua redação, de modo que o meu modelo – aos poucos – se transforme em um modelo adaptado à sua realidade.

Para um texto genérico, preferencialmente argumentativo:

Ao se pensar a respeito de (colocar o tema do texto), é possível afirmar que (ponto de vista a ser defendido). Isso aponta para a necessidade de (hipótese para conclusão).

O primeiro fator que deve ser analisado em relação à situação em questão é (primeiro argumento). Entende-se, com isso, que (desdobramento da 1ª ideia).

O segundo fator importante para a reflexão é (segunda ideia). Pode-se verificar um exemplo disso em (exemplificar a ideia que se está discutindo).

Além disso, ainda se pode pensar em (terceira ideia/argumento que é a hipótese para a conclusão). Esse é o motivo/razão para se falar a respeito de (desdobramento da terceira ideia).

Assim, a necessidade apontada inicialmente se mostra ainda mais premente, em virtude de (retomar os argumentos do texto). (utilizar a ideia mais conveniente para fechar o texto).

Por favor, use esse esqueleto – mesmo que adaptado – apenas em último caso! Busque desenvolver as suas estratégias de escrita para ter conforto na hora de passar à versão definitiva.

O estudo de caso

Grande parte dos professores, que gosta de se sentir o mago da transformação textual, tenta delinear grandiosas diferenças entre um texto dissertativo e um estudo de caso. Em linhas gerais, não há tanta diferença assim. Honestamente, é muito mais fácil compreender o princípio de um estudo de caso. Vamos aos fatos!

O QUE É UM ESTUDO DE CASO?

Trata-se de um texto dissertativo, em que o candidato é obrigado a resolver um problema que é apresentado em uma situação narrada na "questão" que surge na proposta.

PRECISO ESCREVER INTRODUÇÃO, DESENVOLVIMENTO E CONCLUSÃO?

Todo texto possui essas partes. Não é diferente com o estudo de caso. O que ocorre é que – na introdução – você deve retomar a situação-problema, a fim de ficar mais claro o assunto sobre o qual você discorre. Não é necessário dar uma "enrolada" na introdução (na verdade, não é para fazer isso em nenhum texto).

O TEXTO DEVE SER LONGO?

Depende da quantidade de problemas que você deve resolver. Um estudo de caso pode apresentar de duas até umas sete questões para que o candidato consiga resolver tecnicamente. Não é preciso delimitar quantidade de linhas para o texto. Você deve se concentrar na resposta de maneira específica, a fim de demonstrar conhecimento a respeito das situações mencionadas.

HÁ UMA LINGUAGEM ESPECÍFICA PARA USAR?

Como todo texto de natureza específica, você precisa usar a linguagem do nicho a que se dirige o estudo de caso. Pense comigo: se você escreve um texto sobre enfermagem, precisa usar a linguagem específica da área; se vai falar sobre segurança de informação, precisa do vocabulário que se emprega nessa área. Isso é algo lógico!

EXISTE UMA RESPOSTA CERTA?

Sim. Quando a proposta é feita, há um padrão de resposta que você precisa atingir. Esse padrão é entregue ao professor que fará a correção, a fim de ver quanto seu texto se aproxima da versão ideal do texto. Quanto mais se aproximar, maior a nota. Quanto menos... bem, você já sabe.

Exemplo de proposta para estudo de caso: TER/RS (2015) – Analista Judiciário

Servidora com vinte e cinco anos de idade foi encaminhada pelo seu chefe ao setor de psicologia do órgão em que trabalham. A paciente exalava forte odor de álcool e apresentava lentidão na fala, sonolência, tremores nas mãos e confusão mental. Repetia várias vezes que necessitava ingerir bebida alcoólica, inclusive durante o atendimento com a psicóloga, momento em que apresentou falas desconexas e confusas. Diante do quadro, a profissional responsável solicitou ao colega médico uma avaliação e, a partir da discussão entre os profissionais, decidiu-se que a servidora não tinha condições de permanecer no trabalho ou mesmo de desempenhar suas atividades laborais naquele dia. Assim, ficou combinado que algum colega a levaria até a sua casa e que, no dia seguinte, ela retornaria ao setor médico-psicológico para uma avaliação mais apurada.

A respeito dessa situação hipotética, faça o que se pede a seguir.

– Identifique o quadro clínico e o diagnóstico diferencial da referida paciente. [valor: 0,75 ponto]
– Proponha os fundamentos e princípios da entrevista motivacional enquanto modalidade terapêutica a ser aplicada ao caso. [valor: 2,00 pontos]
– Discorra sobre a postura da psicóloga na utilização da entrevista motivacional. [valor: 2,00 pontos]

Padrão de resposta da banca examinadora:

A paciente, vinte e cinco anos de idade, apresenta sintomas como: lentidão na fala, sonolência, tremores nas mãos, fala desconexa e confusão mental. É possível afirmar que a servidora apresenta critérios para um transtorno por uso de álcool, considerando-se o aparente desejo persistente ou esforço malsucedido em controlar ou mesmo diminuir o uso da bebida alcoólica; e a fissura, o desejo ou a necessidade de sua utilização e o prejuízo no desempenho de suas atividades laborais e profissionais. Problemas sociais ou mesmo interpessoais persistentes podem, ainda, estar presentes ou mesmo ser exacerbados pelos efeitos do álcool nesses quadros. É importante que seja feito o diagnóstico diferencial no que tange ao uso de álcool não patológico ou mesmo de um quadro de intoxicação por álcool para as adequadas ações e intervenções no caso.

A psicóloga responsável pelo atendimento do caso poderá fazer uso dos fundamentos e princípios da entrevista motivacional, tendo em vista os benefícios de suas técnicas no que se refere à utilização em casos de comportamentos relacionados ao uso de álcool e outras drogas. Essa modalidade de entrevista tem como objetivo principal auxiliar o indivíduo nos processos de mudanças comportamentais associadas a resoluções de conflitos e ambivalência. Se o primeiro princípio da entrevista motivacional no processo de mudanças a ser trabalhado é a interação dinâmica entre o indivíduo e a situação aguda imediata, associada às dimensões inter e intrapessoais, ou seja, à ambivalência, o segundo princípio dessa técnica é o modelo transteórico, proposto por Prochaska e DiClemente, que é entendido como modelo descritivo da prontidão para mudança, a partir de estágios motivacionais nos quais o cliente transita ao longo do processo de mudança.

A entrevista motivacional fundamenta-se em princípios cognitivos, na compreensão do quadro e nas reações emocionais a ele articuladas, estabelecendo alternativas para a modificação dos padrões comportamentais, de pensamentos e implementação de novos arranjos e soluções. Para tanto, é fundamental que a postura da psicóloga seja coerente com aspectos tais como: empatia, aceitação das resistências do paciente, levitação da confrontação, estímulo da autoeficácia e estratégias para lidar com situações complexas e de crise.

A psicóloga deve proporcionar à paciente um ambiente acolhedor e de confiança onde ela possa se sentir escutada em relação a seus problemas e dificuldades, sem retaliações ou mesmo confrontações promotoras de resistências. Nesse contexto, será possível pensar em metas realistas e executáveis para o tratamento. É necessário que, respeitando o tempo da paciente, sejam abordados a história do uso da substância, o padrão de consumo e uso, os campos e as áreas de risco e os prejuízos associados ao uso, assim como os fatores negativos e positivos da utilização da bebida alcoólica. É fundamental que possam ser construídas opções de mudança alcançáveis, associadas aos benefícios decorrentes da mudança de comportamento ou mesmo padrão de vida, que promovam consequências positivas nas áreas sociais, emocionais, interpessoais, afetivas e profissionais da paciente.

Honestamente, agora você tem aquilo de que precisa para resolver uma prova discursiva. Ao fim e ao cabo, a missão é treinar! Isso é o que fará o seu texto ficar cada vez melhor!

Bibliografia

ALMEIDA, Napoleão Mendes de. *Gramática Metódica da Língua Portuguesa*. São Paulo: Saraiva, 1962.

BANDEIRA, Manuel. *Estrela da manhã*. São Paulo: Global, 2012.

_____. *Estrela da Vida Inteira*. 8. ed. Rio de Janeiro: Livraria José Olympio Editora, 1980.

BECHARA, Evanildo. *Moderna Gramática Portuguesa*. Rio de Janeiro: Nova Fronteira, 2009.

BILAC, Olavo. *Poesias*. Rio de Janeiro: Ediouro, 1978.

BRASIL. Presidência da República. Manual de redação da Presidência da República / Gilmar Ferreira Mendes e Nestor e José Forster Júnior. 2. ed. Brasília: Presidência da República, 2002.

BRISOLARA, Oscar. Disponível em: <http://oscarbrisolara.blospot.com>.

BUENO, Francisco Silveira. *Gramática Normativa da Língua Portuguesa*. São Paulo: Saraiva, 1956.

CASTILHO, Ataliba T. *Nova Gramática do Português Brasileiro*. São Paulo: Contexto, 2010.

DRUMMOND DE ANDRADE, Carlos. *Alguma Poesia*. Birigui: Ed. Pindorama, 1930.

GÓIS, Carlos. *Gramática expositiva primária da língua portuguesa*. Belo Horizonte: Paulo de Azevedo & Cia., 1934.

GULLAR, Ferreira. *Toda poesia*. São Paulo: Editora Círculo do Livro S.A., 1950.

HAUY, Amini Boainain. *Gramática da Língua Portuguesa Padrão*. São Paulo: Edusp, 2014.

JAKOBSON, R. *Linguística e comunicação*. 22. ed. Tradução de Izidoro Blikstein; José Paulo Paes. São Paulo: Cultrix, 2010.

LINCE, Léo. *Em defesa do voto obrigatório*. Disponível em: <www.correiocidadania. com.br> (com adaptações).

NEVES, M. H. M. *Gramática de usos do português*. 2. ed. São Paulo: Editora Unesp, 2010.

PALHANO, Hebert. *Língua e Literatura*. Rio de Janeiro: Livraria Francisco Alves, 1957.

TESNIÈRE, Lucien. *Éléments de syntaxe structurale*. Paris: Éditions Klincksieck, 1988.